21世纪工程管理学系列教材

工程项目审计

Project Audit

主编 朱红章 副主编 崔永辉

WUHAN UNIVERSITY PRESS
武汉大学出版社

图书在版编目（CIP）数据

工程项目审计/朱红章主编.—武汉：武汉大学出版社,2010.10(2021.7 重印)

21 世纪工程管理学系列教材

ISBN 978-7-307-08231-1

Ⅰ.工…　Ⅱ.朱…　Ⅲ.建筑工程—审计—高等学校—教材
Ⅳ.F239.63

中国版本图书馆 CIP 数据核字（2010）第 192593 号

责任编辑:辛　凯　　　责任校对:黄添生　　　版式设计:王　晨

出版发行：**武汉大学出版社**　　（430072　武昌　珞珈山）
（电子邮箱:cbs22@whu.edu.cn　网址：www.wdp.com.cn）
印刷:武汉科源印刷设计有限公司
开本:787×1092　1/16　印张:22　字数:514 千字　插页:1
版次:2010 年 10 月第 1 版　　2021 年 7 月第 15 次印刷
ISBN 978-7-307-08231-1/F·1415　　定价:39.00 元

前 言

随着我国社会主义市场经济的不断发展，工程项目的数量和规模逐年增加，然而伴随着这些项目所出现的效益低下、损失浪费严重等问题也日益突出。在当前中央积极推进经济结构性、战略性调整和发展方式转变、加强"三农"建设、加快重大基础建设步伐的大背景下，工程项目投资主体和利益格局日趋多元化，这就要求工程项目审计工作也要与时俱进，把握时代性，体现针对性，注重有效性，进一步探索和创新工程项目审计的理论，优化工程项目审计的教学，以培养更多优秀的审计人才，从而提高监督效果，强化审计力度。鉴于此，应广大审计工作者和大专院校教学的需要，我们特组织有关长期从事工程项目审计工作的专家、学者共同编著了《工程项目审计》一书。

作为教材，本书在指导思想上遵循前瞻性、实践性和心理化原则，紧跟教学改革和素质培养的思路，在内容上均充分融入实践元素，力求激发学生的学习兴趣和研究热情，从培养学生从事工程项目审计工作的基本能力出发，逐步增强学生的创新意识和创造能力，使学生受到良好的训练，为其今后的进一步深造奠定了坚实的基础。在内容上，本书系统地构建了工程项目审计理论的框架体系，对工程项目从决策立项到投产运营全过程各个重要环节、阶段的基础知识、审计要点和方法进行了全面、系统的介绍，主要内容包括：工程项目前期审计、工程项目概算审计、工程项目施工图预算审计、工程项目财务审计、工程项目招投标与合同审计、工程项目施工阶段审计、工程项目竣工决算审计、工程项目投资效益审计和工程项目后评审。

全书由朱红章任主编，崔永辉任副主编。

本书体系完整、思路清晰、案例丰富，适合作为高等院校相关专业的教材，也可供工程项目审计工作者参考。

由于形势的发展和环境的变化，工程项目审计必将面对新的问题，需要适时调整和不断完善，加之编者水平有限，书中纰漏、不妥之处，欢迎广大读者批评指正。

编 者
2010 年 5 月

目　　录

第 1 章　概　　述

1.1　工程项目审计的基本概念

1.1.1　工程项目审计的定义

目前，我国工程项目的投资活动涉及国民经济的各个部门，包括物资生产部门和非物资生产部门，既有宏观经济领域，也涉及微观经济领域。因而，工程项目审计，既可以从宏观经济角度对国家、地区、部门和企业的投资规模、投资效益等方面进行审查、评价和鉴证；又可以从微观经济角度对某一项具体的工程项目的建设程序、可行性研究、项目概（预）算、资金来源与使用、项目竣工决算，以及项目的投资效益等方面进行检查、评价和鉴证。

为了维护投资者或工程项目所有者的投资利益，正确地向投资者或工程项目所有者反映或揭示工程项目的建设成本以及建设经济目标的预期实现情况等，对工程项目实施的审计监督、评价和鉴证活动应运而产生。工程项目审计，是指对工程项目投资活动实施的监督、鉴证和评价工作。具体地说，它是指由审计人员依据国家制定的法律、法规、规定，以投资活动为主线，以工程项目为审计对象，采用经济、技术等方法，对基本建设项目和基本建设投资活动进行审计监督、评价和鉴证，并提出改进和加强基本建设和建设项目管理的建设性意见。目前，我国的工程项目审计主要是通过对工程项目投资活动是否合法、合规和是否有效所进行的监督、评价和鉴证，通过收集相关审计证据及资料，来实现计划确定的审计目标，并提出改善宏观管理方面的意见和建议，达到严肃财经纪律，提高工程项目投资效益的目的。

工程项目审计，是指由独立机构及其派出人员，依据一定的审计标准，运用特定的审计评价指标体系，对工程项目全过程的投资结果进行监督、评价、鉴证的活动。具体来讲，它包含以下三层含义：

（1）工程项目审计应当由独立的审计机构以及该机构所派人员进行，其中包括国家审计机关、企业内部审计机构、社会民间审计组织，而不具备审计职能和资格的非审计组织或审计人员，则不能进行工程项目的审计。

（2）工程项目审计的对象应当是工程项目的全过程，即从项目可行性研究和可行性报告的拟订、项目融资，到工程项目竣工验收和项目后评估全过程。

（3）工程项目审计，既是对工程项目法人的管理等情况的鉴定、评价，也是为工程项目投资者做好投资的服务，同时也是对工程项目施工者的监督、检查与评价。

综上所述，工程项目的审计活动是投资者、建设单位和施工单位从其主观和客观上需要的一种经济监督、评价和鉴证活动，它既符合投资者的经济利益，也对建设单位和施工单位所进行的建设活动中的经济行为予以客观的评价。

1.1.2　工程项目审计的分类

1. 按审计的对象划分

（1）工程项目宏观审计，是指对国家、地区、部门的投资规模、结构、方向等及相应的拨款、贷款进行的审计。

（2）工程项目微观审计，是指对具体的工程项目所涉及的建设单位（项目法人）、施工单位、监理单位等的相关财务收支的真实、合法、公允性的审查，以及对工程项目投资经济效益的审查。

2. 按审计时间划分

（1）事前审计。即工程项目开工以前的活动均属于事前审计的范围，包括工程项目可行性研究报告审计、设计任务书审计、投资总概算审计、项目法人或建设单位组建情况的审计等。

（2）事中审计。即工程项目自开工起到工程项目建成交付使用时为止这一过程中的审计，既包括对部分已完单位工程的审计，也包括对部分未完工程的事中审计，对工程项目进行定期或不定期审计，或者进行跟踪审计。

（3）事后审计。即工程项目竣工验收后进行的审计，包括工程项目竣工结算审计、工程项目投资效益审计等。

3. 按建设资金来源划分

（1）国家预算资金审计，包括对国家预算内资金和国家预算外资金进行投资的工程项目的审计，主要针对长远或年度基本建设计划、偿还能力、经济效益等方面进行的审计。

（2）自筹建设资金审计，主要是指建设单位或项目法人利用自有资金进行建设的项目审计。

（3）利用外资建设项目的审计，包括利用国外政府贷款的审计、利用国际金融机构贷款的审计、国外援助项目的审计、外国民间直接投资项目的审计。

4. 按审计的范围大小划分

（1）全面审计。即对一个工程项目进行全方位的审计，可以使审计人员对经济活动进行全面掌握了解，获取准确的判断资料，但需投入较多的人力和花费较长的时间。

（2）专项审计。即对工程项目有关的某些特定事项进行的专门审计，特点是目标明确、工作面宽、可以省时省力地获取审计成果信息，如对自筹资金投入的合法性审计。

（3）重点审计。即对工程项目有关的某些重点问题进行的审计。

5. 按审计的目的划分

（1）财政财务审计。它可以称为传统审计，审核检查与工程项目有关的财政、财务收支活动是否符合财政、财务政策制度和有关政策法令，是否真实、正确、合理。

（2）财经法纪审计。查核在建工程项目建设的全过程中有无特别严重的违法乱纪事件，如重大的贪污盗窃、挪用公款现象等。

（3）经济效益审计。审核检查工程项目建设过程中资源利用的经济性、建设活动的效率性，包括工程项目开工前的经济效益可行性审计、施工中的经济效益性审计和竣工决算投产后的经济效益审计。

（4）管理审计。它是以审核检查工程项目管理工作质量、促进管理素质和水平提高为目的的审计，包括对政府从宏观方面管理工程项目的审计以及对项目法人、施工单位等从微观方面管理工程项目的审计。

（5）环境审计。它是指审计机关对工程项目执行环境保护法规政策情况进行审查监督，重点审查工程项目施工过程中的各个环节是否执行有关环境保护法规和政策、环境治理是否和项目建设同时进行、工程项目投产后引起的对环境的影响是否超过国家规定的标准等。

6. 按投资活动这一主线来划分

（1）工程项目概（预）算审计。即审查工程项目概（预）算的编制是否符合国家的有关规定，内容是否完整，计算是否正确，包括初步设计概算审计和施工图预算审计。

（2）工程项目概（预）算执行情况的审计。即项目投资经济活动开始至项目竣工决算编报之前，审计机关对建设单位及设计、施工、监理等单位与工程项目有关的财务收支的真实、合法、效益进行的审计监督。其目的是促进项目建设有关单位加强管理，保障建设资金合法使用，提高投资效益。

（3）工程项目竣工决算审计。即工程项目正式竣工验收前，审计机关依法对工程项目竣工决算的真实、合法、效益进行的审计监督。工程项目的设计、施工、监理等单位与工程项目有关的财务收支应当依法接受审计机关的审计。

7. 按工程项目的种类划分

可分为基本建设项目审计、技术改造项目审计；或分为大中型项目审计、小型项目审计；或分为竞争性工程项目审计，基础性、政策性工程项目审计；或分为新开工项目审计、停缓建项目审计、复开工项目审计等。

8. 按审计主体来划分

可分为国家审计、社会审计、内部审计。

1.1.3　工程项目审计的特点

工程项目审计作为一项专业审计，其特点与专业审计的对象、范围、内容、任务、目的、本质等有密切的关系。一般来说，工程项目审计具有以下特点：

1. 独立性

这是工程项目审计的基本特点。工程项目审计不仅要求审计组织严格遵循独立审计的准则要求和行为规范，还应当注意与项目管理的各具体部门保持相对独立的关系，不参与工程项目的决策制定、资金运用、物资采购等事项，也不对设计、施工、监理等事项予以协调。它着眼于财务收支的合法、合规、合理性，从完成和实现工程项目的预期目标入手，旨在更好地保障和发挥工程项目投资者和所有者的项目投资效益。独立性可以保证审计结论和评价意见的客观公正性。

2. 综合性

工程项目审计的综合性是就审计范围和审计内容而言的。工程项目审计不仅要对其经济方面进行审核，而且还需要根据审计目标与需求对相关技术、投资管理等方面的审核，即审核工程项目本身的合理性、投产后的效益性，还要对与工程项目有关的技术、施工、设计、监理、投资等各单位相关的财政财务收支的真实、合法性进行检查；既要审核微观经济部门的技术经济活动，还需要对宏观经济部门工程项目建设规划、建设方向和结构等方面相关事项予以核查；既要审核工程项目准备阶段，也应当根据委托对其在建过程、竣工结算和决算以及项目建成后的经济效益等进行审计。为此，工程项目审计的范围与内容较为广泛，它始终贯穿于工程项目全过程的每一个环节。同时，工程项目审计范围的综合性还体现在由项目的实施所产生的其他连锁关系，以及项目完成后的综合效果及整体影响。

3. 宏观性

工程项目审计必须体现国家宏观经济管理和产业结构的整体要求，体现国家宏观投资政策的要求。

4. 协调性

在社会主义市场经济建立健全过程中，投资管理体制也作了相应的改革。但由于各方面的改革步伐和程度不一致，某些经济关系及投资管理体制未能理顺；加之国内各种法律之间相互配合性差，而投资立法又明显落后于经济的发展。作为投资主体的行业主管部门、地方政府、建设单位、项目法人本能地从自身的经济利益出发，在作出投资决策和项目决策时，考虑局部利益多而考虑全局利益少，从而产生与国家全局利益上的矛盾。在工程项目审计过程中，经常遇到"法规不完善"、"无法可依"、"部门规章相矛盾"、"经济上无承受能力"等方面的新情况、新问题，这在客观上要求审计组织、审计人员要从实际情况出发，实事求是，善于正确运用政策与法规，做好各方面利益矛盾的协调工作。

5. 艰巨性

工程项目审计涉及的单位多，各个单位地点分布不同，隶属关系不同，经济情况也不同，内容十分复杂。有些工程项目跨区域面积广，就更增加了审计难度。

6. 层次高

我国《宪法》中赋予审计以高层次的经济监督的法律地位。

（1）《宪法》规定"国务院设立审计机关"，"县级以上各级人民政府设立审计机关",这从审计机关行政隶属关系上,确立了它不同于一般行政机关的法律地位。

(2)《宪法》第 91 条规定:国务院设立审计机关,对国务院各部门和地方各级政府的财政收支,对国家的财政金融机构和企业事业组织的财务收支,进行审计监督。地方各级审计机关依照法律规定独立行使审计监督权。这从审计监督的权限上确立了审计的高层次法律地位.

(3)《宪法》规定,国家审计机关在国务院总理的领导下,依照法律规定独立行使审计监督权,不受其他行政机关、社会团体和个人的干涉。地方各级审计机关对本级人民政府和上一级审计机关负责。这从审计组织领导体制上,确立了审计的高层次地位。《审计法》第 23 条指出工程项目审计在计划、财政、银行及投资项目主管部门实施专项管理监督的基础上,对国家工程建设项目预算的执行情况和决算进行审计和监督。

所有这些,都表明工程项目审计是一种高层次的审计监督。

从具体方面来看,工程项目审计具有以下特点:

1. 内容多、客体广、审计方法多样

工程项目审计既要审计工程项目的计划、概(预)算、资金的来源和使用,又要审计竣工决算、投资经济效益和社会效益等。因此,工程项目审计的内容较为复杂。审计的客体较广,凡使用国家资金从事工程项目投资活动的政府机关、企事业单位、人民团体等都在被审计之列。同时,还延伸至有关的计划管理部门、设计勘察部门、建设单位主管部门、项目法人组织、项目承建单位、城建开发企业、监理公司、相关银行及金融机构等。工程项目审计随项目不同而面临不同的情况,需要采取不同的审计方法。传统审计方法与现代审计方法结合起来、宏观审计方法与微观审计方法结合起来、国外审计方法与国内审计方法结合起来,使得审计方法具有多样性的特点。

2. 工程项目审计贯穿于项目建设的全过程

项目建设中有几条主线,工程项目从提出项目建议书开始,就要进行总投资概算,并着手确定投资来源渠道,管理活动随之开始;经过可行性研究,初步确定概算,确定投资总额,项目法人组建成立;资金到位后,经过施工图设计、建筑安装施工、设备材料采购等一系列工作,货币形态转化为实物工作量;项目建成投产后,进行竣工决算,反映投入产出的经济效益。对工程项目进行审计,不能仅局限于项目的某一阶段,要对投资、财务、管理等各项活动进行审查,因而工程项目审计贯穿于项目建设全过程。

3. 工程项目审计一般分为三个阶段进行

即工程项目准备阶段资金运用情况审计、在建项目审计、竣工决算审计。项目准备阶段审计是对前期工作进行完毕、准备开工的工程项目的审计。审计的主要内容是检查工程项目前期准备工作情况,审计工程项目是否具备开工条件,以防止资金不落实、条件不具备的项目仓促开工,造成损失浪费。在建项目审计是对开工后至竣工前整个施工过程中的项目进行审计,审计的内容涉及概(预)算执行中财务收支及管理等方面,目的在于及时纠正项目建设中存在的问题,促进工程项目提高经济效益和保质按期完成。竣工决算审计是对竣工项目的决算进行审计,主要内容是决算的真实、完整、合规及经济效益评价,目的在于保证建设资金合法、合理使用,正确评价经济效益,总结建设经验,提高工程项目管理水平。

1.2　工程项目审计的职能和作用

1.2.1　工程项目审计的职能

审计的职能是审计的本质属性，它不受人们的主观意志所支配，是审计内在的、固有的功能。随着社会经济的发展，人们对审计职能的认识将日益深化，因而审计的职能并非是一成不变的。工程项目审计属于审计整个领域中的一个部分，因此工程项目审计的职能不会也不可能脱离于审计的基本职能。

1. 经济监督职能

根据社会发展的需要，我国在经济领域活动中已经建立了一个包括计划、财政、税务、银行、物价、证券、保险、会计、审计监督等在内的国民经济监督体系。随着经济体制改革的不断深化，市场经济必将进一步得到发展。与此同时，经济领域各种弄虚作假、行贿受贿、违法乱纪、坑害国家和消费者利益的行为也将不断发生，因此充分发挥审计监督职能势在必行。目前，对工程项目中所实施的审计监督是工程项目管理体系中一项十分重要和不可缺少的监督活动，而审计的经济监督职能在国家审计机关的基本职能中显得尤为突出和重要。

2. 经济公证职能

工程项目审计的经济公证职能，是指审计机构和人员对被审计单位的会计报表或其他资料进行检查和验证，确定其财务状况和经营活动是否真实、正确、合法、合规、有效，并出具书面证明，以便为审计事项的委托者或授权者提供确凿的信息资料，并取信于社会公众的一种职能。审计的经济公证职能是由审计的监督职能派生出来的，它区别于法律公证，它是一种经济公证。随着社会经济发展的需要，工程项目审计的经济公证职能，已经得到并将不断受到社会和各个阶层的重视和需要，并日益显示出它的重要作用。

3. 经济评价职能

工程项目审计的经济评价职能，是指审计机构或审计人员通过对被审计单位或被审计的工程项目经济活动的审查，根据一定的审计依据和审计标准，检查其财务收支计划和概（预）算的执行情况，是否实现预期的决策或目标，并对工程项目的经济效益及其相关的经营管理活动是否有效进行分析、判断与评价。经济评价职能在国家审计机关授权的工程项目竣工决算审计，以及社会民间组织的各类委托业务审计中显得比较突出。

1.2.2　工程项目审计的作用

工程项目审计与其他专业审计一样，具有监督的职能。监督是对固定资产投资项目技术经济活动的真实性、合规性与合理性进行审查和评价，并依据审计标准作出处理或处罚的过程。

在现阶段，工程项目审计的任务是对固定资产投资项目的经济活动是否真实准确，是否合规、合法和经济有效，以及固定资产投资效益进行审计监督，并通过对审计资料的分析，对宏观控制和管理方面的问题，提出建议，从而发挥其严肃财经纪律，减少损失浪费，加强基本建设宏观控制和管理，提高投资效益的作用。具体表现为：

（1）监督国家制定的固定资产投资方针、政策、法令、法规，以及有关规章制度是否得到认真贯彻执行，对基本建设加强管理，从而提高投资效益。

（2）审查部门、地方基本建设投资计划，基本建设预算支出以及基本建设信贷计划的执行情况，维护国家计划的严肃性，控制固定资产投资规模，促进宏观经济的总量平衡。

（3）监督建设单位认真执行已批准的基本建设计划或技术改造计划，审计建设资金来源与使用的合规有效性，制止建设计划外工程，纠正挤占、挪用建设资金等行为。

（4）检查建设单位、建筑企业、设计单位执行国家有关规章制度的情况，保证建设工期、设计要求及工程质量，促进设计、建设、施工组织管理水平的提高。

（5）监督有关单位遵守财经纪律，维护财经法纪，揭露贪污舞弊、损失浪费及其他损害国家利益的行为，保护国家和人民的经济利益。

（6）对审计人员发现的具有倾向性的问题，要及时研究，提出客观建议，并积极向有关部门反映。

1.3　工程项目审计组织

1.3.1　工程项目审计机构

根据《宪法》和《审计法》的有关规定，中国的国家审计机关部门、单位内部审计机构和社会审计组织三种形式共同组成了一个有机结合的审计组织体系。在这一组织体系中的每一种组织形式里，都设立有固定资产投资审计（或称基建审计）部门主管工程项目审计。

根据法律规定，中国最高审计机关——中华人民共和国审计署，负责组织全国的政府审计人员从事各项审计监督工作，并对内部审计机构和社会审计组织进行管理与指导。作为固定资产投资审计最重要的组成部分，中国国家审计机关中专管工程项目审计的机构设置，如图1-1所示。

1.3.2　工程项目审计人员

在我国，从事工程项目审计的专业人员由国家审计机关审计人员、内部审计机构审计人员和社会审计组织审计人员三个部分组成。从事工程项目审计的国家审计机关的审计人

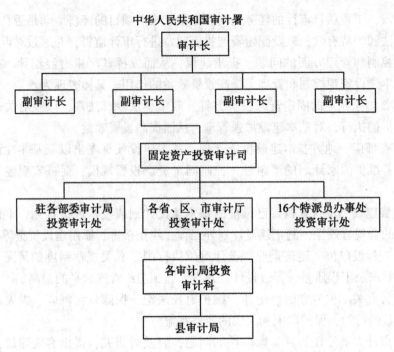

图 1-1　中国国家设计机关中专管工程项目审计的机构设置

员约有 7000 人，其中包括审计师、会计师、工程师等各专业人员。

工程项目审计人员的权利、义务、法律责任等应服从《审计法》的有关规定。《审计法》明确规定：（1）审计人员应当具备与其从事的审计工作相适应的专业知识和业务能力。（2）审计人员办理审计事项，与被审计单位或者审计事项有利害关系的，应当回避。（3）审计人员对其在执行职务中知悉的国家秘密和被审计单位的商业秘密，负有保密的责任。（4）审计人员依法执行职务，受法律保护。任何组织和个人不得拒绝、阻碍审计人员依法执行职务，更不得打击报复审计人员。审计机关负责人依照法定程序任免。审计机关负责人，除违法失职或者不符合任职条件的外，不得随意撤换。

1. 工程项目审计人员应具备的基本条件

工程项目审计工作是一项涉及面较广、政策性和专业性都较强的工作。在政治素质、工作作风和工作方法上，对工作项目审计人员的要求都很高。

工程项目审计人员应具备的政治素质，主要有：（1）坚持四项基本原则，认真执行国家的各项方针、政策、法令和制度，特别是邓小平建设有中国特色社会主义理论，有一定的马列主义、毛泽东思想修养和水平。（2）有较高社会主义觉悟和革命事业心，维护人民利益，维护社会主义财经法纪，敢于坚持原则，敢于向各种不良倾向作斗争。（3）要坚持真理，有坚定的事业心，热爱社会主义审计工作，努力学习工程项目审计理论和专业技能，迅速成为工程项目审计的专家，在实践中精益求精，不断总结提高。

审计人员应具备的业务素质，主要有：（1）认真学习和领会党在各个时期的方针、路线和政策，熟悉被审计单位的各项规章制度。（2）熟悉掌握工程项目审计的理论与实务，掌握建筑工程、财政、税收、会计、统计、计划以及管理等方面的专业知识。（3）了解和掌握被审计单位的一般性生产技术，经营管理和工作业务知识。（4）具有一定的判断和分析问题的能力。（5）具有一定的文字表达能力和计算技术。（6）具有一定的计算机理论和实际操作能力。

审计人员应具备的工作作风和工作方法有：认真负责，细致周到；艰苦踏实，实事求是；遵纪守法，廉洁奉公；依法办事，不徇私情；大公无私，作风正派；文明礼貌、诚恳待人；态度和蔼，注意方法；忠于职守，保守机密；按照程序，实施审计。

2. 工程项目审计人员应遵守的职业道德

为了提高审计人员的职业道德素质，审计署颁布了《审计人员守则》，要求审计人员严格遵守，内容是：

（1）忠于职守，勤奋工作。

（2）依法审计，实事求是。

（3）廉洁奉公，遵纪守法。

（4）努力学习，积极进取。

（5）谦虚谨慎，平等待人。

《审计法》规定，审计人员对其在执行职务中知悉的国家秘密和被审计单位的商业秘密，负有保密责任。为了维护审计的独立性和权威性，《审计法》规定审计人员不得承担与本人有利害关系的审计项目，审计人员办理审计事项，在下列条件下应当回避：

（1）审计人员与被审计单位的负责人或者财务负责人有夫妻关系、直系血亲关系的；

（2）审计人员与被审计单位或者审计事项有直接经济利益关系的。

3. 工程项目审计人员必须坚持的审计原则

（1）坚持依法审计的原则。

《宪法》规定在我国建立社会主义审计监督制度，是我国法制建设的一项重要内容，因此，在实施审计监督过程中必须自始至终坚持依法审计。法律要求司法人员要"以事实为根据，以法律为准绳"，这也是对工程项目审计的基本要求。

（2）坚持客观、公正的原则。

所谓客观原则，是指工程项目审计人员对工程项目审计过程中有关事项的调查、判断和意见的表述，应当基于客观的立场，以客观事实为依据，实事求是，不掺杂个人的主观意愿，也不为被审计单位或第三者的意愿所左右；在分析问题、解决问题时，不能以个人的好恶或成见、偏见行事。

所谓公正原则，是指工程项目审计人员应当具备诚实、正直的品质，公平正直、不偏不倚地对待各方利益，不应该以牺牲一方利益为条件而使另一方从中受益。

国家审计是受国家委派而进行的工作，应以客观公正为己任去履行审计监督职责。它与被审计单位的经济活动没有任何经济联系，可以第三者地位独立行使单一的审计监督职责，因此也就为其客观公正性提供了前提条件。在审查被审单位经济数据的真实性和执行财经制度的合法性的过程中，均需坚持客观、公正的原则。

（3）坚持群众性原则。

工程项目审计监督工作的范围广、对象多，一个工程项目从立项到竣工交付使用，本身就是一个复杂的系统工程，而其中各个部门、环节都渗透许多经济事务。这个广泛而又繁重的审计监督任务，仅靠审计机关和审计人员显然是远远不够的，因此工程项目审计工作必须依托有关专业职能部门，如财政、税务、建设银行和计划经济部门，以及内部审计机构，互相配合，齐心协力，共同进行经济监督。

（4）坚持按照工程项目建设程序进行审查的原则。

工程项目审计要按照工程项目建设程序进行，这是由工程项目的生产特点不同于一般工业企业和其他类型企业而决定的。工程项目周期长、耗费大、见效慢，特别是部门、环节多，因此，在进行工程项目审计时，除需严格审查工程项目的设计者、组织者和施工者是否按程序规定办事外，审计工作本身也需要按照工程项目的不同阶段，逐步地审查各工作阶段的合法性和合理性，坚持按工程项目建设程序审计的原则。

（5）坚持对投资规模实行宏观控制审计的原则。

工程项目的特点之一是耗费大、周期长，往往是在几年时间内只投入不产出。科学合理地控制和掌握不同时期的投资规模，是国家对基本建设进行宏观调控与管理的头等大事。工程项目审计人员在对工程项目进行综合经济监督过程中，也必须以审计特有的独立客观地位和科学的审计方法，围绕对工程项目投资规模进行宏观控制这一件大事作出自己的贡献。与其他专业审计相比，工程项目审计更应强调在宏观控制方面发挥它的作用。

（6）坚持投资的经济效益性原则。

我国社会主义经济管理的一条基本法则就是以最少的投入，获得最大的产出，而进行项目建设的核心目的，也是通过投资建成固定资产，以求得几倍或几十倍于固定资产原值的经济效益。工程项目审计，必须时时注意以经济效益为中心来考核、评价建设活动中的业绩及其全部经营管理活动。离开了这个中心，审计工作就会失去目标。因此，坚持提高投资效益是工程项目审计的一项重要原则。

（7）坚持将财务收支审计同概（预）算审计相结合的原则。

工程项目建设与工商企业生产不同，在建设过程中，国家与建设单位、建设单位与施工企业之间的经济关系，所依据的基础是工程项目总概算和工程项目预结算。

初步设计（或扩大初步设计）概算是按照初步设计要求概要地计算建筑物、构筑物等造价和从筹建到交付使用所发生的全部费用的文件，是国家与建设单位之间确定投资包干的主要依据，从而成为国家控制工程项目建设投资的最高限额和编制建设计划的基础。施工图预算则是建设单位与施工企业确定建筑工程造价，签订承发包合同的依据之一，并结合实际情况发生的结算，是建设单位计算成本的基础。因此，概（预）算与项目核算密不可分，是项目核算中主要会计记录的基础，也是核算成本、计算包干节余的依据。在工程项目审计中，只有将概（预）算审计同财务收支审计结合起来，才能全面、深入地反映工程项目投资使用的全貌。

1.4　工程项目审计的方法

工程项目审计方法是审计人员为了完成工程项目审计任务，在审计过程中搜集审计证据，查明被审单位经济活动，据以提出审计意见，作出审计处理决定的方法。在审计实务中，审计种类较多，各个审计事项的审计目的、要求、内容不同，被审计单位在经济业务、规模、经营管理水平等方面也千差万别。为适应这些复杂的情况，必须采取相当的审计方法，这样才能取得充分可靠的审计证据，提出客观公正的审计意见，并能提高审计工作效率，收到事半功倍的效果，实现审计工作目标。

1.4.1 审计技术方法

由于工程项目审计属于行业审计，故审计常用的技术方法，工程项目审计均可采用，如审查书面资料的方法、抽样审计的方法等。一般来说，在工程项目审计中常采用以下几种技术方法：

1. 简单审计法

即在某一工程项目的审计过程中，对于关于工程项目某一不重要或者经审计人员的符合性测试和主观经验判断后认为可信赖程度较高的环节和方面，可以仅就其中关键审计点进行审核，而不全面铺开进行详细审计。如在工程项目的概（预）算审计中，如果是信誉较高的编制单位编制的概（预）算文件，那么审计人员就可采取简单审计方法，仅从工程单价、取费标准两个方面进行简单地审计。

2. 全面审计法

即对工程项目工程量的计算、单价的选套和取费标准的运用，与工程项目有关的各单位的财政财务收支等进行详尽的审计。此种方法审查的面广、细致，利于发现工程项目建设中存在的各种问题。但是，此方法费时、费力，一般只用于大型、重点工程项目或者出现问题较多的工程项目。

3. 抽样审计法

当采用全面审计有困难时，可以采用重点抽审的方法，即在大量的单位工程中，挑选主要的、造价高的单位工程进行全面审查；也可在大量的单位工程中进行分类，在每一类中找出具有代表性的工程进行全面的审计。此外，还可以依据以往的审计经验，选择容易发生差错的工程或环节进行重点审计。

4. 筛选审计法

通过经济技术指标的对比，经过多次筛选，选出重点问题，然后进行审查。例如，先将工程项目中不同类型工程的每平方米造价指标与规定的标准进行逐一比较，若未超出规定标准，就进行简单审计；若超出规定标准，再根据各个分部工程造价的比重，用积累的经验数据进行第二次筛选，如此进行下去，直至选出重点。此种方法可以加快审计速度，但采用前需要积累大量可靠的经验数据。另外，此方法不能发现所有问题，也可能会遗漏某些发生重大问题的环节或项目。

1.4.2 审计工作方法

以宏观的角度来看，工程项目的审计方法有其独特的一面。目前，结合我国工程项目管理的特点，在工程项目审计中一般采用下列有效的、具有指导意义和全局性的审计工作方法。

1. 财务收支审计和技术经济审查相结合的方法

工程项目审计中有较多的技术经济审查的内容，如可行性研究报告审计、设计任务书审计、工程项目概（预）算审计等。这些内容如果只采用财务收支审计的方法是远远不够的，必须采用财务收支审计与技术经济审计相结合的办法，才能公平、合理地作出评价和审计意见。

2. 审计与检查相结合的方法

即审计部门会同其他有关建设项目管理部门组织一定规模的全面性审计、检查。对工程项目实行审计与检查相结合，对设计单位、建设单位、施工单位、监理单位及地方投资环境实施信誉评估，以加强和促进对工程项目的管理和监督。

3. 微观审计与宏观审计相结合的方法

当微观经济利益与宏观经济利益相冲突时，微观经济利益必须服从宏观经济利益，这是任何一项审计工作都必须坚持的原则，工程项目审计表现得更为明显。国家建设项目的投资规模、方向、结构和筹资渠道等关系到整个国民经济的综合平衡，必须十分重视才行。因此，工程项目审计，一方面，要进行微观审计，对具体某一工程项目从拟建至竣工投产这一全部过程中的财务收支活动、技术经济活动等各方面进行审查和监督；另一方面，要进行宏观审计，从宏观上加强和控制工程项目的投资活动，对全国范围内、各区域范围的工程项目的整体布局、相互关系，与国民经济的发展状况等因素进行审查评价。对属于被审单位和工程项目自身原因造成的问题，督促其纠正改进；对属于外部因素影响造成的以及涉及宏观决策的问题，则从宏观角度进行研究分析，提出完善法规、制度和政策的建议，以加强对工程项目的宏观控制和管理。

4. 事前审计、事中审计和事后审计相结合的方法

一个工程项目投资效益的好坏，在立项前就要作出评价和决策，因此，必须进行事前审计，或称开工前审计、项目建设准备阶段审计，审查工程项目是否符合国家行业政策的规定，建设资金的来源是否合规、落实，工程项目是否具备开工条件，各项审批手续是否齐备等。另外，还须对工程项目开工后在建设过程中发生的财务收支活动和技术经济活动等内容进行事中审计，如对概（预）算执行情况的审计；对项目竣工、投产后进行事后审计，如竣工决算审计和项目后评价。只有这样把事前、事中、事后审计结合起来，才能充分发挥审计在项目建设中的监督作用，促进项目建设更快更好地进行。

5. 国家审计、社会审计与内部审计相结合的方法

工程项目所涉及的面很广、专业性强、技术难度大，不同性质、不同行业、不同规模的工程项目各具特点，而且全国范围内工程项目数量很大，单靠国家审计机关和人员，单独全面地完成审计任务，存在一定困难，因此必须授权或委托社会审计组织进行一定种类和数量的工程项目审计。

6. 采用计算机辅助审计的方法

审计手段的现代化是提高审计工作质量、效率的关键。目前我国各审计组织和审计人员主要采用手工审计的方法，效率低、效果差，这种状况必须迅速得以改变，才能适应我

国经济迅猛发展和与国际经济接轨的需要。随着生产力的发展和计算机技术在建设过程中的广泛应用，计算机审计将成为审计人员进行审计的主要手段和方法。

1.5　工程项目审计的程序

工程项目审计程序，是指进行该项审计工作所必须遵循的先后工作顺序。按照科学的程序实施工程项目审计，可以提高审计工作效率，明确审计责任，提高审计工作质量。与其他专业审计一样，工程项目审计程序一般可分为审计准备阶段、审计实施阶段、审计终结阶段和后续审计阶段。

1.5.1　审计准备阶段

1. 确定审计项目

确定审计项目有两重含义：一是审计机构编制年度审计计划；二是审计人员按照本部门年度审计计划要求，选择具体的审计项目。

对于国家审计机关来说，应根据法律、法规和国家其他有关规定，按照本级人民政府和上级审计机关的要求，确定年度审计工作重点，编制年度审计项目计划。在此基础上，考虑本单位审计人员的数量、结构、素质等情况，从审计机关当年度安排的审计计划及本级人民政府、有关部门交办的审计事项中选择审计项目。审计署投资审计司每年年初都要召开一次全国性的固定资产投资审计工作会议，在会议上，向各省、直辖市、自治区等地方审计机关及审计署驻各地的特派员办事处的投资审计处下达当年的审计任务，明确审计重点；然后，各审计机关根据自身情况编制本单位的年度项目审计计划。

社会审计组织在实施项目审计之前，应根据各地的项目建设总体安排和地方的投资计划，综合分析，考虑自身的竞争实力，争取能够有饱满的工作任务。与国家审计机关不同，社会审计组织受其接受任务方式的影响，很难确定具体的项目审计范围，许多社会审计组织都要在全面分析的基础上，提出当年项目审计的收入目标，因此，与其说是选择审计项目，还不如说是确定审计任务目标以及为实现其目标而明确选择方式。

内部审计机构应根据本部门或本单位当年项目建设安排，按照本组织管理者的要求，结合本身的审计能力，确定内部审计项目范围，并使用风险评估的方法，按照风险的大小和审计的重要性程度，对当年项目审计的先后顺序作统筹安排，从原则上说，应先审计风险大的项目，或虽然风险不大，但影响比较大也比较重要的项目。

2. 成立审计小组

无论是国家审计机关、社会审计组织，还是内部审计机构，在确定了审计项目之后，都要根据审计项目的性质和审计内容的要求落实审计人员，成立审计小组，明确审计小组组长，并进行合理分工。从工程项目审计的一般情况看，审计人员主要包括：工程技术人员、财务会计人员、技术经济人员、管理人员等。其中，工程技术人员应是具有预算员资格或造价工程师资格的工程师或高级工程师，由他们负责完成工程项目造价审计、技术审计等相应工作。对于社会审计组织来说，其工程技术审计人员必须要具有上述资格，否则不能执业；财务人员应具备建设单位财务会计审计知识、施工企业财务会计审计知识和房地产开发企业财务会计审计知识；技术经济人员，是指懂得工程经济、投资经济和项目管理等方面知识的经济师或高级经济师，他们在工程项目审计工作中，对前期决策审计、项目管理审计和建设项目绩效审计等多方面内容负责；管理人员实际是在项目审计中进行综合协调的人员，他们不一定精通审计需要的上述专业知识，但应具有管理能力、协调能力、沟通能力和统筹能力，通常情况下，他们是审计组组长的承担者。人员数量根据审计项目的大小和审计时间的长短而定。工程项目审计实施审计组组长或主审负责制。从上述介绍情况来看，工程项目审计不同于一般的财政财务收支审计，这是由工程项目本身的特点来决定的。

3. 编制审计方案

审计方案包括审计工作方案和审计实施方案两个部分。其中，审计工作方案由派出的审计机关编制，审计实施方案由派出的审计组编制，经审计组所在部门负责人审核，报审计机关主管领导批准后，由审计组负责实施。

我国的社会审计组织和内部审计机构，参照审计署对国家审计机关的相关文件规定，制定了编制审计方案的具体要求，其格式和内容与国家审计机关审计方案基本一致。编制审计方案是规范审计工作的一个具体体现，是任何审计工作的必经程序，工程项目审计工作也不能例外。

4. 初步收集审计资料

在实施项目审计之前，审计人员应初步收集与工程项目审计有关的资料，如与审计事项有关的法律、法规、规章、政策及其他文件资料等。审计组对曾经审计过的单位，应当注意查阅了解过去审计的情况，利用原有的审计档案资料。除此之外，审计组还应调查了解被审计单位的基本情况。例如，审计人员应该到计划部门、项目主管部门、银行等单位了解项目的背景、材料，如批准的项目立项报告、可行性研究报告、设计任务书、设计文件、概算文件、分年度投资计划的财务计划等。收集资料时注意了解各单位对项目的反映和看法。该阶段收集的资料是工程项目审计的主要依据。

5. 下达审计通知书

当审计机关向被审计单位送达审计通知书时，应当书面要求被审计单位法定代表人和财务主管人员就与审计事项有关的会计资料的真实、完整和其他相关情况作出承诺。在审计过程中，审计组还应当根据情况向被审计单位提出书面承诺要求。与其他专业审计不同的是，工程项目审计的被审单位不仅仅指建设单位，它还包括设计单位、施工单位、监理单位以及主要的材料或设备供应单位等，因此，从理论上说，审计机关在下达审计通知书时，应同时下发给上述各被审单位，但在审计实务中，这样操作十分困难，故审计机关往往只向被审计的建设单位下发审计通知书，但同时要求所有的被审计单位都参照执行，并一再强调，工程项目审计涉及项目建设全过程的所有工作环节，建设单位、施工单位、设计单位、监理单位及有关的参与建设和项目管理的部门，都应无条件地接受工程项目审计。

由于我国内部审计的准则尚未出台，内审机构在实施建设项目审计时，大多也以国家审计基本准则为指导,在审计实施 3 日前,向本单位的被审部门下达审计通知书。但对于社会审计组织来说,则是与委托审计的单位签订审计委托书,以此明确双方的责、权、利,以保证工程项目审计工作能够得以顺利进行。

1.5.2 审计实施阶段

1. 进驻被审单位,进一步了解审计情况

下达审计通知书或签订审计委托书后,审计人员按预定的日期进驻被审计单位,一般要召开一个由被审计单位领导和有关人员参加的进点会,审计组说明审计目的、要求,取得被审计单位的支持,由被审单位领导、各业务部门负责人简要介绍项目情况。审计人员应了解的项目情况主要有:

(1) 建设单位的基本情况,包括机构设置与人员定编、负责人等。

(2) 项目的资金来源与数额、计划投放与实际投入的数额、项目概算及其调整、国家分配的计划指标和实际到货数量。

(3) 项目的基本情况,包括项目的平面布置、建筑面积、占地面积、生产区及生活区建筑面积和占地面积、主要厂房的结构建筑面积、建筑标准。

(4) 工程的完成情况和进展,包括完成的单项工程的数量和造价、未完工的单项工程的工程进度。

(5) 工程设计单位、主要施工单位、主要设备生产厂家名单。

在初步了解被审计单位情况的基础上,进一步收集与审计事项有关的审计资料。如果是进行开工前审计的话,则需要收集经批准的项目建议书、可行性研究报告、设计文件、与筹集资金有关的资料、办理开工手续的有关资料、招标投标资料、工程合同以及与土地的取得有关的资料等;如果是进行工程决算审计,则需要收集工程竣工图、决算书、工程量计算书、材料的价格信息、施工合同、施工签证、设计变更资料、施工组织设计文件、与项目管理有关的制度规定等。这些资料既是项目审计的依据,也是项目审计的对象,一般情况下都由建设单位提供。为了保证审计的主动性,审计人员在收集这些资料时应注意对其真实性进行鉴别,在必要时,应对与隐蔽工程有关的证明资料以及与材料价格有关的资料进行实地核实,以做到去伪存真,保证审计结论的真实性。

2. 对工程项目内部控制制度的健全性和符合性进行测试,评价工程项目的内部控制制度

与其他的专业审计一样,工程项目审计也应采用制度基础审计方法,通过对工程项目内部控制制度测试,评价工程项目内部控制制度的恰当性与有效性,并确定最佳控制点,从最佳控制点入手,实施重点审计,以提高项目审计的效率。该过程一般包括三个主要步骤:

(1) 描述内部控制制度。

审计人员可以通过调查问卷、流程图或文字表达的方式来描述工程项目内部控制制度。主要包括工程项目的承建方式描述、建设与管理的组织系统描述、现场管理制度描述、授权制度描述、财务管理制度描述、材料与设备采购制度描述等。内部控制制度描述

能够进一步说明工程项目的建设与管理质量情况，使审计人员能够对工程项目有一个完整的认识。

（2）测试内部控制制度。

对内部控制制度进行测试，需要经过穿行测试和小样本测试两个主要阶段。其中，穿行测试可以通过两种途径达到：一是"凭证穿行测试"，即根据组织的记录来追踪整个活动过程；二是"程序穿行测试"，即由审计人员对活动的每一步进行 1～2 次的测试。穿行测试是从控制点的分析开始的，审计人员针对项目建设活动中的控制点，对项目建设活动分层进行测试。小样本测试的实质是选择少量的行为活动进行测试，其目的是检查内部控制制度实施的有效性程度，即实际活动效果是否达到了预期的目标。

完成了对上述内部控制制度的描述和测试之后，审计人员立即对工程项目的内部控制情况进行评价，然后调整审计方案或进行扩大测试。

（3）按照调整后的审计方案要求，采用一定的方法对工程项目进行审计。

选择项目审计的重点，对有关资料、文件、合同、资金、实物等进行认真的审核和检查，并在审计过程中不断进入建设现场，进行实地考察与测量，深入调查取证，以保证审计内容的真实性和合法性。同时，应编制审计工作底稿。经过反复取证及分析审查之后，审计人员对被审单位报送的审计资料有了完整的认识，并按照国家的方针、政策、法律、法规及有关的技术经济指标要求评价被审项目的真实性、合法性和有效性，在此基础上得出初步的审计结论。作为审计实施阶段的一个重要工作环节，审计人员必须就已得出的初步审计结论与被审计单位交换意见，对其适当性进行沟通与探讨，并争取达成一致意见。

从工程项目审计的实施过程来看，开工前审计以程序上的合规性和内容上的合理性审计为主，所以其审计结论基本围绕项目建设与管理资料是否完整、内容是否真实、工作程序是否合规、审批部门是否进行了严格把关等问题展开；工程造价审计则偏重于确定造价的真实性和建设项目概（预）算的执行情况以及工程价款结算情况等内容，所以其审计结论多表现为以数字化形式反映的审计结果，如工程量是否准确、定额的套用是否合理、取费标准是否适当等问题就应在初步审计结论中有所揭示和表现；工程项目管理审计应围绕工程项目管理目标和项目管理特点而适当进行扩展，其实质则表现为工程项目绩效审计中的"效果性"审计内容；对于工程项目财务收支情况审计，审计人员应从内部控制制度分析入手，寻找薄弱环节，然后逐步对会计报表、相关账目和原始凭证进行深入审计。在这样的前提下，才能得出初步的审计结论，并使之基本正确。

在这一过程中，审计人员应按要求完成审计工作底稿，审计人员与被审单位就初步审计结论达成一致之后，着手准备编写审计报告。

3. 编写审计报告

审计组向其派出机构或委托方提交审计报告前，应当征求被审计单位对审计报告的意见。被审计单位自收到审计报告之日起 10 日内提出书面意见；在规定期限内没有提出书面意见的，视同无异议，并由审计人员予以注明。被审计单位对审计报告有异议的，审计组应当进一步研究、核实。如有必要，应当修改审计报告。

审计组对审计事项实施审计结束后，应当及时向其派出机构或委托方提交审计报告；提交的时间一般不得超过 60 日。国家审计机关派出的审计组应当将审计报告、被审计单位对审计报告的书面意见及审计组的书面说明，一并报送审计机关。

审计机关应当建立健全审计报告的复核制度，设立专门机构或者配备专门人员，对审计报告进行复核。复核机构或者复核人员复核审计报告后，应当提出复核意见，并作出复核工作记录。

审计报告经复核后，由审计机关审定。一般审计事项的审计报告，可以由审计机关主管领导审定；重大事项的审计报告，应当由审计机关审计业务会议审定。

审计机关对审计报告中的下列事项进行审定：

（1）与审计事项有关的事实是否清楚，证据是否确凿。

（2）被审计单位对审计报告的意见和复核机构或者复核人员提出的复核意见是否正确。

（3）审计评价意见是否恰当。

（4）处理、处罚意见是否准确、合法、适当。

审计报告处理准则是审计机关审定审计报告后，对审计事项作出评价，出具审计意见书，对违反国家规定的财政收支、财务收支行为以及违反《审计法》的行为，作出处理、处罚的审计决定，或者提出审计建议以及在报告审计工作时应当遵循的行为规范。

审计机关审定审计报告后，应当根据不同情况，分别作出以下处理：

（1）对被审计单位财政收支、财务收支的真实性、合法性、效益性作出评价，提出被审计单位的自行纠正事项和改进建议，出具审计意见书。

（2）对于违反国家规定的财政收支、财务收支行为，应当依法做出处理、处罚的审计决定，出具审计决定书。对被审计单位违反国家规定的财政收支、财务收支行为在2年内未被发现的，审计机关不再给予处罚，但可以依法作出处理。

（3）对被审计单位违反国家规定的财政收支、财务收支行为及其负有直接责任的主管人员和其他直接责任人员，审计机关认为应当由有关主管机关处理、处罚的，做成审计建议书，由有关机关给予处理、处罚。

（4）对被审计单位的财政收支、财务收支行为和负有直接责任的主管人员、其他直接责任人员违反法律、行政法规的规定，涉嫌犯罪的，做成移送处理书，由司法机关追究责任人的刑事责任。

（5）对审计工作中发现的与宏观经济管理有关的重要问题和重大的违法违纪问题，审计机关应当向本级人民政府和上一级审计机关提出专题报告。

审计机关对被审计单位和有关责任人员违反国家规定的财政收支、财务收支行为，作出较大数额罚款的审计决定之前，应当告知被审计单位和有关责任人员有权在3日内要求举行听证；被审计单位和有关责任人员要求听证的，审计机关应当组织听证。审计机关出具审计意见书、作出审计决定前，应当由复核机构或者专职复核人员对审计意见书、审计决定书、审计建议书和移送处理书代拟稿进行复核。审计机关应当自收到审计报告之日起30日内，将审计意见书和审计决定书送达被审计单位和有关单位。审计决定自送达之日起生效，一般应于90日内执行完毕。特殊情况下，审计决定执行完毕的时间可以适当延长，但必须报经审计机关批准。

审计建议书的格式与审计意见书相似，但二者之间在内容上有两点不同：第一，建议书的主送单位不是被审单位，而是建议执行处理的权利机构；第二，审计建议书一般是由审计机关提出的针对项目在建设过程中所发生的违法违纪情况予以查处的建议，审计意见书是审计机关针对项目在建设过程中出现的违反财经法纪情况而提出的纠正和改进意见。

需要说明的是，社会审计组织的审计报告的主送单位是审计的委托单位，而不是上级审计机构，而且它不出具审计意见书、审计决定，但可能会应被审计单位的要求发表审计建议，以便于被审单位对项目建设与管理过程中的不当行为及时进行修正。随着责任意识的不断增强，建设单位越来越注重外部审计的结果和建议，因此，社会审计组织在项目审计过程中的咨询服务功能也日益显现。

内部审计机构参照国家审计机关的模式完成审计报告，主送单位是审计的主管领导或主管部门。从国内外内审机构的设置情况上看，组织中内审机构设置的常见形式有如下四种：一是设在董事会或董事会所设的审计委员会之下；二是设在最高行政官之下；三是设在高级管理层之下；四是设在主计长或财务主管之下。审计小组编写的审计报告应送交给其所属的内审部门，然后由内审部门领导送交给上级主管部门（董事会、审计委员会、高级管理层最高行政官或财务主管），并由内部审计部门提出审计建议或意见，由上级主管部门出具审计决定。

1.5.3　审计终结阶段

上述工作完成之后，审计人员整理并归还审计资料，撤离审计现场，然后整理审计档案。

下列资料应存入档案：

（1）审计方案。

（2）审计通知书或审计委托书。

（3）审计工作底稿。

（4）审计报告、审计报告征求意见书及书面回执。

（5）审计建议书、审计决定。

（6）审计时所依据的主要资料的复印件。

1.5.4　后续审计阶段

后续审计，一般是指审计机构对被审单位在前次审计工作结束后，为检查审计结论或发现有隐瞒行为，或漏审、错审时而进行的跟踪审计。另一种情况是，有些工程项目铺了摊子，但建设资金不能及时到位，或配套项目不能同步建设，或厂址的工程、水文地质条件不清楚等，都直接影响建设速度，拖延工期，使项目难以按期竣工投产，造成较大经济损失，为促使这类工程项目能按计划达到预期的目的和效果，对其实施后续审计就显得十分必要。第三种情况是，对于同一个建设项目，曾进行过前期审计或在建项目审计，当审计机关在项目建成投产以后，再次对其实施的审计，也可称为后续审计。通过审计，一方面，可以全面考核项目的实际投资效益，并与可行性研究时的预计效益进行比较，全面评价项目的建设业绩和教训；另一方面，可以检验前次的审计质量和审计水平，总结经验，指导今后实践。

后续审计的主要内容包括：

（1）把原审计结论、处理决定中所提出的问题的落实执行情况列为后续审计的重要内容。检查被审单位有无认真采取整改措施，改正或处理，效果如何。对于尚未得到采纳、执行的有关问题，要认真分析、查明原因；对于因故拖延不改或措施不力的，要督促其尽快采取措施解决；对于故意推托延迟，拒不执行的，应责令其在限期内改正。

（2）检查上一次审计时已审出的问题有无重犯的情况，特别要深查那些隐藏较深、上次审计时因某种原因（如时间仓促、人力有限、线索不够等）未能见底的问题。例如，挪动、转移建设资金，挤占建设成本等。

（3）审查有无产生新问题。有的单位钻空子，避开已审过的问题，在别的方面做文章。例如，违反财经纪律的新方式、新计划外工程，损失浪费都有可能重新发生。

（4）检查上一次的审计质量和审计报告的质量。回顾工作中有无不妥或失误之处，审计决定有无不够客观、不够准确或者操作不便的情况。通过自我复审，有利于改进工作，提高审计质量，树立审计的权威性。

后续审计是审计工作程序不可缺少的重要组成部分，是强化审计监督职能、深化审计内容、加快实现审计工作制度化和规范化的有效途径。

第 2 章　工程项目前期审计

2.1　工程项目前期审计概述

2.1.1　工程项目前期工作的阶段

依照工程项目的基本建设程序，工程项目前期工作的阶段主要包括：项目建议书阶段、可行性研究报告阶段、设计文件阶段和建设准备阶段，概括起来其工作内容如下：

1. 提出项目建议书

工程项目的主管部门、地区、企事业单位根据国民经济和社会发展长远规划，结合行业和地区发展规划的要求，提出工程项目建设的必要性和相关依据；产品方案、拟建规模和建设地点的初步设想；资源情况、建设条件、协作关系等的初步分析；投资估算和资金筹措设想；经济效益和社会效益的估计。经过调查、预测分析后，提出项目建议书，报行业主管部门进行初审。行业主管部门初审通过后报国家计委，并委托有资格的工程咨询单位评估后进行审批。

2. 编、报可行性研究报告

项目建议书一经批准，即可着手进行可行性研究，对项目的技术上是否可行和经济上是否合理进行科学的分析和论证，国家规定所有基本建设项目都要在可行性研究通过的基础上，选择经济效益最好的方案编制可行性研究报告，并根据不同的投资规模分级审批。

3. 编、报设计文件

可行性研究报告经过批准的工程项目，应通过招标择优选择设计单位，按照批准的可行性研究报告的内容和施工图设计。初步设计由主要投资方组织审批，初步设计文件经批准后，总平面布置图、主要工艺过程、主要设备、建筑面积、建筑结构、总概算等不得随意修改、变更。

4. 建设准备阶段

项目在开工建设之前要切实做好各项准备工作，其主要内容包括：

（1）征地、拆迁和场地平整。

（2）完成施工用水、电、路等工程。

（3）组织设备、材料订货。

（4）准备必要的施工图纸。

（5）组织施工招标，择优选定施工单位。

2.1.2 工程项目前期审计的意义

1. 通过工程项目的前期审计，可以促使决策机构作出正确的投资决策

工程项目的前期审计，主要是对工程项目的可行性研究和计划任务书进行审计，即对投资决策进行审计。在审计过程中，对符合国家有关法律法规、数据真实可信、计算和判断准确的投资决策给予确认，对于为上项目而故意弄虚作假，不按规章制度办事的工程项目的投资决策给予否认，并通报有关部门给予追究和处理，这样审计机构既是对投资决策工作的审查监督和评价，也是对工程项目的投资决策的最后把关，有利于决策机构作出正确的投资决策。

工程项目的投资决策工作，其意义不只是决策本身正确与否。通过审计，作出正确的投资决策，可以减少因决策失误而带来的经济损失，还可以为项目建设奠定良好的基础，为提高投资效益创造条件。

2. 通过工程项目的前期审计，可以促使建设单位认真扎实地做好项目开工前的前期准备工作，为建设阶段工作的顺利开展打下良好基础

固定资产投资活动可以分为前期准备、施工建设、竣工投产三个阶段，每一个阶段都是不可缺少的。而前期准备工作虽然不能形成固定资产，但其充分完备程度如何，直接决定着建设阶段工作的进程和质量，对于新建项目尤为如此。过去由于片面强调建设阶段的重要性，忽视前期工作的意义，出现了边勘察、边设计、边施工的"三边"工程，结果施工中返工，修补甚至改点的现象较为严重，一些项目开工后因忽视场地平整工作而出现了大量的材料二次搬运费，因道路不畅而运料不及时等现象严重妨碍了工程进度，延长了施工周期。相反，凡注重项目的前期准备工作，按合理工期组织施工的工程项目，其建设速度一般较快，且质量可靠。通过前期工作审计，督促建设单位做好前期准备工作，有利于整个建设活动的正常开展。

3. 通过工程项目的前期审计，促使固定资产投资的决策机构和建设单位的工作规范化，有利于提高我国投资管理的水平

在实际投资活动中，我国出现过国民经济的多次调整和降温。同时，投资活动自身依然存在着许多顽疾，如建设周期长、损失浪费大、投资效益低等，究其根本，除因体制原因而导致的重争项目而轻项目管理外，另一重要原因是投资管理水平较差，工作不够规范或有章不循，不重视科学决策和前期工作。通过前期审计，促使决策机构和建设单位有章必循，有法必依，并督促其工作规范化、程序化，从而有利于投资管理水平的提高。因为建设单位是投资活动的中心环节，而决策工作又是投资活动最核心的工作，只要这两个环节的工作纳入规范化、科学化的轨道，对投资管理水平的提高，将有巨大的推动作用。

2.1.3　工程项目前期审计的内容

工程项目前期审计，是审计部门依照国家有关规定，对建设工程项目破土动工之前的有关经济活动进行的审计、监督，是工程项目审计工作的一个重要组成部分。

工程项目前期审计工作的内容，是根据工程项目前期准备工作的特点，并针对审计实践中发现的共性问题确定的，主要有以下几个方面：

1. 建设资金的来源与落实情况

（1）建设项目总投资有无合规来源，年度投资是否落实，前期财务支出是否合规。

目前，工程项目建设资金来源主要有国家基本建设基金，银行建设贷款，外资，地方、中央部门及企事业单位自筹资金和发行债券、股票等。一个工程项目有一种或几种建设基金来源，审计时对各种资金来源要区别对待，逐一落实。对利用国家经营性基本建设基金的项目，要求具有国家专业投资公司的有关文件或投资计划；利用非经营性基本建设基金的要有国家计委或主管部委的有关文件或投资计划；利用银行基本建设贷款的要有贷款合同或银行承诺证明；利用外资的要有经有关机关批准的合资企业合同或协议；对各种自筹资金要查清已筹措资金和拟筹措资金的来源渠道，审查资金来源的合规性，并计算资金数额是否充足；地方政府拨款的项目则要求出具地方财政或计划部门的文件或计划。

（2）审查资金来源合规之后，还要进一步审查工程项目开工当年所需资金是否落实。

对使用基本建设基金、银行贷款、地方政府拨款的项目要求出具有关部门下达的年度计划；利用外资的项目需执有会计（审计）事务所的合资企业验资证明；自筹资金要有银行存款证明。

工程项目具有资金，并非意味着工程项目财力确有保障，因为使用不当、损失浪费、转移挪用等均会导致建设资金的短缺，所以从工程项目开工前审计开始，就要对工程项目的各项支出是否合规、效益如何进行审计和监督，对于不合规的开支要及时纠正。

2. 初步设计内容

初步设计编定的建设规模与标准是否符合可行性研究报告的要求。工程项目超面积、超标准建设，有一些是在施工图设计和施工过程中实现的，还有一些则是在初步设计阶段便已发生了，表现为初步设计的面积、标准超过了可行性研究报告的要求，有的甚至在初步设计中夹带了计划外工程。因此，开工前审计要对初步设计的规模与标准严格把关，并检查概算编制的内容是否完整，有无明显漏项，投资方向调节税、建设期利息等因素是否考虑进去，套用的定额、取费标准是否正确，有无高估冒算等问题。

3. 执行建设程序情况

工程项目是否符合建设程序。主要审查工程项目的各项审批手续是否完备、合法，工程项目的项目建议书、可行性研究报告是否经过有权审批的部门审批，有无超越审批权限审批项目的问题；工程项目的施工准备工作是否完成，征地拆迁、勘察设计、场地平整工作是否完成，施工用水、用电是否接到现场，施工图纸能否满足计划工期确定的施工进度需要，选择的施工队伍资质是否达到要求等。

4. 投资方向的审计

工程项目是否符合国家的产业政策。在开工前审计中，对国家严格限制和停止生产产品的工程项目，对原材料供应不足而加工能力又有富余产品的工程项目，对达不到经济规模标准、经济效益差、污染严重的一些小型生产性项目，要严格把关。

此外，还包括审计机关根据项目情况认为需要审计的其他问题。

2.1.4　开工前审计的分工和程序

1. 审计分工

工程项目审计工作原则上按照工程项目的隶属关系进行分工，即中央项目由审计署及派出机构进行审计，未设派出机构的由审计署授权地方审计机关审计，地方项目由地方审计机关审计。

2. 审计程序

（1）新开工项目的建设单位或主管部门向审计机关提出工程项目开工前审计申请，同时提供下述文件：

① 项目建议书及审批文件。

② 可行性研究报告及审批文件。

③ 初步设计总说明、概算总表及审批文件。

④ 年度投资计划。

⑤ 证明资金来源的有关文件资料，有自筹资金的还需提供财务报表、银行存款证明或银行对账单。

⑥ 工程项目前期支出有关账表。

⑦ 审计机关视情况需要的其他资料。

对未提供完整资料的工程建设项目，审计机关可不予受理审计申请。

（2）审计机关受理工程项目审计申请后，要在 30 日内完成全部审计工作，这包括对开工前审计内容的审计、对施工现场进行实地察看和写出书面审计意见或审计结论，对存在严重问题的建设项目进行审计处理。

2.1.5　开工前审计结论及处理原则

1. 审计结论

根据审计署、国家计委《固定资产投资项目开工前审计暂行办法》规定，凡具备开工条件的项目，审计机关出具同意办理开工手续的意见；对资金来源不合理、当年资金不落实的项目，要督促建设单位尽快归还挪用的资金、筹措正当资金后才能办理开工手续，确属无正当资金来源或在建设期内不能落实资金的项目不能同意其办理开工手续；对违反建设程序的项目要依照规定及时纠正，前期工作未全部完成的，要抓紧完成后才能同意其办理开工手续；对设计编定的规模和标准超出可行性研究规定的，要限期修改，夹带的计划外项目要撤销，否则审计机关应出具不同意办理开工手续的意见。

2. 审计处理原则

经审计不同意开工的和未经审计的工程项目，审批项目开工的机关不予办理批准开工手续，建设部门不予核发施工执照，银行不予拨付工程用款。未经审计而开工的项目，除了责令建设单位立即停工补办开工前审计手续外，还要处以建设单位项目总投资额1%以下（含1%）的罚款，罚款从自有资金中支付，没有自有资金的，由主管部门代付；对直接责任人和主管负责人处以相当于本人3个月基本工资以下的罚款。

2.2 工程建设项目建议书审计

工程建设项目建议书是国家基本建设程序中的一个重要阶段。项目建议书被批准后，将作为列入国家中、长期经济发展计划和开展可行性研究工作的依据。

2.2.1 工程建设项目建议书审计的目标

工程建设项目建议书应根据国民经济和社会发展规划、地区经济发展规划的总要求，对项目的建设条件进行调查和必要的勘测工作，并在对资金筹措进行分析论证后，择优选定工程项目和项目的建设规模、地点和建设时间，论证工程项目建设的必要性，初步分析项目建设的可行性和合理性。

工程建设项目建议书审计的目标包括两个方面的内容：

（1）审查工程建设前期工作（项目建议书）的管理，出具审计意见。

（2）审查项目建议书对建设条件的调查和勘测工作是否符合实际，资金筹措是否真实可靠，项目建设规模、地点和建设时间是否合理，工程项目建设的必要性是否充分，项目建议书的审批程序是否合规等内容，并出具审计意见。

2.2.2 工程建设项目建议书审计的内容

1. 审查工程建设前期工作（项目建议书）的管理情况

审查对工程建设前期工作的管理是否遵循了相关的法律法规。例如，工程建设前期工作（项目建议书）项目是否经过审批，承担编制项目建议书的单位是否具备相应的资质，费用的支出是否列入计划、是否合理等。

2. 项目建议书编制情况的审计

（1）审查有无编制项目建议书。

项目建议书是编制可行性研究报告的依据，只有具备经过上级主管部门审批的项目建议书，才能进行可行性研究工作。同时，项目建议书也是建设程序的一个重要环节，只有经过审批的项目建议书，整个工程的建设才符合国家的规定。

对于正在建设而没有编制项目建议书的工程项目，审计机构应当责令被审计单位立即补编项目建议书，并报上级主管部门审批，同时应当根据具体情况，分别进行相应处理。

（2）审查项目建议书的编制依据是否可靠。

审查项目建议书是否符合国民经济和社会发展规划、地区经济发展规划的总体要求。

3. 项目建议书内容的审计

（1）项目建设必要性的审计。

① 审查项目建设的依据是否充分可靠，有无为了争项目而夸大事实的情况。

② 审查项目建设的必要性是否建立在客观实际的基础上，项目建议书中所阐述的必要性可以通过实地查看、走访当地群众等方法来审查其客观性。

③ 审查推荐项目的理由是否充分，是否经过多项目的比较和优选。

（2）项目建设规模的审计。

项目建设规模的审计主要是审查拟建项目的规模是否符合实际需要，是否符合项目建设目的和要求。还要审查被审计单位有无为了使项目容易获得审批而将项目分拆的现象。

（3）主要建筑物布置的审计。

主要建筑物布置的审计主要是审查确定的工程等级和标准是否与确定的项目建设规模相符合，工程选址（选线）、选型及布置是否体现了规划阶段的要求，有无对工程量较大或关键性建筑物进行方案比较。审查主要建筑物及机电和金属结构是否与建设规模以及工程选址相配套，是否做到了最优化的设计。

（4）工程施工方案的审计。

工程施工方案的审计主要是审查工程施工条件的论述是否充分，是否能够对工程施工提供足够的资源、交通、水电等各方面的物质支持；审查主体工程的主要施工方法及主要施工设备是否与初拟的建设规模相适应，主要施工设备的选用是否具有先进性；审查施工总进度是否符合成本效益原则，是否达到了最优化设计。

（5）环境影响的审计。

环境影响的审计主要是审查项目建议书中关于工程项目对环境影响的分析是否充分，有无低估对环境影响的现象，同时审查对环境的有利影响是否符合实际。审查减免不利影响的对策和措施是否能够对环境的保护起到实质的作用，能否真正减少工程项目建设对环境的影响。

（6）工程管理规划的审计。

工程管理规划的审计主要是审查项目建设管理机构的设置与隶属关系以及资产权属关系是否与工程项目的投资情况、建设规模、项目运作情况相配套，管理维护费用及其负担原则、来源和应采取的措施是否合理，是否体现了成本效益原则。

（7）投资估算及资金筹措的审计。

投资估算及资金筹措的审计主要是审查投资估算编制原则、依据及采用的价格水平的合理性；审查各项建筑工程的投资估算是否与设定的建设规模相符合，所采用的投资指标是否反映了工程项目的特点，有无为了审批而故意降低投资估算的现象；审查引进外资的投资估算的必要性及其相关的其他费用的合理性。审查项目投资主体的组成及其合法性，审查资金来源渠道是否符合法律、法规的规定及其真实性；对利用国内外贷款的项目，应当审查贷款偿还措施是否合理、可靠。

（8）经济评价的审计。

经济评价的审计主要是审查经济评价的基本依据是否充分、可靠；审查国民经济初步评价中评价指标的运用是否合理，对项目国民经济合理性的初步评价是否反映了工程项目的实际；审查财务初步评价是否符合国家财务制度的规定，对财务的评价是否反映了市场的供求变化，对项目的财务可行性初步评价是否合理；审查综合评价是否真正反映了社会效益、经济效益和财务效益以及国民经济的发展。

4. 项目建议书审批情况的审计

对项目建议书的审批情况进行审计，就是审查工程建设项目建议书是否严格按照相应审批权限进行审批，有无越权审批和没有审批就开工的现象。

2.2.3　工程建设项目建议书审计的结果与评价

工程建设项目建议书是工程项目建设过程中非常重要的一个建设程序，项目建议书通过审批，就意味着一项工程项目就要开始。如果项目建议书的审批程序以及其中的各种建设指标存在问题的话，那么，对于工程项目建设来说将会造成很大的损失。

因此，在对工程建设项目建议书进行评价时，要对影响工程项目建设的重大问题进行详细的论述，阐明其中遗漏或疏忽的环节，并且提出审查的意见。在对多个问题进行评价后，要根据重要性原则，汇总各个重要的问题，审查其对项目的影响程度，从而给出总体的评价结论。

2.3　工程项目可行性研究审计

2.3.1　可行性研究的定义

工程项目可行性研究，是指对工程项目的技术先进性、经济合理性和建设的可能性的研究，它是根据调查研究提出建设方案和论证报告。对工程项目可行性研究要进行必不可少的审计，通过审计可以为投资决策提供依据，提高投资效益，防止由于决策失误造成损失和浪费。

2.3.2　可行性研究审计的产生和发展

工程项目可行性研究的审计，早在20世纪30年代产生于美国。当时美国为了开发田纳西河流域，进行了可行性研究，以确定其开发是否有益。由于美国认真开展了可行性研究，作出了正确的投资决策，并取得了极佳的投资效益，从此，可行性研究在美国建筑业得到了广泛的应用。在第二次世界大战以后，西方国家也开始广泛地采用可行性研究。经过几十年的应用，可行性研究方法不断充实和完善，已经成为了一套科学的方法。

在我国，可行性研究也日益重视和发展。1982 年，国家计委、国家建委颁布了《关于缩短建设工期，提高投资效益的若干规定》，明确指出："工程项目决策必须建立在科学、可靠的基础上。上项目之前一定要认真负责、精心细致地进行可行性研究和技术经济论证。"同时，还指出："凡是没有经过可行性研究，或可行性研究深度不够的投资项目，不应批准设计任务书。初步设计未批准不得列入年度基建计划。"从这里可以看出，没有经过可行性研究，或可行性研究深度不够的工程项目，不应批准设计任务书。但在实际工作中，仍有不少单位不重视可行性研究，把可行性研究当做可有可无。为此，1983 年，国家计委又颁布了《国家计委关于颁发工程项目进行可行性研究的试行管理办法的通知》，明确规定："可行性研究是建设前期工作的重要内容，是基本建设程序的组成部分。"并明确规定，利用外资项目、技术引进和设备进口项目、大型工业交通项目，包括重大技术改造项目，都应进行可行性研究。其他投资项目有条件的，也应进行可行性研究。可见，可行性研究已作为一项法定内容列入了工程项目的前期工作。

2.3.3　可行性研究审计的意义

工程项目可行性研究审计的意义，一般有以下几个方面：

1. 提高投资决策的准确性

可行性研究作为计划任务书编制和审批的依据，是投资决策的主要前提。可行性研究审计，其目的就在于通过对可行性研究报告和可行性研究工作进行审查和监督，确保可行性研究结论的准确性，进而确保投资决策的准确性。

2. 可以解决我国目前可行性研究中存在的问题

尽管我国已把可行性研究作为法定内容和程序列入了工程项目的前期工作，但是由于主客观方面的原因，我国可行性研究工作的现状不容乐观。主要问题表现在：一些单位可行性研究不是进行多方案比选，不是为投资决策提供数据和方案依据，而是为已经作出的投资决策提供数据和方案支持，结果使可行性研究成为应付规定的工具；因为数据来源所限，有的可行性研究工作数据不足，可靠性不高，使得可行性研究结论带有较大的随意性；由于对工程项目的国民经济评价不够重视，经济价格确定不合理，使得一些据此作出投资决策的工程项目建成投产后，宏观效益与微观效益产生极大的反差，有的项目按国内价格计算的经济效益与按国际市场价格计算的经济效益相差悬殊；由于对工程项目敏感性分析不够，一些项目据此决策后，因市场等条件变化而效益大为下降等。这样，通过对可行性研究工作和可行性研究报告进行审查分析，促使有关单位提高对可行性研究的重视，提高可行性研究工作人员的素质，加强相关辅助工作，如资料收集、整理、归档保管，经济参数制定和修改工作等，从而解决目前我国可行性研究工作中存在的问题，填补存在的漏洞。

3. 提高我国投资管理水平

从可行性研究发展的历程来看，由一般理论研究过渡到写进法律，内容由简单到复杂，由抽象到具体，方法由落后到先进，在国外经历了半个多世纪。我国现阶段把可行性研究纳入投资审计内容之中，有利于促进建设单位借鉴和吸收国外先进管理办法和技术，并使之落到实处，把我国的可行性研究工作提高到一个新的水平，进而提高整体投资管理水平。

2.3.4 可行性研究审计的特点

1. 审计内容庞杂

可行性研究是事前对工程项目从技术和经济两个方面进行的详细论证，其涉及内容贯穿了项目建设期间的主要内容和项目建成投产后较长时间内的运转状况和结果，无疑是十分庞杂的。从这个意义上对审计工作提出的要求是，审计机构应投入较大的精力和较高素质的人员对工程项目的可行性研究报告和可行性研究工作进行审计，并要求审计机构引进工程技术人员或聘请工程技术专家进行技术论证方面的评审，力争作出准确的审计结论。

可行性研究审计内容的庞杂性和可行性研究内容对工程项目建设期和投产期的统驭作用，给审计工作提出的另一要求是建立投资审计档案，使可行性研究审计与后续的投资效益审计联系起来，便于两者（预测数与实际数）进行对照，检查可行性研究审计工作的质量，提高审计工作的可靠性。

2. 工作关系复杂

进行可行性研究审计，面临着较为复杂的工作环境，一是内容复杂且很多内容具有可变性，审计工作稍有不慎，便有可能使结论大相径庭，审计工作的准确性要求又不允许审计结论有误，因此，从思想上的警惕性到工作上的严肃性，均对审计提出了较高要求；二是可行性研究审计毕竟不同于可行性研究工作，不需要也不可能（时间上的限制）由审计机构重做可行性研究工作，但可行性研究审计的目的又不允许忽略可行性研究的主要内容，因此，可行性研究审计的方法选择与运用和工作程序安排也是审计工作开展之前必须正确处理和统筹安排的难题之一；三是审计不同于管理，审计机构的立场直接决定着审计的独立性和结论的权威性。因此，可行性研究审计只能在可行性研究工作结束之后进行，即使如此，审计机构否定意见的提出，仍必须以百分之百的准确性为前提，因为可行性研究内容毕竟没有经过实践检验，如果可行性研究审计的否定意见不准确，则很难得到建设单位的配合与支持。

3. 可行性研究审计着重于事前经济效益的评审

既然可行性研究是从技术和经济两个方面对工程项目的可行性进行论证，可行性研究审计的内容从总体上说就必然包括技术和经济两个方面，但是，审计机构的工作重点应该是经济论证方面。这是因为：第一，关于技术问题，审计机构可以聘请工程技术专家进行评价和鉴定，这些鉴定文件可以作为审计工作的直接证据，而直接证据的证明力是较强的；第二，相对于经济问题而言，技术上的外部约束因素较少。

把经济论证作为可行性研究审计的侧重点，意味着必须针对可行性研究机构对资料的收集、鉴别、评价考核方法的运用进行审查，还必须对工程项目一系列微观经济效益、国民经济效益以及敏感性分析指标进行考核。

2.3.5　可行性研究审计的内容

工程项目可行性研究审计的内容和方法，一般有以下几个方面：

1. 审查工程项目是否有可行性研究报告

按照规定，新建、扩建、改建的工程项目，都必须有可行性研究报告。如果没有可行性研究报告，就无法进行审计。

2. 审查可行性研究工作前提是否具备

国家计委《关于工程项目进行可行性研究的试行管理办法》规定，工程项目必须由有关部门和单位在调查研究的基础上，编制并上报需要进行可行性研究的项目建议书，经主管部门批准后，才可委托有关单位进行可行性研究。如果项目建议书未经上级部门批准，则审计部门应通知其补办手续或停止可行性研究工作。

3. 对进行可行性研究的单位进行资格审查

按规定，负责进行可行性研究的单位，要经过资格审定，要对工作成果的可靠性、准确性承担责任。也就是说，只有资格审定合格的单位才有权进行可行性研究。对于未经国家正式批准颁发证书的单位进行可行性研究的，审计机构有权予以追究；审计机构还应审查建设单位是否与可行性研究机构签订委托合同。

4. 可行性研究内容提出依据的审计

工程项目可行性研究的内容必须按照国民经济长远规划和地区规划、行业规划的要求来编制，审计机构应查处计划外投资项目或建设内容，尤其应防止低水平的重复建设。

5. 审查编制可行性研究报告之前的相关工作

审计部门应审查编制可行性研究报告之前的相关工作，即是否进行调查研究、资源地质勘探等各项准备工作；调查报告是否经过充分论证，是否满足规定的内容和深度要求等。

6. 审查可行性研究的内容

国家计委《关于工程项目进行可行性研究的试行管理办法》规定，工业项目可行性研究应具备十项内容如下：

① 总论。
② 需求预测和拟建规模。
③ 资源、原材料、燃料及公用设施情况。
④ 建厂条件和厂址方案。
⑤ 设计方案。
⑥ 环境保护。
⑦ 企业组织、劳动定员和人员培训。
⑧ 实施进度的建议。
⑨ 投资估算和资金筹措。
⑩ 社会及经济效果评价。

可行性研究审计的方法可以是就上述内容逐项审查分析然后对可行性研究报告作出综

合评价和分析。这种方法需要耗用较多的时间和精力，一般情况下不宜采用。

对可行性研究内容进行审计的另一方法是，首先对可行性研究内容进行分析和归纳，找出可行性研究所要解决的主要问题，然后运用各种审计方法对可行性研究对上述问题的解决方法及其结论的准确性进行审查分析评价，提出审计结论。

可行性研究所要解决的主要问题是：

① 说明为什么要投资建设这个项目。

② 说明建设这个项目，在工艺技术上的可行性、经济上的盈利性，决定项目规模、原材料供应、市场销售的条件。

③ 说明建设地点及当地的自然条件和社会条件，进行厂址比较。

④ 说明工程项目何时开始投资、何时建成投产、何时收回投资，选择最佳投资时机。

⑤ 说明工程项目的资金筹措、工程建设、经营管理等事项由谁来承担。

审计机构重点审查可行性研究对上述五个问题的解决情况。因此，工作侧重于以下几个方面：第一，工程项目及其厂址、规模、建设方案等是否经过多方案比较优选；第二，各项数据是否齐备可信；第三，运用效益考核指标对投资估算和预计效益等进行详细分析考核；第四，审查可行性研究对工程项目经济效果是否进行了静态和动态分析、财务分析和国民经济评价。

7. 审查可行性研究报告的审批情况

审查可行性研究报告的审批情况，主要审查可行性研究报告是否经其编制单位的行政、技术、经济负责人签字以示对可行性研究报告的质量负责；是否按期上交有关单位和部门进行审查；审查机构是否组织各方面专家参加审查会议并据实做出审查意见以及可行性研究机构对审查意见的执行情况等。

8. 建设规模和市场需求预测准确性的审计

建设规模和市场需求预测准确性的审计，主要是审查拟建项目的规模、产品方案是否符合实际需要，对国内外市场预测、价格分析、产品竞争能力、国际市场的前景分析是否正确等。

9. 协作配备关系落实情况的审计

审查协作配备关系落实情况，审计的主要依据是地质勘探部门的勘探资料，主要是审查原材料、资源、燃料、动力、交通及公用设施落实情况，防止协作配套关系项目的不落实。

10. 建设条件和厂址方案的审计

审查建设条件和厂址方案，主要审查与项目有关的气象、水文、地质、地形条件和社会经济状况是否准确无误。如果工程地质条件和水文条件不清，则审计人员应及时提出意见，必须将这些问题搞清楚，并写出书面报告呈报上级主管部门批准后，方可开工建设。

11. 项目工艺、技术方案的审计

审查项目工艺、技术方案，主要是审查工艺和设备选型是否先进合理，引进技术、设备能否消化吸收等。

12. 交通运输情况的审计

交通运输情况的审计，主要是审查厂内、厂外运输条件，特别要注意厂外运输条件的审查，因为它是保证生产供应、生活供应和产品销售的重要环节。如果一个企业单位，交通运输条件不具备，就会造成原材料进不来，而生产的产品出不去，甚至职工生活也会受到很大的影响。

13. 对环境保护措施的审计

审查环境保护措施，主要是审查"三废"治理措施是否与主体工程同时设计、同时建设、同时投产。对于严重污染环境、治理方案不落实的工程项目，审计人员应提出停建或缓建的建议。

14. 对投资估算和资金筹措的审计

审查投资估算和资金筹措，主要是审计其安排是否合理。在审计时，应注意审查工程项目投资概算是否准确，建设资金和生产流动资金有无正当的来源渠道，贷款有无偿还能力，投资回收期计算是否正确等。

15. 投资效益的审计

审查工程项目的投资效益，既要审查项目建设的微观效益，也要审查工程项目对国民经济的宏观效益，对财务评价与国民经济评价要进行仔细的审查和核算。

16. 对各项经济指标计算的审计

对各项经济指标的计算，要审查其是否准确，如对项目投资额、产品成本、企业年利润率、贷款的偿还能力、投资回收年限、建设工期等，应仔细复核，看看是否计算准确，防止弄虚作假、随意编造。

17. 对可行性研究收费情况的审计

审查可行性研究收费情况，主要审查收费标准是否合理；收费标准、付款时间和方式是否写入了合同等。

2.4　工程项目勘察设计审计

工程项目勘察设计工作包含两个部分的内容：项目建设工程勘察工作和项目建设工程设计工作。工程项目勘察设计审计是工程项目全过程跟踪审计的重要内容，对节约建设资金、避免损失浪费，具有十分重要的意义。

2.4.1　工程勘察

工程勘察是为查明工程项目建设地点的地形地貌、土层土质、岩性、地质构造、水文条件和各种自然地质现象等而进行的测量、测绘、测试、观察、地质调查、勘探、试验、鉴定、研究和综合评价工作。目的是为工程项目厂（场）址的选择、工程的规划、设计、施工及综合治理提供科学、可靠的依据和所需的基础资料。

勘察工作的深度和质量是否符合有关技术标准的要求、厂（场）址选得是否得当，对工程建设的经济效益有着直接的影响。工程勘察在工程建设诸重要环节中居先行地位。城市建设、工业与民用建筑、铁路、道路、港口、输变电及管线工程、水利与施工建筑、采矿与地下等工程建设都必须坚持先勘察、后设计、再施工的原则。没有符合要求的工程勘察资料，就不能确定厂（场）址，不能进行设计，更不能进行施工。

1. 工程勘察工作的原则

（1）勘察工作必须遵守国家的法律、法规，贯彻国家有关经济建设的方针、政策和基本建设程序。要贯彻执行提高经济效益和促进技术进步的方针，并严格执行有关技术标准。

（2）勘察成果要正确反映客观地形、地貌、地质情况，确保原始资料的准确性，并结合工程具体特点和要求提出明确的评价、结论和建议。

（3）勘察工作既要防止技术保守或片面追求产值、任意加大工作量，又要防止不适当地减少工作量而影响勘察成果，给工程建设造成不应有的事故或浪费。

（4）要积极合理地采用新理论、新技术、新方法、新手段。应结合工程和勘察地区的具体情况，因地制宜地采用先进可靠的勘察手段和评价方法，努力提高勘察水平。

（5）要开展环境地质评价工作。勘察工作不仅要评价当前环境和地质条件对工程建设的适应性，而且要预测工程建设对地质和环境条件的影响。要从保护环境出发，做好环境地质评价工作。

（6）要充分利用已有勘察资料，勘察工作前期应全面搜集、综合分析、充分使用已有勘察资料。

（7）要搞好安全生产。加强对勘察职工安全生产教育，严格遵守安全规程，防止人身、机具和工程事故。

2. 工程勘察工作的程序

勘察阶段的划分应与设计阶段相适应。各勘察阶段的工作内容和深度要求，应按国家或本地区、本部门颁发的有关规范、规程等技术标准的规定，结合工程的特点来确定。

勘察方法和工作量主要依据工程类别与规模、勘察阶段、场地工程地质复杂程度和研究状况、工程经验、建筑物和构筑物的等级及其结构特点、地基基础设计与施工的特殊要求等六个方面而定。

各阶段勘察工作一般要按下列程序进行：承接勘察任务，收集已有资料，现场踏勘，编制勘察纲要，出工前准备，现场调查、测绘、勘探、测试，室内试验，分析资料，编制图件和报告等。

大型或地质条件复杂的工程，要做好施工阶段的勘察配合、地质编录和勘察资料验收等工作。如果发现有影响设计的地形、地质问题，则应进行补充勘察，要做好监测、回访和总结工作。

3. 工程勘察技术标准

勘察技术标准（包括规范、规程）是工程建设标准化工作的组成部分，是各项勘察工作的技术依据。各类建设工程的勘察都必须制定相应的技术标准，并逐步建设统一的工程勘察技术标准体系，同时，要在一定时间内完成配套工作。制定或修订技术标准，必须贯彻执行国家的有关技术经济政策，做到技术先进、经济合理、安全适用、确保质量。

勘察技术标准分为国家、行业、地方和勘察单位四级。国家勘察技术标准，是指在全国范围内需要统一的标准，由主编单位提出，并报国务院主管基本建设的综合部门审批、颁发。国务院各有关组织制定的勘察技术标准行标，是指在全国各行业范围内需要统一的技术标准，由主编单位提出，报主管部门审批、颁发，同时报国务院主管基本建设综合部门备案。省、市、自治区有关主管部门组织制定的勘察技术标准称为地标，是指在本地区范围内需要统一的技术标准，由主编单位提出，报省、市、自治区主管基本建设的综合部门审批、颁发，同时报国务院主管基本建设的综合部门备案。勘察单位可根据本单位工作特点和需要，制定在本单位内部使用的勘察技术细则和勘察技术规定，由勘察单位自行颁发执行，并报上一级主管部门备案。

勘察技术标准一经颁布，就是技术法规，在一切工程建设的勘察工作中都必须认真执行，不符合勘察技术标准要求的勘察技术成果，不被承认或提出。

4. 工程勘察质量管理

勘察单位必须对员工进行"质量第一"的教育，建立健全勘察质量管理制度，推行全面质量管理，不断提高勘察质量。要切实抓好勘察纲要的编制、原始资料的取得和成果资料的整理三个环节的质量管理。每个环节都应做到事前有布置，中间有检查，成果有校审，质量有评定。勘察纲要应体现规划、设计意图，如实反映现场的地形和地质概况，符合规范、规程和任务书的要求，勘察方案合理。原始资料必须符合规范、规程的规定，做到及时编录、核对、整理，不得遗失或任意涂改。成果资料必须做到数据准确、论证有据、结论明确、建议具体。

勘察单位必须建立和健全原始资料的检查、验收制度和成果资料审核制度。对各项原始资料必须坚持自检和互检相结合，大型或地质条件复杂工程的勘察纲要和成果资料，应组织会审。各主管部门在审批大型或地质条件复杂的工程的文件时，应审查勘察成果资料。主管部门和勘察单位要开展创优秀勘察活动，要制定创优秀勘察的措施，保证"创优"活动深入持久地开展。

2.4.2　工程项目设计

设计是一门涉及科学、经济和方针政策等各个方面的综合性的应用技术科学，设计文件是安排工程项目和组织施工的主要依据。

设计是整个工程建设的主导，一个项目该不该上、如何上，都需要设计单位为有关部门的宏观控制和项目决策提供科学依据。项目确定以后，能不能保证工程建设的质量、加快建设速度、节省投资，项目建成后能否获得最大的经济效益、环境效益和社会效益，设计工作都起着关键性的作用。设计工作不仅关系到基本建设的多快好省，而且更重要的是直接影响企业建成投产后的产量、质量、消耗、成本和资源的最佳配置，对企业的生产技术水平和劳动生产率起着决定性的作用。

1. 设计工作的原则

设计的基本任务是要体现国家有关经济建设的方针、政策，设计文件的内容要切合实际、安全适宜、技术先进、经济合理。

设计人员在编制设计文件的过程中，必须坚决贯彻执行以下原则：

（1）严格遵守国家的法律、法规，贯彻执行国家经济建设的方针政策和基本建设程序，特别应贯彻执行提高经济效益和促进技术进步的方针。

（2）要从全局出发，正确处理工业与农业、工业内部、沿海与内地、城市与乡村、远期与近期、平时与战时、技改与新建、生产与生活、安全质量与经济效益等方面的关系。

（3）要根据国家有关规定和工程的不同性质、不同要求，从我国实际情况出发，合理确定设计标准。对生产工艺、主要设备和主体工程要做到先进、适用、可靠。对非生产性的建设，应坚持适用、经验，在可能条件下注意美观的原则。

（4）要实行资源的综合利用。根据国家需要、技术可能和经济合理的原则，充分考虑矿产、能源、水、农、林牧、渔等资源的综合利用。

（5）要节约能源。在工业项目设计中，要先用耗能少的生产工艺和设备；在民用建设项目中，也要采取节约能源的措施。要提供区域性供热，重视余热利用等。

（6）要保护环境。在进行各类工程设计时，应积极改进工艺，采取行之有效的技术措施，防止粉尘、毒物、废水、废气、废渣、噪声、放射性物质及其他有害因素对环境的污染，并进行综合治理和利用，使设计符合国家规定的标准。"三废"治理的措施必须与主体工程同时设计、同时施工、同时投产。

（7）要注意专业化和协作。工程项目应根据专业化协作的原则进行建设，其辅助生产设施、公用设施、运输设施以及生活福利设施等，尽可能同邻近有关单位密切协作，配套使用。

（8）要节约用地。一切工程建设，都必须因地制宜，提高土地利用率。工程项目的厂（场）址选择，应尽量利用荒地、劣地，不占或少占耕地。总平面的布置，要紧凑合理。

（9）要合理使用劳动力。在工程项目的设计中，要合理选择工艺流程、设备、线路，合理组织人流、物流，合理确定生产和非生产定员。

（10）要立足于自力更生。引进国外先进技术必须符合我国国情，着眼于提高国内技术水平和制造能力。凡引进技术、进口关键设备能满足需要的，就不应引进成套项目；凡能自行设计或合作设计的，就不应委托或单独依靠国外设计。

设计概（预）算经审后，就是控制工程项目投资的依据。各级主管部门要切实加强工程建设概（预）算工作的领导，管好用好基本建设投资，不断提高投资效益。

2. 设计招标

设计招标就深度和范围而言，可根据不同专业性质采取分段招标。一般以采取可行性研究报告方案和设计方案招标为好。通过方案竞争择优挑选设计单位，连续承担初步设计和施工图设计，以保持设计工作的连续性。这样做有利于贯彻设计意图，避免重复工作，简化管理。所以，不宜在可行性研究方案招标以后，又搞初步设计招标，另选设计单位。在某些情况下，在一次性总招标以后，可以对某些技术上有特殊要求的单项工程进行初步设计招标，由中标单位承担设计。

进行设计招标，必须掌握工程设计的招标条件、招标方式、招标工作程序和招标文件的主要内容，以及评标和定标工作要求等，否则设计招标就无法正常进行。

（1）招标条件。

实行设计招标的工程项目必须具备以下条件：

① 具有上级对拟建项目的决策文件。

② 具有开展设计必需的可靠基础资料。

③ 成立了负责招标工作的组织机构，并有指定的负责人。

（2）招标方式。

招标方式一般有以下两种：

① 公开招标。即招标单位通过报刊、广播、电视、网络等工具公布招标公告。

② 邀请招标。即招标单位向有承担能力的设计单位直接发出招标通知书，邀请招标必须在三个以上的单位进行。

（3）招标程序。

设计招标一般应遵循以下程序：

① 招标单位编制招标文件。

② 招标单位发布招标公告或发出招标通知书。

③ 投标单位购买或领取投标文件。

④ 投标单位报送申请书。

⑤ 招标单位对投标单位的资格审查，也可以委托咨询公司审查。

⑥ 招标单位组织投标单位踏勘工程现场，解答招标文件中的问题。

⑦ 投标单位编制投标书。

⑧ 投标单位按规定时间密封报送投标书。

⑨ 招标单位当众开标，组织评标，确定中标单位，发出中标通知书。

⑩ 招标单位与中标单位签订下步设计合同。

（4）招标文件的主要内容。

招标文件一般应包括以下内容：

① 投标须知。

② 上级对拟建项目的政策性文件的复制件。

③ 项目说明书，包括对工程内容、设计范围的深度、建设周期和设计进度等的要求。

④ 设计资料供应内容、方式和时间，设计文件的审查方式。

⑤ 组织现场踏勘和进行招标文件说明的时间和地点。

⑥ 投标起止日期。

⑦ 其他。

3. 设计投标

设计单位参加设计投标，其步骤和方法如下：

（1）报送投标申请书。

设计单位参加设计投标，应按投标通知书规定的时间报送申请书，并附上单位状况说明，包括：

① 单位名称、地址、负责人姓名、勘察设计证书号码和开户行账号。

② 单位性质和隶属关系。

③ 单位情况，包括成立时间、近期设计的主要工程情况、技术人员的数量、技术装备、专业设置情况和专长技术等。

（2）投送投标书。

设计单位报送投标书的内容应符合招标文件的规定，一般应包括以下主要内容：

① 设计方案的主要特点。

② 主要设计原则。

③ 建设条件。

④ 建设规模、产品方案和产品销售。

⑤ 主要设计方案。

⑥ 设计与建设进程。

⑦ 综合经济与效益评价。

⑧ 存在的问题与建议。

投标书要加盖设计单位及其负责人的印鉴，密封后寄送招标单位。标函一经寄出，不得以任何理由要求更改。

4. 评标与定标

评标与定标是搞好设计招标的关键。为保证招标工作的公正性，招标、评标和定标工作，由业主主持，并邀请有关部门参加。

（1）评标委员会一般应邀请办事公正、经验丰富、有较高技术的行业专家组成。评标委员会的主要任务是对所有投标方案做出评价，推荐一两个优秀方案，提请招标领导小组审定。招标领导小组由投资单位领导，吸收有关方面代表和专家参加，根据评委的报荐意见，研究确定中标单位。

（2）评标标准。设计招标的评标标准，主要是设计方案的优化、工艺设计水平的高低、经济效益的好坏、设计进度的快慢以及设计单位的资历和社会信誉等方面。

（3）评标、定标日期。评标、定标的日期不能过长，从发出招标文件到开标最长不得超过半年，开标、评标至确定中标单位一般不得超过一个月；确定中标后，双方即可签订下一步设计合同。

2.4.3　工程项目勘察设计审计的内容

1. 工程建设勘察工作审计

工程勘察工作是对工程建设地质的评价，不仅要客观地评价，反映当前的环境及地质条件，而且也要预测工程建设将对地质和环境产生的影响。勘察工作应全面搜集、综合分析勘探、测绘的结果，及时、准确地向有关单位提供可靠的勘察数据和勘察报告。

工程勘察工作的内容和深度要求，应按国家和本地区、本部门颁发的有关规范，结合具体工程特点确定。

对工程勘察工作的审计，主要有以下几个方面：

（1）勘察证书确认的审计。

勘察单位必须持有勘察证书，如果发现有超越承担任务范围，发生勘察质量事故的，则要向主管部门通报，情节严重者应追究责任，甚至吊销勘察证书。未取得勘察证书的单位，不得承揽工程勘察工作。若有弄虚作假，则必须追究相应责任。当有特殊情况需委托国外勘察时，应报请国家计委审批，其工程勘察资格证书也应由有关主管部门确认。

（2）对工程勘察工作报告内容的审计。

审计人员必须到有关的设计单位、施工单位作调查，在具备大量调查资料前提下对勘察报告内容进行审计。若在工程地下基础部分施工中，发现与勘察报告不符的地质情况时，则应及时分析原因，作出正确判断，分清责任。

（3）工程勘察取费审计。

工程勘察工作收费按国家规定《工程勘察取费标准》执行，不得巧立名目乱收费，更不得索取"回扣"，一旦发现，除应退还原资金外，还应追究相应责任。

（4）工程勘察合同审计

建设单位、设计单位与工程勘察单位的委托、承包合同，必须符合《中华人民共和国经济合同法》的规定。工程勘察工作应当在工程设计任务书编制前进行，勘察的结果应能满足设计单位、施工单位的要求。

2. 工程建设设计工作审计

工程设计工作是基本建设工作程序中的一个重要环节，是前期工作的重要组成部分。对工程设计的审计工作主要有以下几个方面：

（1）设计单位资格、等级审计。

在审计设计文件之前，应首先对承担工程设计工作的设计单位的资格和等级进行审计。承担设计任务的设计单位必须是取得经国家批准颁发的设计证书的单位。按照国家规定，持有各等级工程设计证书的设计单位，须按照核定的等级承担相应的设计任务。特殊情况下，设计单位承揽超过等级证书允许设计等级的任务，须报经主管部门批准同意，并委托符合规定等级的设计单位负责审查并加盖公章，审查单位应对设计的可靠性和合理性负技术责任，否则应视为无效设计。

例如，广东省建设委员会规定，取得甲级建筑工程设计资格的设计单位，所承担建筑工程的设计范围不受限制。取得乙级建筑工程设计资格证书的设计单位可承担：12 层以下或跨度不超过 30 米的民用建筑；跨度不超过 30 米及吊车吨位不超过 30 吨的单层厂房和仓库；跨度不超过 7.5 米的 5 层以下的厂房和仓库，以及中小型烟囱、水塔及水池等构筑物。取得丙级建筑工程设计资格的设计单位，可以承担：6 层以下，开间不大于 3.9 米的混合结构民用建筑；跨度不超过 18 米的单层民用建筑；跨度不超过 30 米，吊车吨位不超过 3 吨的单层厂房和仓库；跨度不超过 7.5 米的 3 层以下厂房和仓库；采用标准设计图图纸的独立烟囱、水塔和水池等构筑物。其他各类专业设计单位，根据专业性质和技术力量，都要在国家规定的范围内承担相应等级的设计任务。对持证超范围设计或无证设计的单位和个人，又未经有关部门批准，也未经相应等级设计单位审查确认，造成设计质量低劣，除向有关部门通报外，情节严重的应由发证机关降低原持证等级或吊销原设计证书，直至追究责任。无证和无营业执照非法设计的，应没收其非法所得并处以罚款。

（2）建设工程设计合同审计。

建设工程设计合同是建设单位同设计单位明确责、权、利的协议,必须符合《中华人民共和国经济合同法》的有关规定。一般的设计合同应具备以下几点:

① 工程名称、规模、投资额、建设地点。

② 委托方提供的资料内容、技术要求和设计完成期限。

③ 承包方的设计范围、进度和质量、设计阶段及交付设计文件时间、份数等。

④ 设计取费依据、取费标准及支付办法、奖罚内容等。

审计时重点对设计单位是否按合同履约,是否按规定期限如数交付图纸及文字资料,有否因图纸不全或未按时交付而影响工程进度,设计取费是否按国家规定的取费标准,有否"高套定额"其至含有"回扣",设计费支付是否符合财务规章制度及现金管理制度。

(3)设计任务书的审计。

按国家计委颁发的《基本建设设计工作管理暂行办法》规定,设计单位要参加建设前期工作,根据主管部门的组织、委托,参加设计任务书的编制。对设计任务书的审计就是对其在编报、审批、修改等环节的合规性进行审查。主要有以下几个方面的内容:

① 设计任务书审批权限审计。

设计任务书的编制应由工程项目的主管部门组织设计和筹建单位参加,并经主管部门审查后上报。大中型项目的设计任务书应由项目所在地的省、市、自治区的计划部门或国务院主管部门转报或提出建议,某些重大项目的设计任务书应由项目所在地的省、市、自治区计划部门或国务院主管部门组织编制,上报国家计委或国务院审批。在审计时,应着重审查是否存在越权审批的现象。

② 审计任务书编制内容的审计。

对设计任务书编制内容进行审计,应当进行充分的调查研究,特别是对生产方案、产品市场、自然资源、贷款偿还能力、投资效益等数据,要对照可行性研究报告或有关部门作出的效益评估或贷款评估,认真审查,如有矛盾,要分析其原因。与此同时,还要根据国家有关规定,审计该工程建设是否符合国家产业政策的要求。在审计中,如果发现建设单位、设计单位违反国家产业政策,则应及时向有关部门通报,并提出整改建议。

③ 设计任务书修改的审计。

按规定设计任务书一经审批,便具有约束力,任何单位和个人都不得擅自修改或增加内容。如果由于政策性变化确实需要修改,则必须经设计单位重新编制,由原审批机关重新审批。不论是重新编制还是修改,都必须由单位责任人签章,否则无效。

(4)初步设计审计。

初步设计是设计单位依据设计任务书编制的,审计重点主要在以下五个方面:

① 核查初步设计的设计规模是否与设计任务书一致,有无夹带项目、超规模等问题。

② 设计深度能否满足技术、经济等各方面的要求。

③ 初步设计文件内容的审计。主要包括工艺、设备的选择是否先进、合理、经济,建筑物的设计是否符合安全、适用、美观的原则等。

④ 设计质量的审计。设计文件所依据的标准规范是否符合国家规定;基础资料是否可靠;设计单位是否有健全的编制、审核责任制度;图纸、文字资料的各级技术校对、审

核是否符合要求；设计单位是否有设计文件质量检查记录卡，审计人员可适当抽查设计图纸质量。

⑤ 设计审批权限审计。各级主管部门必须根据国家规定的审批权限及审批办法进行初步设计审批，不得随意下放审批权，也不得超越权限审批初次设计。在审计时，如果发现有超越权限审批，则应向有关部门通报。

（5）施工图设计审计。

施工图设计是工程设计的最后阶段，是根据初步设计审批文件，将审批意见及原则用图纸、文字、图表等加以具体化，因此它要求具有一定深度，主要审计以下几个方面的内容：

① 施工图设计深度审计。

按照对施工图深度要求，审计其是否能满足各类设备安装及全面施工要求，是否能满足作施工图预算、决算要求等。

② 施工图设计质量审计。

如果是在施工前审计，则应主要审查设计文件所依据的标准规范是否符合国家规定；各专业之间配合是否准确、可靠；勘探等资料的基础数据是否可靠；设计文件编制责任制是否健全等。

如果是在施工中间审计，则应向施工单位进行全面调查，了解在施工过程中是否发现设计质量问题、有无设计漏项等。

2.5　工程项目前期资金运用情况审计

2.5.1　审查项目建设组织及其规章制度建立健全情况

审查是否根据项目建设的需要建立起组织进行项目建设的管理机构，并制定出项目建设管理的规章制度。对于基本建设大中型项目，还应审查其项目法人是否已经设立；项目经理和管理机构成员是否已经到位；项目经理是否已经过培训，并具备承担所任职工作的条件。

2.5.2　审查项目初步设计及总概算批复情况

审查项目初步设计及总概算是否已经批复。若项目总概算批复时间至项目申请开工时间超过 2 年以上（含 2 年），或自批复至开工期间，动态因素变化大，总投资超出原批概算 10% 以上的，应审查其是否重新核定项目总概算。

2.5.3　审查建设资金来源及到位情况

工程项目拥有稳定、可靠和充分的资金来源是建设准备的重要条件之一。对于不同资金来源渠道资金审计的依据也不同，如上级单位的拨款书、企业的自筹资金存款证明、国外投资协议、银行贷款协议等。审计人员根据建设单位提供的各种证明文件，按照资金来源渠道稳定性的不同，审查分析资金来源是否稳定，是否符合国家有关规定。同时，还应审查资金的筹措和使用进度计划是否与项目的实施进度计划一致，有无脱节现象。

对实行资本金制度的工程项目，应依据有关法规、制度的规定，审计以下几个方面的内容：

（1）审查其资本金是否已经落实，投资者是否按规定认缴资本金，有无在认缴以后又非法抽回的情况。

（2）审查作为计算资本金基数的总投资，是否为工程项目的固定资产投资与铺底流动资金之和，具体核定时是否以经批准的动态概算为依据。

（3）审查对作为资本金的实物、工业产权、非专利技术、土地使用权，是否经过有资格的资产评估机构依照法律、法规评估作价，有无高估或低估；以工业产权、非专利技术作价出资的比例有无违规超过工程项目资本金总额20%的情况。

（4）审查投资者以货币方式认缴的资本金，其资金来源是否符合规定；审查工程项目资本金占总投资的比例是否符合规定。

（5）审查通过发行可转换债券或组建股份制公司发行股票方式筹措资本金的工程项目，其债券、股票的发行是否经国务院批准。

（6）审查工程项目的资本金是否一次认缴，并根据批准的建设进度按比例逐年到位。

（7）审查试行资本金制度的工程项目，在可行性研究报告中是否就资本金筹措情况作出详细说明；上报可行性研究报告时是否附有各出资方承诺出资的文件，以实物、工业产权、非专利技术、土地使用权作价出资的，是否附有资产评估证明等有关材料。

（8）审查实际动态概算超过原批准动态概算的，工程项目资本金是否按规定的比例，以经批准的调整后概算为基数，相应进行调整，并按照国家有关规定，确定各出资方应增加的资本金；实际动态概算超过原批准动态概算10%的，其概算调整是否报经原概算审批单位批准。

（9）审查主要使用商业银行贷款的工程项目，投资者是否将资本金按分年应到位数量存入其主要贷款银行；主要使用国家开发银行贷款的工程项目，是否将资本金存入国家开发银行指定的银行。审查工程项目资本金有无挪用或抽回情况。审查有关银行承诺贷款后，是否根据工程项目建设进度和资本金到位情况分年发放贷款。

在审计中发现项目建设资金来源不符合国家规定的，审计机关应责令限期归还原资金渠道的资金；发现总投资不落实或年度投资未按规定到位的，审计机关可建议有关部门协调解决。

在审计中，若发现工程项目资本金未按照规定进度和数额到位，则应建议投资管理部门不发给投资许可证，金融部门不予以贷款；若发现将已存入银行的资本金挪作他用的，则应在投资者未按规定予以纠正之前，建议银行停止对该项目拨付贷款。

在审计中，若发现资本金来源不符合有关规定，弄虚作假，以及抽逃资本金的，则要根据情节轻重，对有关责任者处以行政处分或经济处罚，在必要时，应建议停缓建有关项目。

2.5.4　审查施工准备情况

施工准备情况的审计主要包括以下几个方面：

（1）审查基本建设大中型项目施工组织设计大纲是否已经按"开工规定"的要求编制完成；项目主体工程（或控制性工程）的施工单位是否已经通过招标选定并签订施工承包合同。

（2）审查项目法人是否已与项目设计单位签订设计图纸交付协议，项目主体工程（或控制工程）的施工图纸能否满足连续 3 个月以上施工的需要。

（3）审查项目施工监理单位是否已通过招标选定。

（4）审查项目征地、拆迁和施工场地"四通一平"（即供电、供水、运输、通信和场地平整）工作是否已经完成；有关外部配套生产条件是否已签订协议；项目主体工程（或控制性工程）施工准备工作是否已经做好，是否具备连续施工的条件。

（5）审查项目建设需要的主要设备和材料是否已经订货，项目所需建筑材料是否已落实来源及运输条件，并已备好连续施工 3 个月的材料用量；审查需要进行招标采购的设备、材料，其招标组织机构是否落实，采购计划与工程进度是否相衔接。

在审计中，若发现以上几个方面的施工准备工作有尚未做好之处，则应督促其按照开工规定的要求抓紧落实，尽快做好。若发现其尚未具备开工条件，则应建议有关部门不予批准新开工。

2.5.5　审查征地拆迁费用支出和道路、通水、通电等前期费用支出情况

土地征用及迁移补偿费指通过划拨方式取得无限期的土地使用权而支付的土地补偿费、附着物和青苗补偿费、安置补偿费以及土地征收管理费等，还指行政事业单位的工程项目通过出让方式取得土地使用权而支付的土地出让金等。

在审计时，应审查通过划拨方式取得无限期的土地使用权的手续是否齐全，是否经有关部门审批；征用土地的面积是否属实，补偿费交付标准是否合理、合规，支付的土地补偿费、附着物和育苗补偿费、安置补偿费以及土地征收管理费等金额是否合乎标准，是否足额、及时支付到位；审查行政事业单位的工程项目通过出让方式取得土地使用权的手续是否齐全，土地出让金的支付是否合乎标准，是否合规，是否足额、及时支付到位。审查征地拆迁费用支出的核算是否正确合规。审查道路、通水、通电等前期费用支出情况是否合规，核算是否正确。

审计中发现征地拆迁手续不齐全、不合规的，应督促其补全手续，严格按国家规定进行征地拆迁；对征地拆迁费用支出和道路、通水、通电等前期费用支出不当的，应督促其按照规定予以纠正；对截留、挪用征地拆迁资金或乱支滥用、贪污浪费等情况应依法追究当事者的责任。

2.6 案例分析

2.6.1 项目基本情况

深圳某会议展览中心建设项目（以下简称：深圳会展中心）从 1992 年开始筹备。1997 年 3 月成立了深圳市国际会议展览中心筹建办公室，香港陈世民建筑工程师事务所对项目的可行性进行了综合研究；深圳市规划设计研究院、中国建筑东北设计研究院深圳分院分别对项目建设选址、项目建设投资估算进行了专题研究。

深圳是我国重要的经济特区，对外开放的"窗口"，综合经济实力排名在全国居前列。1996 年，全市实现国内生产总值 950 亿元，人均 2.7 万元，折 3253 美元，接近中等发达国家水平。预算内财政收入 131.75 亿元；工业总产值 1062.7 亿元（1990 年不变价）；进出口贸易总额 390.5 亿美元，占全国的 14%；社会消费品零售总额 342.27 亿元；全年全市宾馆、酒店接待过夜游客 512 万人次，旅游创汇 5.8 亿美元，居全国各旅游城市前列。深圳有近千家外贸企业和 2 万多家"三资"企业，还有数百家境外企业在深圳设立了办事处。国家各部委、各总公司、专业公司及各省市政府均在深圳设点。多年来深圳各种经贸洽谈会和招商活动频繁，已形成 10 多个有一定规模的固定展览，如电子、通信、家电、钟表及珠宝、建材、房地产、旅游、印刷设备、家具、计算机、皮革、服装展及荔枝节等。从产业基础看，上述展览所属的产业，深圳居全国同行业前列，完全可以拓展展览规模。

深圳的综合经济实力、工业基础、城市设施、商贸旅游地位，以及它的特殊地理位置等情况表明，深圳已经具备发展大型综合性国际会议展览馆的社会经济基础和市场条件。

1. 深圳已具备发展国际会展业的条件和基础

深圳的会展业是随着特区经济的发展而发展的。目前，拥有会展设施的单位 9 家，可常年使用的室内展场面积 2.28 万平方米。1995 年，办展 163 次，观展人次近 100 万，参展商 7421 家，成交额 74.3 亿元。

但是，深圳目前的会展设施与其经济发展地位极不相称，不能适应经济、社会发展的需要。主要问题，一是总量不足，展馆面积仅为北京、广州的 1/10，上海的 1/5；二是场馆分散、规模小。2.2 万平方米的展场分属 9 个单位，展场超过 1 万平方米（含室外展场）的只有 1 家，其余平均在 1000 多平方米。由于场馆小，展览规模长期限制在 400 个摊位以下，难以发展成为大规模的展览会；三是展场设施与经济发展规模不适应，现有会展场馆档次低，设施、功能与国际现代化场馆比较均相去甚远。受上述因素的影响，一些规模较大的国际国内展览难以接纳，使深圳市丧失了不少商机；甚至本地一些小型展览，经多年培育成长为大型展览后，因场馆容纳不下，不得不移师其他城市。

2. 审计调查表明

（1）国内会展业正在迅速发展。

国内展览业最大的是广交会，现有场地面积 14 万平方米。改革开放以来，国内会展业迅速发展，目前定期举办的出口交易会由原来仅有的广交会，发展出哈交会、昆交会、乌交会、华东交易会等大型展会。北京国际会议中心开业以来，年接待会议从 1991 年的 50 个增加到 1996 年的 400 多个，年均递增 50%。

目前国内会展市场非常旺盛，如北京中国国际展览中心业务基本饱和；上海、大连等城市近来都兴建了比较大型的新展馆。目前在国内，除广交会场馆超过 10 万平方米（缺少会议功能），其他大城市尚无单体在 5 万平方米以上、会展结合的大型会展设施。从国际经验看，随着中国社会经济的高速发展，未来 10 年会出现一个会展业发展的高潮。据有关资料，目前国内正在筹划兴建的大型会展设施有：广交会新馆，拟建总面积约 50 万平方米；上海展览馆，拟建 15 万平方米；大连新展馆扩建约 15 万平方米；山东青岛会展中心，拟建 8 万平方米；厦门会展中心，拟建 25 万平方米。值此，会展业处在将起未起之即，深圳必须抓住时机，发展会展业。

（2）国际著名城市注重发展会展业。

从 1850 年 5 月英国伦敦举办博览会迄今，100 多年里，国际会展业飞速发展。

20 世纪 80 年代末以来，国际会议展览市场呈现一轮新的发展态势，不少著名的会展场馆扩建或新建。如北美最大的美国芝加哥麦克米展览馆，总建筑面积 46 万平方米，其中展览面积 20 万平方米，会议部分 6 万平方米。居日本会展规模第一位的东京国际展览中心，1995 年建成，总投资 17 万美元，建筑面积 23 万平方米，会展面积 10.8 万平方米。在国际展览业排名前列的德国，近来也在扩建或新建大型展览馆，1995 年建成莱比锡博览中心，占地面积 98.6 万平方米，建筑面积 27.2 万平方米；正在建设的慕尼黑展览中心，展馆 20 万平方米，会议可容纳 6500 人，于 1998 年完成一期工程。

经济发展是会展业发展的基础，会展业发展，又促进了城市的繁荣。进入 20 世纪 80 年代，亚洲"四小龙"会展业发展迅速，均有大型会展中心建成。如 1988 年韩国展览中心新馆建成，现每年举办会展 1100 个；1986 年，台北"世界贸易中心"建成，启用后仅 3 年，台北"国际会议中心"又建成投入使用。20 世纪 80 年代建成的新加坡世界贸易中心，可设 2000 个展位，会议厅设 5000 个席位，1995 年又增建了 10 万平方米的新加坡国际会展中心。香港会展中心原馆 1988 年底建成，1997 年 7 月新馆建成开业；会展中心总建筑面积 24.8 万平方米，其中现馆 9.3 万平方米，新馆 15.5 万平方米。总投资（不含地价）64 亿港元，新馆 48 亿港元。从 1995 年至 1996 年底，香港现会展中心签订 1929 个项目合同，其中展览 113 个，大型会议 52 个，其他会议 1564 个。香港会展中心新馆建成后仅两年时间，即举办了香港政权移交仪式、世界信义宗教联会第九届大会、1997 年世界银行/国际货币基金组织理事会年会以及吸引 35 万人次入场的第八届香港书展。据香港会展中心提供的资料显示，展览行业近几年有很高的增长率，亚洲区年平均增长幅度达 15%，而香港的展览业务约可增长 25%。

从国际会展市场的发展情况看，会展中心的建设，在国际著名城市中起着重要作用，有的城市就是以会展而闻名于世。以建设国际性城市为战略目标的深圳，有必要建设大规模的会展中心，发展会展业。

3. 审计评析

（1）环顾深圳周边城市会展设施，香港会展中心现馆只有 1.8 万平方米的展览场地，但每年要应付 100 多个展览和上千个会议，会展严重饱和。尽管其新馆将扩大两倍，仍将处于较为紧张的状况。而在中国南部，目前还没有够得上国际水平的大型展览场地，虽然广交会展场较大，但设施陈旧，功能不全。随着中国经济的发展，大型会展场作为国际性城市的功能，将日益重要。

（2）深圳会展业目前所处的经济环境非常有利，建设一个大型会展场馆有着广阔的市场前景，不仅可以满足本地已有展览向大规模、高档次发展的需要，适应国内急需现代化会展场馆的市场需求，还可以与香港会展互利合作，由此形成一个大型人流、物流和信息交流中心，从更高层次上发挥深圳的窗口作用，增创特区新优势。

2.6.2　对主要内容的审计

1. 深圳会展中心建设方案。

（1）建设方针及其功能

① 建设方针：拟建的会展中心，必须适应深圳经济发展和建设国际性城市的需要，具有世界先进水平；同时，应是一座功能齐全、设施配套、留有充分发展余地的综合建筑。

② 主要功能：会展场馆主体以展览、会议为主，兼作与展览会议有关的展示、演示、表演、宴会等。场馆外部设置公园式广场和绿地，促进经贸活动、文化会议交流与旅游相结合；内部配以商务、运输、旅游、票务、邮政、通信、海关、金融、餐饮、停车场等设施；为会展活动提供直接服务。场馆附设周边配以必要的酒店、写字楼、公寓、商场等配套设施，作为完善的会展活动后勤保障系统。

（2）建设规模与功能定位。

① 建设规模定位。

会展规模的划分一般为大型展览在 2000 个摊位以上，超大型展览在 4000 个摊位以上；大型室内会议在 1500 个以上，超大型室内会议在 4000 人以上。据现有资料，日、美、德等发达国家著名会展场馆用于会展部分的建筑面积均在 10 万～50 万平方米之间，亚洲"四小龙"中的大型会展场馆则在 5 万～10 万平方米之间，均能举办大型或超大型会议、展览。目前，国内除广交会场馆超过 10 万平方米（缺少会议功能），尚无单体超过 5 万平方米且展览与会议结合的场馆。

会展规模与经济发达程度有密切关系，城市的贸易地位与展览业有相互促进作用。城市的贸易发达，能够为展览业的发展提供良好条件；城市的旅游资源丰富，则对会议业的发展十分有利。现代展览业向专业化、科技化发展，展览本身附带的各类会议日益增多。

深圳会展中心的规模定位应瞄准世界先进水平，适当超前，同时亦要避免脱离实际，造成不必要的浪费。依据前述市场分析并考虑到深圳贸易地位增长潜力大，相对而言旅游缺乏重要的自然历史资源，已有若干中型会议场所，而展览场所太小的现状等情况，深圳会展中心建设规模定位为：以能举办超大型展览为主，配备与之相应的会议设施；即按能满足 20 年左右会展发展需要进行规划，总建筑面积约 20 万平方米，其中，展览面积 13 万平方米，会议面积 1.6 万平方米，配套相应的先进设施，这一规模会使深圳会展中心在国际居于中等地位，在国内相当于广交会规模；能举办 4000 个摊位以上的超大型展览；会议主场馆按兼顾会议、展览、表演、宴会等多功能设置，能容纳 2500 人活动，同时配置较多的中小型会议室。

② 功能设施。

针对深圳南面有香港会展中心，北面有广交会馆的情况，深圳会展中心建设在会展中心功能和设施配置方面应突出以下两个特点：

一是与香港会展业互补，加强在展馆承重、室外展等方面功能设施，把能举办如航天科技、生产设备、交通工具等重型、大体积的设备展作为场馆的优势之一，扬长避短。

二是弥补广交会场馆设施落后的缺点，配备在国内最先进的设施、最宽敞的空间，成为中国目前现代化的会展中心。同时预留发展余地，将来可以跟进国际发展的最新趋势。

③ 功能面积分配。

大型会展场馆，需要较大辅助面积满足人群集散的要求。20 世纪 90 年代以来建设的大型会展建筑，其展览厅、会议厅面积与辅助面积的比例分别为：东京会展中心 1：0.9 和 1：1.1（新馆展览）和 1：1.3（旧馆会议）；大连会展中心 1：0.37 和 1：0.85。参照上述比例，深圳会展中心展览厅、会议厅面积与辅助面积的比例定为略高于目前内地会展场馆而低于国际会展场馆。

④ 功能分区和具体要求。

总建筑面积 20 万平方米，各功能面积分配和要求如下：

a. 展览部分：13.4 万平方米，展览面积与辅助面积按 1：0.49 比例配置。具体面积分配为：

展览厅面积：8 万平方米，可设国际标准摊位 4000 个。

展示厅面积：1 万平方米，用作展品常年展示，按需要设置橱窗。

展览辅助场地：4.4 万平方米。

b. 会议部分：1.6 万平方米，多层；会议面积与辅助面积按 1：1 比例配置。

会议厅（室）功能和技术要求为：会议厅（室）9000 平方米，能适应举行各种不同规模的会议，举办表演、图像演示、小型展览展示、专业技术推介等活动。分项要求如下：

2. 项目建设选址和规划布局

（1）项目选址原则。

① 有利于与香港会议展览业互补合作。

会展中心应位置适中，交通便利，方便参展参会和货物的抵达；场地可建较大面积的 1~2 层展馆和室外展场，举办香港因场地紧张、展馆楼层高而承重荷载低、缺少室外场地难以举办的重型设备展和大型室外展览，补香港展馆之不足。

② 公用服务配套设施齐全，能满足大型会展活动的需要。

要求离会展中心 10 分钟步行距离内最好有 1000~2000 个酒店床位，30 分钟（15 公里）内有能接待 3 万人住宿的酒店客房容量。

③ 交通便利，人员、货物进出方便。

尽量多利用城市主干道，满足会展中心进出 6 万 ~ 8 万人/天，车辆单向高峰每小时约 1500 辆的交通需求，不发生严重交通阻塞；保证交通正常情况下 30 分钟城市车程（15公里）能抵达特区内 80% 以上的酒店；会期交通高峰能避开城市日常交通高峰和瓶颈路段。

靠近城市公共交通频繁的线路，便于利用城市公交集散参会观展人员。靠近规划中的地铁站，能为远期人员交通提供保障。

④ 与周边环境协调。

与周边环境和设施在环境上协调，经营上互补互利。

⑤ 建设投资节省。

有利于会展中心尽早建成，投入使用。

⑥ 发展潜力大，利于今后经营。

处于城市增长点，容易形成可观人流，有利于未来会展场馆业务经营；周边能预留部分空地或绿化地作发展用地，如有水面等。会展中心建设能对周边及交通沿线的开发起较大带动作用。

（2）项目选址比较。

按照上述原因，会展中心项目选址，由原定的深圳市中心区北区，增加了深圳湾华侨城填海区东区、香蜜湖度假村东北区、南山商业文化中心以及东角头西部通道口岸等共五处七块备选用地。其中，南山、东角头等两处用地，因市政、交通、社会服务配套设施不足以及填海工程较大等原因，不适宜作为会展中心建设选址，未作进一步选址论证。对中心区北区、深圳湾填海区东区和香蜜湖度假村东北区三处进行了较详细的选址比较。

经过对三块备选场地实地踏勘、比较和专家论证，从立足长远综合考虑交通条件、发展潜力、环境效应和经营便利等因素，华侨城填海区比其他两区是更为理想的选址地点，确定深圳湾华侨城填海区东区为深圳国际会展中心项目场地。

（3）选址建设条件与建设规划。

① 自然、气象、经济条件（略）。

② 选址的适应性。

可行性研究审计结果表明，深圳湾填海区东区选址基本符合选址的各项原则，主要有：

a. 位置适中，交通便利，从香港方向来的客商和货物可经深南大道、滨海大道、深圳西部港口以及未来的西部通道抵达；场地可建较大面积的 1 ~ 2 层展馆和室外展场，适应举办轻型产品、重型设备和大型室外各类型展览。

b. 能充分利用城市公用服务设施，满足大型会展活动的需要。

③ 与周边环境和设施在环境上协调，经营上互补互利。场址南面临海，东、北、西面分别为红树林保护区、锦绣中华景区和旅游发展备用地，自然景观和人文景观良好；为会展中心的建筑设计提供了优越的环境条件；紧靠滨海、深南两条城市主干道，能使会展中心成为深圳显著的重要景观。场址位处深圳湾海面和华侨城旅游区的条件，可使会展中心与旅游景区在经营上互补互利，创立集会展、游览于一体的商贸旅游观光链；可为会展

增加水面展览内容和提供优美的会议环境。

④ 建设施工条件基本具备，未来市政配套良好。场址现状为滨海滩涂地区，需先进行填海工程和地基处理。由于该处平均淤泥厚度约 2~3 米，地质构造比较稳定，填海和地基处理工程难度不大。会展中心所需要的给排水、电力、通信等市政配套设施，可由后来建成通车的滨海大道提供。

3. 建设场地规划和布局

(1) 用地面积。

由于会展中心属于人流和货物集散量大，通常为 1~3 层建筑；同时考虑到为会展中心北面景区等建筑保留临海视面，也不宜建成高层。因此，会展中心场馆建筑和附属建筑占地拟按以下方案布置：

① 建筑占地 8.7 万平方米，包括：

大跨度 1 层展场 2 万平方米，；1~2 层展场及辅助面积 11 万平方米，占地 5 万平方米；会议部分 2 万平方米按 3 层建造，占地 0.7 万平方米；预留 500 间客房酒店用地，占地 1 万平方米。

室外展场、广场等占地 8 万平方米，包括：

② 室外展场 3 万平方米；会展中心广场 1.5 万平方米；400 车位地面停车场，占地 1 万平方米；会展中心小区道路，占地 1.5 万平方米；货场及车辆调度区，占地 1 万平方米。

以上合计 16.7 万平方米。

③ 绿化用地：绿化面积按总用地的 30% 计，需占地 7 万~8 万平方米。

以上合计会展中心项目用地面积应在 24 万平方米左右。

(2) 区域城市规划。

为配合会展中心建设，需要市政府协调完善会展中心与周边环境的关系，对会展中心场址区域城市规划作适当调整。主要是：

① 协调会展中心与建设中的滨海大道的通道联系和公交停靠点，规划调整好会展中心周边道路和人行通道、侨城东路与深南大道的立交联系、未来地铁在该地段的开口；公共交通系统方面，考虑在会展中心周边设置若干始发站以及营运专线，直接联系城市重点地区等，给予会展中心更好的交通支持。

② 沿侨城东路及在华侨城区域，适当规划增加酒店等服务设施用地和项目，完善该区域配套。

③ 对会展中心选址西面用地严格控制，为会展中心发展和适当时候举办大型国际博览会留有充分余地。

(3) 建筑布局草案。

建筑的主立面面向深圳湾，地上建筑展馆部分 8 万平方米按 1~2 层建筑，会议部分按 1~3 层建筑设计，节省投资和土地，展馆附属部分 4 万平方米可考虑在高空的展馆层设置一部分，并尽量考虑与会议共用附属设施。

按地上建筑占地面积设置地下或地下车库，部分展馆附属设施和设备用房可布置在地下，便于地上建造少柱、通透性好的展场和会议场所。

鉴于会展人流、货流集散量大并且高峰明显，建筑设计必须周密考虑交通布局，规划好人、货分流。建筑总体布局应考虑到今后会展中心扩建的需要，预留扩建场地和接口。

（4）技术经济指标：（略）。

（5）工程技术草案。

① 建筑设计要求。

a. 设计符合规范，包括符合本项目建设方针；符合国家和政府有关法律、法规及规范。

b. 布局科学合理，符合深圳市规划部门所提各项要求，节约土地，交通组织流畅，充分考虑并解决好人流的集散、人货车辆的分流、布展活动与后勤补给以及展览与会议各方面因功能各异所发生的需求。

c. 功能齐全实用，展览、会议及其辅助用房应最大限度满足会议、展览的使用要求，有利于会展业务的经营和管理。

d. 造型美观新颖，具有较强的时代感、标志性，与周边环境和建筑协调。

e. 技术经济可行，节约造价和运营成本。

f. 环境设计优美，创造丰富多彩的室内外空间环境，注重绿地和水体与建筑物的搭配和协调。

g. 预留发展余地，充分考虑分期建设和扩建的需要，能使会展中心功能、设备随未来社会经济和市场变化，不断作出适应性的调整。

② 空调、燃料、给排水、强电、弱电（略）。

③ 消防（略）。

④ 给排水及环保（略）。

⑤ 电气部分及环保（略）。

⑥ 空调部分及环保（略）。

⑦ 节能（略）。

4. 项目建设投资估算

（1）估算依据和范围。

根据以上建设方案设定的建设规模和内容，参照 1996 年深圳市建筑工程综合造价、建筑材料现行市场价格、正在建设的相似工程——深圳机场新候机楼建筑招标报价，以及国家有关部门的规定，对会展中心项目建设投资总额进行估算。

估算范围包括：展馆工程、会议中心工程、地下车库和设备用房工程、总图外线工程、填海等工程造价。

（2）估算分类。

按投资计算中心的内容不同，估算分为静态投资、动态投资①、动态投资②。

静态投资：指按现行建筑工程综合造价计算的会展中心建筑成本，不含建筑材料价格调整预备费、土地使用和市政建设配套费、投资利息。

动态投资①：包括静态投资、建筑材料价格调整预备费。

动态投资②：包括动态投资、土地使用和市政建设配套费、按同期贷款计算的建设期投资利息和因此而按比例增加的基本预备费。

按建筑内外装修选用的材料、设备等级和加工标准的不同，估算分为普通标准和中等标准。

普通标准一般选用等级和价格较低的建筑材料和设备，多为国产，用普通标准加工。

中等标准一般选用等级和价格较高材料和设备，多为进口，采用中等标准加工。

（3）投资总额估算。

按上述不同计算方法和标准，投资总额估算共有六种组合，分别为：

① 普通标准静态投资：14.2 亿元。

② 普通标准动态投资①：15.3 亿元。

③ 普通标准动态投资②：22.3 亿元。

④ 中等标准静态投资：18.2 亿元。

⑤ 中等标准动态投资①：19.2 亿元。

⑥ 中等标准动态投资②：16.8 亿元。

大型会展中心属于城市公共服务设施，一般由政府建设或给投资者特别的优惠政策。据此，计划总投资拟按不计地价、市政配套费和投资利息的中等标准动态投资① 即 9.6 亿元控制，待选定建筑设计方案后，再按先进、实用、经济的原则进一步准确估算投资总额。

5. 场馆外附属设施和周边配套设施拟按以下要求配置

（1）附设酒店。

按照会展中心建设规模，根据以往会展经验，按一个 400 摊位大型展览会，每个摊位 2.5 个参展人员，其中有 10% 参展人员由于布展、洽谈等原因需要就近计算，就近住宿人员为 1000 人，会展中心附属酒店至少按 500 间左右客房建设。同时酒店考虑设置较大型的购物商场和娱乐中心，配套提供综合服务。

附属酒店在会展中心建筑方案设计时一并规划。酒店的投资采用招商建设，可考虑政府以土地地价参股。

（2）周边配套设施。

4~5 星级酒店 1 座，高层布置，400~600 间房，能接待 500~800 人；2~3 星级酒店 2 座，高层布置，各 300~400 间房，能接待 800~1200 人，以上酒店配置应在会展场馆 10~15 分钟步行区域内。

高层商务办公楼 1~2 座，提供高级写字办公场所和住宅，设在会展中心步行区域内。

大型商场 1 座，按 5~10 万平方米设计，设置在会展中心步行距离内，为参加会展业务人员、参观游客等提供购物、娱乐、饮食场所。

交通设施：设的士站、公交巴士站、地铁站。会展期间可形成单独车流回路的道路系统。

6. 工程计划和资金计划

设计、监理和施工单位的选择：

建设会展中心建筑设计方案和建筑工程监理（咨询）采用国际招标，建筑施工采用国内招标。

建筑设计招标范围选择在设计水平较高的国家和地区，选择世界著名或会展建筑设计经验丰富的设计机构。为保证征集到高水平的设计方案，缩短设计周期和节省费用，招标方式采用国际公开邀请招标。邀请国际著名建筑师和会议展览专家评选优秀方案，经商务谈判后确定中标方案。中标方案的后续设计，按国家规定，由国内实力雄厚的设计机构参与。

选择技术实力雄厚、有大型项目监理业绩、在中国内地或香港已参与项目监理或设有分支机构、取费合理的国际监理（顾问）公司参与项目建设监理。建设监理从项目设计阶段即开始介入，直至工程竣工验收。

建筑施工招标选择在国内民用建筑施工营业额居于前列、施工质量和信誉良好的公司中进行。工程按土建、装修分部实行质量、进度、费用总承包。

7. 资金筹措和经营方式

（1）资金筹措。

大型会展场馆属于城市公共服务设施，产业关联度高，社会效益好，但场馆本身收益多数难以达到商业性投资回报要求，因此，各国城市商业性投资的会展场馆主要是小型的，大型会展场馆通常由政府全资建设，并在经营上给一些优惠政策。国内各大城市大型会展场馆的建设也是如此。在大型会展中心普遍是由政府投资的情况下，深圳会展中心采用商业性投资，将在国内外会展市场竞争中处于有利地位。为此，建议深圳会展中心由政府全资建设，同时可以考虑三种方式：

① 政府全额投资，只建设会展部分。这种方式优点是建设任务单一，决策快捷；在保证资金的情况下，建设期有保证；缺点是财政直接负担较重。

② 政府出土地对外招商，在保证投资商投资房地产回报的基础上，由投资商无偿为政府提供相当于地价的符合要求的会展场馆面积。这种方式的实质是用地价换会展场馆投资，其优点是财政直接负担较轻，缺点是选择投资者决策时间长，投资商出资的建设周期无财政直接出资人保障，可能延误建设时机。

③ 将第1、2种投资方式相结合：由政府投资建设会展场馆。利用会展中心未来形成的物流、人流优势而产生的商业吸引力，将周边配套酒店等附属设施对外招商建设，用这部分招商的地价弥补政府财政支出。为使这两部分建设衔接配套，同时又不在建设中由于某部分投资不足或其他问题影响建设进程，可将会展中心场馆与酒店等配套设施建设一并规划，分开建设。

鉴于深圳会展中心从1992年筹备建设以来，表示愿意投资会展中心的内外商均以地价优惠为条件，通过商业性房地产经营的获利，补偿展馆投资。这种以地价优惠换取的展馆投资，与政府投资没有原则区别。为此建议在招商建设困难或可能延长建设周期的情况下，立足政府投资建设，以免延误建设时机。

（2）经营管理方式。

世界各国（地区）政府投资的大型展馆的经营运作，一般都是以取得社会效益为目的，由政府委托事业机构或公司经营，除按法令规定纳税外，不用偿还投资，实行"以馆养馆"，以保持会展中心的竞争力。深圳会展中心建成后，宜采用国际通行做法，对会展中心的经营管理采取事业单位企业化的管理模式（行业管理模式），即行业管理归属市政府商贸主管部门，成立会展中心或有限公司，负责对会展中心的经营管理。

（3）经营管理架构。

会展中心或有限公司为会展中心法人机构，按会展业务经营需要，下设物业管理公司、会议展览公司、会展服务公司。

（4）员工组织和日常动作。

管理本部工作人员控制在 200 人左右，主要作为业主管理、协调会展中心资产和各项业务。会展中心的会议展览业务招揽、安全保卫、会议和展馆服务、清洁卫生、饮食商务等利用社会分工，大部分或全部由社会专业机构承担。

机构本部及下设公司人员来源由以下几个渠道解决：一是会展中心筹建办公室合格专业人员——工程技术人员、财务会计人员、展览专业人员以及行政人员——转入；二是市属从事展览业务方面的公司（包括事业单位）成建制转入；三是在全国招聘会展中心需要的人才。其中，对负责会议展览主要业务人员，在会展中心建成前 3 年著名会展机构和场馆进行培训。除会展中心管理机构主要干部由市政府委派外，全部员工实行劳动合同制。

（5）会展业务开拓。

深圳会展中心"硬件"建成以后，好的"软件"就成为未来经营好坏的关键。解决会展中心的招会招展业务，应从以下几个方面着手：

① 组织自己的展览队伍，发展本市的展览机构，从现在开始培育展览。

② 着手收集会展业务资料，掌握国内外会展种类、组织者、参展商、买家等有关情况，开始有针对性的联系有关展览会议业务。

③ 从会展中心建设开始，开展宣传招揽业务的工作。

④ 建立与国内外会展业务主办机构和组织机构的联系。用设立合资合作会议展览公司、联合举办会展、保本经营低价让利以及优质服务等办法，招揽会展业务。

⑤ 发展与世界各国会展机构的业务代理关系，积极组织和招揽国际机构来发展。

（6）审计建议。

① 政府投资建设和地价优惠。会展中心将作为政府投资的非盈利建设项目，其建设占地应免地价和市政建设配套费（如香港）；免交的地价和市政建设配套费等计入政府投资，连同政府建设投资（或用地价优惠获得的商人投资）作为国有资产，所有权归深圳市人民政府。

② 会展中心附属酒店采取政府以地价作为资本金投入、招商投资建设的办法，实行合资经营。

③ 社会效益为主，"以馆养馆"的经营政策。需要政府给予的支持政策为：交营业税和所得税，免还投资利息和资产折旧，以直接经营成本决定价格。在政府财政和审计部门的严格监管下，会展中心赢利留作发展基金，用于会展中心维护、扩建和设备更新。

④ 城市规划支持。主要是在会展中心周边的区域规划上，对会展中心的交通、酒店配套、未来发展予以支持。

8. 效益分析

（1）社会效益。

会展中心的效益主要是社会效益。会展产业关联度大，直接为商贸、餐饮、旅游、交通、邮电等行业的发展提供服务对象，为工业提供促销市场对经济推动力强。

深圳会展中心建成后，对于加强深圳市的城市功能、完善投资环境将起到重要作用，将成为深圳经济新的增长点。随着会展业的迅速发展，将大大加强深圳同国际、国内的经贸、科技和信息交流，更好地发挥深圳经济特区的窗口作用，推动商贸、旅游、金融、信息、科技、房地产等第三产业及工业、农业、交通运输等各业发展，此外，参展参会的人员多为本机构的高级职员或决策者，将成为向国内外宣传深圳的最好媒介，带来大量新的商讯商机、新的科技文化和投资渠道。将进一步提高深圳在国际上知名度，社会效益十分明显。

会展中心社会效益可作出如下评估：

① 旅游业。

以广交会为参照系。广交会每年举办春、秋两届，每届摊位数约 5000 多个；1996 年，在春秋两届广交会时间以外，另外举办小型展览会 80 多个，平均每个摊位数 300 多个。总平均每年满馆（4000 个摊位）大展 11 个，到会客商 200 多万人次，展览经营年收入 2.5 亿元。其中每届广交会到会参展观展人员约 15 万人，境外客商占一半左右。

深圳会展中心拟建规模为 4000 个摊位，相当于广交会规模的 80%，另有广交会缺少的会议部分。假定深圳国际会展中心每年展览和会议吸引的客商达到广交会场馆年业务规模，即每年参展参会 200 万人次，其中吸引外来人流按 50 万人计。据深圳旅游部门资料统计分析，1999 年深圳市国内外旅客人均日消费为 700 元左右。会展客商属于商务游客，消费水平高于观光游客（1999 年参加香港会展客商人均消费 2.4 万港元，是度假游客的 4 倍）。按会展商务游客平均每人在深圳停留 5 天，人均日消费 1000 元计，每年可增加旅游业收入 25 亿元，按 5% 营业税计，可增加收入 1.25 亿元。

② 社会总体效益。

以国内展标准计算。展馆出租摊位 7 天，租金收入 2000 元，每个摊位参展观展各 2.5 人，共 5 人，均设定为外地客商。

其他各业各环节效益总计为：35750 ~ 53750 元，相当于展馆收入的 18 ~ 26 倍，分项如下：

展览主办机构收入：为 2000 ~ 20000 元。客商食住：住宿按参展者 7 天，观展 3 天计，人均 5 天，平均每天每人食住费用 400 元，5（人）×5（天）×400（元）= 10000（元）；5 人 5 天共宴请 2 次，每次 2500 元；合计 15000（元）；

交通费用：飞机单程 1200（元）×5（人）= 6000（元）；室内交通每天 50（元）×5（人）×5（天）= 1250（元）；合计 7250 元；

通信费用：每人每天 2 次长途电话或传真，每次 30 元，计 1500 元。

参观费用：人均 1000 元，合计 5000 元。

其他费用：人均 1000 元，合计 5000 元。

（2）会展中心经营效益。

根据广州、香港会展的经营情况，以深圳会展中心拟建规模进行测算。

① 经营成本。

深圳会展中心建筑造价按 15 亿元计，各项成本预测为：

　　a. 营运费用：北京中国国际会展中心、大连星海会展中心单位平均会展费用约 1200 元/平方米。深圳会展中心按会展实用面积 10 万平方米、单位平均费用 1200 元/平方米计，年营运总费用 12000 万元。设定会展业务的增加引起的营运费用增加可由广告、停车场、餐饮及商务部分的收益弥补，从而忽略不计。

　　b. 折旧费：平均按 20 年折旧，每年均摊折旧费为 7500 万元。

　　c. 直接投资利息：按年利率 10% 计，年利息 15000 万元。

　　d. 土地费用利息：土地使用费和市政配套费 42000 万元，按年利率 10% 计，共 4200 万元。

　　以上 4 项费用总计为 38700 万元。

　　② 盈亏平衡点。

　　根据以上成本计算，设定 4 种盈亏平衡点：

　　a. 假定政府投资，以保本经营为目标，不计利息，当年经营收入超过 12000 元，即可维持营运；

　　b. 提取折旧 7500 万元，加上营运费用，则盈亏平衡点为 19500 万元。

　　c. 计营运费用、折旧和直接投资利息，不计土地费用利息，年盈亏平衡点则为 34500 万元。

　　d. 计算全部成本，盈亏平衡点则为 38700 万元。

　　③ 经营收入和盈亏分析。

　　展览和会议收费视会议性质和展览知名程度而定，差别很大。一般而言，组展组会环节收益是场馆出租的 1~10 倍，如广交会，平时出租场馆给外展机构，每个标准摊位租金约 2000 元左右，而自己组展的春、秋季交易会，今年开始每个摊位收费 2 万多元。目前国内展览展馆收费标准一般为每个摊位内展 1800 元（大连，馆方收费）~2200（广州，馆方收费），外展 900~3000 美元（深圳，如钟表组织者价格为：国内参展厂商 1180 美元，国外参展厂商 3840 美元）；香港会展收费为 2500 美元（钟表配件展，组织者价格）~6240 美元（钟表展，组织者价格）。大连会展中心会议场地收费为 15 元/日·平方米~38 元/日·平方米。会议利用率北京国际会议中心为 50% 以上。

　　深圳会展场馆收费按中等价位，并考虑自行组展占 1/5，自行组展收入为场馆出租的一倍计。预计收入为：

　　场地出租：每个摊位收费外展按 1000 美元（折人民币 8300 元），内展 2000 元，满馆（一次或多次合并）4000 个摊位；外展一次收入为 3320 万元，内展一次收入为 800 万元。会议按每天每平方米收费 25 元，会议室实际可出租面积 9000 平方米，全年 300 个工作日计，利用率为 10% 时，会议厅收入为 675 万元。

　　自行组展：满馆一次外展收入 6640 万元，内展 1600 万元。

　　综合加权平均：内展和外展的比例设定为 2:1，满馆一次外展收入 3984 万元，内展收入 960 万元；综合平均满馆展一次收入 1968 万元。

　　根据以上数据计算收入和进行盈亏平衡分析，见表 2-1。

表 2-1   经营效益分析预算表

盈亏平衡点 分析项目	A 平衡点	B 平衡点	C 平衡点	D 平衡点
营运费用	12000 万元	12000 万元	12000 万元	12000 万元
折旧费	不计	7500 万元	7500 万元	7500 万元
直接投资利息	不计	不计	15000 万元	15000 万元
土地费用利息	不计	不计	不计	4200 万元
盈亏平衡点	12000 万元	19500 万元	34500 万元	38700 万元
会议室利用率	10%	30%	50%	50%
全年满馆次数	6 次	9 次	16 次	18 次
总收入	12483 万元	19737 万元	34863 万元	38799 万元
盈　利	483 万元	237 万元	363 万元	99 万元

9. 审计评析

深圳会展中心建成后，会展中心经营要达到盈亏平衡点 A，完全是有把握的，即每 2 个月招展累计达到一次 4000 个摊位的满馆展（或每个月举办一次 2000 个摊位的展览），每 12 天全部会议室累计出租 1 天，就可以维持会展中心的营运，并有盈利，肯定不需要财政补贴。经过 2~3 年的运作和努力，展览业务量只要增长 505，收入超过盈亏平衡点 B，也是有把握的。主要依据是，目前深圳市及珠江三角洲在家用电器、通信设备、计算机及配件、钟表及配件、玩具、纺织皮革、服装鞋帽、印刷设备、家具、珠宝、建材等方面具有雄厚的产业基础；可以依据这些产业基础，拓展扩大现在已经固定的每年 10 多个展览。另外，深圳市及珠江三角洲地区是全国消费购买力最强的地区之一，第三产业也较发达，可以举办和拓展相关的展览和会议；作为全国改革开放的窗口和连接香港的必经陆路通道，深圳还具有其他地方所取代不了的国内外市场枢纽地位，可以举办国内需要和香港展馆受条件限制不便举办的全国性和国际会展。如金融设备和技术、旅游产品和项目推介、招商引资、家电、烟酒、重型机械、汽车、环保技术和设备、军事器材、办公设备以及各类新技术新产品推介会展等。国内目前大型会展场馆如广交会、北京国际展览中心、北京国际会议中心都是盈利的。

但是，会展中心经营要达到盈亏平衡点 C，则有相当的难度，其场馆使用效率和会展业务量分别是达到盈亏平衡点 A 和 B 的 2.7 倍和 1.7 倍，意味着平均每月要组织 2.7 个 2000 个摊位的大展，每 2.4 天全部会议室要租出 1 天。也就是说，会展中心场馆基本处于饱和状态。这要在会展市场高速增长的条件下，经过长期努力才能实现。而要达到盈亏平衡点 D，即包括地价在内的投资回收，难度就更大了。这种情况表明，即使政府完全免除地价，投资建设大型会展场馆，仍然存在投资风险大、回报率低的问题，这是会展场馆几乎没有商业性投资的主要原因。但着眼于社会效益和长期投资回报，由政府投资会展中心场院馆建设，减轻会展中心起步阶段的投资回报压力，经过长期努力，会展中心办得好，也可以做到回收投资的作用。

总之，深圳会展中心建成后，不仅会带来明显的社会效益，其本身也完全可以做到自负盈亏，自我发展。目前国内会展业正处在一个大发展时期，深圳发展会展业所处的社会经济环境非常有利。在固定的场所举办固定的展览和与展览相关的会议，是会展业的特点之一。因此，尽早建成会展中心并投入使用，对于抢先形成会展业的优势至关重要，否则，将错失良机。审计建议，应该抓住时机，尽快建设深圳会展中心。

2.6.3　审计结果综合评价

兴建会议展览中心是完善深圳投资环境，建设国际性城市的一项必不可少的基础工程，经济上和技术上是可行的，会展市场前景良好。纵观当今世界，会展设施和会展业已成为国际性城市的重要功能，是城市社会繁荣、经济发展、科技进步及其形象地位的重要标志。

经过 20 余年的建设，深圳已发展成具有较强综合服务能力和较高环境配套水平的欣欣向荣的现代化城市。在此基础上，深圳市已开始步入第二次创业时期，向着现代化国际性城市迈进。此时，深圳不仅有必要，也有实力建设一个与实现其战略目标相吻合，具有国际先进水平的大型会议展览中心。

拟建的深圳会议展览中心，应具有当今世界水平，功能齐全，设施配套；是能集展览、会议、展示、表演、宴会、办公为一体的综合设施；建成后成为 21 世纪深圳市标志性的建筑和旅游观光景点之一。香港会展中心吸引的参加展览会议及观光者以及工商订单，给香港每年带来 100 亿元的收益。深圳特区会议展览中心启用后，不仅其本身能保本经营，略有盈余，而且会在增强深圳市的综合实力，促进第三产业的发展，扩大中外经济、技术、文化交流，提高深圳市在国际社会上的声誉和知名度等方面发挥重要作用，给深圳市带来巨大的社会效益。

根据深圳市的财力，由市政府投资建设会展场馆，配套酒店等附属设施对外招商建设，用这部分招商投资的地价弥补政府财政支出，在财力上是可以承受的。

综合各方面的分析，可以得出如下审计结论：兴建深圳会议展览中心是可行的，它必将给深圳特区的经济发展和在国内外的形象带来巨大影响。

案例来源：贾震.《中国建设项目审计案例》. 清华大学出版社，2000.

第3章　工程项目设计概算审计

3.1　设计概算的费用构成与确定

设计概算所确定的是工程项目总造价，它一般包括以下五个部分的费用内容：

3.1.1　建筑安装工程费

1. 建筑安装工程费用内容

（1）建筑工程费用内容。

① 各类房屋建筑工程和列入房屋建筑工程预算的供水、供暖、卫生、通风、煤气等设备费用及装饰工程的费用，列入建筑工程预算的各种管道、电力、电信和电缆导线敷设工程的费用。

② 设备基础、支柱、工作台、烟囱、水塔、水池等建设工程，以及各种炉窑的砌筑工程和金属结构工程的费用。

③为施工而进行的场地平整工程和水文地质勘察，原有建筑物和障碍物的拆除以及施工临时用水、电、气、路和完工后的场地清理，环境绿化、美化等工作的费用。

④矿井开凿、井巷延伸、露天矿剥离，石油、天然气钻井，修建铁路、公路桥梁、水库、堤坝、灌渠及防洪等工程的费用。

（2）安装工程费用内容。

① 生产、动力、起重、运输、传动、医疗、实验等各种需要安装的机械设备的装配费用，与设备相连的工作台、梯子、栏杆等装设工程费用，附属于被安装设备的管线敷设工程费用，以及被安装设备的绝缘、防腐、保温、油漆等工作的材料费和安装费。

② 为测定安装工程质量，对单台设备进行单机试运转、对系统设备进行系统联动无负荷试运转工作的调试费。

2. 建筑安装工程费用项目组成

我国现行建筑安装工程费用由直接费、间接费、利润和税金四个部分组成，如图3-1所示。

（1）直接费。

直接费由直接工程费和措施费组成。

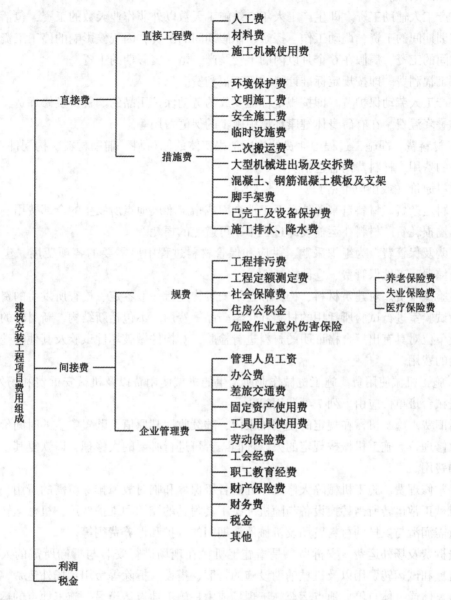

图 3-1　建筑安装工程费用项目组成表

① 直接工程费。

直接工程费，是指施工过程中耗费的构成工程实体的各项费用，包括人工费、材料费、施工机械使用费。

a. 人工费。即直接从事建筑安装工程施工的生产工人开支的各项费用。

人工费内容包括：

基本工资。即发放给生产工人的基本工资。

工资性补贴。即按规定标准发放的物价补贴，煤、燃气补贴，交通补贴，住房补贴，流动施工津贴等。

生产工人辅助工资。即生产工人年有效施工天数以外非作业天数的工资，包括职工学习、培训期间的工资，调动工作、探亲、休假期间的工资，因气候影响的停工工资，女工哺乳时间的工资，病假在 6 个月以内的工资及产、婚、丧假期的工资。

职工福利费。即按规定标准计提的职工福利费。

生产工人劳动保护费。即按规定标准发放的劳动保护用品的购置费及修理费，服装补贴，防暑降温费。在有碍身体健康环境中施工的保健费用等。

b. 材料费。即施工过程中耗费的构成工程实体的原材料、辅助材料、构配件、零件、半成品的费用。材料费内容包括：

材料原价（或供应价格）。

材料运杂费。材料自来源地运至工地仓库或指定堆放地点所发生的全部费用。

运输损耗费。材料在运输装卸过程中不可避免的损耗。

采购及保管费。为组织采购、供应和保管材料过程中所需要的各项费用，包括采购费、仓储费、工地保管费、仓储损耗。

检验试验费。对建筑材料、构件和建筑安装物进行一般鉴定、检查所发生的费用，包括自设试验室进行试验所耗用的材料和化学药品等费用。不包括新结构、新材料的试验费和建设单位对具有出厂合格证明的材料进行检验，对构件做破坏性试验及其他特殊要求检验试验的费用。

c. 施工机械使用费。施工机械作业所发生的机械使用费以及机械安拆费和场外运费。施工机械台班单价应由下列 7 项费用组成：

折旧费。施工机械在规定的使用年限内，陆续收回其原值及购置资金的时间价值。

大修理费。施工机械按规定的大修理间隔台班进行必要的大修理，以恢复其正常功能所需的费用。

经常修理费。施工机械除大修理以外的各级保养和临时故障排除所需的费用，包括为保障机械正常运转所需替换设备与随机配备工具附具的摊销和维护费用，机械运转中日常保养所需润滑与擦拭的材料费用及机械停滞期间的维护和保养费用等。

安拆费及场外运费。安拆费，是指施工机械在现场进行安装与拆卸所需的人工、材料、机械和试运转费用以及机械辅助设施的折旧、搭设、拆除等费用；场外运费，是指施工机械整体或分体自停放地点运至施工现场或由一施工地点运至另一施工地点的运输、装卸、辅助材料及架线等费用。

人工费。机上司机（司炉）和其他操作人员的工作日人工费及上述人员在施工机械规定的年工作台班以外的人工费。

燃料动力费。施工机械在运转作业中所消耗的固体燃料（煤、木柴）、液体燃料（汽油、柴油）及水、电等。

养路费及车船使用税。施工机械按照国家规定和有关部门规定应缴纳的养路费、车船使用税、保险费及年检费等。

② 措施费。

措施费，是指为完成工程项目施工，发生于该工程施工前和施工过程中非工程实体项目的费用。

措施费内容包括：

a. 环境保护费。施工现场为达到环保部门要求所需要的各项费用。

b. 文明施工费。施工现场文明施工所需要的各项费用。

c. 安全施工费。施工现场安全施工所需要的各项费用。

d. 临时设施费。施工企业为进行建设工程施工所必须搭设的生活和生产用的临时建筑物、构筑物和其他临时设施费用等。临时设施包括临时宿舍、文化福利及公用事业房屋与构筑物，仓库、办公室、加工厂以及规定范围内道路、水、电、管线等临时设施和小型临时设施。临时设施费用包括临时设施的搭设、维修、拆除费或摊销费。

e. 夜间施工费。因夜间施工所发生的夜班补助费、夜间施工降效、夜间施工照明设备摊销及照明用电等费用。

f. 二次搬运费。因施工场地狭小等特殊情况而发生的二次搬运费用。

g. 大型机械设备进出场及安拆费。机械整体或分体自停放场地运至施工现场或由一个施工地点运至另一个施工地点，所发生的机械进出场运输及转移费用及机械在施工现场进行安装、拆卸所需的人工费、材料费、机械费、试运转费和安装所需的辅助设施的费用。

h. 混凝土、钢筋混凝土模板及支架费。混凝土施工过程中需要的各种钢模板、木模板、支架等的支、拆、运输费用及模板、支架的摊销（或租赁）费用。

i. 脚手架费。施工需要的各种脚手架搭、拆、运输费用及脚手架的摊销（或租赁）费用。

j. 已完工程及设备保护费。竣工验收前，对已完工程及设备进行保护所需费用。

k. 施工排水、降水费。为确保工程在正常条件下施工，采取各种排水、降水措施所发生的各种费用。

（2）间接费。

间接费由规费、企业管理费组成。

① 规费。

规费，是指政府和有关权力部门规定必须缴纳的费用（简称规费）。内容包括：

a. 工程排污费。施工现场按规定缴纳的工程排污费。

b. 工程定额测定费。按规定支付工程造价（定额）管理部门的定额测定费。

c. 社会保障费。内容包括：

养老保险费。企业按规定标准为职工缴纳的基本养老保险费。

失业保险费。企业按照国家规定标准为职工缴纳的失业保险费。

医疗保险费。企业按照规定标准为职工缴纳的基本医疗保险费。

d. 住房公积金。企业按规定标准为职工缴纳的住房公积金。

e. 危险作业意外伤害保险。按照建筑法规定，企业为从事危险作业的建筑安装施工人员支付的意外伤害保险费。

② 企业管理费。

企业管理费，是指建筑安装企业组织施工生产和经营管理所需费用。

企业管理费内容包括：

a. 管理人员工资。管理人员的基本工资、工资性补贴、职工福利费、劳动保护费等。

b. 办公费。企业管理办公用的文具、纸张、账表、印刷、邮电、书报、会议、水电、烧水和集体取暖（包括现场临时宿舍取暖）用煤等费用。

c. 差旅交通费。职工因公出差、调动工作的差旅费、住勤补助费，市内交通费和误餐补助费，职工探亲路费，劳动力招募费，职工离退休、退职一次性路费，工伤人员就医路费，工地转移费及管理部门使用的交通工具的油料、燃料、养路费及牌照费。

d. 固定资产使用费。管理和试验部门及附属生产单位使用的属于固定资产的房屋、设备仪器等的折旧、大修、维修或租赁费。

e. 工具用具使用费。管理使用的不属于固定资产的生产工具、器具、家具、交通工具和检验、试验、测绘、消防用具等的购置、维修和摊销费。

f. 劳动保险费。由企业支付离退休职工的易地安家补助费、职工退职金、6个月以上的病假人员工资、职工死亡丧葬补助费、抚恤费、按规定支付给离休干部的各项经费。

g. 工会经费。企业按职工工资总额计提的工会经费。

h. 职工教育经费。企业为职工学习先进技术和提高文化水平，按职工工资总额计提的费用。

i. 财产保险费。施工管理用财产、车辆保险。

j. 财务费。企业为筹集资金而发生的各种费用。

k. 税金。企业按规定缴纳的房产税、车船使用税、土地使用税、印花税等。

l. 其他。其包括技术转让费、技术开发费、业务招待费、绿化费、广告费、公证费、法律顾问费、审计费、咨询费等。

③ 利润。

施工企业完成所承包工程获得的盈利。

④ 税金。

国家税法规定的应计入建筑安装工程造价内的营业税、城市维护建设税及教育费附加等。

3. 建筑安装工程费用参考计算方法

（1）直接费。

① 直接工程费。

$$直接工程费 = 人工费 + 材料费 + 施工机械使用费$$

a. 人工费。

$$人工费 = \sum (工日消耗量 \times 日工资单价)$$

$$日工资单价\ G = \sum_{i=1}^{5} G_i$$

基本工资 G_1。

$$基本工资\ G_1 = \frac{生产工人平均日工资}{年平均每月法定工作日}$$

工资性补贴 G_2。

$$工资性补贴 \ G_2 = \frac{\sum 年发放标准}{全年日历日-次法定假日} + \frac{\sum 月发放标准}{年平均每月法定工作日} +$$
$$每工作日发放标准$$

生产工人辅助工资 G_3。

$$生产工人辅助工资 \ G_3 = \frac{全年无效工作日 \times (G_1 + G_2)}{全年日历日 - 法定假日}$$

职工福利费 G_4。

$$职工福利费 \ G_4 = (G_1 + G_2 + G_3 + G_4) \times 福利费计提比例$$

生产工人劳动保护费 G_5。

$$生产工人劳动保护费 \ G_5 = \frac{生产工人年平均支出劳动保护费}{全年日历日 - 法定假日}$$

b. 材料费。

$$材料费 = \sum (材料消耗量 \times 材料基价) + 检验试验费$$

材料基价。

$$材料基价 = [(供应价格 + 运杂费) \times (1 + 运输损耗率)] \times (1 + 采购保管费费率)$$

检验试验费。

$$检验试验费 = \sum (单位材料量检验试验费 \times 材料消耗费)$$

施工机械使用费。

$$施工机械使用费 = \sum (施工机械台班消耗量 \times 机械台班单价)$$

机械台班单价 = 台班折旧费 + 台班大修费 + 台班经常修理费 + 台班安拆费及场外运输费 + 台班人工费 + 台班燃料动力费 + 台班养路费及车船使用税

② 措施费。

本节中只列通用措施费项目的计算方法，各专业工程的专用措施费项目的计算方法由各地区或国务院有关专业主管部门的工程造价管理机构自行制定。

a. 环境保护费。

$$环境保护费 = 直接工程费 \times 环境保护费费率$$

$$环境保护费费率 = \frac{本项费用年度平均支出}{全年建安产值 \times 直接工程费占总造价比例}$$

b. 文明施工费。

$$文明施工费 = 直接工程费 \times 文明施工费费率$$

$$文明施工费费率 = \frac{本项费用年度平均支出}{全年建安产值 \times 直接工程费占总造价比例}$$

c. 安全施工费。

$$安全施工费 = 直接工程费 \times 安全施工费费率$$

$$安全施工费费率 = \frac{本项费用年度平均支出}{全年建安产值 \times 直接工程费占总造价比例}$$

d. 临时设施费。

临时设施费由以下三个部分组成：

周转使用临建，如活动房屋。

一次性使用临建，如简易建筑。

其他临时设施，如临时管线。

临时设施费 = （周转使用临建费 + 一次性使用临建费）× （1 + 其他临时设施所占比例）

式中：周转使用临建费 = $\sum \left[\dfrac{\text{临建面积} \times \text{每平方米造价}}{\text{使用年限} \times 365 \times \text{利用率}} \times \text{工期} \right] + \text{一次性拆除费}$

一次性使用临建费 = $\sum \text{临建面积} \times \text{每平方米造价} \times (1 - \text{残值率}) + \text{一次性拆除费}$

其他临时设施在临时设施费中所占比例，可由各地区造价管理部门依据典型施工企业的成本资料经分析后综合测定。

e. 夜间施工增加费。

$$\text{夜间施工增加费} = \left(1 - \dfrac{\text{合同工期}}{\text{定额工期}}\right) \times \dfrac{\text{直接工程费中的人工费合计}}{\text{平均日工资单价}}$$

$$\times \text{每工日夜间施工费开支}$$

f. 二次搬运费。

$$\text{二次搬运费} = \text{直接工程费} \times \text{二次搬运费费率}$$

$$\text{二次搬运费费率} = \dfrac{\text{年平均二次搬运费开支额}}{\text{全年建安产值} \times \text{直接工程费占总造价比例}}$$

g. 大型机械进出场及安拆费。

$$\text{大型机械进出场及安拆费} = \dfrac{\text{一次进出场及安拆费} \times \text{年平均安拆次数}}{\text{年工作台数}}$$

h. 混凝土、钢筋混凝土模板及支架费。

$$\text{模板及支架费} = \text{模板摊销量} \times \text{模板价格} + \text{支、拆、运输费}$$

$$\text{模板摊销量} = \text{一次使用量} \times (1 + \text{施工损耗}) \times$$

$$\left[1 + (\text{周转次数} - 1) \times \dfrac{\text{补损率}}{\text{周转次数}} - \dfrac{(1 - \text{补损率}) \times 50\%}{\text{周转次数}}\right]$$

$$\text{租赁费} = \text{模板使用量} \times \text{使用日期} \times \text{租赁价格} + \text{支、拆、运输费}$$

i. 脚手架搭拆费。

$$\text{脚手架搭拆费} = \text{脚手架摊销量} \times \text{脚手架价格} + \text{搭、拆、运输费}$$

$$\text{脚手架摊销量} = \dfrac{\text{单位一次使用量} \times (1 - \text{残值率})}{\text{耐用期} \div \text{一次使用期}}$$

$$\text{租赁费} = \text{脚手架每日租金} \times \text{搭设周期} + \text{搭、拆、运输费}$$

j. 已完工程及设备保护费。

$$\text{已完工程及设备保护费} = \text{成品保护所需机械费} + \text{材料费} + \text{人工费}$$

k. 施工排水、降水费。

排水降水费 = 排水降水机械台班费 × 排水降水周期 + 排水降水使用材料费、人工费

（2）间接费。

间接费的计算方法按取费基数的不同分为以下三种：

① 以直接费为计算基础。

$$\text{间接费} = \text{直接费合计} \times \text{间接费费率}$$

② 以人工费和机械费合计为计算基础。

$$间接费 = 人工费和机械费合计 \times 间接费费率$$

$$间接费费率 = 规费费率 + 企业管理费费率$$

③ 以人工费为计算基础。

$$间接费 = 人工费合计 \times 间接费费率$$

a. 规费费率。根据本地区典型工程发承包价的分析资料综合取定规费计算中所需数据：每万元发承包价中人工费含量和机械费含量；人工费占直接费的比例；每万元发承包价中所含规费缴纳标准的各项基数。

规费费率的计算公式：

以直接费为计算基础。

$$规费费率 = \frac{\sum 规费缴纳标准 \times 每万元发承包价计算基数}{每万元发承包价中的人工费含量} \times 人工费占直接费的比例$$

以人工费和机械费合计为计算基础。

$$规费费率 = \frac{\sum 规费缴纳标准 \times 每万元发承包价计算基数}{每万元发承包价中的人工费含量和机械费含量} \times 100\%$$

以人工费为计算基础。

$$规费费率 = \frac{\sum 规费缴纳标准 \times 每万元发承包价计算基数}{每万元发承包价中的人工费含量} \times 100\%$$

b. 企业管理费费率。

以直接费为计算基础。

$$企业管理费费率 = \frac{生产工人年平均管理费}{年有效施工天数 \times 人工单价} \times 人工费占直接费比例$$

以人工费和机械费合计为计算基础。

$$企业管理费费率 = \frac{生产工人年平均管理费}{年有效施工天数 \times (人工单价 + 每一工日机械使用费)} \times 100\%$$

以人工费为计算基础。

$$企业管理费费率 = \frac{生产工人年平均管理费}{年有效施工天数 \times 人工单价} \times 100\%$$

（3）利润。

利润，是指施工企业完成所承包工程获得的盈利，按照不同的计价程序，利润的形成也有所不同。在编制概算和预算时，依据不同投资来源、工程类别实行差别利润率。随着市场经济的进一步发展，企业决定利润率水平的自主权将会更大。在投标报价时，企业可以根据工程的难易程度、市场竞争情况和自身的经营管理水平自行确定合理的利润率。

$$利润 = 计算基数 \times 利润率$$

（4）税金。

$$税金 = (税前造价 + 利润) \times 税率$$

① 纳税地点在市区的企业。

$$税率 = \frac{1}{1 - 3\% - (3\% \times 7\%) - (3\% \times 3\%)} - 1 = 3.4\%$$

② 纳税地点在县城、镇的企业。

$$税率 = \frac{1}{1-3\%-(3\%\times5\%)-(3\%\times3\%)}-1 = 3.3\%$$

③ 纳税地点不在市区、县城、镇的企业。

$$税率 = \frac{1}{1-3\%-(3\%\times1\%)-(3\%\times3\%)}-1 = 3.2\%$$

3.1.2 设备及工器具购置费

设备及工器具购置费是由设备购置费和工具、器具及生产家具购置费组成的，它是固定资产投资中积极的部分。在生产性工程建设中，设备及工器具购置费占工程造价比重的增大，意味着生产技术的进步和资本有机构成的提高。

1. 设备购置费的构成

设备购置费，是指为工程项目购置或自制的达到固定资产标准的各种国产或进口设备、工具、器具的购置费用。它由设备原价和设备运杂费构成。

设备购置费 = 设备原价 + 设备运杂费

在上式中，设备原价即国产设备或进口设备的原价；设备运杂费即除设备原价之外的关于设备采购、运输、途中包装及仓库保管等方面支出费用的总和。

(1)国产设备原价的构成。

国产设备原价一般指的是设备制造厂的交货价或订货合同价。它一般根据生产厂或供应商的询价、报价、合同价确定，或采用一定的方法计算确定。国产设备原价分为国产标准设备原价和国产非标准设备原价。

① 国产标准设备原价。

国产标准设备，是指按照主管部门颁布的标准图纸和技术要求，由我国设备生产厂批量生产的，符合国家质量检测标准的设备，如批量生产的车床等。国产标准设备原价有两种，即带有备件的原价和不带有备件的原价。在计算时，一般采用带有备件的原价。国产标准设备原价一般指的是设备制造厂的交货价，即出厂价。如果设备由设备成套公司供应，则以订货合同价为设备原价。

② 国产非标准设备原价。

国产非标准设备，是指国家尚无定型标准，各设备生产厂不可能在生产工艺过程中采用批量生产，只能按一次订货，并根据具体的设计图纸制造的设备。非标准设备原价有多种不同的计算方法，如成本计算估价法、系列设备插入估算法、分部组合估价法、定额估算法。

(2)进口设备原价的构成。

进口设备的原价，是指进口设备的抵岸价，即抵达买方边境港口或边境车站，且交完关税等税费后形成的价格。进口设备抵岸价的构成与进口设备的交货类别有关。

① 进口设备的交货类别。

进口设备的交货类别可分为内陆交货类、目的地交货类、装运港交货类。

　　a. 内陆交货类。即卖方在出口国内陆的某个地点交货。在交货地点,卖方及时提交合同规定的货物和有关凭证,并负担交货前的一切费用和风险,买方按时接受货物,交付货款,负担接货后的一切费用和风险,并自行办理出口手续和装运出口。货物的所有权也在交货后由卖方转移给买方。

　　b. 目的地交货类。即卖方在进口国的港口或内地交货,有目的港船上交货价、目的港船边交货价、目的港码头交货价(关税已付)及完税后交货价(进口国的指定地点)等几种交货价。它们的特点是:买卖双方承担的责任、费用和风险是以目的地约定交货点为分界线,只有当卖方在交货点将货物置于买方控制下才算交货,才能向买方收取货款。这种交货类别对卖方来说承担的风险较大,在国际贸易中卖方一般不愿采用。

　　c. 装运港交货类。即卖方在出口国装运港交货,主要有装运港船上交货价(FOB),习惯称离岸价格。它们的特点是:卖方按照约定的时间在装运港交货,只要卖方把合同规定的货物装船后提供货运单据便完成交货任务,可凭单据收回货款。

　　装运港船上交货价(FOB)是我国进口设备采用最多的一种货价。在采用船上交货价时,卖方的责任是:在规定的期限内,负责在合同规定的装运港口将货物装上买方指定的船只,并及时通知买方;负担货物装船前的一切费用和风险,负责办理出口手续;提供出口国政府或有关方面签发的证件;负责提供有关装运单据。买方的责任是:负责租船或订舱,支付运费,并将船期、船名通知卖方,负担货物装船后的一切费用和风险;负责办理保险及支付保险费,办理在目的港的进口和收货手续,接受卖方提供的有关装运单据,并按合同规定支付贷款。

　　② 进口设备原价的构成。

　　进口设备采用最多的是装运港船上交货价(FOB),其抵岸价的构成可概括为:

$$进口设备原价 = FOB 价 + 国际运费 + 运输保险费 + 银行财务费$$
$$+ 外贸手续费 + 关税 + 增值税 + 消费税$$
$$+ 海关监管手续费 + 车辆购置附加费$$

　　a. FOB 价。即装运港船上交货价,亦称为离岸价格。设备 FOB 价分为原币货价和人民币货价,原币货价一律折算为美元表示,人民币货价按原币货价乘以外汇市场美元兑换人民币中间价确定。FOB 价按有关生产厂商询价、报价、订货合同价计算。

　　b. 国际运费。即从出口国装运港(站)到达进口国港(站)的运费。我国进口设备大部分采用海洋运输,小部分采用铁路运输,个别采用航空运输。

$$国际运费(海、陆、空) = FOB 价 \times 运费费率$$

或
$$国际运费(海、陆、空) = 运量 \times 单位运价$$

其中,运费率或单位运价参照有关部门或进出口公司的规定执行。

　　c. 运输保险费。对外贸易货物运输保险是由保险公司与被保险的出口人或进口人订立保险契约,在被保险人交付议定的保险费后,保险公司根据保险契约的规定对货物在运输过程中发生的承保责任范围内的损失给予经济上的补偿。这是一种财产保险。

$$运输保险费 = \frac{FOB 价 + 国外运费}{1 - 保险费率} \times 保险费费率$$

其中,保险费费率按保险公司规定的进口货物保险费费率计算。

d. 银行财务费。一般是指中国银行手续费。

$$银行财务费=FOB 价×银行财务费费率(一般为 0.4\% \sim 0.5\%)$$

e. 外贸手续费。即按对外经济贸易部门规定的外贸手续费费率计取的费用，其手续费费率一般为 1.5% 。

$$外贸手续费=(FOB 价+国际运费+运输保险费)×外贸手续费费率$$

其中，FOB 价+国际运费+运输保险费，亦称到岸价格，即 CIF。

f. 关税。由海关对进出国境或关境的货物和物品征收的税。

$$关税=到岸价×进口关税税率$$

进口关税税率分为优惠税率和普通税率两种。优惠税率适用于与我国签订有关税互惠条约或协定的国家的进口设备；普通税率适用于与我国未订有关税互惠条约或协定的国家的进口设备。进口关税税率按我国海关总署发布的进口关税税率计算。

g. 增值税。即对从事进口贸易的单位和个人，在进口商品报关进口后征收的税种。我国增值税条例规定，进口应税产品均按组成计税价格和增值税税率直接计算应纳税额。即

$$进口产品增值税额=组成计税价格×增值税税率$$

$$组成计税价格=到岸价+关税+消费税$$

增值税税率根据规定的税率计算，目前进口设备适用税率为 17% 。

h. 消费税。仅对部分进口设备(如轿车、摩托车等)征收。

$$应纳消费税=\frac{到岸价+关税}{1-消费税税率}×消费税税率$$

其中，消费税税率根据规定的税率计算。

i. 海关监管手续费。即海关对进口减税、免税、保税货物实施监督、管理、提供服务的手续费。对于全额征收进口关税的货物不计本项费用。

$$海关监管手续费=到岸价×海关监管手续费率$$

海关监管手续费率一般为 0.3% 。

j. 车辆购置附加费。进口车辆需缴进口车辆购置附加费。

进口车辆购置附加费=(到岸价+关税+消费税+增值税)×进口车辆购置附加费率

(3)设备运杂费的构成。

① 设备运杂费的构成。

a. 运费和装卸费。国产设备，是指由设备制造厂交货地点起至工地仓库(或施工组织设计指定的需要安装设备的堆放地点)止所发生的运费和装卸费；进口设备，是指由我国到岸港口或边境车站起至工地仓库(或施工组织设计指定的需安装设备的堆放地点)止所发生的运费和装卸费。

b. 包装费。在设备原价中没有包含的，为运输而进行包装支出的各种费用。

c. 设备供销部门手续费。此项费用仅发生在具有设备供销部门这个中间环节的情况下。其费用按有关部门规定的统一费率计算。

d. 采购与仓库保管费。采购、验收、保管和收发设备所发生的各种费用，包括设备采购人员、保管人员和管理人员的工资、工资附加费、办公费、差旅交通费，设备供应部

门办公和仓库所占固定资产使用费、工具用具使用费、劳动保护费、检验试验费等。这些费用可按主管部门规定的采购与保管费费率计算。

② 设备运杂费的计算。

$$设备运杂费 = 设备原价 \times 设备运杂费费率$$

其中，设备运杂费率按各部门及省、市等的规定计取。

2. 工具、器具及生产家具购置费的构成及计算

工具、器具及生产家具购置费，是指新建或扩建项目初步设计规定的，保证初期正常生产必须购置的没有达到固定资产标准的设备、仪器、工卡磨具、器具、生产家具和备品备件等的购置费用。一般以设备购置费为计算基数，按照部门或行业规定的工具、器具及生产家具费率计算，计算公式为：

$$工具、器具及生产家具购置费 = 设备购置费 \times 定额费率$$

3.1.3　工程建设其他费用

工程建设其他费用，是指从工程筹建起到工程竣工验收交付使用止的整个建设期间，除建筑安装工程费用和设备及工、器具购置费用以外的，为保证工程建设顺利完成和交付使用后能够正常发挥效用而发生的各种费用。

工程建设其他费用，按其内容大体可分为以下三类：

1. 与土地有关的费用

土地使用费，是指按照国家和地方人民政府的规定，工程项目征收或征用土地、租用土地应支付的费用。

（1）土地征收或征用及迁移补偿费。

土地征收或征用及迁移补偿费，是指工程项目通过划拨方式取得无限期的土地使用权，依照《中华人民共和国土地管理法》等规定所支付的费用。

① 土地补偿费。征用耕地补偿费，被征用土地附着物及育苗补偿费、菜地开发建设基金、土地使用税、征用管理费等。

② 征用耕地安置补偿费。征用耕地安置农业人口的补助费。

③ 征地动迁费。征用土地上房屋及构筑物的拆除、拆迁补偿费，企业因搬迁造成的减产停产补贴费、拆迁管理费。

土地征收、征用及迁移补偿费是根据批准的建设用地和临时用地面积，按工程所在地人民政府颁发的费用标准并结合实际情况计算。

（2）土地使用出让金。

土地使用出让金，是指工程项目通过土地使用权出让方式，取得有限期的土地使用权，依照《中华人民共和国城镇国有土地使用权出让和转让暂行条例》规定所支付的土地使用权出让所发生的费用。

土地使用出让金的计算是根据应征建设用地和临时用地面积按实际价格计算。

（3）租地费用。

租地费用，是指工程项目采用"长租短付"方式租用土地使用权所支付的租地费用。

（4）征地管理费。

征地管理费主要用于征地拆迁、安置工作的办公费、会议费、交通工具、福利费、借用人员的工资、旅费、业务培训、宣传教育、经验交流和改善办公条件等费用。

2. 与工程项目有关的其他费用

根据项目的不同，与项目建设有关的其他费用的构成也不尽相同，一般包括下列项目，在进行工程估算及概算中可根据实际情况进行计算。

（1）建设单位管理费。

建设单位管理费，是指工程项目从立项、筹建、设计与建造、联合试运转、竣工验收、交付使用及后评估等全过程管理所需的费用。内容包括以下几个方面：

① 建设单位开办费。即新建项目为保证筹建和建设工作正常进行所需办公设备、生活家具、用具、交通工具等购置费用。

② 建设单位经费。它包括工作人员的基本工资、工资性补贴、职工福利费、劳动保护费、劳动保险费、办公费、差旅交通费、工会经费、职工教育经费、固定资产使用费、工具用具使用费、技术图书资料费、生产人员招募费、工程招标费、合同契约公证费、工程质量监督检测费、工程咨询费、法律顾问费、审计费、业务招待费、排污费、竣工交付使用清理及竣工验收费、后评估等费用。不包括应计入设备、材料预算价格的建设单位采购及保管设备材料所需的费用。

建设单位管理费按照单项工程费用之和(包括设备工、器具购置费和建筑安装工程费用)乘以建设单位管理费率计算。

建设单位管理费率按照工程项目的不同性质、不同规模确定。有的工程项目按照建设工期和规定的金额计算建设单位管理费。

不同的省、直辖市、地区对建设单位管理费的计取应根据各地的情况有所不同。例如，某省根据财政部财建[2002]394号、财建[2003]724号文及该省的实际情况，制定了省级的建设单位管理费的计算方法及指标，如表3-1所示。

表3-1   **某省建设单位管理费计算方法及指标**   （单位：万元）

工程总投资	费率(%)	工程总投资	建设单位管理费
1000 以下	1.5	1000	$1000 \times 1.5\% = 15$
1001～5000	1.2	5000	$15 + (5000 - 1000) \times 1.2\% = 63$
5001～10000	1.0	10000	$63 + (10000 - 5000) \times 1\% = 113$
10001～15000	0.8	50000	$113 + (50000 - 10000) \times 0.8\% = 433$
50001～10000	0.5	100000	$433 + (100000 - 50000) \times 0.5\% = 683$
100001～200000	0.2	200000	$683 + (200000 - 100000) \times 0.2\% = 833$
200001 以上	0.1	280000	$833 + (280000 - 200000) \times 0.1\% = 963$

（2）勘察设计及咨询费。

勘察设计及咨询费包括工程项目前期工作咨询费和勘察设计费两个部分。工程项目前期工作咨询费是工程项目专题研究、编制和评估项目建议书、编制和评估可行性研究报告，以及其他与工程项目前期工作有关的咨询服务收费。勘察设计费，是指建设单位委托勘察设计单位为工程项目进行勘察、设计等所需费用。

① 工程勘察费。

工程勘察费是测绘、勘探、取样、试验、测试、检测、监测等勘察作业，以及编制工程勘探文件和岩土工程设计文件等收取的费用。根据国家计委、建设部计价格〔2002〕10号文件《工程勘察设计收费管理规定》，按建筑物和构筑物占地面积 10~20 元/平方米计算。

② 工程设计费。

工程设计费是编制初步设计文件、施工图设计文件、非标准设备设计文件、工程概算文件、施工图预算文件、竣工图文件等服务所收取的费用。根据国家计委，建设部计价格〔2002〕10 号文件《工程勘察设计收费管理规定》，如表 3-2 所示。

表 3-2　　　　　　　　　　　　　　　设计费费率取值表　　　　　　　　　　　　（单位：万元）

工程费+联合试运转费	设计费	工程费+联合试运转费	设计费
200	9.0	60000	1515.2
500	20.9	80000	1960.1
1000	38.8	100000	2393.4
3000	103.8	200000	4450.8
5000	163.9	400000	8276.7
8000	249.6	600000	11987.5
10000	304.8	800000	15391.4
20000	566.8	1000000	18793.8
40000	1054.0	2000000	34948.9

注：①施工图预算按设计费 10% 计算。

②竣工图按设计费 8% 计算。

③计算额处于两个数值区间的用直线内插法确定。

（3）研究试验费。

研究试验费，是指为工程项目提供和验证设计参数、数据、资料等所进行的必要的试验费用，以及设计规定在施工中必须进行试验、验证所需费用。它包括自行或委托其他部门研究试验所需人工费、材料费、试验设备及仪器使用费等。这项费用按照设计单位根据本工程项目的需要提出的研究试验内容和要求按实际计算。

研究试验费不包括应由科技三项费用（新产品试验费、中间试验费和重要科学研究补助费）开支的项目；不包括应由建筑安装费中列支的施工企业对建筑材料、构件和建筑物进行一般鉴定、检查所发生的费用及技术革新的研究试验费。

（4）建设单位临时设施费。

建设单位临时设施费，是指建设期间建设单位所需临时设施的搭设、维修、摊销费用或租赁费用。

临时设施包括临时宿舍、文化福利及公用事业房屋与构筑物、仓库、办公室、加工厂以及规定范围内的道路、水、电、管线等临时设施和小型临时设施。

建设单位临时设施费＝（建筑工程费＋安装工程费）×（0.5%～1.0%）

（5）工程监理费。

工程监理费，是指建设单位委托工程监理单位对工程实施监理工作所需费用。它包括施工监理和设计监理，根据国家物价局、建设部《关于发布工程建设监理费用有关规定的通知》（〔1992〕价费字479号）的文件规定，选择下列方法之一计算：

① 一般情况应按工程建设监理收费标准计算，即按所监理工程概算或预算的百分比计算。

② 对于单工种或临时性项目可根据参与监理的年度平均人数按3.5～5万元/人·年计算。

表3-3为某省按照〔1992〕价费字479号文件及该省实际情况确定的工程监理费费率。

表3-3　　　　　　　　　　　　　　　　**某省监理费费率表**

工程投资 M（万元）	设计监理 a（%）	施工监理 b（%）
$M<500$	$0.2<a$	$2.50<b$
$500 \leqslant M<1000$	$0.15 \leqslant a<0.2$	$2.00 \leqslant b<2.50$
$1000 \leqslant M<5000$	$0.1 \leqslant a<0.15$	$1.40 \leqslant b<2.00$
$5000 \leqslant M<10000$	$0.08 \leqslant a<0.1$	$1.20 \leqslant b<1.40$
$10000 \leqslant M<50000$	$0.05 \leqslant a<0.08$	$0.80 \leqslant b<1.20$
$50000 \leqslant M<100000$	$0.03 \leqslant a<0.05$	$0.60 \leqslant b<0.80$
$100000 \leqslant M$	$a \leqslant 0.03$	$b \leqslant 0.60$

（6）工程保险费。

工程保险费，是指工程项目在建设期间根据需要实施工程保险所需费用。它包括建筑工程及其在施工过程中的物料、机器设备为保险标的的建筑工程一切险，以安装工程中的各种机器、机械设备为保险标的的安装工程一切险以及机器损坏保险等。根据不同的工程类别，分别以其建筑、安装工程费乘以建筑、安装工程保险费率计算。

（7）引进技术和进口设备其他费用。

引进技术及进口设备其他费用，包括出国人员费用、国外工程技术人员来华费用、技术引进费、分期或延期付款利息、担保费以及进口设备检验鉴定费。

① 出国人员费用。即为引进技术和进口设备派出人员在国外培训和进行设计联络、

设备检验等差旅费、服装费、生活费等。这项费用根据设计规定的出国培训和工作的人数、时间及派人国家，按财政部、外交部规定的临时出国人员费用开支标准及中国民用航空公司现行国际航线票价等进行计算，其中使用外汇部分应计算银行财务费用。

② 国外工程技术人员来华费用。即为安装进口设备，引进国外技术等聘用外国工程技术人员进行技术指导工作所发生的费用。它包括技术服务费、外国技术人员的在华工资、生活补贴、差旅费、医药费、住宿费、交通费、宴请费、参观游览等招待费用。这项费用按每人每月费用指标，按合同协议规定计算。

③ 技术引进费。即为引进国外先进技术而支付的费用。它包括专利费、专有技术费（技术保密费）、国外设计及技术资料费、计算机软件费等。这项费用根据合同或协议的价格计算。

④ 分期或延期付款利息。即利用出口信贷引进技术或进口设备采取分期或延期付款的办法所支付的利息。

⑤ 担保费。即国内金融机构为买方出具保函的担保费。这项费用按有关金融机械规定的担保费率计算（一般可按承保金额的 5‰ 计算）。

⑥ 进口设备检验鉴定费用。即进口设备按规定付给商品检验部门的进口设备检验鉴定费。这项费用按进口设备货价的 3‰ ～ 5‰ 计算，即 CIF×（3‰ ～ 5‰）。

（8）环境影响咨询服务费。

环境影响咨询服务费，是指按照《中华人民共和国环境保护法》、《中华人民共和国环境影响评价法》对工程项目对环境影响进行全面评价所需的费用。

环境影响咨询服务费内容包括编制环境影响报告表，环境影响报告书（含大纲）和评估环境影响报告表、环境影响报告书（含大纲）。

环境影响咨询服务费依据国家计委、国家环保总局计价〔2002〕125 号文件规定，环境影响咨询服务费计取如表 3-4 所示。

表 3-4　　　　　　　　　　**环境影响咨询服务费取费表**　　　　　（单位：万元）

服务项目投资额	3000 以下	3000 ～20000	20000 ～100000	100000 ～500000	500000 ～1000000	1000000 以上
编制环境影响报告表	1 ～2	2 ～4	4 ～7	7 以上		
环境影响报告书（含大纲）	5 ～6	6 ～15	15 ～35	35 ～75	75 ～10	110
评估环境影响报告表	0.5 ～0.8	0.8 ～1.5	1.5 ～2	2 以上		
评估环境影响报告书（含大纲）	0.8 ～1.5	1.5 ～3	3 ～7	7 ～9	9 ～13	13 以上

3. 与未来企业生产经营有关的费用

（1）联合试运转费。

联合试运转费，是指新建企业或新增加生产工艺过程的扩建企业在竣工验收前、按照设计规定的工程质量标准，进行整个车间的负荷或无负荷联合试运转过程中发生的支出费用大于试运转收入的差额部分（即亏损部分）。费用内容包括：试运转所需的原料、燃料、油料和动力的费用，机械使用费用，低值易耗品及其他物品的购置费用和施工单位参加联合试运转人员的工资等。试运转收入包括试运转产品销售和其他收入。联合试运转费不包括应由设备安装工程费项下开支的单台设备调试费及试车费用。联合试运转费一般根据不同性质的项目按需要试运转车间的工艺设备购置费的百分比计算。

（2）生产准备费。

生产准备费，是指新建企业或新增生产能力的企业，为保证竣工交付使用进行必要的生产准备所发生的费用。费用内容包括：

① 生产人员培训费，包括自行培训、委托其他单位培训的人员的工资、工资性补贴、职工福利费、差旅交通费、学习资料费、学习费、劳动保护费等。

② 生产单位提前进厂参加施工、设备安装、调试等以及熟悉工艺流程及设备性能等人员的工资、工资性补贴、职工福利费、差旅交通费、劳动保护费等。

生产准备费一般根据需要培训和提前进厂人员的人数及培训时间，按生产准备费指标进行估算。

应该指出，生产准备费在实际执行中是一笔在时间上、人数上、培训深度上很难划分的、活口很大的支出，尤其要严格掌握。

（3）办公和生活家具购置费。

办公和生活家具购置费，是指为保证新建、改建、扩建项目初期正常生产、使用和管理所必须购置的办公和生活家具、用具的费用。改、扩建项目所需的办公和生活用具购置费，应低于新建项目。其范围包括办公室、会议室、资料档案室、阅览室、文娱室、食堂、浴室、理发室、单身宿舍和设计规定必须建设的托儿所、卫生所、招待所、中小学校等家具用具购置费。这项费用按照设计定员人数乘以综合指标计算，一般为 600 ~ 800 元/人。

3.1.4　预备费

预备费又称为不可预见费，是指考虑建设期间可能发生的风险因素而导致的建设费用增加的这部分内容。按照风险因素的性质划分，预备费又包括基本预备费和涨价预备费两大类型。

1. 基本预备费

基本预备费，是指在初步设计及概算内难以预料的工程费用，其内容包括：

（1）在批准的初步设计范围内，技术设计、施工图设计及施工过程中所增加的工程费用；设计变更、局部地基处理等增加的费用。

（2）一般自然灾害造成的损失和预防自然灾害所采取的措施费用。实行工程保险的工程项目费用应适当降低。

（3）竣工验收时为鉴定工程质量对隐蔽工程进行必要的挖掘和修复费用。

基本预备费是以设备及工、器具购置费，建筑安装工程费用和工程建设其他费用三者之和为计取基础，乘以基本预备费率进行计算。

$$基本预备费 = \left(\begin{array}{c} 设备及工、 \\ 器具购置费 \end{array} + \begin{array}{c} 建筑安装 \\ 工程费用 \end{array} + \begin{array}{c} 工程建设 \\ 其他费用 \end{array} \right) \times 基本预备费率$$

$$基本预备费 = （工程费 + 工程建设其他费）\times 基本预备费率$$

基本预备费率的取值应执行国家及部门的有关规定，一般为 5% ~ 8%。

2. 涨价预备费

涨价预备费，是指工程项目在建设期间内由于价格等变化引起工程造价变化的预测预留的费用。费用内容包括：人工、设备、材料、施工机械的价差费，建筑安装工程费及工程建设其他费用调整，利率、汇率调整等增加的费用。

涨价预备费的测算方法，一般根据国家规定的投资综合价格指数，按估算年份价格水平的投资额为基数，采用复利方式计算。计算公式为：

$$PF = \sum_{t=1}^{n} I_t \left[(1+f)^t - 1 \right]$$

式中：PF——涨价预备费；

n——建设期年份数；

I_t——建设期中第 t 年的投资计划额，包括设备及工、器具购置费、建筑安装工程费、工程建设其他费用及基本预备费；

f——年平均投资价格上涨率。

例 3-1：某工程项目，建设期为 3 年，各年投资计划额如下：第一年贷款 7200 万元，第二年贷款 10800 万元，第三年贷款 3600 万元，年均投资价格上涨率为 6%，求工程项目建设期间涨价预备费。

解：第一年涨价预备费为

$$PF_1 = I_1 \left[(1+f) - 1 \right] = 7200 \times 0.06$$

第二年涨价预备费为

$$PF_2 = I_2 \left[(1+f)^2 - 1 \right] = 10800 \times (1.06^2 - 1)$$

第三年涨价预备费为

$$PF_3 = I_3 \left[(1+f)^3 - 1 \right] = 3600 \times (1.06^3 - 1)$$

所以建设期的涨价预备费为

$$PF = 7200 \times 0.06 + 10800 \times (1.06^2 - 1) + 3600 \times (1.06^3 - 1) = 2454.54（万元）$$

3.1.5　建设期贷款利息及固定资产投资方向调节税

1. 建设期贷款利息

建设期贷款利息包括向国内银行和其他非银行金融机构贷款、出口信贷、外国政府贷款、国际商业银行贷款以及在境内外发行的债券等在建设期间内应偿还的贷款利息。

当总贷款是分年均衡发放时，建设期利息的计算可按当年借款在年中支用考虑，即当年贷款按半年计息，上年贷款按全年计息。计算公式为：

$$q_j = \left(P_{j-1} + \frac{1}{2} A_j \right) \times i$$

式中：q_j——建设期第 j 年应计利息；

P_{j-1}——建设期第 $(j-1)$ 年末贷款累计金额与利息累计金额之和；

A_j——建设期第 j 年贷款金额；

i——年利率。

国外贷款利息的计算中，还应包括国外贷款银行根据贷款协议向贷款方以年利率的方式收取的手续费、管理费、承诺费，以及国内代理机构经国家主管部门批准的以年利率的方式向贷款单位收取的转贷费、担保费、管理费等。

例 3-2：某新建项目，建设期为 3 年，第一年贷款 300 万元，第二年贷款 600 万元，第三年贷款 400 万元，年利率为 12%，建设期内利息只计息不支付，贷款年中支用，计算建设期贷款利息。

解：在建设期，各年利息计算如下：

$$q_1 = \frac{1}{2}A_1 i = \frac{1}{2} \times 300 \times 12\% = 18 \text{（万元）}$$

$$q_2 = \left(P_1 + \frac{1}{2}A_2\right)i = \left(300 + 18 + \frac{1}{2} \times 600\right) \times 12\% = 74.16 \text{（万元）}$$

$$q_3 = \left(P_2 + \frac{1}{2}A_3\right)i = \left(318 + 600 + 74.16 + \frac{1}{2} \times 400\right) \times 12\% = 143.06 \text{（万元）}$$

所以，建设期贷款利息 $= q_1 + q_2 + q_3 = 18 + 74.16 + 143.06 = 235.22$ （万元）

2. 固定资产投资方向调节税

为了贯彻国家产业政策，控制投资规模，引导投资方向，调整投资结构，加强重点建设，促进国民经济持续、稳定、协调发展，对在我国境内进行固定资产投资的单位和个人征收固定资产投资方向调节税（简称"投资方向调节税"）。

（1）税率。

投资方向调节税根据国家产业政策和项目经济规模实行差别税率，税率为 0、5%、10%、15%、30% 五个档次。差别税率按两大类设计：一是基本建设项目投资；二是更新改造项目投资。对前者设计了四档税率，即 0、5%、15%、30%；对后者设计了两档税率，即 0.10%。

① 基本建设项目投资适用的税率。

a. 国家急需发展的项目投资，如农业、林业、水利、能源、交通、通信、原材料、科教、地质、勘探、矿山开采等基础产业和薄弱环节的部门项目投资，适用零税率。

b. 对国家鼓励发展但受能源、交通等制约的项目投资，如钢铁、化工、石油、水泥等部分重要原材料项目，以及一些重要机械、电子、轻工工业和新型建材的项目，实行 5% 的税率。

c. 为配合住房制度改革，对城乡个人修建、购买住宅的投资实行零税率；对单位修建、购买一般性住宅投资，实行 5% 的低税率；对单位用公款修建、购买高标准独门独院、别墅式住宅投资，实行 30% 的高税率。

d. 对楼堂馆所及国家严格限制发展的项目投资，课以重税，税率为 30%。

e. 对不属于上述四类的其他项目投资，实行中等税赋政策，税率为 15%。

② 更新改造项目投资适用的税率。

a. 为了鼓励企事业单位进行设备更新和技术改造，促进技术进步，对国家急需发展的项目投资，予以扶持，适用零税率；对单纯工艺改造和设备更新的项目投资，适用零税率。

b. 对不属于上述提到的其他更新改造项目投资，一律适用 10% 的税率。

（2）计税依据。

投资方向调节税以固定资产投资项目实际完成投资额为计税依据。实际完成投资额包括：设备及工器具购置费、建筑安装工程费、工程建设其他费用及预备费；但更新改造项目是以建筑工程实际完成的投资额为计税依据。

（3）计税方法。

首先，确定单位工程应缴税资的计算基数，即不含税工程造价。当采用工料单价法时，不含税工程造价为直接费、间接费与利润之和；当采用综合单价法时，不含税工程造价由分部分项工程费、措施项目费、其他项目费以及规费组成；其次，根据工程的性质及划分的单位工程情况，确定单位工程的适用税率；最后，计算各个单位工程应缴纳的投资方向调节税税额，并且将各个单位工程应纳的税额汇总，即得出整个项目应纳的税额。

（4）缴纳方法。

投资方向调节税按固定资产投资项目的单位工程年度计划投资额预缴，年度终了后，按年度实际完成投资额结算，多退少补。项目竣工后，按应征收投资方向调节税的项目及其单位工程的实际完成投资额进行清算，多退少补。

投资方向调节税是国家对我国固定资产投资宏观调控的手段，国家会根据产业政策、国民经济发展等实际情况，适时作出调整。如目前阶段，我国固定资产投资方向调节税暂定为零税率。

3.2　设计概算审计的意义

1. 审计设计概算是客观经济规律的要求

社会主义市场经济，要求我们按价值规律办事，合理地确定基建产品的价格。在当前，基建产品的价格是采用单独编制设计概（预）算的办法来确定。设计概（预）算是计算基建产品价格的文件，审查批准设计概（预）算的过程，实质是确定基建产品计划价格的过程。为了合理地确定基建产品的价格，认真审查设计概（预）算就成了一个不可缺少的环节。

2. 审计设计概算是提高投资项目概算编制质量的要求。

当前，设计概算文件编制中还存在不少问题，主要表现在以下几个方面：

（1）概算人员业务不熟，在编制过程中计算错误较多。

（2）科技水平的迅速发展（新技术、新结构、新工艺的发展），要求编制补充和换算的定额项目增多，由于基础资料缺乏可靠数据，准确性差。

（3）由于思想不端正，设计概算编制人员故意高估冒算。

3. 审计设计概算是落实投资计划、节约建设资金的要求

设计概算确定的建设项目总造价，是国家对该项目的最高投资限额。概算造价准确与否，关系到国家投资计划是否落实。在当前，由于编制概算的有些基础资料陈旧过时，或者由于为了能将项目列入国家投资计划而故意低估概算造价，致使概算造价偏低，概算造价不能控制预算造价的现象严重存在。这样就使国家投资计划在编制时留有缺口，不能落实，严重影响了固定资产投资活动的计划性。

4. 审计设计概算是推行招标投标投资包干责任制的要求

目前我国推行的招标制度，是在计划价格指导下进行的。经过审查的项目设计概算文件应该成为确定招标标底的基础。为了更好地组织招标投标，必须认真编制和审查设计概算文件，做好确定标底和标价的工作。

各种投资包干责任制，如概算造价包干、平方米造价包干、住宅建设小区造价包干等，都离不开投资项目概算工作。只有做好了概算编审工作，才能正确地确定包干的标准，既要防止标准偏低损害承包者的利益，又要防止标准偏高损害投资者的利益。

3.3 设计概算审计的步骤和方法

3.3.1 设计概算审计的步骤

1. 掌握基本情况

审查设计概算必须熟悉设计概算的组成内容；还必须掌握设计概算编制的依据和编制的方法；弄清所建项目的规模、设计能力和工艺流程；熟悉和了解被审计工程的设计图纸和说明书的主要内容；弄清概算所列工程项目费用的构成；弄清概算各表和设计文字说明相互之间的关系；同时，还要收集概算定额、指标等有关文件和资料。

2. 进行对比分析

利用规定的概算定额、指标及有关技术经济指标与设计概算进行对比分析。根据设计和概算列明的工程项目，从工程性质、结构类型、建筑面积、占地面积、生产规模、设备数量、费用构成、投资比例、造价指标、劳动定员等方面与国内外同类工程进行比较分析，从中找出差距，为审计提供线索。

3. 收集审计证据

在对比分析的基础上，深入现场进一步调查，查清工程建设的内外条件，查明设计是否经济合理，概算采用的定额、指标、价格、费用与现行规定有哪些不符，核实扩大规模的具体情况，确认多估投资或预留缺口的情况。

4. 编制审计工作底稿

将收集的审计证据和对审计证据进行分析的结果，以及形成的审计意见和审计结论所必需的资料编制成审计工作底稿。

5. 审计结论与审计处理

概算审计完毕，要进行审计分析，对概算中不合理部分及时进行调整与修正，拟写审计报告，作出审计结论，并进行审计处理。建设单位及有关主管部门应及时调整设计概算，并严格执行审计后的设计概算。

3.3.2　设计概算审计的方法

根据工程性质、设计概算、编制质量以及审计力量的大小，设计概算审计可采用不同的方法。

1. 简单审查

即简要地从定额单价和取费标准方面进行审查，结合设计要求，审查定额单价、费用标准的选用和计算是否恰当。这种方法比较粗略，适用于历来编制质量较好、信誉较高的编制单位，或者在审查任务很重、审查力量不足时使用。

2. 全面审查

对定额单价、取费标准和工程数量方面进行全面审查，逐项核对计算结果。这种方法容易发现问题，但费工费时，适用于重大工程项目的预算文件，或适用于编制质量较差、信誉较低的编制单位。

3. 利用技术经济指标进行审查

为了加快审查速度，可以只对问题较大的部分进行审查。需要审查的部分，可以用技术经济指标进行筛选。例如，对不同类型的工程，先用平方米造价指标或单位生产能力造价指标进行第一轮筛选，若不超出现定的标准，就进行简单审查；在筛选中，若发现超出规定标准，则再对其各个分部工程的造价比重用积累的数据进行第二轮筛选；若不超出数据范围的分部工程，就不再审核工程量，对超出范围的分部工程，再采用每平方米建筑面积分项工程工程量经验数据进行第三轮筛选，对其中工程量超出有关规定的分项工程，再重点进行工程量计算的审查。这种挑选重点问题进行审查的方法，也称为筛选法。经过几次筛选如未发现编制中有问题，可以加快审查速度，但在进行前需要先大量积累经验数据。

4. 重点抽查法

就是抓住工程概算的重点进行审查，选择重点可按下列原则进行：

（1）选择造价高的部分作为重点。在概算审计中，抽审概算价值较高的单项（单位）工程，如主体工程、高级装饰工程或费用项目。

（2）选择容易发生错弊的内容作为重点。

① 在概算编制中"工程建设及其他费用"是各省、自治区、直辖市和专业主管部门制定的。由于"政出多门"，标准又不十分明确，所以较难掌握，应特别注意，不能让各种摊派费用混入。

② 根据经验在工程量计算、定额套用、费用计取过程中容易发生错弊的地方要重点抽审。

5. 审计目标圈定法

根据审计目标和工程建设实际，确定概算审计范围、重点、内容，以及采取的审计方法。

3.4 设计概算审计时间的确定

从理论上来说，审计人员应在初步设计阶段实施设计概算审计。对于设计招标的项目，内审人员应在开标时介入，并详细分析初步设计方案，审计设计概算的真实性和准确性，并向评标委员会反映设计方案中存在的问题，揭示设计概算的不当之处，使评标委员会能够接纳合理的审计建议，在评标定标时予以考虑，以此保证招标投标工作的公正性和合法合规性，确保设计方案适用、经济。从这个意义上说，设计概算审计与设计工作应同步进行，属于跟踪审计。这样做的最大好处是节约人力、物力和财力，避免了事后审计的被动性，把设计概算的误差控制在合理范围之内，使设计概算额度在批准的投资估算控制范围内。

从我国审计实践上看，只有内部审计机构有条件实施"同步审计"，大多数外部审计机构依然以事后审计为主，即在设计概算编制完成之后，在项目的建设阶段或竣工验收阶段审计概算，一方面，审计其编制的准确性程度；另一方面，审计其执行情况。事后审计具有一定的时间滞后性，因而，我们应该重视内审部门的"同步审计"工作。为了保证这种审计工作正常有序进行，必须取得本单位领导的支持和理解，并从内部控制制度上予以保证，否则，设计概算审计就成了一句空话。按照这样的要求审计设计概算，内部审计人员一定要把握好审计尺度，注意审计工作的独立性，切记审计工作不能介入项目建设管理过程中，内部审计机构不是项目建设的主管部门，如果内部审计机构在审计时行使了项目建设或管理的职能的话，那么审计的客观公正性就值得怀疑。

3.5 设计概算审计的主要内容

3.5.1 设计概算编制依据的审计

1. 设计概算审计的主要依据

在设计概算审计的准备阶段，审计人员需按照设计概算审计要求收集与概算编制有关的审计资料，以作为设计概算审计的主要依据。这些资料主要有：

（1）可行性研究报告。

按照国家有关规定，没有可行性研究报告的项目，不得进行工程设计。没有设计文件，当然也不能进行设计概算的编制。

（2）初步设计方案。

初步设计方案包括初步设计图纸和初步设计说明等有关资料。初步设计图纸主要由建筑平面图、立面图、剖面团、建筑详图和效果图等图纸构成，具体表达建设项目的平面布局、立体造型、材料和设备的需求数量等有关内容。依据初步设计方案计算建筑面积等工程量，它是设计概算编制的直接依据。对于实施设计招标的项目而言，初步设计方案是设计单位投标文件的主要构成资料之一。因而，进行设计概算审计必须收集初步设计方案。

（3）概算定额与概算指标。

在编制与审计建设项目设计概算时，应注意收集与之有关的定额和指标，它们是建设项目设计概算编制的依据和标准。一般情况下，建筑工程使用项目所在地区的概算定额或概算指标，设备安装工程使用全国统一安装工程预算定额。

（4）国家、地区或行业的有关文件规定。

这里所提到的有关文件规定，主要涉及与建设项目概算的编制有关的各种要求，如各项费用的计取标准、费用计算范围、材差系数的规定等。在收集这些资料时，一定要注意文件的适用性和适时性，因为随着时间的变化，各种文件的规定要求也在不断地变化着，所以，审计部门及时注意文件的变化动态，是十分必要的。

（5）投资估算文件。

投资估算控制设计概算，批准的投资估算是设计概算的最高额度标准，审计设计概算是否突破投资估算范围，是设计概算审计的主要内容之一，审计人员必须重视这个问题。

（6）设计概算书。

设计概算书既是设计概算审计的依据，又是设计概算审计的对象。因此，设计概算书的收集是十分必要的。

2. 设计概算编制依据的审计

（1）审计设计概算编制依据的适用性。

现行的各种概算编制的依据都有一定的使用范围，在使用时必须依照规定适用范围正确运用。如各主管部门规定的各种专业定额及其取费标准，只适用于该部门的专业工程；各地区规定的各种定额及其取费标准，只适用于该地区的范围以内。

（2）审计设计概算编制依据的合法性、合规性。

设计概算采用的各种编制依据必须经过国家或授权机关的批准，符合国家的编制规定，未经批准的不能采用。不能强调情况特殊，擅自提高概算定额、指标或费用标准。

（3）审计设计概算编制依据的时效性。

设计概算所依据的定额、指标、价格、取费标准等，都应根据国家有关部门的现行规定进行，应特别注意现行规定有无调整和新规定。由于费用和价格的上涨幅度较大，地区材料预算价格和单位估价表都需要根据各地区及主管机构颁布的预算价格调整系数及时作出调整。

（4）审计定额和费用标准套用的合理性。

首先，对照规定，审查编制说明中对定额和费用标准的套用，由此判定其正确性；其次，审查概算中对定额和费用标准的执行情况，核实是否严格地执行编制说明中的套用规定。

（5）审查单位估价表。

单位估价表是用于确定分部、分项工程的单位选价，以及确定设计方案的技术经济合理性和办理工程结算的依据。对单位估价的审查，主要审查其适用性、合理性及计算的正确性。

3.5.2 单位工程设计概算的审计

在进行单位工程设计概算审计时，首先，要熟悉各地区和部门编制概算的有关规定，了解其项目划分及其取费规定，掌握其编制依据、编制程序和编制方法；其次，要从分析技术经济指标入手，选好审计重点。

1. 建筑安装工程量的审计

建筑安装工程量审计的目的在于检查概算所列工程量是否符合设计所要求的尺寸和数量、预算定额中所规定的工程量计算规则和建筑工程定额及单位估价表的规定，以保证正确地计算工程量，防止和揭露重算、漏算和错算的现象。

对工程量的审计，应根据审查力量的大小、时间的充裕程度和审查的深度要求来确定；如果条件允许，则应该详细地逐一审查；如果没有条件，则应该抽查。抽查可以采取重点抽查或匡算的办法。重点抽查对象一般可选择数量多、价值大或容易出错的部分；匡算适用于结构相似或相同，可以集中计算的工程。如果抽查发现问题多并且数额大，那么就应该详细审查。

具体审查的内容包括：土方工程、基础工程、砖石结构、混凝土及钢筋混凝土工程、木构件、金属结构、预制钢筋混凝土及金属结构构件运输吊装工程、楼地面工程、屋面工程、装饰工程、构筑物工程、管道工程（给排水、暖气和煤气管道的安装）、电气照明安装工程（电气输送线路安装、变电、整流设备安装，防雷接地装置安装，动力及控制设备安装、照明、配电、配线和照明器具安装工程）的工程量。

2. 建筑安装工程费用的审计

（1）工程预算单价的审计。

对采用地区统一单位估价表编制单位工程预算书的，工程预算单价的审查，主要是审查单价的选套和单价换算。

审查单价的选套，要防止错套和高套，还要注意防止重复选套单价和遗漏选套单价。对单价作换算的分项工程，要注意审查单价的换算是否和定额规定相符。一方面，要注意定额是否允许换算，凡定额规定不允许换算的，一律不得强调条件特殊擅自换算；另一方面，要注意换算的计算方法是否正确。

（2）其他直接费的审计。对其他直接费的审计，要注意其计算方法是否符合有关规定。

（3）间接费用的审计。审计间接费从两个方面着手：一方面，审查计算基础是否准确，防止用直接费代替人工费作为计算基础；另一方面，应审查费用标准。

在费用标准的审计中，要注意下列几点：

① 在按企业级别划分费用标准时，要注意审查企业的级别，防止级别低的企业选套级别高的企业的费率。

② 在按工程类别划分费用标准时，要注意审查工程的类别，防止类别低的工程选套

类别高的工程的费率。

③ 在按企业的隶属关系划分费用标准时，要注意审查企业的隶属关系，防止乡镇企业选套市级或县级企业的费率。

④ 在按承包方式划分费用标准时，要注意审查工程的承包方式，防止包工不包料的工程选套包工包料的工程费率。

⑤ 在按施工地区划分费用标准时，要注意审查工程的地区类别，防止地区类别低的工程选套地区类别高的工程的费率，也要防止在市区施工的工程选套在郊区施工的工程费率。

⑥ 在按工程内容划分费用标准时，要注意审查工程的内容，防止大型人工土石方工程选套一般土建工程的费率。

（4）计划利润的审计。对不同工程内容的项目，各地规定了不同的计划利润率。审查计划利润率的计算，应从计算基础和计划利润率两个方面着手。一方面，要注意选择正确的计算基础，不能混淆，也要防止遗漏；另一方面，要按不同的工程选择不同的计划利润率，不能就高不就低。

（5）税金的审计。审查税金的计取，应从计算基础和计税标准两个方面着手。一方面，注意审查计算基础，既要注意不含税工程造价是否有遗漏，又要注意是否扣除了临时设施费、劳保支出费用等不计税的部分；另一方面，要注意审查计税标准，既要注意计税标准的计算是否准确，又要注意所在地不同的建筑企业是否采用了相应的计税标准。

3. 设备、工器具购置费的审计

设备、工器具购置费，是投资项目概（预）算造价的重要组成部分，尤其是现代工业项目，设备的购置费占总造价的很大比重。加强对设备、工器具购置费的审查，可以有效地控制工程造价。

设备、工器具购置费的审查，一方面，审查设备、工器具购置的数量是否和设计要求相一致，防止出现计划外多购置设备的情况；另一方面，审查设备、工器具的预算价格，以设备原价作为审查的重点。

4. 工程建设其他费用的审计

工程建设其他费用的费用项目很多，这些项目大多数具有计算方法简单、政策性很强的特点。工程建设其他费用的审查，首先，要注意列入工程建设其他费用的项目是否应该计取；其次，要注意计算的方法是否恰当，应注意从计算基础和费用标准两方面进行审核。例如，土地、青苗等补偿费和安置补偿费，一方面，要注意审查征用土地的数量是否合理、是否有多征土地的情况；另一方面，要注意审查土地征用标准是否符合各地的《国家建设征用土地条例》实施细则的有关规定。

3.5.3　综合概算与总概算的审计

1. 综合概算的审计

综合概算由建筑安装工程概算和其他费用概算两个部分组成，综合概算审计的前提是上述两个部分费用都已经通过审计。

综合概算主要审计单位工程项目是否齐全，费用划分是否正确，数字计算是否准确，技术经济指标是否合理。其审计的内容包括：

（1）审查进入费用部分综合概算的重复性。按照规定，应该分别进入综合概算和总概算的其他工程和费用不得重复。因此，审计人员必须核对综合概算费用项目和总概算费用项目，审查费用列支的合理性，不得重复。如果发现有漏列或少列的费用，则要根据实际情况核实后再列入。

（2）审查各项技术经济指标是否合理。对建设周期、原材料来源、生产条件、生产能力、产品销路、资金回收和盈利等因素进行综合分析，审查其合理性。

2. 总概算的审计

在审查综合概算的基础上进行总概算审计。总概算由综合概算汇总并加上预备费编制而成。总概算审查的内容包括：

（1）审查总概算内容的完整性。审查总概算是否完整地反映初步设计的全部内容，设计内的项目有无遗漏，设计外的项目是否列入；审查概算投资是否完整地包括建设项目从筹建到竣工投产的全部费用；审查总概算与综合概算的数字是否相吻合。

（2）审查总概算编制依据的合规性和合理性。设计图纸、建筑安装工程定额、设备材料预算价格、施工组织设计、各项费用标准以及计算规则都是总概算编制的依据，必须符合国家和各级主管部门的规定。审查初步设计总概算是否经审核批准；编制概算所套用的定额、费率、税率是否适用，定额与取费之间是否配套；审查有关费用计列是否合规，如建设单位管理费的计列，新建项目和改、扩建工程就有很大区别。严格审查有无将部门和地方各种名目的集资、摊派款列入概算投资。对概算中所列预备费进行审计，审查预备费费率选用是否正确，预备费的计算基数是否准确。

（3）审查总概算各项技术经济指标。技术经济指标包括综合指标和单项指标，是概算价值的综合反映，可结合平时积累的经验数据与同类工程的经济指标对比，分析投资高低的原因。

（4）审查没有具体规定的各种费用标准。随着建设事业的飞速发展，国家和各级主管部门的规定和各种费用标准不一定能满足各种需要，因而建设单位、设计单位可以协商，并请示主管部门批准，选用合理的费用标准。对于没有具体规定的各种费用标准，应作为审查的重点判定其合理性和合规性。

概算审计完毕，要进行审计分析，对概算中不合理部分及时进行调整与修正，并严格执行审计后的设计概算。

3.5.4 调整概算和超概算情况审计

1. 调整概算审计

（1）调整概算审计的主要内容。

调整概算是对原概算中不符合项目建设实际需要部分的修改和补充。对调整概算的审计应审查其合法性、合理性和准确性。审计的具体内容包括：

① 调整概算是否依照国家规定的编制定额、标准由有资质单位编制，是否经过有权

机关批准。

② 设计变更的内容是否符合规定，手续是否齐全。

③ 影响项目建设规模的单项工程的投资调整和建设内容变更是否按照规定管理程序报批，有无擅自扩大建设规模和提高建设标准的问题。

（2）设计变更后调整概算审计。

① 设计变更调整概算。设计变更调整概算是指由于设计变更，增加或减少了某些工程细目或工程量，因而对原编制的设计概算进行相应的调整；或虽不属于设计变更，但由于某种原因，施工企业提出经济洽商，经建设单位同意签认后所办理的概算调整。

② 审计设计变更后调整概算的方法。审计设计变更后调整概算的方法与审计设计概算基本一样，但应注意以下几点：

a. 内容是否符合规定。在审计调整概算时，应首先审核设计变更的内容是否符合规定，与定额相应取费用中的相应项目的内容是否相重复，与原编设计概算有没有重复列项。

b. 手续是否齐全。凡设计变更都应有建设单位和施工企业的盖章及代表人员的签字，比较重要的设计变更应有设计单位有关人员的签字，才能生效。

c. 资料是否完备。设计变更应该资料完备、内容清楚，能够满足审计调整概算的需要。

d. 经济洽商中的工资标准是否合规。

施工企业在施工过程中，由于建设单位方面的某些原因，影响了施工效率或增用了人工工日、机械台班和费用支出，应该由建设单位给予适当经济补偿。这种补偿应经过施工企业与建设单位的协商一致才能成立。这种有关经济问题协商，称经济洽商。经济洽商记录经双方签证（有的地区还须经有关主管部门审查批准），作为审计调整概算的依据。

（3）加强对调整概算的审计。

建立国家重点建设项目调整概算的审计制度，就是在有权机关审批调整概算文件之前，由上级调整概算的单位，向审计机关申请对调整概算文件进行审计。调整概算的审计是在项目建设期间进行的，有利于发现概算执行中出现的问题，也有利于建设项目的管理，还可以避免调整概算批准后，审出问题，又得再调整概算的情况。

2. 超概算情况审计

建设项目超概算，对建设项目的实施及其投资效益、对固定资产投资规模的控制和国民经济的发展都带来了不利影响。因此，要分析超概算的原因，并采取有效的措施。超概算的原因可以归纳为以下几个方面：

（1）勘察设计方面。

① 勘察设计深度不够引起的设计变更或工程损失。勘察设计单位要严格保证勘察设计质量，每项设计应多方案比较；设计必须有充分的资料，资料要求准确；各种数据和技术要可靠，勘察设计的深度要满足需要；采用的设计、材料和所要求的施工条件要切合实际，符合建设和生产的要求。反之，在项目的建设过程中引起设计变更，必然会影响概算。

② 设计变更较多引起工程造价提高。设计单位和建设单位对于变更，都应该从严掌握，尽量减少变更，避免提高工程造价。

③ 改变建设内容，扩大规模，提高建设标准。任意扩大建筑面积，提高建筑标准，多购设备，必然引起造价的提高。建设项目的建筑标准要符合国情，遵照规范进行设计，安全系数、备用系数不可偏大。

④ 勘察设计取费标准不合理。主要审查勘察设计部门是否按规定的标准收取设计费，有无以科技咨询为由重复收费的问题。

（2）工程管理方面。

① 设备材料采购不及时造成误工增加支出。应严格按照批准的设计、资金到位情况、合理工期等组织设备材料的采购。如果设备材料采购不及时，就会拖延工程进度，必然增加误工支出。

② 工程开支标准掌握不严增加支出。工程开支标准掌握不严，包括不合理的开支和管理不善增加开支，如发放奖金名目繁多，数额过大，滥发"差旅包干费"，办公、电话费支出过大等。

③ 建设单位未为施工单位创造好条件，影响施工进度，从而增加各种支出。建设单位应负责的工作，如"三通一平"或"四通一平"没有准备好，致使不能如期开工。建设单位负责的施工用电、气、水、汽等外部施工条件得不到保证，造成施工有效工作时间的减少。

（3）施工单位方面。

施工单位方面的影响主要通过施工力量的投入、施工装备、施工人员配备和施工组织等来实现。

① 施工力量投入不足、施工装备和施工人员配备不足，施工组织不合理等影响工程进度。

② 施工质量低劣造成人工、物料、工期损失而增加的开支。

（4）工程外部条件。

① 物价上涨。生产所需原材料、燃料、动力、运输以及人工费用等上涨幅度大。

② 摊派及不合理收费。地方各级政府、部门、单位擅自越权制定、调整国务院有关部门管理的商品价格和收费标准或巧立名目乱摊派、乱收费。

③ 资金拨付不及时。资金不足，拨付不及时，影响设备的订货、材料的采购、土地的征用、工程款及其他费用的支付，致使工程不能按既定计划完成。

④ 设备材料供货不及时、质量低劣。设备订货没有如期供货，或设备出现质量问题，无法安装调试。材料供应不及时，造成停工待料。

应从以上几个方面对超概算情况进行审计，发现问题后应分析超概算的原因，采取有效措施对超概算合规部分加强控制，对不合规超概算问题依法予以查处，从而加强对固定资产投资规模的控制。

3.6 案例分析

设计概算审计已成为工程项目审计中的一项重要内容，概算不实也是审计过程中发现的一个较为常见的问题，工程量计算错误、高套定额、设计变更、漏项等均可引起概算不实。下面通过几个典型的例子，对工程项目设计概算中存在的问题加以分析。

3.6.1　设计失误，引起概算多列或少列

初步设计是设计的第一阶段，它根据可行性研究报告的要求，进一步收集准确的基础资料，对项目的建设方案、工艺、产品、设备、建筑、资金等进行通盘研究、设计和计算，作出合理的总体安排。主要内容包括：设计指导思想、建设规模、产品方案、总体布置、工艺流程、设备选型、主要材料用量、劳动定员、主要技术经济指标、主要建筑物、公共辅助设施、生活区的建设等方案说明和图纸。

1. 设计错误、漏项导致概算不实

初步设计是安排项目建设和组织施工的主要依据，其深度要求满足项目投资包干、招标承包、材料设备订货、土地征用和施工等要求。在项目审计时，发现个别工程项目的设计存在错误、漏项现象，导致概算不实。

例如，某核电站工程，建设过程中发现项目淡水水源长山河水质下降，达不到核电站的要求，为了确保核电厂用水的要求，经有关部门批准，增建了南北湖蓄水引水工程，投资 500 万元。另外，该项目的设计中，没有考虑应急中心、宣传接待中心。1984 年国家核安全局成立后，颁布了我国核安全法规，规定应急中心必须包含在核电站工程总规模之内。为了加强对广大群众的宣传工作，防止核事故发生，国家计委批准增加宣传接待中心单项工程投资 250 万元。

2. 前期工作深度不够，项目建设过程中，设计变更频繁，导致概算不实

设计单位要严格保证设计质量，每项设计要作多方案比较；设计必须有充分的资料，资料要求准确；所用的各种数据和技术要可靠；采用的设计、材料和所要求的施工条件要切合实际，符合建设和生产的要求。由于存在主、客观方面的原因，一些项目经常在建设过程中出现设计变更，影响了概算。

例如，某电气化铁路，开工建设的时候，该工程接触网导线和悬挂方式经铁道部批准选用 10 磷铜稀土线，由于这种导线存在质量问题，放架线时和试运行期间连续发生断线等质量事故，建成后运营安全难以保证。后来有关部门同意该工程改用铜导线，因此发生导线改型及悬挂方式的设计变更，增加投资 269.6 万元。又如，河南某水库工程，建设过程中，方案、工程量、工期多次变化，投资一再增加，从最初设计概算 3 亿元到最后增加至 6.2 亿元。再如，某油田项目因配套工程前期工作准备不足，设计变更多达 2200 项，83％的单项工程延期，使 2.4 亿元已完成的投资不能按期产生经济效益。

3. 设计单位对所选用的工艺考虑不周，造成损失

设计单位在设计时，对于新技术采用要坚持一切经过试验的原则，新的工艺有了技术鉴定后才能进行设计，同时工艺要先进合理，设备选型要得当，能耗不能过高，不能脱离国情，盲目追求技术新、设备精、标准高，但有些项目在设计时却常常出现失误。

例如，西南某设计院设计云南小龙潭二电厂二期扩建工程在进行取水单项工程时，由于对南盘江的水文特征认识不足，采用"虹吸引水"法，这在枯水期是可以的，但在洪

水期间由于取水头被泥沙堵塞而使单项工程不能正常运行。在审计时，虽已增加投资 4026 万元进行改造，但仍不能彻底解决问题。又如，浙江某设计院承担甬江过江隧道工程，在国内首次采用沉管式施工新技术，设计单位因缺乏资料、数据，没有经验，采取边设计、边施工、边试验，再加上施工单位不具备承建该工程的条件，造成北引道地下连续墙发生水平位移，表面出现大面积露筋、裂缝等质量事故，造成了巨大损失。该项目原概算投资 3915 万元，工期 30 个月，审计时测算有关单位为弥补损失，投资将超过 8000 万元，工期延长三年，即使这样，技术上能否过关，也无充分把握。

3.6.2 编制概算时，计算不准造成概算不实

1. 工程量计算错误

在编制概算过程中，计算工程量需要的时间最长，要求的准确性最为严格，计算中运用的数据要与图纸所示的尺寸相符。为此审计时要逐一核对工程量计算中所用的数据，如果时间较紧，则要重点核对计算对工程量有重大影响的数据以及价值量较大的分部分项工程所用的数据；同时，按照各个分部分项工程的工程量计算规则，审计工程量计算中运用的数据是否符合规则中的规定，以避免因工程量计算错误而造成概算不实。

例如，某水泥厂扩建工程，其行政办公楼单项工程初步设计概算投资 125 万元，其中外墙分部工程量为 2900 平方米，由于设计人员的失误，计算成 29000 平方米，多计概算投资 30 万元，加上相应间接费共多列 50 万元。项目实施过程中，建设单位采用标准较高的内外装饰：彩色瓷砖、马赛克、水磨石地面和铝合金门窗替代原初步设计中的干粘石、普通水泥地面、钢制门窗，投资支出 137 万元。从表面上看，超概算并不严重，这就是工程量计算错误所致。审计人员审查出了这个问题，并根据国家有关规定做了相应的处理。又如，某电厂项目，其主厂房等新时期工程基础采用的是直径 1.2 米、0.8 米的钻孔灌注桩，桩的设计标高为-6 米至-26 米，但施工时需要从 0 米标高开始钻孔、浇灌钢筋混凝土至-6 米以上（含约 1 米的桩头），施工组织设计要求浇灌完每一根桩后，要将上部空孔部分用级配砂石填充，以避免在附近打其他桩的孔时影响本桩。在设计人员计算工程量时，将级配砂石部分也计做钢筋混凝土，多计约 10000 立方米，多列概算投资 720 万元。

2. 概算定额套用不当

定额，是指对工程项目各组成部分的计量单位所需要的人工、材料机械台班作出的数量标准，定额的套用是否正确，对概算投资的影响极大。定额的执行要求干什么工程用什么定额，任何定额都应明确适用于什么范围，以使有关单位正确采用。

例如，某乙烯工程项目，其基础部分采用一种概算指标中没有的特殊结构形式的桩，在编制初步设计概算时，根据现行的有关规定，参考当地市政工程概算指标补充了这种结构桩的单位估价表，每立方米造价 308 元。审计时发现所参考的市政工程概算指标因施工条件不同而不能应用于本项目，因为市政概算指标虽然适用于陆地或 1 米以内的河流的施工条件，但指标中是按在河流中施工，施工中需要搭建工作台，并做防水处理等，增加了人工、材料、构件的消耗，从而使造价提高，而本工程是在陆地施工，参考其指标时，没有对防水因素进行剔除、说明，单价多计使概算多列了 645 万元。又如，某电厂项目灰库

区储灰仓单位工程的概算没有套用相应的概算指标（单价 17 元/立方米），而是套用的储煤仓指标（单价 38 元/立方米）。审计认为：虽然这个储灰仓在外形、体积上均与储煤仓相似，但不应该按储煤仓考虑，这里所指的是它的结构，灰和煤的比重不同，要求仓库的承载力也就不同，其基础深度各种消耗也不相同，不能只看表面现象，此单位工程核减概算 110 万元。

3. 费用计取错误

这里所指的费用是其他直接费、间接费、预备费以及计划利润、税金、价差等，这些费用的取费标准一般应与直接费定额配套使用，执行什么样的直接费定额，就应采用相应的取费标准，特别是对一些其他费用的计取更应严格按照国家现行规定执行。

例如，陕西某水电站工程项目，初步设计概算中多列投资 17864 万元，其中，扩大取费基数，提高取费率多列预备费 5987 万元；多列设备、材料运杂费价差 7878 万元。某交通项目概算中建设单位管理费以 1.5% 的取费系数计列 1218 万元，根据国家有关规定，此交通项目建设单位管理费取费系数应在 0.6% ~ 1.2% 之间，即使按取费上限计列管理费，原概算中仍多列 243.6 万元。

3.6.3　管理不善，导致概算不实

1. 故意压低概算，逃避国家审批

现行的投资管理体制下，不同规模的建设项目的审批权，分属于不同的部门。如生产性项目，按规模划分，属于大中型项目需由国家计委或国家计委上报国务院审批。但有些部门不顾大局，从自身局部利益出发，为争取项目，弄虚作假，故意压低项目概算投资，搞"钓鱼"项目，或者把一个项目分解为几个项目，将限上项目压缩为限下项目，给国家造成了必要的损失。

例如，某化工总厂 15 万吨/年炼油项目在审查讨论投资概算时，参加讨论的代表及炼油方面的专家根据初步设计内容，提出 7000 万 ~ 7500 万元概算投资较为切合实际，但由于省里对项目审批权限只有 5000 万元，要求有关方面在原设计基础上压缩投资。项目初步设计概算为 4500 万元，项目建成后，累计投资支出 16716 万元，为原设计概算的 3.5 倍。

2. 改变建设内容，扩大规模，提高建设标准

建设项目的建筑标准要符合国情，遵照规范进行设计，安全系数、备用系数不可偏大。辅助生产设施的设计必须贯彻勤俭建国的方针，能不建的就不建，能扩建、改建的就不新建，其中办公楼等的建设以满足近期需要为主，不得过分强调今后发展使用的要求而任意提高建设标准和扩大建设规模，要根据财力、物力等条件，因地制宜，努力做到精心设计，精心施工，用较少的资金，将工程建设好。

例如，湖北某电厂项目生活福利设施批准的建筑面积 44040 平方米，投资 963.69 万元，设计单位在进行设计时，根据电厂要求提高标准，扩大生活区建设规模，增设了体育馆、游泳池、俱乐部等单位工程，增加建设面积 78725 平方米，增加概算投资 3521 万元。

3. 虚列、重列概算

设计概算反映的是建设项目总费用，要求尽可能准确，避免人为因素造成的虚列、重列概算。

例如，某水电项目临时交通工程在基本完工时，按"五定"概算，尚有节余 888.62 万元，修正概算中又增加了 1843 万元，"坝基深层抗滑稳定处理"已完成，并且节约 1636.8 万元，修正概算中又增加 1155 万元；违反国家规定追加施工企业、设计院基地建设费 1000 万元。

3.6.4　概算执行过程中存在的问题

1. 概算外工程和费用较多

项目建设过程中要坚持按基本建设程序办事，严格按照批准的设计概算进行建设。在设计文件经批准后，总平面图布置、主要工艺流程、设备建筑面积、建筑结构、安全卫生措施等需要修改时，必须经过原设计批准机关同意。凡未经批准而导致投资支出增加的，均属于概算外工程和费用。

例如，四川某电厂扩建工程项目的承包公司，从项目投资中提取承包业务费 1008 万元，转入账外，用于建设计划外"成都基地"。又如，某主管部门和省电业局，挤占挪用山西某电厂工程投资 1604 万元，其中用于引进计算机 196.4 万元，在太原市建教学楼 700 万元，为另一电厂建家属宿舍 255 万元。

2. 各种取费、摊派名目繁多

建设单位在项目实施过程中应坚决抵制违反国家物价政策和法规的各种乱涨价、乱收费、乱摊派行为，对多收款项要积极追回，不能报投资完成。但有些地方各级政府、部门、单位却擅自越权制定、调整国务院有关部门管理的商品价格和收费标准或巧立名目搞摊派。

例如，山西某煤矿项目建设过程中，省煤管局以解决经费为由，正式发文，要求项目主管矿务局的工程处在本项目的工程结算时，收取上级管理费。按照当时国家规定：煤炭系统部属或省局所属专业基本建设公司的工程处施工的项目可以计取上级管理费，矿务局下设的基建局、基建公司所属的自营工程处一律不得套用。但是该矿务局所属的几个自营工程处在本项目结算中计取上级管理费 65.4 万元，并分两次全部上缴给省煤管局基建局。

3.6.5　概算不实的原因分析

通过近几年对国家和地方重点建设项目的审计，发现造成概算不实的深层次原因有以下几个方面：

1. 建设项目前期工作疏漏

建设项目立项、编制可行性报告过程中，要求对建设项目的技术、工程和经济上是否合理可行，进行全面分析论证，进行多方案比较后作出评价。对资金筹集方式的可行性和资金来源渠道落实提出具体要求。

由于各地区、部门在执行国家宏观调控政策时受到各自局部利益的牵制，并且在现行投资体制下，投资风险尚未真正形成，所以有些部门、地区的建设项目主管部门均将高投入视为"成就"，而不关心投产的效益，通过争投资争项目来增加国家对本地区、部门的再分配份额，甚至在审查核算时，采用减工程、费用的办法来压概算，将本该报请上级计委审批的概算，压成自身审批权限范围内的概算，等项目开工后，再采取调整概算的办法，要求国家追加建设资金。因此，建设项目分级审批，以投资额大小划分审批权限办法弹性大，起不到约束作用，在一定程度上使建设项目的前期工作流于形式，是项目概算不实的一个重要原因。

2. 设计单位编制概算方法不当

（1）设计单位实行收费制。设计单位经费由国家拨款改为向建设单位收费，这是工程设计改革的一项重要内容。但设计单位收费后，服务对象发生了变化，职能由国家控制工程造价把关转向为建设单位服务。有的设计单位为迁就建设单位及其主管部门的不合理要求，或为其争项目而压概算，或为宽打窄用而多列概算，或将本不属于本建设项目设计范围内的工程、已成事实的提高建设标准、扩大建设规模等均列入调整概算中。所有这些都使编制的概算文件缺乏公正性、合理性和科学性。

（2）现行的概算编制方法使概算对未来变化的情况反应不灵敏。特别是与建筑安装工程有密切联系的三材，设计人员虽然进行价格测算，但因为项目建设周期长，很难将变化因素都充分考虑到，项目建设过程中需要进行多次调整概算。

3. 投资、基建领域中的法制建设不健全

迄今为止，有关投资、基建管理的法规较多，但法规的法律效力较低，大部分属于规范性文件，而且还存在以下一些问题：

（1）规范性文件不规范，操作性差。如制止向建设项目乱收费，只强调建设单位有权拒绝支付，而没有考虑到这些收费部门是对建设项目操"生死"大权的部门，建设单位对此是无力拒绝的这一事实，对乱收费部门没有制定制裁措施。又如，对建设单位罚款、违约金、加息等，规定一律用本单位的自有资金等。

（2）缺乏强制力，执行起来软弱无力。如规定设计概算经批准后，需突破总概算时要进行工程量及造价增减分析，经原设计审批部门审查同意后才得变动；还规定设计概算超过设计任务书投资控制数 10% 的建设项目费需重新审批立项。然而在实际执行中，建设单位不申报调整概算，计划部门照样将其列入计划，建行一如既往给予贷款、用款，项目照常竣工投产。

（3）行政管理多于法律手段。如投资包干责任制没有引入契约观念，国家与接受投资包干任务的主管部门或建设单位等并没有签订相应的合同。另外，在颁发新的规范性文件的同时，旧的不能全部废止，造成执行中的困难。

3.6.6　对策和建议

建设项目概算不实，对建设项目的实施及其投资效益、对国家基本建设投资规模的控制和国民经济的发展都带来了不利影响。因此，应当从概算不实的种种现象及其原因上，寻找问题产生的根源，探索解决的办法、途径，研究相应的对策。

1. 加强对基本建设设计部门的管理

（1）加快推行建设项目设计招标投标。1985年起国家发文试行对工程设计进行招标投标，将竞争机制引进工程设计领域，改变过去建设项目设计任务单纯依靠行政的做法，有利于打破地区、部门的界限，在实施上取得了明显的成效。

（2）建立集中的设计单位管理机构。目前，各有关部门、地区、有关的企事业单位都设立并管理所属的设计单位，在这种管理体制下，设计单位在其主管部门的领导下，承担本系统本行业本地区建设项目的设计工作。这种体制并不利于竞争，也不利于国家对设计单位的统一管理。为了充分发挥设计单位在设计及其概算编制上的独立性、权威性，应该建立统一的设计单位管理机构，使所有的设计单位在统一的领导下，作为独立的法人，实现设计社会化。

2. 加强对建设单位的管理，增强项目管理单位的责任机制

（1）定期审查建设单位的资质等级，对有违纪违规如因建设设计原因而造成概算不实的，视情况相应降低其资质等级。

（2）尽快推行建设项目业主责任制。项目业主是指由投资方派代表组成，从建设项目的筹划、筹资、设计、建设实施直至生产经营、归还贷款及债券本息等负责并承担风险的项目领导班子。这样可以改变项目建设和项目建设投产后负责经营的管理单位相分离的状况，以增加项目管理单位的责任机制，提高投资风险意识，在编制、提出建设内容及概算投资额等重大建设方案和决策上，更需要顾及今后的投资效益和偿债能力。

3. 加强和改进对设计概算审批的管理

（1）对项目建议书和可行性研究报告的编制和审批把好关。项目建议书和可行性研究报告是初步设计编制的依据。项目是否应当上，规模大小、投资多少都是在这一阶段确定的，决策失误，将导致投资估算数不准确，则初步设计概算投资额也将不准确。因此，应从概算编制依据的源头入手，加强对项目建议书和可行性研究报告编制的审核和把关。

（2）建设项目设计概算审批权的集中、分散程度要适当。大中型建设项目的初步设计及概算原来是由国家计委审批，后来逐步将审批权下放给各主管部门，简化了审报手续，各主管部门拥有一定的自主权，并由其相应承担投资决策的责任和风险，对调动积极性起到了一定的作用；但也带来不少弊端，主要是由于主管部门与建设单位利益的一致性，对概算不实等问题，往往采取默认态度，有的甚至带头违反国家规定，擅自开口子。因此应根据实际情况决定审批权的集中、分散程度。

4. 改进初步设计概算动态因素的编制办法

建设项目投资大、工期长。在建设过程中建设期间的利息、外汇汇率差、材料设备价格调整、人工费变化等动态因素对项目概算的执行有着较大影响，这就要求设计人员编制概算时对动态因素要考虑充分，不留缺口，避免概算的一再调整。但实际工作中，概算定额和指标中动态因素的编制办法不够全面，操作性差，考虑动态因素时缺乏科学依据，影响了概算的真实性。对此，建议有关部门尽快制定建设项目概算中动态因素的编制办法，明确编制的内容、方法、依据，使动态因素的编制有章可循，以利于相关规定的执行。

5. 加强对工程项目概算的审计监督

（1）把审查概算作为工程项目审计的重点。工程项目的审计对象为建设单位和相关单位及有关的经济活动，设计概算是其中一项重要内容，并且对概算的审计也是较高层次的审计监督，因为这不仅是对工程项目的审计，也是对国家投资规模和管理的审计。同时审计项目概算也有助于项目审计工作的深入，这是因为概算确定项目的投资额，审计概算有利于审计人员掌握项目的概况和工程进展情况。

（2）建立国家重点建设项目调整概算的审计制度。建设项目调整概算审计制度，就是在有权机关审批调整概算文件之前，由上报调整概算的单位，向审计机关申请对调整概算文件进行审计。调整概算的审计是在项目建设期间进行的，有利于发现概算执行中出现的问题，也有利于工程项目管理，因为这样既可以为审批部门提出审计意见，也可以避免调整概算批准后，审出问题，又要重新调整概算的情况发生。

案例来源：贾震.《中国建设项目审计案例》. 清华大学出版社，2000.

第 4 章　工程项目施工图预算审计

4.1　工程项目施工图预算编制与审计规程

4.1.1　工程项目施工图预算编制与审计的依据

在经过有关部门会审的设计图纸确定了以后，施工单位即着手编制施工图预算。在开工前或在建设过程中，审计人员应进行施工图预算审计。编制施工图预算与审计施工图预算其工作过程、工作要求与工作内容基本上是一致的，只不过编制人员与审计人员由于所处位置不同而导致工作角度不同而已。为了更好地完成编制与审计施工图预算的任务，施工图预算编制人员与审计人员必须首先收集下列有关资料。

1. 施工图纸

一套完整的施工图纸是组织工程施工的主要依据，也是施工图预算编制与审计过程中必不可少的文件之一。利用施工图纸，预算编制与审计人员便可进行工程量的计算与审核，没有施工图纸，施工图预算的编制与审计便也无从谈起。

2. 预算定额

在施工图预算的编制与审计过程中，预算定额起着双重作用：一是据此计算建筑工程直接费；二是用以确定建筑工程施工所需的人工、材料及机械台班的消耗数量。定额既是标准，也是施工图预算编制与审计人员必可不少的工具之一。

3. 材料的价格信息

建筑工程定额所表达的费用标准具有一定的时间性，随着工程建设时期的变化，定额基价的滞后性也愈加明显。为了准确地反映工程造价，各地有关部门如建设银行、定额编制管理站等应及时发布建筑材料市场价格信息，以弥补由于预算定额滞后而带来的材料价差。材料价格信息是确定建筑材料实际价格的依据。

当前有部分地区规定，材料不使用预算价，直接按市场价计入工程直接费。对于实行这种规定的地区来讲，材料的市场价格信息显得尤为重要。

4. 有关的取费文件

间接费取费文件、材料价差系数标准文件等是计算间接费、材料价差及其他各项独立费的标准与基础，及时地收集有关文件是进行费用计算的必要准备工作。

5. 施工组织设计方案

施工组织设计方案是由施工单位编制的，它反映了施工现场安排、施工技术方案选用及施工作业程序等诸多方面的内容，它直接影响工程量的计算和定额的使用。

例如，某施工组织设计方案中明确了现场预制钢筋混凝土构件的位置和施工用的塔式起重机回转半径的长度，如果预制现场在起重机的回转半径之外，就应考虑是否增加预制构件场内运输费的问题。

6. 施工进度计划

施工进度计划影响施工过程中人员安排、材料供给及工程进度款的支付等有关内容。在预算的编制与审计过程中，要注重确定和使用与施工进度相吻合的有关取费文件与标准。

7. 建筑工程标准设计图集

在许多建筑工程施工图中，有些构造部位的设计常常使用标准图，尤其是装配式厂房，大多数构件都是根据标准图集设计的，如吊车梁、柱子、柱间支撑、屋架、屋面板等。因此，建筑工程标准设计图集是施工图纸的补充，也是工程量计算的必备资料之一。

8. 建筑工程施工准备合同

施工图预算是工程施工合同签订的主要依据，反过来，施工准备合同的签订又影响了施工图预算的编制与审计。合同意向将改变施工图预算的费用范围，如包干费、不可预见费等是否进入预算，以何种形式进入预算等方面的问题，往往通过施工准备合同表现出来。

4.1.2　工程项目施工图预算编制的主要程序

在准备齐全上述有关资料之后，就应着手施工图预算的编制工作。顺着什么思路进行才能既提高编制效率，又能保证编制过程的准确性呢？这是一个很重要的问题。编制施工图预算既是一个技术性的计算过程，也是一个综合性的经济分析过程，如果不理清思路，按程序操作，则很容易出现漏项或重复立项等错误，导致施工图预算不正确。

施工图预算编制的主要过程如下：

1. 工程量计算

（1）立项。所谓立项，就是确定建筑工程分部分项工程的数量和计算顺序。立项是在工程量计算时首先要进行的工作，在熟悉图纸和施工技术要求的基础上，按照工程结构构成部位和材料使用的变化要求来确定，通常与所使用的建筑工程预算定额目录顺序一致。项目顺序大致排列如下：① 土方工程；② 基础工程；③墙体工程；④柱梁工程；⑤楼板、楼地面工程；⑥屋盖工程；⑦门窗工程；⑧构筑物工程；⑨装饰工程；⑩脚手架工程等。

（2）计算工程量的大小。按项目顺序要求取相应的数量单位逐一计算各分部分项工程部分的数量，这就是工程量计算的具体过程。在这一过程中，必须遵守定额中规定的工程量计算规则，例如，计算墙体垂直面积时，应列式 $S = L \times H$（其中，L 代表墙长，H 代表墙高），但在图纸中，墙体往往有总长、中心线长与净长等三个长度尺寸，应以哪个长度尺寸为准？定额中规定：外墙取墙中心线长，内墙取墙体净长，这就是计算规则。

2. 费用计算

根据已确定的建筑安装工程的工程量，按照建筑安装工程费计算的有关规定和程序，逐项计算有关费用，形成总造价并分析其技术经济指标。

3. 形成施工图预算书

按照一定的表格形式，将工程量与建筑安装工程费计算的全部内容统计在工程预算书中，形成施工图预算文件，其表格形式如表 4-1 所示。对于个别工程，还应加以文字说明部分，以补充预算表中不尽完整的部分。

表 4-1　　　　　　　　　　　　单位工程施工图预算表

定 额 编 号	部 位 编 号	单　　位	数　　量	单　价	合　价	备　注

在施工图预算的编制过程中，关键是要熟悉图纸，熟悉定额，熟悉施工要求。

4.2　工程量计算与审计原则

4.2.1　建筑面积计算规则

建筑面积，是指建筑物各层外墙所围起的水平面积之和，具体计算要求如下：

（1）单层建筑物不论其高度如何，均按一层计算，建筑面积按建筑物外墙勒脚以上的外围水平面积计算，单层建筑物内如带有部分楼层者，亦应计算建筑面积。

（2）高低联跨的单层建筑物，如需分别计算建筑面积，当高跨为边跨时，建筑面积按勒脚以上两端山墙外表面间的水平长度乘以勒脚以上外墙表面至高跨中柱外边线的水平宽度计算；当高跨为中跨时，建筑面积按勒脚以上两端山墙外表面间的水平长度乘以中柱外边线的水平宽度计算。

（3）多层建筑物的建筑面积按各层建筑面积的总和计算，其底层按建筑物外墙勒脚以上外围水平面积计算，二层及二层以上按外围水平面积计算。

（4）地下室、半地下室、地下车间、仓库、商店、地下指挥部等及相应出入口的建筑面积均应按其上口外墙外围的水平面积计算。

（5）利用深基础做地下架空层加以利用，层高超过 2.2 米的，按架空层外围的水平面积的一半计算建筑面积。

（6）坡地建筑物利用吊脚做架空层加以利用，且层高超过 2.2 米的，按围护结构外围水平面积计算建筑面积。

（7）穿过建筑物的通道、建筑物内的门厅和大厅，不论其高度如何，均按一层计算建筑面积。门厅和大厅内回廊部分按其水平投影面积计算建筑面积。

（8）图书馆的书库按书架层计算建筑面积。

（9）电梯井、提物井、垃圾道、管道井等均按建筑物自然层计算建筑面积。

（10）舞台灯光控制室按围护结构外围水平面积计算建筑面积。

（11）建筑物内的技术层，层高超过 2.2 米的，应计算建筑面积。

（12）有柱雨篷按柱外围的水平面积计算建筑面积，独立柱雨篷按雨篷顶盖的水平投影面积的一半计算建筑面积。

（13）有柱的车棚、货棚、站台等按柱外围水平面积计算建筑面积；单排柱、独立柱的车棚、货棚、站台等按顶盖的水平投影面积的一半计算建筑面积。

（14）突出屋面的有围护结构的楼梯间、水箱间、电梯机房等按围护结构外围水平面积计算建筑面积。

（15）空出墙面的门斗，按围护结构的外围水平面积计算建筑面积。

（16）封闭式阳台、挑廊，按其水平投影面积计算建筑面积。凹阳台、挑阳台按其水平投影面积的一半计算建筑面积。

（17）建筑物墙外有顶盖和柱的走廊、檐廊，按柱的外边线水平面积计算建筑面积。无柱的走廊、檐廊，按其水平投影面积的一半计算建筑面积。

（18）两栋建筑物间有顶盖的架空通廊，按其投影面积的一半计算建筑面积。

（19）室外楼梯等作为主要通道和用于疏散的，均按每层水平面积计算建筑面积；楼内若有楼梯，其室外楼梯按其水平投影面积的一半计算建筑面积。

（20）跨越其他建筑物、构筑物的高架单层建筑物，按其水平投影面积计算建筑面积，多层则按多层计算。

4.2.2　不计算建筑面积的范围

（1）突出墙面的构件、配件和艺术装饰，如柱、垛、勒脚、台阶、无柱雨篷等。

（2）检修、消防用的室外爬梯。

（3）层高在 2.2 米以内的技术层。

（4）构筑物，如独立烟囱、烟道、油罐、水塔、贮油（水）池、贮仓等。

（5）建筑物内外的操作平台、上料平台及利用建筑物的空间安置箱罐的平台。

（6）没有围护结构的屋顶水箱、舞台及后悬挂幕布、布景的天桥、挑台。

（7）单层建筑物内分隔的操作间、控制室、仪表间等单层房间。

（8）层高小于 2.2 米的深基础地下架空层、坡地建筑物吊脚架空层。建筑物的几种常见形式如图 4-1 所示。

4.2.3　土方工程计算与审计原则

土方工程施工的主要项目为挖土、填土、运土及平整场地，所以土方工程量的计算，是指挖土量计算、填土量计算、运土量计算及平整场地工程量的计算。

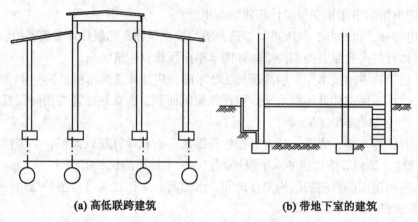

(a) 高低联跨建筑   **(b) 带地下室的建筑**

图 4-1   高低联跨建筑与带地下室的建筑工程示意图

1. 挖土

常见的挖土方式有机械挖土与人工挖土两种，根据基础形式及挖土形状的不同，又分为挖地槽、挖地坑与挖土方三种类型。

（1）挖地槽。

开挖的长度大于三倍的槽宽，同时槽底宽度在 3 米以内者，按挖地槽计算。常见于条形基础下挖土及管沟挖土等。

挖地槽的体积等于地槽断面面积乘以地槽长度。计算规则要求，外墙下地槽长度按地槽中心线长计算；内墙下地槽长度按地槽底部净长计算。

地槽深度从室外地面起算，通常是基础的埋置深度。槽深不同时，应分别计算。挖土量按照地槽的实体积以立方米（m³）为单位计算。

在计算与审计挖土体积时，要考虑到下列因素：

① 土壤类别。土壤按照其坚硬程度分为一类土、二类土、三类土、四类土（如表 4-2 所示），土壤类别不同，在挖土时所花费的人工数量不同，则定额单价也不同，所以要按不同的土壤类别分别计算挖土工程量。

表 4-2   **土壤分类表**

类　别	土壤名称	鉴别方法
一类土	松软土 a. 略有黏性的砂性土 b. 腐殖土及疏松的种植土 c. 堆积土（新素土） d. 泥炭 e. 含有土质的矿、炉渣	用方锹、锄头挖掘

续表

类　别	土壤名称	鉴别方法
二类土	普通土 a. 潮湿的黏性土和黄土 b. 含有建筑材料碎屑和碎石、砾石的堆积土和种植土 c. 已经整实的普通土	用锄头、镐挖掘
三类土	坚土 a. 压路机械或羊足碾等机械压实的普通土 b. 中等密实的黏性土和黄土 c. 无名土、坚隔土、白膏泥 d. 含有碎石、卵石或建筑材料碎屑的潮湿黏性土或黄土	主要用镐，少数用锄头挖掘
四类土	砂砾坚土 a. 坚硬密实的黏性土和黄土 b. 能用撬棍撬或块状的砂土 c. 含有碎石、卵石（体积占10%～30%）的中等密实黏性土或黄土 d. 铸板、铁类土	用十字镐，少许用锄头、撬棍挖掘

② 土壤的干湿程度。土壤有干湿之分，一般按照地质勘察资料规定的地下水位计算。若无规定，则以该地区的常年水位标准为限，常年水位以上为干土，常年水位以下为湿土。如果挖土深度超过了常年水位线，则干土与湿土体积应分别计算，分别使用定额计价。

③ 挖土放坡规定与支挡土板的规定。为了避免地槽开挖时可能会出现的侧壁倒塌等施工事故，可能会采取放坡挖土或支挡土板等加强措施。究竟使用哪种方式，应根据施工组织设计文件规定来确定，若无施工组织设计文件，则按下列要求放坡：

一、二类土：深度在1.5米以上时，按1：0.6放坡；三、四类土，深度在2.0米以上时，按1：0.3放坡。1：0.6与1：0.3均为放坡系数，即挖土深度与放坡宽度的比。

支挡土板以槽坑实际支撑的板面面积计算，单面支撑算单面，双面支撑算双面，同时，要考虑到密撑和疏撑两种情况：密撑，是指支满挡土板；疏撑，是指间隔支挡土板。

一般情况下，在计算支挡土板的挖土工程量时，有两种考虑方法：一是按照图纸表示的底宽增加工作面（每边各加10厘米）计算地槽体积；二是不增加挖土工作面宽，按图示垫层宽计算，但在计算其费用时要增加挖土人工工作日的数量，调整人工费。按照全国统一的建筑工程基础定额要求，人工系数为1.43。在实际计算土方部分费用时，要根据地区的具体规定采取相应的算法。

④ 挖土时地下水的处理。在挖土过程中，如果挖到地下水，或是在开挖之前为了降低地下水位而进行井点抽水，则排抽水费用均应计算，但排水费一般含在挖湿土基价中；如果计算了挖湿土的费用，就不再单独立项计算排水费；井点抽水费另外列项计算，同时挖土费按挖干土基价执行。

⑤ 基础工程施工中所需要增加的工作面，按施工组织设计的规定计算，当无规定时，

可按下述规定计算：在混凝土基础或垫层需支模板时，每边加 30 厘米计算；在做垂直防潮层时，每边增加 80 厘米。

（2）挖地坑。

建筑工程的挖土长度在槽底宽度的 3 倍以内，且挖土底面积在 20 平方米以内者为挖地坑，常见于独立基础与设备基础下的挖土形式。在计算挖地坑土方工程量时，按实际挖土形状，考虑是否放坡或支挡土板等分别计算，一般若不放坡多为挖成棱柱或圆柱状，放坡则为棱台或圆台状。

（3）挖土方。

在上述两种挖土形式之外的挖土均为挖土方，即挖土底宽在 3 米以上，长度在底宽 3 倍以内，挖土底面积在 20 平方米以上者为挖土方，多见于地下室挖土、满堂基础挖土及单独的大开挖土方工程等。当土方不放坡时，其体积等于挖土的水平投影面积乘以挖土深度；当放坡时，按台体体积计算。

例 4-1：已知某工程为 240 砖墙下的条形基础，基础的平面布置图及断面图如图 4-2a、b 所示，地质勘察资料表明该工程土质为二类土，施工要求不支挡土板，求该工程挖土工程量。

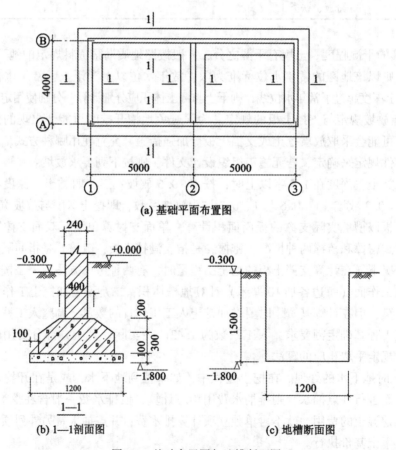

(a) 基础平面布置图

(b) 1—1 剖面图   (c) 地槽断面图

图 4-2　基础布置图与地槽断面图

解：根据基础类型和垫层宽度可判断，该工程为挖地槽，体积 $V = S \times L$。

从上图中看出，二类土挖土深度为 1.5 米，（从室外起算）所以根据施工要求为不放坡，挖土断面为图 4-2c 形式。

由于不支挡土板，挖土宽度等于垫层宽度，为 1.2 米。地槽断面积：$S = 1.2 \times 1.5 = 1.8$（平方米）。

地槽长度如下：

① 号墙、③ 号墙均为：$L_①$、$L_③ = 4$（米）（取中心线长）

A 墙、B 墙均取：L_A、$L_B = 10$（米）（取中心线长）

② 号墙为内墙，挖土长度取净长，$L_② = 4 - 0.6 \times 2 = 2.8$（米）

所以挖地槽的总长度为：$(4 + 10) \times 2 + 2.8 = 30.8$（米）

体积 $V = 1.8 \times 30.8 = 55.44$（立方米）

例 4-2：在上例中，假设该地区常年水位线为地下 1 米深处，问其中挖干土和湿土各多少？

解：挖干土深度为 1 米，挖湿土深度为 0.5 米，

所以，干土体积 $= 1.2 \times 1 \times 30.8 = 36.96$（立方米）

湿土体积 $= 1.2 \times 0.5 \times 30.8 = 18.48$（立方米）

例 4-3：再假如上例中其他条件不变，仅仅是垫层底部标高改为 -2.0 米，问挖土体积为多少？干土、湿土各多少？

解：由于挖土深度为 $2.0 - 0.3 = 1.70$（米），所以需要放坡，由于是二类土，故放坡坡度为 $1 : 0.6$，断面形状如图 4-3 所示。

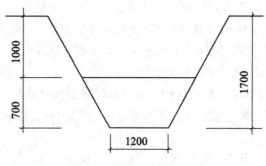

图 4-3　放坡挖地槽断面图

上底宽：$1.2 + 1.7 \times 0.6 \times 2 = 3.24$（米）

$$S = \frac{3.24 + 1.2}{2} \times 1.7 = 3.774 \text{（平方米）}$$

$$V = 3.774 \times 30.8 = 116.24 \text{（立方米）}$$

干土体积：$V_干 = \dfrac{3.24 + 2.04}{2} \times 1 \times 30.8 = 81.31$（立方米）（2.04 是根据槽底宽度和放坡系数确定的干土部分下底边宽度）

湿土体积：$V_{湿}=\dfrac{2.04+1.2}{2}\times0.7\times30.8=34.93$（立方米）

例 4-4：已知某工程有如图 4-4 所示的独立基础 50 个，挖二类干土，求挖土工程量（支挡土板，不放坡，室内外高差 0.30 米）。

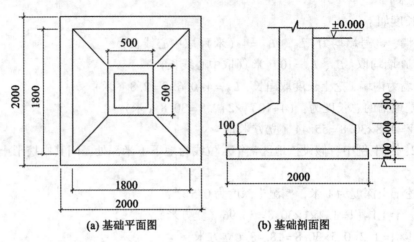

(a) 基础平面图　　**(b) 基础剖面图**

图 4-4　基础布置图

解：由于室内外高差为 0.30 米，且垫层底部标高为 -2.5 米，所以挖土深度为 2.2 米，大于放坡规定高度 2 米，但由于施工要求不放坡，支挡土板，所以挖土形式为垂直开挖，按照增加挡土板工作面方式计算，挖土宽度为 2.0+0.1×2=2.2（米），该工程挖土为挖地坑，体积为 2.2×2.2×2.2=10.65（立方米）。

50 个独立基础挖土总体积为 10.65×50=532.4（立方米），如果按不增加挡土板工作面宽度而改用实挖体积计算，则体积 V=2×2×2.2=8.8（立方米）。

50 个柱基础对应的总挖土量为 8.8×50=440（立方米）。

例 4-5：已知某工程基础为满堂基础，满堂基础垫层部分的总平面形状和尺寸如图 4-5 所示。地质资料表明挖土为三类干土，不放坡，不支挡土板，挖土深度 1.80 米，求挖土体积。

解：挖土形状为垂直开挖，故

体积 $V=S\times H$（其中，S 为水平面积，H 为深度）=（20×3+30×10）×1.8=648（立方米）

2. 回填土

建筑工程施工中常见的回填土分为室内回填土和基础回填土两个部分，其中，基础回填土的体积=挖土体积-室外地面以下基础、垫层及相应的管道等部位的外形体积。

例 4-6：在例 4-1 中，挖土体积为 55.44 立方米，其他条件同例 4-1，求基础回填土体积。

解：基础及垫层体积分别为：

① 钢筋混凝土垫层：V=1.2×0.1×30.8=3.70（立方米）

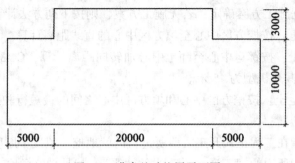

图 4-5　满堂基础垫层平面图

② 钢筋混凝土基础：$V_\text{基} = (0.3 \times 1 \times 31) + \left(\dfrac{1+0.4}{2} \times 0.2 \times 31.3\right) = 13.68$（立方米）

其中，31 与 31.3 分别为钢筋混凝土基础垂直面部分和斜面部分的总长度，求法见后面的基础工程部分。

③ 室外地面以下基础墙体积：$V_\text{墙体} = 0.24 \times 0.9 \times 31.76 = 6.86$（立方米）

其中，31.76 为墙基部分总长，0.9 为室外地面以下基础墙的高度。

该工程基础回填土体积：$V_\text{填} = 55.44 - 3.7 - 13.68 - 6.86 = 31.20$（立方米）

室内回填土体积等于室内回填土厚度乘以主墙间的净面积，其中，墙垛、柱及附墙烟囱等所占的面积不扣除。

例 4-7：某工程第一层平面布置形式同图 4-2 中的基础墙分布，且室内回填土夯实后的厚度为 200 毫米，求室内回填土体积。

解：① 室内净面积：$S = (10 - 0.24 \times 2) \times (4 - 0.24) = 35.8$（平方米）

② 回填土体积：$V = 35.8 \times 0.2 = 7.16$（立方米）

建筑工程回填土的体积等于室内回填土体积与基础回填土体积之和。所以该工程回填土总体积为：$V_\text{总} = 31.20 + 7.16 = 38.36$（立方米）

注意：

① 回填土体积均按密实体积计算，一般情况下松土与密实土的体积换算为：

　　　　　100 立方米松土 = 80 立方米实土，100 立方米松石 = 70 立方米实石

② 如果借土回填（或称为外购土方回填），回填土部分又包括挖、填、运三个施工过程，则其挖土与填土、运土的密实体积相等。

3. 运土

从运输距离的远近上看，建筑工程运土分为场内运土和场外运土两个过程，场内运土，是指把挖好的土运至工地现场某一位置集中堆放，在回填土时，再将这部分土运回。在场内运土过程中，运土量分别等于挖土量和填土量，运输距离一般都较近。场外运土，是指如果挖出的土用以回填有剩余，就将余下部分运至场外（或下一个工地）；或在挖土不够回填时，从场外借土回填而发生的运输过程。场外运土是工程运土中的主要项目。

运土体积 = 挖土体积 - （室内回填土体积 + 基础回填土体积），如果上式计算后数值为正数，则有余土外运；如果为负数，则为借土回填。

运土方式常见的有人工挑抬、人力车、手扶拖拉机运土和机械运土几种类型，其中，机械运土的运距根据施工方案确定，若无施工方案，则按下列方法计算：

（1）推土机运土：按挖方区中心至填方区中心的直线距离计算。

（2）铲运机运土：按铲运中心至卸土中心加转向距离计算，C4-3（75HP）型铲运机转向距离为 27 米，其余机型为 45 米。

（3）自卸汽车运土：按挖方区中心和填方区中心之间的最短行驶距离计算。

4. 平整场地

平整场地，是指在工程正式开工之前所进行的就地挖、填找平厚度在 ±30 厘米以内的施工过程。通常我们所说的"三通一平"中的"平"，就是平整场地。平整场地工程量按面积计算，其长度与宽度各按建筑工程外墙外围尺寸每端各加 2 米计算。

4.2.4　基础工程计算与审计原则

基础工程部分按形状划分，有条形基础、独立基础、满堂基础和箱形基础及桩基础等几种主要类型，在计算基础工程部分工程量时，要按基础类型的不同分别计算。

1. 条形基础

（1）条形基础与上部结构的划分。

因地区的不同，条形基础与上部结构（墙体）划分位置的规定要求也不同，常见规定有以下三种形式：

① 部分地区规定，如果上部结构是砖墙，则统一以第一层室内地坪为界，即室内地坪以下为基础，室内地坪以上为墙体；如果上部结构为毛石墙，则外墙以室外地坪为界，内墙以室内地坪为界。

② 部分地区规定，无论上部结构为砖墙还是石墙，均以室内地面为分界线，但如果墙体与基础所使用的材料不同，则以材料变化位置为分界线。

③ 部分地区规定，无论上部结构为何种墙体，均规定为：外墙以室外地面为界，内墙以室内地面为界。

在进行预决算的编制与审计时，究竟执行上述哪项规定，要因地区而异。

（2）计算要求。

条形基础在计算时，应按垫层、基础及基础墙三个部位分别列项：

① 垫层。

按照垫层体积以立方米（m^3）为单位计算，体积＝垫层断面面积×垫层长度。

在计算规则中规定，外墙下垫层长度取其垫层中心线长，内墙下垫层长度取垫层净长，如果两内墙相交，则相交部位垫层长度只算一次。

在图 4-2 中，混凝土垫层断面面积为 1.2×0.1＝0.12 平方米，其垫层长度为：

① 号轴、③ 号轴及 A 轴、B 轴下垫层均取墙中心线，分别长 4 米，4 米，10 米，10 米；

② 号墙为内墙，其垫层长度取净长，即 4−0.6×2＝2.8（米）。

所以，该基础垫层工程体积 $V＝0.12×[（4+10）×2+2.8]＝3.70$（立方米）。

假设其他条件不变，而 A 墙与 B 墙下垫层宽度不一致，A 墙下垫层宽 1 米，B 墙下垫层宽仍为 1.2 米，A、B 轴间轴线尺寸还是 4 米，则外墙下垫层中心线长不变，但② 墙下垫层净长为 4−（0.6+0.5）= 2.9 米。

再假设其他条件不变，所有墙下垫层宽度仍然为 1.2 米，轴线间尺寸也同原图，但外墙均为 370 墙，此时，外墙轴线已不是墙中心线，各墙中心线位置分别在轴线位置的基础上向外移动 65 毫米，所以四个外墙的中心线长应分别为：

① 墙、③墙：4+0.065×2 = 4.13 （米）

A 墙与 B 墙下垫层长：10+0.065×2 = 10.13 （米）

② 墙下垫层净长：4.13−0.6×2 = 2.93 （米）

注意：外墙中心线不一定就是墙体的定位轴线，240 墙其轴线与中心线重合，但 370 外墙轴线却是偏心线。

② 基础。

基础均按体积，以立方米（m³）为单位计算，体积=断面面积×长度。外墙下基础长度取其中心线长，内墙下基础长度取基础净长，但需做以下几点解释：

a. 大放脚状的砖条形基础，中心线长不变，内墙下基础净长取基础墙间净长，大放脚重叠部分不考虑，大放脚部分断面面积按查表方法计算（如表 4-3，表 4-4 所示）。同时，基础墙部分体积并入砖基础体积一并计算，查砖条形基础定额。

表 4-3　　　　　　　　　等高式砖墙基（标准砖）大放脚折加高度表

放脚步数	折加高度（米）							增加断面（平方米）
	1/2 砖（0.115）	3/4 砖（0.18）	1 砖（0.24）	$1\frac{1}{2}$ 砖（0.365）	2 砖（0.49）	$2\frac{1}{2}$ 砖（0.615）	3 砖（0.74）	
一	0.137	0.088	0.066	0.043	0.032	0.026	0.021	0.0158
二	0.411	0.263	0.197	0.129	0.096	0.077	0.064	0.0473
三	0.822	0.525	0.394	0.259	0.193	0.154	0.123	0.0945
四	1.369	0.875	0.650	0.432	0.321	0.256	0.213	0.1575
五	2.054	1.313	0.984	0.647	0.482	0.384	0.319	0.2363
六	2.876	1.838	1.378	0.906	0.675	0.538	0.447	0.3308
七		2.451	1.838	1.209	0.900	0.717	0.596	0.4411
八		3.151	2.363	1.554	1.157	0.922	0.766	0.5671
九			2.953	1.942	1.447	1.153	0.958	0.7089
十			3.609	2.374	1.768	1.409	1.171	0.8664

注：1. 本表按标准砖双面放脚每步等高 12.5 厘米砌出 6.25 厘米计算；

2. 本表折加高度以双面放脚为准，如单面放脚乘以系数 0.5，计算公式：

$$折加高度（米）= \frac{放脚断面积（平方米）}{墙厚（米）}$$

表 4-4　　　　　　　**间隔式砖墙基（标准砖）大放脚折加高度表**

放脚步数	折加高度（米）							增加断面（立方米）
	1/2 砖（0.115）	3/4 砖（0.18）	1 砖（0.24）	$1\frac{1}{2}$ 砖（0.365）	2 砖（0.49）	$2\frac{1}{2}$ 砖（0.615）	3 砖（0.74）	
最上一步厚度为 12.6 厘米								
一	0.137	0.088	0.066	0.043	0.032	0.026	0.021	0.0158
二	0.274	0.175	0.131	0.086	0.064	0.051	0.043	0.0315
三	0.685	0.438	0.328	0.216	0.161	0.128	0.106	0.0788
四	0.959	0.613	0.459	0.302	0.225	0.179	0.149	0.1103
五	1.643	1.050	0.788	0.518	0.386	0.307	0.255	0.1890
六	2.055	1.312	0.984	0.647	0.482	0.384	0.319	0.2363
七	3.013	1.925	1.444	0.949	0.707	0.563	0.468	0.3465
八			1.706	1.122	0.836	0.666	0.553	0.4095
九			2.297	1.510	1.125	0.896	0.745	0.5513
十			2.625	1.726	1.286	1.024	0.851	0.6300
十一			3.347	2.201	1.639	1.306	1.085	0.8032
十二			4.594	2.460	1.832	1.460	1.213	0.8978
十三			5.053	3.021	2.250	1.793	1.490	1.1025
十四			6.038	3.323	2.475	1.972	1.639	1.2128
十五				3.970	2.957	2.356	1.958	1.4490
最上一步厚度为 6.3 厘米								
一	0.069	0.044	0.033	0.022	0.016	0.013	0.011	0.0079
二	0.343	0.219	0.164	0.108	0.080	0.064	0.053	0.0394
三	0.548	0.350	0.263	0.173	0.129	0.102	0.085	0.0630
四	1.096	0.700	0.525	0.345	0.257	0.205	0.170	0.1260
五	1.438	0.919	0.689	0.453	0.338	0.269	0.224	0.1654
六	2.260	1.444	1.083	0.712	0.530	0.423	0.351	0.2599
七	2.735	1.750	1.313	0.863	0.643	0.512	0.426	0.3150
八			1.838	1.208	0.900	0.717	0.596	0.4410
九			2.133	1.402	1.045	0.832	0.692	0.5119
十			2.789	1.834	1.366	1.088	0.905	0.6694
十一			3.150	2.071	1.543	1.229	1.022	0.7560
十二			3.938	2.589	1.929	1.537	1.277	0.9450
十三			4.364	3.869	2.137	1.703	1.415	1.0474
十四			5.283	2.474	2.587	2.062	1.713	1.2679
十五			5.775	3.797	2.829	2.254	1.873	1.3860

注：大放脚两边的断面积=砖墙厚度×折加高度。

例 4-8：假设基础平面布置图仍同图 4-2，但断面图如图 4-6 所示的形式（三层等高式大放脚），求砖基础？

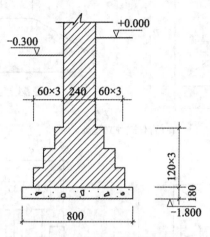

图 4-6　砖条形基础断面图

解：查表 4-3 知，大放脚折加高度为 0.394 米，所以砖基础断面积（含基础墙）＝（1.7+0.394）×0.24＝0.5026 平方米

砖基础长度＝（4+10）×2+3.76＝31.76（米）

砖基础体积＝0.5026×31.76＝15.96（平方米）

b. 带斜面的钢筋混凝土基础，其斜面部分内墙下的净长取斜面中位线间的净长。

在图 4-2 中，斜面部分的中位线长为 $\frac{1.0+0.4}{2}=0.7$，所以②号墙下斜面部分基础净长为 $4-\frac{0.7}{2}×2=3.30$ 毫米。

c. 对于梁式的钢筋混凝土基础，其梁体积与基础体积合并计算，执行梁式钢筋混凝土带形基础定额。

d. 如果有地圈梁存在，则地圈梁体积另列项目单独计算，同时，在基础墙体积中扣除地圈梁体积。

e. 如果基础墙部位设有 0.3 平方米以上的洞口，则洞口所占体积应扣除。

2. 独立基础

常见的独立基础有台体式和杯体式两种类型，工程量计算方法为：

台体式独立基础体积计算公式（如图 4-7a 所示）：

$$V=\frac{h-h_1}{6}[A×B+(A+a)(B+b)+a×b]+A×B×h_1$$

杯口式独立基础体积计算公式（如图 4-7b 所示）：

$$V=h_2×A×B+\frac{h_1-h_3}{6}×[A×B+(A+a)(B+b)+a×b]+a_1×b_1×(h-h_1)-$$

$$(h-h_2)×(a+0.025)×(b+0.025)$$

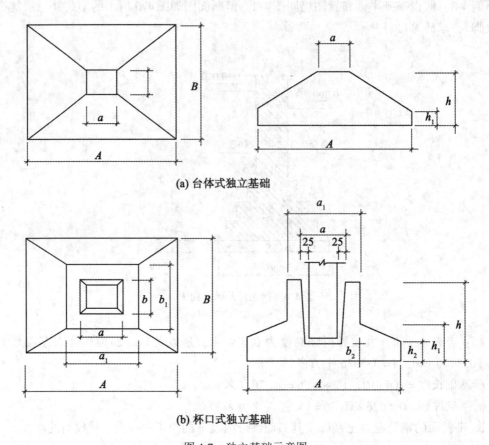

(a) 台体式独立基础

(b) 杯口式独立基础

图 4-7　独立基础示意图

独立基础中常常会设置基础梁，基础梁单独立项，单独计算；基础与柱子分界线为基础的扩大顶面。

例 4-9：求图 4-4 中钢筋混凝土台体式基础体积。

解：$V = 1.8 \times 1.8 \times 0.6 + \dfrac{0.5}{6} [1.8 \times 1.8 + (1.8 + 0.5) \times (1.8 + 0.5) + 0.5 \times 0.5]$

$\qquad = 1.944 + 0.732 = 2.676$（立方米）

3. 满堂基础

满堂基础及其下面垫层体积均等于其各自的平面面积乘以各自的厚度。但当满堂基础板上有基础墙时，基础墙部分另列项目，按砖条形基础另外计算；梁式满堂基础中梁的体积并入基础体积中，按梁式满堂基础项目计算直接费。

4. 桩基础

（1）打桩。

打预制桩的体积，按设计全长（包括桩尖长度）乘以截面面积计算，不扣除桩尖虚体积，管桩空心部分体积应扣除。打桩后的填孔材料、人工等费用另行计算。

（2）送桩。

按桩的截面面积乘以送桩长度计算。

（3）余桩处理与桩截断。

余桩处理的工程量按桩断面面积乘以处理的长度计算，桩截面工程量按个数计算。

（4）接桩。

除打离心管桩和压桩外，均按每一个实际接头计算。

例 4-10：已知某工程预制桩 200 根，断面为 400 毫米×400 毫米的方形，桩长均为 12 米，设计深度 15 米，求桩身部分工程量；假设打桩完结后，有 102 根桩要进行余桩处理（高度为 0.6 米），98 根要进行桩截断（高度大于 1 米），求余桩处理与桩截断部分工程量。

解：在预制桩的施工过程中，分打桩、送桩、余桩处理或桩截断等主要施工过程，所以工程量为：

① 打桩：$V_1 = 0.40 \times 0.4 \times 12 \times 200 = 384$（立方米）

② 送桩：$V_2 = 0.4 \times 0.4 \times 3 \times 200 = 96$（立方米）（其中，3 米为送桩距离）

③ 余桩处理：$V_3 = 0.4 \times 0.4 \times 0.6 \times 102 = 9.79$（立方米）

④ 桩截断：98 根

（5）现场灌注混凝土、砂桩的单桩体积：当单打时，按设计规定的桩长另加 0.25 米乘以管套外径截面积计算；当复打时，按设计规定的桩长另加 0.25 米乘以管套外径截面积再乘以复打次数计算。采用预制桩尖者，其桩尖按定额规定，另列项目计算，钢筋笼按设计要求，以吨（t）计算。

（6）长螺旋钻孔灌注桩的单桩体积按设计桩长另加 0.25 米乘以桩柱外径截面面积计算。震动水冲法加固地基的单桩体积，按设计桩长另加 0.25 米乘以桩的截面面积计算。

（7）各类桩在套用定额时，其桩长均不包括桩尖，例如，桩长 18 米包括桩尖是 18.5 米，但套桩长 18 米内定额。

（8）焊接桩钢材用量、设计用量与定额用量不同时，按设计用量计算。

4.2.5　墙体工程计算与审计

1. 立项

在一个单位建筑工程中，墙体可能会有不同材料构成的多种类型，即便是同一材料类型的墙体，也会由于在工程中所处的平面位置不同、厚度不同等多种因素而影响其定额基价和工程量计算规则。在进行墙体计算时，首先要做好项目划分，即先立项。一般墙体可分为如下分项工程：

（1）钢筋混凝土外墙，钢筋混凝土内墙。

（2）砖外墙，砖内墙，同时，还应分别按墙厚和砖的类型分为普通黏土砖一砖墙、二砖墙、一砖半墙、1/2 砖墙、3/4 砖墙及八五砖墙等。

（3）石外墙、石内墙。

（4）多孔砖墙。

（5）间壁墙。

2. 工程量计算

（1）墙体计算所使用的数量单位。

按一般要求，墙体可以按其立面垂直投影面积以平方米（m²）为单位计算，也可以按体积以立方米（m³）为单位计算，但无论是算面积还是算体积，二者的计算要求是统一的，因为它们计算的关键因素都是墙体三维尺寸（即长、厚、高）的确定。体积＝立面面积×墙厚，而墙厚是个定量，所以本书按面积计算要求来阐述计算要点与思路。

（2）墙体总面积计算。

无论是外墙还是内墙，也无论墙上有哪些附属部位，在计算墙体工程量时，首先按照包含门窗、洞口等在内的墙身总面积计算毛面积，然后再求实际净面积。

墙体立面面积＝墙长×高

其中，关于墙长与墙高分别作如下规定：

① 墙长：外墙按墙中心线长计算；内墙按内墙净长计算。

② 墙高：在确定墙体高度时，要考虑到墙与基础的划分位置及墙上搭设楼板和屋面板的结构形式。

外墙：从第一层室内地面或下一层楼板板面起，算至上一层楼板板顶面或板底面，如果是现浇楼板搭在墙上，则算至该层楼板底；如果是预制板搭在墙上，则算至该层楼板顶。

内墙：无论是搁置预制板还是现浇板均从第一层室内地面或下一层楼板面起，算至上一层楼板板底；如果墙上未搁置楼板，则算至墙顶。

例4-11：已知某二层楼砖混结构工程，层高为3.9米，砖墙厚均为240毫米，该工程楼板与屋面板采用115厚空心板，求墙体总面积（不扣门窗等相关面积）（如图4-8所示）。

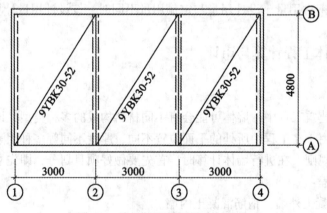

图4-8 楼板与屋面板平面布置图

解：外墙（①、A、④、B轴）由于楼板及屋面板均为空心板，所以外墙高度取至屋顶，均为7.8米（3.9×2），外墙长取中心线长＝（9+4.8）×2＝27.6（米）。

外墙面积：S_1＝27.6×7.8＝215.28（平方米）

内墙：②、③轴，由于墙体支撑楼板内屋面板，所以墙高取净高 $H = 3.9 \times 2 - 0.115 \times 2 = 7.57$（米），内墙长取净长 $L = 4.3 - 0.24 = 4.56$（米）。

内墙面积：$S_2 = 7.57 \times 4.56 \times 2 = 69.04$（平方米）

内外墙总面积：$S = S_1 + S_2 = 215.28 + 69.04 = 284.32$（平方米）

（3）墙体净面积计算。

在墙身内通常还设有柱、梁、门窗洞口等构造部位，在计算墙体净面积时应考虑这些部位与墙体之间的相互联系。

需要扣除的部位：

① 如果墙上设有 0.3 平方米以上的孔洞，则孔洞所占的面积应扣除，如门窗洞口等。

② 嵌入墙身内的框架梁、框架柱所占的面积应扣除。

③ 搭满墙身内的梁头、板头部分所占的面积应扣除，未搭满的梁头、板头不扣。

需要增加的部位：

① 如果有依附于墙身的砖垛，则砖垛按折加面积并入墙身面积内一起计算；如果是双面出垛，则按砖柱另外计算，同时，在墙身面积中扣除砖柱工程量。

② 附墙烟囱及附墙垃圾道的计算方法同砖垛。

③ 三皮砖以上的腰线按折加面积并入墙身工程量内。

不增不减部位：

① 0.3 平方米以内的孔洞所占的面积不扣除。

② 未搭满墙的梁头、板头面积不扣。

③ 三皮砖以下的窗台、腰线面积不增加。

④ 墙上圈梁、过梁面积不扣。

4.2.6　柱梁工程计算与审计原则

柱梁工程部分包括所有钢筋混凝土柱梁、钢柱、钢梁、砖柱、石柱及其他材料制作的柱梁等项目。本节重点介绍钢筋混凝土柱梁的计算要求。

1. 钢筋混凝土柱

（1）现浇柱。

现浇钢筋混凝土柱又分为矩形柱、圆形柱、多边形柱、构造柱等项目，在计算工程量时，应分别计算，分别使用定额基价。但无论何种形式的柱子，其工程量均为它们的实际体积。

$$体积 = 柱断面面积 \times 柱高$$

柱高，是指从基础的扩大顶面算至上一层楼板板底，或从下一层楼板板面，算至上一层楼板板底的垂直净高度。在计算框架柱时，如果楼板为预制板，则柱高算至楼板顶；如果楼板为现浇板，则柱高算至楼板底；有梁柱的柱梁搭头部分体积算入柱中；无梁柱，柱帽体积并入柱中（但也有部分地区规定柱帽与楼板一起计算），如图 4-9 所示。

在图 4-9a 中，柱高：$H_1 = 4.1 - 0.1 = 4$（米），柱的体积：$V_1 = 0.5 \times 0.5 \times 4 = 1$（立方米）

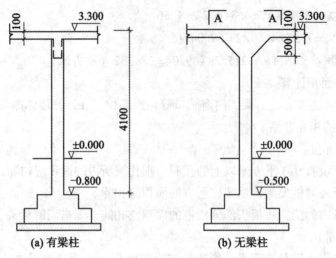

图 4-9 柱体工程示意图

在图 4-9b 中，体积 $V_2 = 0.5 \times 0.5 \times 3.2 + \dfrac{0.5}{6}(1.5 \times 1.5 + 2 \times 2 + 0.5 \times 0.5) = 0.8 + 0.54 = 1.34$（立方米）

（2）预制柱。

预制柱分预制矩形柱、预制牛腿柱、预制双肢柱、预制工字形柱等。

预制柱也按其体积计算，带牛腿柱子的牛腿部分并入柱子体积内一次计算。

2. 钢筋混凝土梁

钢筋混凝土梁也以立方米（m³）为单位计算其体积，但在计算时，要注意梁与其他构件相连接时接头部分的计算规定。

梁体积 = 梁断面面积 × 梁长

其中，梁断面面积等于梁高乘以梁宽，梁高取梁底到板底之间的高度尺寸。关于梁长，作如下规定：

（1）如果梁塔在墙上，则梁长取实际总长度，即搭入墙内的梁头长度算入梁长内。

（2）如果梁搭在柱上，则梁取柱内侧面间的净长计算，梁与柱之间的交接部分算入柱体积中。

（3）如果梁搭在梁上，则梁梁相交部分只算一次，一般计入大梁中。

（4）外墙上的圈梁取其中心线长，内墙上的圈梁取其净长。

（5）对于过梁，图上已注明长度的，按图示长度计算，图上未注明长度者，按过梁所在的门窗洞口宽两端共加 50 厘米计算。

（6）现浇挑梁按单梁计算，压入墙身与圈梁连接的部分按圈梁算，单独挑梁按全部单梁算。

在计算梁体积时，要注意现浇梁与预制梁有区别，对于现浇梁还要注意区分单梁、连续梁、框架梁、肋梁、异形梁及圈梁、过梁等有关项目；对于预制梁，也要考虑现场预制与加工厂预制两种情况，因为梁的类型不同，定额基价也不同。

例 4-12：已知某工程有现浇板下现浇梁，断面如图 4-10 所示，求梁体积，并说出该梁是何种类型的梁（梁实长为 6.24 米）

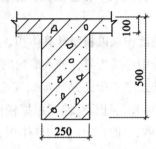

图 4-10　现浇梁板断面图

解：由于该梁为现浇板下的现浇梁，所以，该梁按肋梁计算。

$$S = 0.25 \times (0.5 - 0.1) = 0.1 \ 平方米$$

$$L = 6.24 \ 米$$

$$V = S \times L = 0.1 \times 6.24 = 0.0624 \ 立方米$$

3. 柱梁部分审计说明

（1）对于现浇框架柱、梁工程，定额基价按室内净高 3.6 米以内确定，如果室内净高大于 3.6 米，则每立方米（m³）混凝土构件增加支撑材料摊销费和人工费。

（2）在柱梁的抹灰部分费用已综合在柱梁综合基价中的情况下，抹灰部分工程量不再单独计算；但块料材料装修的柱梁部分，其块料材料按实贴的净面积计算。

（3）圈梁一般有矩形和凹形两种，不论何种形状的圈梁，如果圈梁与现浇板连接，则梁高算至板底；如果圈梁是搁置预制板，则圈梁按设计断面计算。

（4）构造柱与砖墙马牙式结合，马牙部分计入构造柱工程量中，不另外增加模板量与其他费用。

（5）带挑耳的梁，如果挑耳在梁内侧，则挑耳部分已包括在楼板内不再另算；如果挑耳在梁外侧，则挑耳部分工程量算入梁内。带挑耳的梁按异形梁标准执行。

（6）花篮梁凸出的部分算入楼板工程量中，在梁体积中不再重复计算，但梁依然执行异形梁定额。

4.2.7　楼板、楼地面工程计算与审计原则

楼板、楼地面工程部分的计算范围包括楼板、楼面、地面、楼梯、阳台、雨篷、台阶、散水、明沟、斜坡、花池、花台等诸多构造部位。

楼板、楼地面工程计算与审计规则如下：

1. 楼板

从全国范围来看，根据地区的不同，楼板计算要求也大体有两种：

（1）计算体积。

① 现浇有梁板，板按照实铺外围水平面积乘以板厚的体积计算，板下的现浇梁与楼板一并计算，套有梁板定额基价。

② 现浇无梁板，按板外围围起的水平投影面面积乘以板厚所得到的体积计算，板下柱帽体积不计入楼板体积内。

③ 现浇平板，按平板的实铺面积乘以板厚计算体积。

④ 当有多种板连接时，以墙中心线为界，伸入墙内的板头并入板内计算。

⑤ 装配式楼板，无论是装配式空心板还是装配式实心板，也无论是装配式 T 形板还是装配式槽形板，都应分别计算体积。计算思路是根据楼板平面布置图确定楼板厚度和型号，然后统计各种型号楼板的块数，通过查预制构件体积表的方式计算所有楼板总体积。

例 4-13：已知某工程楼板结构平面布置如图 4-8 所示，求楼板体积（板厚为 115 毫米）。

解：通过图 4-8 知，该工程楼板（不含屋面板）共有 27 块空心板，板宽均为 0.5 米，板跨 3 米，查空心板体积表知，每一块空心板体积为 0.110 立方米。

$$楼板总体积 V = 0.110 \times 27 = 2.97（立方米）$$

（2）计算面积。

① 现浇有梁板、平板均按墙中心线所围起的水平投影面积计算；无梁板按板外围所围起的水平投影面积计算。

② 各种预制楼板按墙中心线围起的水平面积计算。

这种计算方法在部分地区使用，与计算楼板体积思路一致。

2. 楼面、地面

（1）水泥砂浆、水磨石和马赛克、缸砖块料面层的地面、楼面均按墙中心线面积计算；花岗石板、大理石板楼面、地面，按主墙间净面积计算。

在计算工程量时，均应扣除突出地面的构筑物、设备基础、室内地沟及室内楼梯、浴缸、大小便槽等所占的面积（不需做面层的地沟盖板所占面积亦应扣除）；不扣除柱、垛、间隔墙、附墙烟囱及 0.3 平方米以内孔洞所占面积；但门洞、空圈、暖气包槽、壁龛的开口部分亦不增加。

（2）楼地面下的各种垫层均按实铺体积计算。

（3）楼地面下的各种找平层按实铺水平投影面积计算。

（4）楼地面部分的伸缩缝，按其长度另行计算。

（5）整体楼地面面层中，均包括了踢脚线在内，但块料面层地面、楼面，均不包括踢脚线在内，在发生时，按图示尺寸以平方米（m^2）计算，扣除门洞，侧壁另加，按单项定额执行。

（6）地面卷材防潮层以地面净面积计算，地面与墙面连接处高在 50 厘米以内，以其展开面积并入地面防潮层计算；超过 50 厘米，并入墙面防潮层内计算。

（7）木楼地板按墙中心线面积以平方米（m^2）计算。

3. 天棚工程

（1）无论是抹灰天棚，还是吊顶天棚，均按主墙间实抹、实钉的净面积计算，不扣除间壁墙、检查洞、附墙烟囱、柱垛和管道所占面积。

（2）如果是吊顶天棚，当出现圆形、拱形、高级带灯槽或艺术形式天棚时，则按展开面积计算。

（3）天棚抹灰带有木装饰线条者，另按延长米计算其长度。

4. 楼梯工程

楼梯包括楼梯中间平台、平台梁、斜梁及楼梯与楼板连接的梁，按水平投影面积计算，不扣除宽度在 20 厘米以内的楼梯井所占的面积，伸入墙内的部分也不增加。

楼梯栏杆、栏板及其上的扶手均按其长度以延长米为单位计算，如果图上没有明确的尺寸，则按楼梯水平投影长度乘 1.15 系数计算。

5. 雨篷工程

雨篷，按其翻口高度尺寸可分为板式雨篷和复杂式雨篷两种类型，如果翻口内侧高度大于或等于 10 厘米，则该种雨篷为板式雨篷；如果翻口内砌高度大于 10 厘米，则称为复杂式雨篷。

在计算雨篷部分工程量时，无论板式还是复杂式，均按其水平投影面积计算。但在查定额基价时，应使用不同编号。

6. 阳台工程

与楼梯、雨篷的计算要求相接近，阳台亦按其挑出部分的水平投影面积计算，伸出墙外的牛腿已包括在定额内，不再单算；阳台栏板或栏杆均按其长度以延长米为单位计算。

7. 台阶、斜坡、散水工程

台阶、斜坡、散水等工程均按各自的水平投影面积计算；明沟工程、花池、花台工程按其各自的长度以延长米为单位计算。

4.2.8　屋盖工程计算与审计原则

1. 坡屋顶屋盖

按照预算要求，坡屋顶屋盖分为以下计算项目：

（1）屋架。

（2）屋面（含木基层）、檩条等项目。

钢筋混凝土屋架和木屋架分别以立方米（m³）为单位计算体积，钢屋架则以吨（t）为单位计算其重量，可分别查找单项定额。

屋面，按屋面的斜面面积计算，即用其水平投影面积乘以屋面坡度延长系数（如表 4-5 所示），不扣除附墙烟囱、风道、风帽底座和小气窗所占面积。

木檩条及钢筋混凝土檩条按立方米（m³）计算，钢檩条按吨（t）计算。

封沿板按沿口外围尺寸以延长米计算，博风板按其水平投影长度乘以屋面坡度系数后，单坡屋面加 30 厘米，双坡屋面加 50 厘米，以延长米计算。

表 4-5　　　　　　　　　　　　　　　屋面坡度系数

坡度比例	1/3		1/4		1/5
角　度	33°40′	30°	26°34′	24°14′	21°48′
延长系数 C	1.2015	1.1547	1.118	1.0966	1.077
延长系数 D	1.562	1.527	1.5	1.4839	1.4697

2. 平屋顶屋盖

（1）钢筋混凝土屋面板按墙中心线围起的水平面积计算，应扣除 0.3 平方米以上的孔洞面积。

（2）屋面防水层及保温隔热层，均按实铺面积计算。

（3）大型屋面板按板的外围水平投影面积计算。

（4）现浇钢筋混凝土檐沟，按檐沟内口延长米计算，天沟按设计长度计算。

（5）屋顶水箱以座为单位计算，屋面变形缝按延长米计算，房上烟囱按烟囱高度计算。

（6）屋面排水系统，水落管（含油漆在内）按檐口滴水处算至设计室外地坪的高度，以延长米为单位；水落斗和水落口分别以个数统计，另行计算，另查定额。

4.2.9　门窗工程计算与审计原则

1. 门窗工程计算原则

（1）普通木门窗、普通钢门窗、铝合金门窗和纱门窗按门窗框外围面积以平方米（m²）为单位计算。

（2）门连窗工程应分别计算，套用相应的门窗定额，窗的宽度应算至门框外口。

（3）普通窗上带有半圆窗的工程量应分别计算，套用相应定额。半圆窗与普通窗以它们之间的横档上边的裁口线为分界线。

（4）如果窗内有部分不装窗扇而直接在框上装玻璃者，则应按框上装玻璃部分的立挺中心分界线计算，高度按装玻璃的立挺中心为分界线计算，宽度按边框外围尺寸计算，分别套用相应定额。

（5）固定百叶窗按窗面积计算。

（6）无框的厂、库大门，特种门，射线防护门，钢管铁丝网门，浴室、厕所隔断小门，均按外围尺寸以平方米（m²）为单位计算。

（7）木材面包铁皮，按展开面积计算。

（8）门窗下钉铝板，按展开面积计算。

（9）门窗扇包白铁皮，按门窗扇面积计算。

（10）窗台板以平方米（m²）为单位计算，当图纸未注明窗台板长度时，按窗框外围两边共加 10 厘米计算；窗台突出墙面的宽度，按抹灰面另加 3 厘米计算。

（11）窗帘盒、窗帘棍按图示尺寸以延长米计算，当无规定时，按窗框外围宽度两端共加 30 厘米计算。

（12）门窗套，按图示尺寸以平方米（m²）为单位计算。

（13）铝合金卷帘门，按卷帘净尺寸计算面积。

2. 门窗工程部分审计说明

（1）普通木门窗系按施工企业附属工厂加工制作考虑的，综合了安装费用和油漆费用。木门定额中包含了门锁的安装人工，但不包括门锁费用，发生时，另行计算。

（2）一般木门窗材料断面按标准图集Ⅳ级断面和Ⅱ级断面取定，木材断面不同时，要进行换算。

（3）定额中木门窗以三个断切面供料（损耗率 1%），其他项目以两个断切面供料（损耗率 5%），木材断面或厚度均以毛料为准。当设计图纸所注断面为净料时，应加刨光损耗，一面刨光加 3 毫米，两面刨光加 5 毫米。

（4）门窗框外围面积不等于门窗洞口面积，在审核门窗部分工程量时，按洞口面积乘以系数 0.98～0.985 计算。

（5）木门窗按一、二类木材，机械化制作编制的；如果用三、四类木材制作木门窗，则调整门窗基价；如果采用半机械化制作或手工制作，则不换算。

（6）如果在门窗制作时，采用人工方法进行木材烘干，则烘干费另外计算。

4.2.10　脚手费与超高费计算与审计原则

1. 脚手费

脚手费，是指在建筑工程施工中，搭设、使用与拆除脚手架过程中所发生的费用。一般的建筑工程，只要高度大于 1.5 米，就要考虑搭设脚手架，计算脚手费（但也有部分地区规定，当工程高度大于 1.2 米时，搭设脚手架）。

脚手架费用分为综合脚手费定额和单项脚手费定额两种形式。民用建筑及多层工业厂房执行综合脚手费用定额；单层仓库，公共建筑如大厅、剧院、饭堂、锅炉房和构筑物工程等，与单层装配式工业厂房，均执行单项脚手费用定额。民用建筑主要包括住宅、商店、教学楼、办公楼、招待所、图书馆、医院、托儿所等。

（1）综合脚手费计算。

综合脚手费计算分为两个计算过程：一是工程量计算；二是费用计算。

综合脚手费计算以建筑工程的建筑面积为其工程量，再查费用定额，计算脚手费。在计算时，应考虑到檐高、层高与施工方式等因素。檐高在 12 米以内与 12 米以外，层高在 3.6 米内与 3.6 米外，当包工包料施工与包工不包料施工时，脚手费基价均不相同。

注意：

① 定额中脚手架材料分别按木脚手、钢管脚手综合考虑测定，无论实际选用何种脚手，基价均不换算。

② 垂直安全网、安全笆及斜道已包含在综合脚手费中，实际发生，不另外计算。

③ 如果搭设了过街防护棚或高压线的防护支架，则其费用另行计算。

④ 钢筋混凝土带形基础底宽超过 3 米，深度（室外地面到墙基底部）大于 1.5 米的，计算脚手费。满堂基础、独立柱基础，底面积超过 16 平方米，深度大于 1.5 米的，另行计算脚手费。

⑤ 砖基础深度大于 5 米，按里脚手架计算脚手费用。

⑥ 施工现场入口通道的防护棚另行计算。

（2）单项脚手费计算。

单项脚手费，是指建筑物和构筑物在个别部位施工时单独搭设的脚手。具体包括砌墙脚手、抹灰脚手、满堂脚手、斜道及烟囱水塔等构筑物脚手。

① 砌墙脚手。

例 4-14：假设有一围墙高 5 米，长 100 米，双面抹灰，问在施工中，需搭几次脚手？

答：在这种墙体施工中，需搭两次脚手（分布在墙两面）：一次为砌墙及一面抹灰共用的脚手费；另一次为另一面抹灰搭设的脚手。所以墙体部分脚手费计算两次：其一为砌墙脚手；其二为抹灰脚手。但无论是砌墙脚手还是抹灰脚手，其脚手费计算的工程量是相同的，砖墙按其单面立面投影面积计算，石墙按石墙 1.5 倍的立面投影面积计算。

假设某砖墙砌围墙，长 100 米，高 5 米，则工程量为 500 平方米（5×100），如为石墙，尺寸不变，则工程量为 750 平方米（5×100×1.5）。

砌墙脚手又分为里架子和外架子两种形式：里架子俗称为马凳子，是一种简易的脚手架形式，适用于 3.6 米高以内的砖石砌体；外架子则是正规的脚手架形式，按搭设形式分为单排与双排两种，外架子适用于 3.6 米高以外的砖石砌体，在计算时，按实际搭设需要计算脚手费。

② 独立砖柱、石柱，高度在 3.6 米以内者，其脚手架以柱外围周长乘以砌体高度，按里脚手架计算；高度在 3.6 米以上者，其脚手架以柱周长加 3.6 米乘以柱高，按外脚手架（单排）计算。

③ 满堂脚手架以主墙间的水平投影面积计算。

④ 斜道根据其高度，按座数计算。

⑤ 过道防护棚按防护棚架子立杆的水平投影面积计算。

2. 超高费

（1）超高费，是指当建筑工程的总高度超过规定的高度时，增加的施工费用。一般情况下，定额规定建筑物高度以檐高 20 米或以 6 层为界，檐高 20 米以上或 6 层以上的建筑工程，需要计算超高费。

（2）超高费内容包括机械、人工降效费，使用高层垂直运输机械台班差价，上人电梯，高层用水加压费，脚手加固，增加脚手摊销费，外脚手安全网，通信联络，设置垃圾道和临时厕所等需要的全部费用。

（3）超高费工程量按超高建筑面积计算；超高费定额基价与檐高、层高及超高形式有关。

（4）超高费计算与审计说明

① 超高费只适用于房屋建筑工程。

② 当多跨工程高度不同时，应分别计算超高费。

③ 完整层超高，按总高超高费标准计算；非完整层超高工程，按层高超高费标准计算；总高在 20 米以上的完整层，当层高大于 3.6 米时，另外计算层高超高增加费。

4.2.11 构筑物及其他相关零星工程部分计算与审计原则

一个建设项目内的道路、围墙、烟囱、水塔等建筑工程部分，亦应执行建筑工程预算定额，按设计要求计算其工程量。其中，围墙、挡土墙等砌体工程按长度计算延长米，并依据其厚度和高度不同查找不同定额基价；道路工程按其水平投影面积计算；烟囱、水塔按座数统计，并根据其材料和高度分别查定额。

4.2.12 大型机械进退场费计算与审计原则

在建筑工程施工过程中，常常要使用如打桩机、塔式起重机、铲运机等大型施工机械，这些大型施工机械进场时的运输、进场后的安装、退场前的拆卸、退场时的运输等费用统称为大型机械进退场费，在发生时，按单位工程的个数和使用次数，如实计算。

4.3 工程项目施工图预算审计的步骤和方法

4.3.1 做好审计前的准备工作

(1) 了解工程范围、工程主要内容、工程地点、承包方式、承建企业性质以及预算的编制单位等。

(2) 对施工图进行清点、整理、排列、装订；根据图纸说明有关图集和施工图册，熟悉并核对相关图纸；参加技术交底、解决疑难问题等。

(3) 了解编制本预算所采用的定额是否符合施工合同规定或工程性质。如果该项工程预算没有填写编制说明，则应从预算内容了解本预算所采用的预算定额，或者与施工单位联系进行了解，确认这方面没有问题后，才能进行审计。

4.3.2 选择合适的审计方法实施审计

由于施工工程的规模大小、繁简程度不同，施工企业情况也不同，所编工程预算的繁简和质量也就有所不同。因此，审计人员应采用多种多样的审计方法，例如，全面审计法、重点审计法、经验审计法、快速审计法，以及分解对比审计法等，以便多快好省地完成审计任务。

4.3.3 贯彻有关规定，提出审计意见

应认真贯彻国家和地区制订的有关预算定额，工程量计算规则、材料预算价格，以及各种费用项目和费用标准的规定，既注意审计重复列项或多算了工程量的部分，也应审计漏项或少算了工程量的部分，还应注意到计量单位是否和预算定额一致，并将审计中发现的问题逐一与建设单位、施工单位进行核实，从而进行协调和仲裁，提出初步审计意见。

4.3.4 撰写审计报告

根据经建设单位、施工单位双方同意的审计意见，调整修正送审预算，撰写审计报告。一般情况下，审计结果需经建设单位、施工单位和设计单位签字认可后，才可提交审计报告。但在审计结果正确的前提下，如果有一方拒不签字，则自被审单位收到审计报告10日后可以视为无异议，但审计组应当说明原因并报告审计机构。

4.4 工程项目施工图预算审计重点

4.4.1 单位建筑工程施工图预算编制依据的审计

（1）审计设计图纸的适用性、经济性与美观性，审计设计方案确定过程的合理性与合规性，审计设计方案的有效性与可行性。

（2）审计建筑预算定额的可用性，地方及国家有关文件规定的时限性。

（3）审计材料供应方式与材料市场价格信息的真实性。

（4）审计施工方案与施工进度计划的可操作性。

（5）审计上述所有资料来源的可靠性与可信性。

4.4.2 审计单位建筑工程施工图预算造价指标

审计单位建筑工程施工图预算中所确定的每平方米（m^2）建筑面积对应的造价指标，并分析该单位工程的建筑结构类型、主要结构部位的选用及建设时间等有关因素，与该地区相同或相近建筑工程的平均造价指标相对比，以此确定该建筑工程预算造价的高低程度，初步估测其中不真实费用所占的比重，从而明确审计重点。

4.4.3 审计工程量

与工程量计算过程基本相似，工程量的审计内容也大体分为以下两大部分：

1. 项目划分的审计

即立项过程审计，这是审计工程量数量正确与否之前必须要先进行的一项具体工作。立项的完整性与合理性，应以图纸和定额分部分项要求为标准，不能多列、漏列与错列。

2. 工程量数量的审计

审计工程量的数量，即是核实工程量计算的准确程度，以工程量计算规则为审计标准，原则上应实行逐项审计，但对于工程比较复杂、造价比较高的大中型项目而言，逐一审计费时费力，且审计效益未必很高，所以应实行抽审。在抽审时，重点看单价高或工程量数量较大的部位，常见为：

（1）所有的钢筋混凝土部位，如钢筋混凝土基础、钢筋混凝土墙体、柱梁、楼板、楼梯等，尤其要注意框架结构中框架柱、梁接头处体积不要重算。

（2）装修部位，尤其是以块料材料装修的地面工程、墙面工程，以及以轻钢龙骨、木龙骨等为主的吊顶天棚工程，这些部位制作复杂，材料价格偏高，是工程量审计重点。

（3）门窗工程部位，尤其是铝合金门窗、钢门窗部分，重点审计面积是否是按框外围面积计算的。

（4）材料消耗量的审计。

4.4.4　定额基价审计

（1）看定额编号是否与项目名称相对应。
（2）看定额基价中已综合的项目是否又单独计算。
（3）看定额换算是否正确。

4.4.5　费率与取费基数审计

间接费、其他直接费、材料价差、计划利润、税金等有关费用项目的计算，都应按规定的费率标准执行，但费率标准会因时间、地区的工程类型的不同而变化，所以，在计算上述各项费用时，应注意按各地有关文件规定执行。

4.4.6　施工图预算造价构成形式的审计

（1）审计构成施工图预算的各项费用内容和项目名称是否符合有关规定。
（2）审计各有关费用项目的计算过程及最终结果是否正确。
（3）审计总造价数额的真实性。

4.4.7　人工工日消耗量与材料用量的审计

（1）审计人工工日数量是否按定额规定标准执行，有无擅自增加人工工日的数量，提高人工工资标准的现象发生。

（2）审计主要材料和特殊材料用量是否按图纸和定额规定标准计算，有无任意扩大工程量，提高材料损耗率的问题发生。

4.5 案例分析

4.5.1 项目基本情况

苏州市某老年公寓为社会公益服务项目，于1994年9月开工，分两期实施。苏州市计委苏计投（91）138号、（96）343号文分别批准了项目计划任务书，并经市计委苏计投（94）327号、（96）197号、（96）412号文批复转列年度实施计划，计划建筑面积17888平方米，游泳池、网球场等平面面积2800平方米，总投资规模3011万元，一期工程包括综合楼、别墅；二期工程包括公寓楼、宿舍、车库及网球场等。该项目的主要设计单位是苏州市建筑设计院，主要施工单位为苏州市二建集团一分公司、苏州建筑装饰有限公司等。资金来源主要由苏州市财政局在历年市社会保险局上划的养老保险基金结余中下拨1407万元、由"老年人事业费"专项拨款5078.5431万元、向市社保局借款14.28万元、利息收入14.3329万元，还有赞助收入。

4.5.2 审计中发现的主要问题

（1）该项目土建工程造1260元/立方米，经审计，指标略高。在该地区，该种房屋的平均造价指标水平都低于1000元/立方米。

（2）工程土方工程部分，基础挖三类干土580立方米，回填土342立方米，由于挖土部分全部填于工程附近一泥塘，所以该工程回填土全部为外部买土，买土定价为每立方米11元（包括挖土、运土、回填费用），该工程土方部分如表4-6所示。

表4-6　　　　　　　　　　　　　　　　土方工程预算表

分部分项工程名称	数量（立方米）	定额	单价	合价
① 挖地槽三类干土	580	1～2	1.12	649.6
② 回填土	324	1～83	1.19	385.56
③ 外购土	324（议）		11	3564
④ 外购土挖土	324	1～2	1.12	362.88

经审计，在上述项目中，第二项、第四项属于多列项目，应予以审减，因为在买土11元/立方米中，已包含了与买土有关的挖土和填土的费用。

（3）楼板与屋面板均为现浇板，现浇板下有现浇梁，墙体为砖墙，附墙有砖垛、抗风柱（钢筋混凝土），内设两根矩形钢筋混凝土柱，无其他砖柱。在该工程送审施工图预算中，柱梁部分列项如下：

① 砖柱：7 立方米，查定额 4~1 子目，基价 118.4 元，合价 828.8 元。

② 钢筋混凝土土柱：10 立方米，查定额 4~8 子目，基价 343.02 元，合价 3430.2 元。

③ 钢筋混凝土单梁：12 立方米，查定额 4~23 子目，基价 333.8 元，合价 4005.6 元。

经审计在该部分立项中，砖柱一项为多列，因为附墙砖柱算为砖垛，不单独立项，而将其工程量含入所依附的墙体工程量中。第 3 项单梁为错列项目，因为现浇板下的现浇梁应称为肋梁，所以该工程正确立项应如下：（假设工程量是正确的）

① 钢筋混凝土柱：10 立方米，查定额 4~8 子目，基价 343.02 元，合价 3430.2 元。

② 肋梁：12 立方米，查定额 4~25 子目，基价 292.77 元，合价 3513.24 元。

（4）工程使用新型防水材料，市场价为 2 元/立方米，定额中无该种材料所对应的基价（该种材料无预算价），但有二毡三油卷材防水屋面，基价 1.5 元/立方米，其中，油毡材料预算价格为 6.68 元/立方米，基价定额综合含量 1.04（10 平方米）。

审计发现，这种新型防水材料按市场价进直接费，并参加取费，无形中提高了取费基数。

（5）C18 钢筋混凝土条形基础，上部为砖基础墙，下设 C8 混凝土垫层，基础埋深 1.8 米，该基础工程立项如下：

① C8 混凝土垫层：40 立方米。

② C18 混凝土垫层：100 立方米。

③ M7.5 水泥砂浆砌砖条基：60 立方米。

④ 基础脚手架：720 立方米。

审计发现：在上述项目中，第 4 项属于多列项目。该基础工程埋深大于 1.5 米，但底宽 1.5 米小于 3 米，不符合脚手架费加收的两个条件，经审核第 4 项应予审减。

（6）工程使用 300 毫米×300 毫米地砖铺地 2600 立方米。审计发现，工程量 2600 立方米是真实的，但地砖的数量有误，该工程预算中地砖用量是 59000 块，实际用量应为：

$$\frac{2600}{0.3\times0.3}\times(1+0.02)=29467（块）$$

其中，0.02 为损耗率，在送审预算中，地砖数量多了 1 倍，从而引起材料差的增加，在工程造价汇总时，导致取费基数的增大。

4.5.3　审计评析

对施工图预算的审计，一般反映在施工之前，所以审计人员对项目施工图预算审计的主要依据就是设计图纸，同时，根据《江苏省基本建设审计处理规定》（苏审基（1994）9 号）文件的有关规定，对核减的工程应全额收缴入库。审计的主要内容也即上述诸方面，而有关设计变更审计、材差审计、施工进度与施工质量等项目的审计，则需通过对该项目的竣工决算审计反映出来。

第5章 工程项目财务审计

5.1 工程项目资金筹措的审计

5.1.1 基建拨款的审计

基建拨款是由国家财政、主管部门和企事业单位拨给建设单位无偿使用的基本建设资金。按其来源渠道不同，分为预算内基建拨款、自筹基建资金拨款和其他基建资金拨款。

基建拨款科目是核算建设单位各项基本建设拨款，包括中央和地方财政的预算拨款、地方主管部门和企业自筹资金拨款、进口设备转账拨款、器材转账拨款等。其他单位、团体或个人无偿捐赠用于基本建设的资金和物资也在本科目内核算。

1. 预算内基建拨款的审计

预算内基建拨款包括：中央基建基金拨款、地方财政预算拨款、进口设备转账拨款、器材转账拨款等。

(1) 审计建设单位是否符合预算拨款的范围。按照国家规定，只有行政事业单位、没有还款能力的企业和经过特殊批准的建设单位，才能取得预算拨款。中央基建基金拨款属于非经营性资金，按照国家规定非经营性资金主要用于中央各部门直接举办的无经济收入的文化、教育、卫生、科研等建设和大江大河的治理。

审计人员必须审计工程项目是否符合预算拨款的范围。审计人员可以通过审计基建拨款通知书和会计账簿记录的一致性，查证基建拨款使用范围。在审计中，如果发现建设单位不属于国家规定的范围，则审计人员应追究拨款单位的责任并要求国家计委等部门收回拨款；如果发现建设单位有采取不正当手段骗取预算拨款的行为，则审计人员应及时建议银行停止拨付或收回预算拨款，并对建设单位追究经济责任和法律责任。

(2) 审计工程项目是否已经纳入批准的年度基本建设计划。审计人员应注意有无计划外项目挤入计划内的情况；有无年度基本建设计划未经报批或审批手续不完整的情况；建设单位用预算拨款擅自扩大建设规模，增加建设内容和提高建设标准，甚至搞计划外工程等。审计人员应坚持原则予以制止，并建议银行不予拨款。

(3) 审计建设单位取得预算拨款的依据是否完备、合法。国家规定，建设单位必须向银行报送经有关部门批准的文件，作为取得预算拨款的依据。这些文件包括：可行性研究报告、初步设计文件和设计概算、年度基本建设计划和年度基本建设工程项目表、施工图预算、年度基本建设财务计划和施工合同等。内部审计机构和人员重点审计上述文件的完备性和审批程序的合法和合规性。

（4）进口设备转账拨款的审计。进口设备转账拨款，是指上级主管部门转账拨入的进口的成套设备的价款和有关费用。进口设备转账拨款的审计，主要应从以下几个方面进行：审计建设单位通过主管部门引进的成套设备是否符合国家的规定；审计建设单位引进成套设备项目（包括国内配套工程）是否已纳入国家的基本建设计划；审计建设单位引进成套设备项目的国内配套工作是否已安排妥当。

（5）器材转账拨款审计。主要应审计建设单位所取得的设备、材料是否按规定用于计划内工作，审计其有无利用转账拨入设备、材料擅自扩大建设规模，有无将转账拨入设备、材料挪用于计划外工程等情况。在审计中，如果发现建设单位不按规定用途使用，或任意进行计划外工程等情况，则审计人员应坚决制止，并督促建设单位限期改正。

2. 自筹基建资金拨款的审计

（1）审计自筹基建资金拨款计划。按照国家规定，凡是自筹资金基本建设项目必须纳入国家基本建设计划。内部审计机构和人员应审计项目计划的批准文件，并将批准的建设内容和实际建设内容作比较，注意发现未纳入国家基本建设计划项目的建设。

（2）审计建设单位的自筹基建资金来源。根据国家现行规定，银行贷款、各种行政事业经费、各种租赁资金、企业应上交的税金和利润、流动资金、更新改造基金和大修理基金等不能用于自筹投资建设项目；不得通过向企业摊派的方式自筹资金；不得挤占成本；不得采取提价或变相提价的方式筹集资金。在审计时，审计人员应审计建设单位是否违反财政金融制度，有无挤占生产成本、乱摊派、乱集资的情况，有无截留应上缴利润和拖欠税款等情况。对于违反国家规定的，应严肃处理。

（3）审计建设单位自筹基建资金的落实情况。审计人员应详细审计建设单位自筹资金来源的各明细账户，采取账、表、证相互核对的方法，落实期末结余资金与申报是否一致。审计建设单位的各项专项资金的取得，是否按规定缴纳了税金。在保证正常开支和设备更新、技术改造的需要之后，还有多少资金按规定可以用于自筹基本建设投资，能否保证投资计划的实现。还要审计建设单位的"基建拨款——待转自筹资金拨款"和"银行存款——待转自筹资金户"账户的记录是否真实、可靠。

3. 其他拨款的审计

其他拨款，主要包括其他单位、团体或个人无偿捐赠用于基本建设的资金或物资，其他单位无偿移交的未完工程，由于与其他单位共同兴建工程而其他单位拨入的基本建设资金等。对其他拨款进行审计，主要应审计建设单位所取得的其他拨款来源渠道是否正当，有无向企、事业单位和机关、团体等乱摊派、乱集资的情况；审计建设单位其他拨款的使用是否符合规定，有无乱上计划外项目、冲击计划项目的情况，是否节约使用等。在审计中，如果发现建设单位的其他拨款来路不正，则审计人员应进一步查清问题，并采取相应的处理措施。对于通过乱摊派、乱集资等途径取得的资金，审计人员应督促建设单位及时退还；对于通过其他途径非法所得的资金，应予以没收，并责成建设单位的领导作出检查。如果发现建设单位利用其他拨款擅自进行计划外违章工程或任意挪作他用，则审计人员应督促建设单位及时纠正，并依法予以处理。

5.1.2 基建投资借款的审计

基建投资借款，是指建设单位按规定条件向有关方面借入的有偿使用的基本建设资金。基建投资借款的种类主要包括：国家开发银行投资借款、国家专业投资公司委托借款、商业银行投资借款、国外借款和其他投资借款。为了反映、监督基建投资借款的借入、使用和归还情况，建设单位应设置"基建投资借款"、"拨付所属投资借款"、"上级拨入投资借款"、"待冲基建支出"、"应收生产单位投资借款"科目进行核算。

注意：建设单位按规定从银行借入的国内储备借款和周转借款，不在本科目核算，而在"其他借款"科目核算。

基建投资借款的审计，主要应从以下几个方面进行：

1. 审计借款对象、范围和条件

首先，应审计建设单位在行政上是否具有独立的组织形式，在经济上是否实行独立核算，自负盈亏，是否确实具有还款能力，其可靠程度如何。其次，应按照建设单位所借款项的种类，根据国家对该种借款范围的规定，审计建设单位是否符合规定的借款范围。

2. 审计借款的依据是否真实、齐全

审计建设单位向银行提送的经过有关部门批准的项目建议书、可行性研究报告、初步设计和概（预）算文件、投资包干合同以及年度基本建设计划等申请借款的依据是否齐全；审计其是否经过财政部门批准，审批手续是否完备；审计工程项目是否确实列入年度基本建设计划，计划文件是否经审核机关批准，有无计划不实，将计划外项目挤入计划内的情况。在审计中，如果发现审批手续不完备的，则审计人员应督促建设单位及时补办手续。对于未报批的项目，应督促建设单位按规定报批。对于计划外的项目，要坚决制止，维护国家计划的严肃性。

3. 审计借款合同的签订

借款合同是建设单位与银行或其他金融机构就确立货币借贷权利和义务关系所签订的书面协议。审计借款合同，就是要审计借款合同所规定的项目名称、借款金额、借款利率、借款期限等是否按照批准的基本建设计划、设计概要签订；审计借款合同的签订是否符合《合同法》、《借款合同条例》以及国家规定借款利率等法规文件的要求；审计建设单位所确定的分年用款计划是否与工程进度相衔接，有无资金不足或超过工程实际需要的情况，审计建设单位所确定的分年还款计划是否切合实际，有无为争取贷款，而故意夸大投资效益、缩短还款期限等不良行为。如果发现问题，则审计人员应及时采取措施，督促贷款方与建设单位及时修订或重签借款合同。

4. 审计基建投资借款的使用情况

审计建设单位是否在基建投资借款指标额度内按照设计概算和借款合同规定的用途合理使用基建投资借款。在审计时，应分别将基建投资借款指标备查登记簿的核定数、分年用款计划、一定时期的支用数以及银行或其他计算利息清单等与"基建投资借款"账户的记录相核对。审计"基建投资借款"的经济内容，是否符合国家规定，是否符合借款合同限定的用途，有无将基建投资借款挪作他用或进行计划外工程等情况。

建设单位的基建投资借款支出内容，是通过有关的原始凭证、记账凭证和设置"基建投资借款"账户来反映的。因此，对基本建设投资借款进行审计，就必须审计有关基建投资借款的会计资料，看其所反映的经济内容的真实性和可靠程度如何。要审计原始凭证的填制是否符合要求，各项内容的记载是否完整、正确，所反映的经济业务是否合法。在审计记账凭证时，应着重审计"基建投资借款"科目的运用及其对应关系是否正确，审计"基建投资借款"核算科目的经济内容是否与原始凭证相符，填列的金额是否相等，审计"基建投资借款"账户的登记是否正确，有无多记、少记、重记、漏记等错误，并将基建投资借款支出的原始凭证、记账凭证和"基建投资借款"账户相互核对，检查其是否相符。

在审计中，如果发现建设单位有挪用借款或擅自改变建设内容、盲目采购材料设备、违反财经纪律、基建投资借款账务处理有误等问题，则审计人员应督促建设单位限期改正。逾期不改、情节严重的，审计人员应建议银行停止发放或收回贷款，并报其有关主管部门处理。

5. 审计基建投资借款的偿还情况

首先，应审计建设单位是否按期还本付息。基本建设投资借款是建设单位取得的有偿性资金来源，建设单位必须严格履行借款合同，按期还本付息，应审计建设单位是否完成年度还款计划。在审计时，审计人员应认真核对银行的对账单、利息清单和建设单位的"基建投资借款"账户，检查其还本付息的情况。在审计中，如果发现建设单位未按期还本付息，则审计人员应进一步追查原因，并及时建议银行对逾期部分按规定利率加收罚息。

其次，应审计其偿还借款本息的资金来源是否正当。基建投资借款的还款资金一般包括工程项目建成投产后新增纳税前的利润、新增固定资产的基本折旧基金、建设期间按规定应上交财政的基本建设收入、投资包干节余及其他自有资金等。因此，应审计建设单位是否按规定的资金来源偿还借款，是否先用自有资金来偿还，有无挪用生产流动资金、其他专项资金和挤占生产成本；审计超过计划规定建设期和还款期的借款，建设单位是否按规定用自有资金偿还，有无随意占用应交税款和应交利润的情况。在审计中，如果发现建设单位还款资金来源不符合规定，则审计人员应追查原因，督促建设单位及时改正。对于非法占用税款和应交利润的，审计人员应督促建设单位及时、足额地补交，维护国家的根本利益。

5.1.3　其他借款的审计

其他借款是反映建设单位向银行借入的除基建投资借款以外的其他各种借款，包括国内储备借款、周转借款等。其他借款科目是核算建设单位按规定向银行借入的除基建投资借款以外的其他各种借款，如国内储备借款、周转借款等。

在审计时，应根据借款合同和有关制度规定，结合"其他借款"明细账进行检查，有无将"其他借款"未按规定用途使用，有无不按期归还长期占用的"其他借款"。如有上述情况，应予以纠正。此外，按规定对挤占挪用借款部分和不按期归还借款部分要加付利息，并用建设单位自有资金支付。

1. 国内储备借款的审计

国内储备借款，是指建设单位为下年度工程储备设备或材料，而向银行借入的一种专项借款。国内储备借款的审计，一般应从以下几个方面进行：

(1) 审计建设单位是否具备借款条件。

根据国家规定，建设单位向银行申请国内储备借款，必须具备以下条件：工程项目已列入批准的年度基本建设计划；设备必须是列入批准的设计文件所附设备清单内的需要安装设备；签订设备订货合同，而且是当年到货付款、下年度才能安装的设备。因此，审计国内储备借款，首先必须审计建设单位是否具备上述借款条件，建设单位所订购的设备是否确实控制在设计和概算范围之内，有无订购不符合设计要求的设备，以及有无计划外工程订购设备等情况。在审计中，如果发现建设单位不具备借款条件，则审计人员应建议银行拒绝发放贷款；如果发现建设单位弄虚作假，采取欺骗手段取得借款等违纪情况，则审计人员应查清责任，严肃处理，并及时建议银行停止或追回贷款。

(2) 审计建设单位是否按规定用途使用贷款。

建设单位向银行借入的国内储备借款，只能用于当年到货，并列入设备清单的需要安装设备储备。审计人员应将"其他借款——国内储备借款"账户所反映的经济内容与有关支出的原始凭证等进行认真核对，看其是否相符，有无错记、漏记等情况。检查建设单位实际支用的国内储备借款是否合规、合理，在审计中，如果发现建设单位不按规定用途使用借款，则审计人员应督促建设单位及时改正，加强管理工作。对于情节严重的，审计人员应建议银行停止发放或收回贷款，按规定加收罚息，并及时上报有关部门进行处理。

(3) 审计建设单位是否按期归还借款本息。

国内储备借款具有临时性，建设单位必须在下年度的基建投资借款指标核定下达后，用基建投资借款及时归还。审计人员应认真审计建设单位"其他借款——国内储备借款"账户的借方记录，检查其归还借款本息的情况。在审计中，如果发现建设单位已归还借款本息，但尚未入账或记账有差错，则审计人员应予指出，督促建设单位及时入账或更正错账。如果发现建设单位无故拖欠、非法占用等情况，则审计人员应查清责任，督促建设单位及时采取措施，抓紧归还。

2. 周转借款的审计

周转借款，是指实行投资包干责任制的建设单位为解决投资包干项目的资金短缺，按规定向银行借入的临时性周转借款。周转借款的审计，一般应从以下几个方面进行：

(1) 审计建设单位是否具备借款条件。

建设单位向银行申请周转借款，必须具备以下条件：工程项目已纳入批准的年度基本建设计划；建设项目实行投资包干办法，且建设单位与其主管部门已无法调剂解决。对周转借款进行审计，首先要审计建设单位是否具备上述借款条件。在审计中，如果发现建设单位不具备借款条件，则审计人员应建议银行拒绝发放贷款。

(2) 审计建设单位是否按规定用途使用借款。

周转借款只能用于解决投资包干项目的资金短缺，不能用于其他项目或其他开支。审计人员必须逐笔审计"其他借款——周转借款"账户的借贷记录，并与有关支出的原始凭证和记账凭证进行核对，看其所反映的支出内容是否一致，金额是否相符，有无错记、漏记等情况。在此基础上，检查各项支出是否合法、合规。在审计中，如果发现建设单位利用周转借款擅自扩大基本建设规模，用于计划外工程或挪作他用，以及损失浪费严重等情况，则审计人员应坚决制止，及时建议银行停止发放或追回贷款，并按规定加收罚息。

（3）审计建设单位是否按期归还借款本息。

在下年度的基建投资借款指标核定下达后，建设单位必须用下年度的基建投资借款及时归还周转本息。审计人员要认真审计"其他借款——周转借款"账户的借方记录，看其是否真实、正确，检查建设单位归还周转借款的情况。在审计中，如果发现建设单位归还周转借款的账务处理有差错，则审计人员应督促其及时纠正；如果发现建设单位未按期归还周转借款本息，则审计人员应进一步追查原因，督促建设单位及时归还。

5.1.4　企业债券资金的审计

债券是一种债权债务关系的证券化凭证。借条是一种债权债务关系的凭证，但它没有证券化，因此它也不是债券。随着我国资本市场的建立和发展，通过证券市场发行股票和债券进行融资的建设项目越来越多，也是新的经济增长方式。

企业债券资金是建设单位的一种投资来源，是指将生产企业通过发行企业债券筹集的资金拨付给建设单位用于项目建设的投资。建设单位往往只是债券资金的使用者而不是发行者（建设项目法人除外）。建设单位收到生产企业拨入的用于基本建设的企业债券资金以及应付的债券利息时，通过"企业债券资金"来源类一级科目核算。建设单位收到生产企业拨入的企业债券资金，借记"银行存款"科目，贷记本科目。支用企业债券资金时，借记"建筑安装工程投资"、"设备投资"、"其他投资"、"待摊投资"等科目，贷记"银行存款"科目。建设单位使用的企业债券资金属于计付利息的，其建设期利息应在工程竣工时分摊计入工程成本，具体分摊办法可由主管部门根据本部门的建设特点和债券还本付息要求自行规定。按规定应计入工程成本的利息，借记"待摊投资——企业债券利息"科目，贷记本科目。

建设单位将企业债券资金存入银行所取得的存款利息收入，按规定应冲减工程成本，借记"银行存款"科目，贷记"待摊投资——企业债券利息"科目。建设单位使用企业债券资金进行的工程竣工后，应根据"建筑安装工程投资"、"设备投资"、"其他投资"和"待摊投资"等科目的明细记录，计算交付使用资产的实际成本，编制交付使用资产明细表等竣工决算资料，经交接双方签证后，一份由生产使用单位（即拨出债券资金的生产企业），作为资产入账的依据，一份作为建设单位交付使用资产的记账依据，借记"交付使用资产"科目，贷记"建筑安装工程投资"、"设备投资"、"其他投资"、"待摊投资"科目。当下年初建立新账时，应将上年度用企业债券资金完成的交付使用资产冲减企业债券资金，借记本科目，贷记"交付使用资产"科目，并通知生产单位转账。当工程全部竣工后，建设单位应对企业债券资金形成的结余物资及时进行清理，收回的资金交回拨出债券资金的生产企业，借记本科目，贷记"银行存款"科目。本科目应分别设置"债券本金"和"债券利息"两个明细科目。

固定资产投资项目投入资金数额大，由于项目建设过程具有连续性的特点，工程一旦开工就要求投资不能中断。因此，进行基本建设和技术改造时要有及时足够的资金供应作保证，同时花钱要注意精打细算。企业债券资金的审计，主要应从以下几个方面进行：

（1）工程项目所使用的企业债券资金来源是否合法、是否落实。为了加强企业债券的管理，国家颁布了《证券法》和《企业债券管理暂行条例》等法律法规，规定了企业是否有权发行债券，发行债券筹集的资金首先保证国家建设项目的投资，严禁搞计划外的固定资产投资。

按国家规定，企业发行企业债券必须经中国人民银行的批准。企业可以自己发售债券，也可以委托银行或其他金融机构代理发售债券。代理发售债券的机构，可按代理发售债券的总面额收取一定比例的手续费。

（2）债券资金是否按投资计划及时到位，有无因资金不能及时到位造成延误工期或增加资金成本的现象。

（3）建设资金使用是否合规，有无转移、侵占、挪用建设资金的问题。现行财务制度规定，利用企业债券资金安排的工程项目，应单独核算和管理。建设期利息可视同基建投资借款利息计入工程成本，计入交付使用资产价值。建设单位将债券发行单位拨来的债券资金存入银行所取得的利息收入，应冲减企业债券利息支出。各项债券发行手续费和印刷费，应计入交付使用资产价值。

（4）企业债券资金的发行和取得是否合法合规，有无非法集资、摊派和收费等问题；扩建项目和技术改造项目建设资金是否与生产资金严格区别进行核算；债券建设资金在使用过程中有无损失浪费的现象。

5.1.5　项目资本的审计

根据财政部《关于印发〈基本建设财务管理若干规定〉的通知》（财基字〔1998〕4号），即国有建设单位会计制度补充规定，对国有建设单位有关会计处理作出以下补充：项目资本是建设资金来源类的一级科目，是将原来的"联营拨款"科目改为"项目资本"科目，核算经营性项目收到投资者投入的项目资本。当建设单位收到投资者投入的项目资本时，借记"银行存款"科目，贷记"项目资本"科目。当支用款项时，借记"建筑安装工程投资"等科目，贷记"银行存款"科目。当工程完工交付使用时，借记"交付使用资产"科目，贷记"建筑安装工程投资"等科目。当工程完工交付使用后，应于下年初建立新账时，借记"项目资本"科目，贷记"交付使用资产"科目。当工程竣工，将结余资金移交生产企业时，借记"项目资本"等科目，贷记"银行存款"等科目。"项目资本"科目应设置"国家资本"、"法人资本"、"个人资本"等明细科目，进行明细核算。

审计时应注意以下几个重点：

（1）审计项目资本的会计处理是否正确，是否符合《国有建设单位会计制度的规定》。

（2）审计项目资本有哪些来源途径，是否按国家规定的比例认缴法人资本。

按照国务院《关于固定资产投资项目试行资本金制度的通知》的要求，从 1996 年开始，对各种经营性投资项目，包括国有单位的基本建设、技术改造、房地产开发项目和集体投资项目，试行资本金制度，投资项目必须首先落实资本金才能进行建设，个体和私营企业的经营性投资项目也要参照执行。在投资项目的总投资中，除项目法人（依托现有企业的扩建及技术改造项目，现有企业法人即为项目法人）从银行或资金市场筹措的债务性资金外，还必须拥有一定比例的资本金。投资项目资本金，是指在投资项目总投资中，由投资者认缴的出资额，对投资项目来说是非债务性资金，项目法人不承担这部分资金的任何利息和债务；投资者可按其出资的比例依法享有所有者权益，也可转让其出资，但不得以任何方式抽回。

投资项目资本金可以用货币出资，也可以用实物、工业产权、非专利技术、土地使用权作价出资，对作为资本金的实物、工业产权、非专利技术、土地使用权，必须经过有资格的资产评估机构依照法律、法规评估作价，不得高估或低估，以工业产权、非专利技术作价出资的比例不得超过投资项目资本总额的 2%，国家对采用高新技术成果有特别规定的除外。投资者以货币方式内缴的资本金，其资金来源有：

① 各级人民政府的财政预算内资金、国家批准的各种专项建设基金、"拨改贷"和经营性基本建设基金回收的本息、土地批租收入、国有企业产权转让收入，地方人民政府按国家有关规定收取的各种规费及其他预算外资金。

② 国家授权的投资机构投资及企业法人的所有者权益（包括资本金、资本公积金、盈余公积金和未分配利润、股票上市收益资金等）、企业折旧资金以及投资者按照国家规定从资本市场上筹措的资金。

③ 社会个人合法所有的资金。

④ 国家规定的其他可以用作投资项目资本金的资金。

投资项目资本金占总投资的比例，根据不同行业和项目的经济效益等因素确定，具体规定如下：交通运输、煤炭项目，资本金比例为 35% 及以上；钢铁、邮电、化肥项目，资本金比例为 25% 及以上；电力、机电、建材、化工、石油加工、有色、轻工、纺织、商贸及其他行业的项目，资本金比例为 20% 及以上。投资项目资本金的具体比例，由项目审批单位根据投资项目的经济效益以及银行贷款意愿和评估意见等情况，在审批可行性研究报告时核定，经国务院批准，对个别情况特殊的国家重点建设项目，可以适当降低资本金比例。

（3）审计工程项目的资本金是否经过具有相应资质的社会审计组织的验资报告，资金是否安全、完整。

5.1.6　项目资本公积的审计

增设"项目资本公积"科目，核算经营性项目取得的项目资本公积，包括投资者实际交付的出资额超过其注册资本的差额、接受捐赠的财产等。

（1）投资者投入的资金，按实际收到的款项，借记"银行存款"等科目，按合同规定的出资额，贷记"项目资本"科目，按实际交付的出资额超过其注册资本的差额，贷记"项目资本公积"科目。

（2）收到投资者捐赠的现金，借记"现金"、"银行存款"科目，贷记"项目资本公积"科目；收到投资者捐赠的材料物资，应按捐赠者提供的有关凭据或同类材料物资的市场价格，借记"库存材料"、"库存设备"、"设备投资"等科目，贷记"项目资本公积"科目。

（3）当项目完工交付使用后，下年初建立新账时，借记"项目资本公积"等科目，贷记"交付使用资产"科目。"项目资本公积"科目应按形成类别设置明细账进行明细核算。重点审计项目资本公积资金来源的会计处理是否正确，资金是否真实、安全和完整。

5.2 工程项目财务支出审计

工程项目财务支出，是指建设单位投入资金进行项目建设。建设单位在一定时期内所完成的项目建设工作量的货币表现，称为项目建设投资完成额。工程项目财务支出审计，就是对建设单位使用建设资金完成项目建设投资的情况进行审查。建设资金的使用和投资的完成，是正确组织建设工作的中心环节。财务支出的审计对于促进建设单位进一步加强经济核算，合理、节约地使用建设资金，保证建设工作有条不紊地进行具有极其重要的作用。

工程项目财务支出审计的内容，主要包括：建筑安装工程投资的审计、设备投资的审计、其他投资的审计和待摊投资的审计等几个方面。

5.2.1 建筑安装工程投资的审计

1. 审查建设单位与施工企业所签订的工程合同是否合规、合法

发包方式下建筑安装工程投资的审计，首先应审查工程合同的签订是否合法。在审查时，审计人员要审查工程合同所订立的内容，是否符合国家的有关法令和财务制度，有无违纪条款和内容；要认真对照已批准的建设单位基本建设计划和设计预算文件，检查工程合同的内容是否与基本建设计划和预算文件相符，有无将计划外工程、超标准工程挤进工程合同等。在审查中，如果发现工程合同的内容不完备或不符合国家的有关规定，则审计人员应督促建设单位及时与施工企业协商处理；如果发现工程的预算文件未经编制、审定或审批手续不完备，则审计人员应建议银行不拨付工程价款。

2. 审查建设单位的有关会计核算资料是否完整、真实，投资完成额的计算是否准确

在发包方式下，建设单位对建筑安装工程投资的核算，是通过设置"建筑安装工程投资"、"预付备料款"、"预付工程款"和"应付工程款"等会计科目来进行的。对建筑安装工程投资进行审查，必须审查有关建筑安装工程投资核算的会计资料是否完整，所反映的数字是否真实、可靠。在审查时，可以将"建筑安装工程投资"账户的建筑工程投资、安装工程投资明细账户的记录与有关原始凭证、记账凭证相互核对，看其所反映的内

容是否一致，数字是否相同，有无漏记、错记的现象。由于建筑安装工程投资是按单项工程和单位工程进行的，所以，在核对时还要注意建筑安装工程投资的明细账，是否按单项工程设立账户，并按单位工程分设专栏，以便于正确计算交付使用财产成本。在审查会计资料的基础上，对建筑安装工程投资完成额的计算情况进行审查，检查建设单位计算的投资完成额是否准确。

在审查中，如果发现建设单位有关建筑安装工程投资的核算资料不完整、不真实等情况，则审计人员一定要查明原因，根据不同情况依法予以处理。

3. 审查工程价款结算是否合法、合规

根据结算办法的规定，建筑安装工程价款的结算，原则上实行按竣工工程结算的办法。在审查时，应核对"建筑安装工程投资"的账面记录与施工企业开来的"工程价款结算账单"上的记录是否相符。审计人员不仅要审查账面记录，还必须深入施工现场，实地审查核实工程进度，审查建设单位实际支付的工程价款是否符合已经过审查批准的施工图预算的价值，有无任意拖欠施工企业工程款的情况；审查建设单位在采取按全部工程或单项工程竣工后结算办法，与施工企业办理工程价款结算时，是否已办理竣工验收手续，有无未办手续、却已结算的情况；在审查按分期结算办法结算工程价款时，建设单位与施工企业是否已办理验工计价手续，建设单位是否按规定保留了10%的工程尾款等。

在审查中，如果发现建设单位未认真执行结算办法和工程合同的有关规定，则审计人员应进一步查清问题，并依法处理。

4. 审查自营建设单位的材料和工时消耗等是否合规

在自营方式下，建设单位自己安排施工力量，自己采购材料，自行组织建筑安装工程的施工。因此，必须对建设单位在施工过程中的材料消耗和工时利用等情况进行审查。在审查时，审计人员必须取得材料、工时的消耗记录和消耗定额资料，检查其定额的制订和记录数据是否合理、正确，并将消耗定额与实际消耗量进行比较，看其有无差异，并查找差异产生的具体原因，确定其责任归属。审计人员还要审查建设单位有无虚报工人名额、冒领工资等贪污舞弊的情况。

在审查中，对于计算、记录上发生的差错，审计人员应督促建设单位按有关规定及时改正；对于弄虚作假、违法乱纪等行为，应及时上报，依法严惩，并追究有关人员的责任。

5. 审查工程质量、施工周期是否符合设计文件的规定

建筑安装工程的施工质量和施工周期必须符合设计文件的要求。

（1）在审查工程质量时，首先要查核设计标准，然后据以审查施工安装的质量，看其是否达到设计要求，有无偷工减料、不符合设计标准的情况。如果发现工程质量不合格，则审计人员应督促有关责任部门、人员及时采取措施，进行处理，令其加固或返工，以保证工程质量。

（2）对于施工周期的审查，首先应查核施工图、基本建设计划和工程合同所规定的施工周期，然后再审核实际工程进度和完成量，并与设计文件、基本建设计划和工程合同规定的施工周期进行对比，看其是否完成。对于开工后因方案、设计变更，工艺技术不过关、地质资源不清以及材料供应脱节、调试不及时等原因而拖延施工周期的，审计人员应

分清责任，采取有力措施，督促建设单位及时纠正。

5.2.2 设备投资的审计

设备投资，是指建设单位在基本建设过程中用于构成投资完成额的各种设备和工具器具的实际支出。它在基本建设投资总额中占很大的比重，一般为40%左右。设备的管理和核算工作的好坏、水平的高低，对于建设单位能否全面地完成基本建设任务有很大影响。设备投资的审计对于促进建设单位切实加强设备的管理和核算工作、节约设备采购资金、降低建设成本、完成基本建设投资计划、提高投资效益有着极其重要的作用。

设备投资审计，主要包括设备采购、保管工作的审计和设备投资完成情况的审计两个方面：

1. 设备采购、保管工作的审计

设备的采购供应和保管工作的审计，主要应从以下几个方面进行：

（1）审查建设单位编制的设备供应计划是否正确和合理。审计人员要详细审查设备供应计划中所编列的各种设备、工具、器具的种类、规格、型号和数量等，是否与批准的基本建设计划、设计文件所附的设备清单和为以后年度储备计划所规定的内容相符，检查其有无编列设计文件和基本建设计划之外的设备；对于制造期较长的大型专用设备，是否按照长期计划的要求，已预先在设备供应计划中妥善安排订货等。

在审查中，如果发现建设单位编制的设备供应计划与基本建设计划和设计文件等规定的内容不符，则审计人员应认真查询，督促建设单位及时修正；如果发现大型专用设备未做安排，则审计人员应督促建设单位根据实际情况，及时列入计划，早做安排，以保证基本建设进程的紧密衔接和连续进行。

（2）审查建设单位是否与生产厂家签订设备订货合同，其内容是否合法、合规。在审查时，审计人员应将设备订货合同中订立的设备名称、各类、规格、型号、质量、数量、交货期限等有关内容，认真核对已批准的基本建设计划和设计文件以及建设单位编制的设备供应计划，看其是否相符，通过对设备订货合同的审查，检查建设单位有无多购、少购、重购、漏购设备，有无采购设备供应计划之外的设备等。

在审查中，如果发现设备订货合同的有关内容不符合规定，则审计人员应进一步查清原因，使建设单位订购设备的数量同计划需要相符，设备规格同设计相符，设备到货时间与工程进度相适应。

（3）审查建设单位实际采购的设备是否与设备供应计划和设备订货合同相符。审计人员必须认真审查建设单位执行设备供应计划和设备订货合同的情况。在审查时，审计人员应将建设单位的"器材采购"总账和"设备采购"、"进口设备采购"两个明细账户所反映的内容，分别与设备供应计划和订货合同，以及到货设备的账单、发票、运单等各种原始凭证和记账凭证，进行仔细地核对检查，看其实际采购行为是否符合设备供应计划和设备订货合同的要求。

在审查中，如果发现建设单位未按设备供应计划和订货合同所确定的内容组织设备的采购工作，则审计人员应深入查询。对于计划外采购和违反设备订货合同的行为，审计人员应依法制止；对于建设单位采购的不合需要的设备，以及由于供货单位的差错，造成到货设备不符合设备订货合同的，审计人员应督促建设单位及时与生产厂家协商联系，坚决退货；对于供货单位造成的设备数量短缺等，审计人员应督促建设单位及时向银行办理拒付款手续；对于运输单位造成的设备丢失、毁损，审计人员应查明原因，分清责任，督促建设单位依法向运输单位索取赔款或根据运输合同的规定，处以罚款等。

（4）审查建设单位有关设备采购的会计资料是否真实、完整，设备采购成本的核算是否正确。首先，审计人员应审查建设单位是否按会计制度的规定，设置总账和明细账，对于进口成套设备是否单独核算，与国内设备分别开设明细账户，有无将国内设备与进口设备合并记账的情况。其次，要将"器材采购"总账与"设备采购"、"进口设备采购"明细账和各种原始凭证、记账凭证互相核对，检查其数字是否一致，所反映的内容是否合法，有无尚未入账、错记、重记、漏记的情况，有无伪造原始凭证或记账凭证，从中贪污舞弊等情况。

设备的采购成本反映着设备采购业务的成果。因此，审计人员还必须在审查会计核算资料真实性、合法性的基础上，认真审查建设单位设备采购成本的核算是否正确。

在审查中，如果发现建设单位有关设备采购的会计资料不健全或违反会计制度的规定，则审计人员应查清原因，并督促建设单位根据会计制度的规定，立即纠正；如果发现记账差错，账务处理错误及设备采购成本核算错误等，则审计人员应督促建设单位及时纠正，保证会计核算资料的真实、可靠；如果发现伪造凭证、设置假账、乱摊派、乱挤成本等违法乱纪现象，则审计人员应进一步查清问题，分清责任，及时上报，严肃处理。

（5）审查建设单位的设备收发制度是否健全，设备的保管工作是否合乎要求。首先，要审查建设单位的设备验收情况。检查设备到货后，建设单位是否根据订货合同、发票、运单、装箱单和有关技术资料图纸等，及时组织有关人员进行初步验收和技术验收。在审查中，如果发现建设单位在设备到货后尚未及时组织验收工作，则审计人员应督促其抓紧进行验收，发现问题及时处理；如果发现未认真组织设备验收工作，玩忽职守，给国家造成损失的，则审计人员要督促建设单位及时采取弥补措施，尽量减少损失；同时，要查清责任，及时上报，依法追究有关人员的责任。

其次，要审查设备的入库、出库和保管情况，还要审查建设单位的自制设备和委托加工设备情况，主要审查自制或委托加工设备是否确实必需，是否符合实际需要，自制或委托加工设备是否单独管理，专门核算，其成本核算是否正确、合理，设备的收发手续是否完备等。在审查时，如果发现问题，则审计人员应查清责任，及时上报，依法追究有关人员的责任。

2. 设备投资完成的审计

设备投资完成的审计，就是对基本建设的设备投资完成额的核算情况和设备投资计划的完成情况进行审查。设备投资完成的审计，主要应从以下几个方面进行：

（1）审查计算投资完成额的条件是否具备，对于不需要安装设备和工具器具，审计人员要认真审核"器材采购"总账和"设备采购"明细账，看其是否完成采购过程，设备是否尚在运输途中；审核"设备投资——不需要安装设备"、"设备投资——工具及器具"明细账和"设备采购"明细账，并深入仓库实地查对，看其已到货的不需要安装设备和工具器具是否确实已验收入库，办理了入库手续，有无已到货但尚未验收入库的情况。对于需要安装设备，审计人员主要应深入安装现场，审查设备的基础工程或支架是否已经建设完成，有无尚未建设或正在建设的情况，审查安装设备的图纸资料是否齐全，其供应工作是否准备就绪，有无短缺图纸资料的情况；审核"库存设备"账户，看要安装的设备是否已发出库，并到安装现场检查设备是否已确实运到安装现场，是否已开箱清洗完毕，吊装就位，并继续安装，有无设备虽然运抵安装现场，但尚未开箱清洗或吊装就位后未继续安装等情况。

在审查中，如果发现设备尚未验收入库或尚不具备安装条件，则审计人员应提醒建设单位不要计算投资完成额，不要向国家报完成投资计划；对于不具备条件，而已计算了投资完成额的，审计人员应督促建设单位及时纠正。

（2）审查建设单位设备投资完成额的计算是否准确。审计人员必须认真审查建设单位计算的投资完成额是否准确、真实。如对于已经验收入库的不需要安装设备和工具器具，应审核建设单位是否分别记入"设备投资——不需要安装设备"、"设备投资——工具及器具"明细账的借方和"设备投资"总账的借方，并将"设备投资"总账及其所属的"不需要安装设备"和"工具及器具"两个明细账与"器材采购"总账和"设备采购"明细账的有关内容进行核对，看其是否相符，有无多记、少记、重记、漏记的情况，账务处理方法有无差错等。另外，还要审查生产单位已领用的不需要安装设备和工具等，是否已进行账务处理，减少设备投资等。在审查中，如果发现建设单位计算的投资完成额不准确，则审计人员应查清问题。对于记账差错或账务处理方法上的错误，审计人员应督促建设单位及时改正，对于弄虚作假，虚报投资完成额等情况，审计人员应查清原因，依法严肃处理。

5.2.3　其他投资的审计

其他投资，是指建设单位发生的，构成基本建设投资完成额，并单独形成交付使用财产的其他各种投资支出。它一般包括房屋购置、基本畜禽、林木等的购置、饲养培育支出以及取得各种无形资产和递延资产发生的支出等。

其他投资的审计，主要应从以下两个方面进行：

1. 审查建设单位其他投资支出的内容是否合理、合法

对于建设单位所购置的各种现成房屋，应审查其是否为确实需要购买的为建设期间使用的办公用房或为生产使用部门所购置；建设单位实际支付的房屋价款是否合理，有无任意多付或少付等情况。如果发现建设单位所购置的房屋，不符合实际需要或有关规定，则审计人员应依据有关规定严肃处理。

2. 审查建设单位其他投资的账务处理是否正确，投资完成额的计算是否真实、准确

在审查时，审计人员应认真核对"其他投资"总账及其所属的各明细账和有关支出的原始凭证、记账凭证，检查其内容是否一致，总账金额是否与各明细账金额之和相等，账务处理是否正确，有无多记、少记、漏记、重记等情况，所计算的实际投资完成额是否真实、准确，有无将其他单位转入已计算过投资完成额但尚未交付使用的从投资完成额中

扣除，有无将混入的费用剔除等。

如果发现建设单位的账务处理有差错，投资完成额计算不准确等，则审计人员应督促建设单位及时调整或更正。

5.2.4　待摊投资的审计

待摊投资的审计是对建设单位发生的，构成基本建设投资完成额的、按照规定应当分摊计入交付使用财产成本的各项费用的实际支出是否合理、合法、节约，费用的分配是否合理等方面进行的审计。待摊投资的审计，主要应从以下几个方面进行：

1. 审查建设单位所发生的待摊投资内容是否合理、合法

首先，应审查建设单位实际发生的待摊投资是否与设计概算和年度基本建设计划相符。在审查时，审计人员要认真核对建设单位的"待摊投资"账户所反映的内容和数额是否与设计概算和年度基本建设计划一致，有无擅自增设待摊投资子目，支出数额是否突破设计概算和年度基本建设计划规定的指标等。如果发现实际支出内容与规定不符，或支出数额突破控制指标，则审计人员应查清原因，及时处理。

其次，应审查建设单位所发生的待摊投资各项具体内容是否符合国家规定。则审查建设单位管理费时，应确定建设单位是否属于经批准单独设置的管理机构，是否确为进行筹建、建设和竣工验收前的生产准备等工作所发生的管理费用。审计人员应认真核对"待摊投资"总账和所属的"建设单位管理费"明细账以及各种支出的原始凭证和记账凭证，看其所反映的内容是否一致，是否合法，有无自营工程的施工管理费、生产单位的车间经费、企业管理费、营业外支出等挤入的情况；审查各项开支标准是否合理，有无虚列、乱发各种津贴、补贴，以及以劳保用品等名义乱发实物的情况，审查有无伪造凭证，并从中贪污舞弊等违纪情况。

如果发现建设单位将其他费用挤进建设单位管理费，或违反规定的开支标准等情况，则审计人员应坚决制止，并督促建设单位限期改正；如果发现伪造账证、侵吞公款等情况，则审计人员应查明真相，予以揭露，及时上报，依法严肃处理。

2. 审查建设单位其他投资的账务处理是否正确，投资完成额的计算是否真实、准确

在审查时，审计人员应认真核对"其他投资"总账及其所属的各明细账和有关指出的原始凭证、看其所反映的内容是否一致，各明细账的金额总计是否与总账所列金额相等。检查不应计入投资完成额的，是否已经剔除，还应查核有无由于记账差错，多记或少记投资完成额，以及弄虚作假，虚报投资完成额，致使投资完成额的计算失去真实性和准确性的情况。

在审查中，如果发现建设单位不按规定正确计算待摊投资完成额或存在记账、计算、账务处理上的差错，则审计人员应依据会计制度的规定，督促建设单位及时予以更正，以保证投资完成额计算的真实、可靠。

3. 审查建设单位是否按规定合理分摊待摊投资

在审查时，审计人员应认真核对"待摊投资"账户和"交付使用财产"账户与反映在建工程的各有关账户，看其是否按交付使用财产和在建工程的比例进行分摊，分摊金额

是否合理、正确，有无多记或少记的情况。如果建设单位采用按概算比例分摊方法，则应审查已分摊的待摊投资数与实际发生数之间的差额，建设单位是否已按实际情况设置分摊率，并在最后一批财产交付使用时，将实际发生的待摊投资余额全部分摊完。

在审查中，如果发现建设单位未按规定进行分摊或分摊金额计算不准确、分配不合理、账务处理有差错等情况，则审计人员应查明情况，督促建设单位调整账务，按照规定合理地进行分摊。

5.3　工程项目材料的审计

建设单位为了进行项目建设，采取向生产厂家进行订货或直接从市场采购方式购入所需要的各种建筑材料，还必须对购入的设备进行储存、保管。建设单位材料的采购工作是否及时，储备是否合理，验收保管工作是否严密，核算工作是否正确等，对于能否保证基本建设工作的顺利进行，节约建设资金的使用，都有着重要影响。因此，必须对建设单位购入材料的全过程实施审计监督。

5.3.1　工程项目材料购入的审计

工程项目材料购入的审计内容及方法如下：

1. 审查建设单位材料采购供应计划的编制是否合理、合法

（1）审计人员应将建设单位在材料采购供应计划中所编列的各项内容，分别与批准的设计文件和基本建设计划进行核对，看其是否相符。在审查中，如果发现将不是本工程需要的材料列入采购供应计划问题，则审计人员要查明原因，督促建设单位及时调整或修正材料采购供应计划，剔除与工程需要不符的材料；如果发现计划所列材料的采购数量超过了设计文件、基本建设计划的规定和正常的储备定额，则审计人员应认真审查其超储的具体原因，看其理由是否充分。对于超储理由不充分的，审计人员应督促建筑单位及时修正材料采购供应计划，削减材料储备量，避免因采购数量过多而造成建设资金的积压浪费。如果发现建设单位计划所列材料采购数量不能保证工程所需，则审计人员应督促建设单位及时调增材料储备量，以保证基本建设的顺利进行。

（2）审查计划所列采购地点等内容是否合理、合法。对于能在当地采购的，审计人员应督促建设单位尽量安排在当地采购，以节省材料的运杂费；对于确实不能在当地采购的，再安排向外地采购。

（3）对于材料采购供应计划所列其他内容的审查，也主要是通过核对设计文件和基本建设计划，检查其是否合法、适当。如果发现问题，则审计人员应督促建设单位及时修正计划。

2. 审查建设单位材料订购合同的签订是否合理、合法

订购材料是建设单位组织材料采购供应工作的主要环节。建设单位必须按照批准的基本建设计划和材料采购供应计划，与材料供应单位签订订货合同，进行材料的采购。因

此，审计人员必须认真审查建设单位与供应单位所签订的材料订货合同是否合理、合法，要审查建设单位有无利用不正当的交往关系，为供应单位推销不合规格的材料而签订的订货合同；建设单位的采购人员有无利用职权与供应单位相互勾结，签订假合同，骗取货款，从中贪污的情况；有无以中间人介绍为名，私自提取佣金或回扣的情况；建设单位所签订购合同中，有无签订合同的对方单位不直接供应材料物资，而是倒卖合同，转给其他单位供应的情况等。在审查中，如果发现可疑之处，则审计人员应深入追查，对于建设单位在签订合同过程中所发生的各种违法事件，要依法严肃处理，并追究有关人员的责任。对于供应单位的违纪事件，审计人员要及时向有关部门反映，审查处理。

3. 审查建设单位材料的验收、入库和保管制度是否健全

审计人员应对建设单位购进材料的验收、入库、保管等各方面的工作情况，详细地进行审查：

（1）审查建设单位购进材料的验收工作是否及时、正确。审计人员应检查建设单位是否组织有关人员根据供应单位转来的发票、账单及提货单和托运单等有关凭证，对已到货的材料及时进行验收；有无材料已到货，账单、发票也已转来，而建设单位尚未组织验收的情况；检查所有购进材料的凭证，并与验收人员签证的验收报告逐一进行核对，看其有无未经验收人员验收合格签证，即由仓库收料的情况，如果发现此类情况，则审计人员应督促建设单位抓紧组织验收；如果发现建设单位的验收工作不严密、不正确或存在违法乱纪现象，则审计人员应督促建设单位健全验收制度，查清违法乱纪责任，依法处理；如果发现建设单位验收的材料当中，有质量低劣等与订货合同不符的情况，则审计人员应督促建设单位及时与供应单位联系退货或索取赔偿、罚款，尽量减少损失。

（2）审查建设单位是否已将检验完毕的材料及时、全部入库。在审查时，审计人员应认真核对订货合同副本、验收报告和各种进货发票、账单、收料单等，检查所有验收完毕的材料是否及时入库，有无已检验完毕，尚未入库的情况，有无少收、漏收、错收的情况。检查入库的材料，是否确属购入的材料，有无非购入的材料混作购入材料入库的情况；检查仓库收料人员是否根据验收报告将材料逐一点收入库；检查有无涂改收料凭证和收料记录的情况等。在审查中，如果发现上述情况，则审计人员应督促建设单位将已检验完毕的材料，及时组织入库，更正收料过程中的差错，做好收料记录等工作。

4. 审查建设单位购入材料所发生的各项费用是否合理、合法

（1）审查材料贷款的支付是否正常。审计人员应认真查核各种进货凭证、材料验收入库单、付款凭证等，检查购进材料的价款计算是否正确，有无计算错误，材料价款和运杂费是否已全部付清，有无多付或少付的情况。如果发现到货材料与合同不符，则审计人员应督促建设单位及时向银行办理拒付手续。对于未办拒付手续，款项已支付的情况，审计人员应督促建设单位通过建设银行及时与供应单位进行交涉，追回贷款或索取赔款、罚款，尽量减少损失。

（2）审查建设单位采购费用的支付是否正常。审计人员应认真核对各种采购费用支出的原始凭证、记账凭证和"采购保管费"总账与明细账，看其所反映的内容是否一致，金额是否相符。检查各项支出的原始凭证手续是否合法，内容是否合法等。在审查中，如果发现建设单位违反国家规定，任意提高或降低采购费用的开支标准，则审计人员应坚决

制止，并督促建设单位及时纠正；如果发现有违纪现象，则审计人员应查明真相，分清责任，依法追究有关人员的责任。

5. 审查建设单位购入材料的会计核算工作是否正确

（1）审查建设单位购入材料的核算资料是否真实、可靠。首先，要审查建设单位购入材料的核算资料是否齐全、完整。在审查时，审计人员主要应检查建设单位有关购入材料核算的总账、明细账、凭证等是否具备，会计科目的设置是否符合会计制度的规定，是否按制度规定设置"器材采购"、"库存材料"、"应付器材款"等总账账户，并按照材料的类别分设明细账进行核算。在审查中，如果发现建设单位有关购入材料核算的会计资料不完整，则审计人员应督促建设单位及时采取措施，进行查找或补救；如果发现建设单位账户设置不正确、不合理，则审计人员应督促建设单位按照会计制度的规定，结合实际情况，正确、合理地建立和健全购入材料核算的总账和明细账。其次，还要审查购入材料的账务处理是否正确等。

（2）审查建设单位材料采购成本是否正确。审计人员必须认真、细致地做好材料采购成本的审查工作。首先，在审查时，审计人员应审查材料采购成本的组成内容是否正确、合理。检查有无不应计入材料采购成本而计入和混入的情况。在审查中，如果发现建设单位计算的材料采购成本，其组成内容不合理，则审计人员应查明具体原因，督促建设单位将不应计入或混入材料采购成本的内容及时剔除，以保证材料采购成本的组成内容正确、合理。其次，审计人员应审查建设单位间接采购费用的分配是否合理。对于购入材料的运杂费，能分清负担对象的，建设单位是否直接计入购入材料的采购成本；分不清负担对象的，建设单位是否按购入材料的重量或买价等比例，分摊计入各种材料的采购成本；有无不按规定进行分摊的情况；有无分配方法选择不适当，分配比例和分配金额计算不正确的情况。

对于采购保管费，应在审查"采购保管费"账户所反映的内容合理、合法的基础上，重点审查其分配比例和分配金额的计算是否正确，有无分配方法选择不当和计算有差错等情况。对于采用预定分配率的建设单位，还应查核其实际发生的采购保管费与按预定分配率已分配计入材料采购成本的采购保管费之间的差额，建设单位是否按规定于年底或工程竣工时，全部计入工程成本，有无未按时计入或错记等情况。在审查中，如果发现建设单位对于运杂费和采购保管费的分配不合理或有差错，则审计人员应督促建设单位及时纠正，按照会计制度的规定，采用适当的分配方法，正确计算分配比例，以保证分配额计算的正确、合理，从而保证材料采购成本计算的真实、准确。

5.3.2 基本建设材料发出的审计

1. 出包工程拨料的审计

出包工程拨料的审计，主要应从以下几个方面进行：

（1）审查建设单位拨付材料的价格计算是否正确。

审计人员必须审查建设单位拨付材料的结算价格计算是否正确。如果建设单位将采购的材料先运到建设单位负责的工地仓库保管，在需用时再拨给施工企业的，则审计人员应检查建设单位确定的材料结算价格是否与地区材料预算价格一致，有无差异，有无任意抬高结算价格的情况；如果建设单位将购入的材料，在工程所在地车站或码头直接拨交施工企业，则审计人员应查核建设单位是否按地区材料预算价格扣除部分采购保管费和规定的运杂费后的数额作为材料的结算价格，有无只扣减运杂费，不扣减采购保管费的情况；有无多扣或少扣的情况等。如果建设单位将购入的材料直接运到施工企业负责的工地仓库，由施工企业仓库保管，则审计人员应检查建设单位所计算确定的材料结算价格，是否按规定从地区材料预算价格中扣除采购保管费中属于工地仓库的保管费，有无未扣除或多扣、少扣的情况。在审查中，如果发现建设单位计算的材料结算价格有误，则审计人员应予以指出，并督促建设单位及时改正。

（2）审查建设单位拨付材料的会计核算是否真实、正确。

首先，在审查时，审计人员应查核建设单位拨付的材料，是否已办理发料手续，填制发料凭证，有关人员的签章是否齐备，有无未办发料手续或手续不齐全的情况。其次，审计人员应认真核对有关账户，检查其账务处理是否正确，是否将拨付材料的金额计入"库存材料"总账和明细账，以及"应付工程款"账户，以反映库存材料的减少和抵减的工程价款，有无错记"预付备料款"或其他账户的情况。

检查建设单位对发出材料应负担的成本差异，是否于月终及时登记"建筑安装工程投资"账户的借方和"材料成本差异"账户的贷方，差异额的计算是否正确，账户的记载有无差错。

在审查时，还应将发出材料的原始凭证、记账凭证进行核对，看其内容是否一致，金额是否相符，有无多记、少记、重记、漏记的情况。

在审查中，如果发现建设单位未办理发料手续或手续不齐全，则审计人员应督促建设单位及时补办；如果发现建设单位对拨付材料的核算，有账户设置运用不当、账务处理错误等情况，则审计人员应及时提出处理意见与建议，督促建设单位及时调整或更正，以保证拨付材料的会计核算资料真实、可靠。

2. 自营工程领料的审计

建筑安装工程采取自营方式的建设单位，仓库发出的材料，主要是用于工程建设。自营工程领料的审计，主要应从以下几个方面进行：

（1）审查建设单位发出的材料是否合理、合法。

首先，在审查时，审计人员应查核建设单位已发出库的材料，是否已办理发料手续，填制发料凭证，有无材料已出库、尚未办理发料手续或手续不齐全的情况。审计人员应认真核对领料单、定额领料单、大堆材料耗用单等各种发料凭证，检查填写的内容是否齐全，有关人员的签章是否齐备等。如果发料未办手续或手续不齐全，则为不合法。如果发现上述情况，则审计人员应查明原因，督促建设单位及时补办发料手续。其次，还要审查建设单位发出的材料是否合理、正确等。在审查中，如果发现建设单位发出的材料与工程需要不符，则审计人员应查清责任，督促建设单位将错发的材料及时退库，避免造成材料的丢失和毁损。

（2）审查建设单位发出材料的使用情况是否正常。

首先，在审查时，审计人员要审核建设单位有无制定材料消耗定额，材料定额消耗量的确定是否合理。如果发现建设单位尚无控制材料使用的消耗定额，则审计人员应督促建设单位抓紧制定；如果发现定额的制定不合理，则审计人员应查明原因，检查其中有无营私舞弊的情况，并督促建设单位及时调整材料消耗定额，使之能够真正起到控制材料消耗的目的。其次，要审查材料的使用是否合理、节约。为此，审计人员要深入施工现场，实地观察施工情况，检查有无以次充好，将质量低劣的材料用于工程的情况；有无优材劣用、大材小用的情况，并认真检查发出的材料是否确实用于批准的工程上，有无挪用于计划外工程或其他方面使用的情况等。在审查中，如果发现建设单位对发出材料的使用不合理，则审计人员应查清原因，督促建设单位及时纠正，保证材料的使用合理、节约，做到物尽其用。

（3）审查建设单位发出材料的会计核算是否正确。

首先，在审查时，审计人员应核查发出材料的原始凭证、记账凭证和"库存材料"账户、"建筑安装工程投资"账户所反映的内容是否一致，金额是否相符，有无多记、少记、重记、漏记的情况；有无账户运用不当，发生错记等情况。其次，审计人员应审查发出材料的成本结转是否正确，还应审查发出周转材料的摊销及其账务处理情况是否正确等。

在审查中，如果发现建设单位发出材料的会计核算资料不真实、不准确，则审计人员应深入查询，查明真相。对于账务处理等方面的技术错误，审计人员应予以指出，督促建设单位及时更正。对于弄虚作假等违法行为，审计人员应予以揭露，及时提出处理意见，依法查究有关人员的责任。

5.3.3　基本建设材料其他收发业务的审计

建设单位除了材料采购和供应工程建设的基本材料业务之外，还可能发生如转账拨入、拨出材料，委托加工材料，材料出售和材料的盘点盈亏等一些其他收发业务。这些业务虽然不是建设单位的主要业务，但它们是建设单位整个材料业务不可分割的组成部分。为了促使建设单位加强材料其他收发业务的管理和核算工作，还必须对建设单位所发生的材料其他业务实施审计监督。

1. 转账拨入和拨出材料的审计

转账拨入材料，是指上级主管部门将本系统其他单位的材料，通过转账方式调拨给建设单位无偿使用。转账拨出材料，则是指上级主管部门将建设单位的材料转账调拨给本系统其他单位无偿使用。

转账拨入和拨出材料的审计，主要应从以下两个方面进行：

（1）审查转账拨入和拨出材料是否合法。

在审查时，审计人员应查核建设单位有无主管部门转账拨入或拨出材料的调拨通知单，填写的内容是否完整，手续是否齐全，凭证有无涂改、刮擦等；实际拨入或拨出的材料数量、质量、品种、规格等是否与原始凭证上列明的一致，有无品种、规格、质量不符，数量短缺或超过等情况。

在审查中，如果发现建设单位没有调拨材料的原始凭证或凭证手续不合法，以及实际拨入或拨出的材料与原始凭证不符等情况，则审计人员应深入查询，分清责任，及时提出处理意见和建议。

（2）审查建设单位对转账拨入、拨出材料的账务处理是否正确。

对于转账拨入的材料，审计人员应审查建设单位是否将其直接记入"库存材料"账户的借方和"基建拨款——本年器材转账拨款"账户的贷方，有无将其作为材料采购业务记入"器材采购"账户，虚增材料采购成本的情况，并将转账拨入材料的原始凭证、记账凭证分别与"库存材料"账户和"基建拨款——本年器材转账拨款"账户进行核对，检查所反映的内容是否一致，金额是否相符，账户记录和科目运用有无差错。对于拨入材料应负担的成本差异，应检查建设单位是否已经入账，记入"材料成本差异"账户，记录有无错误等。在审查中，如果发现建设单位对转账拨入材料的账务处理不正确，则审计人员查明后，应督促建设单位及时进行纠正或账务调整。

对于转账拨出的材料，审计人员应审查建设单位是否将其直接记入"基建拨款——本年器材转账拨款"账户的借方和"库存材料"账户的贷方，以示冲减基建拨款和反映库存材料的减少。检查建设单位有无将转账拨出的材料作为材料销售业务，而错记其他账户。在审查时，还应将"转账拨出材料拨款"账户和"库存材料"账户进行核对，看其所反映的内容是否一致，数字是否相符，有无多记、少记、重记、漏记等情况；还应审查建设单位是否于月终将转账拨出材料应负担的成本差异及时入账，差异额的计算是否正确。对于转账拨出材料实际成本小于计划成本的差异，建设单位是否按规定用红字予以冲销，有无未用红字冲销或多冲、少冲等错误。在审查中，如果发现建设单位对转账拨出材料的账务处理有差错，则审计人员应予以指出，督促建设单位及时纠正，保证拨出材料的会计核算资料真实、准确。

2. 委托加工材料的审计

为了适应施工生产的需要，建设单位有时需要把某种材料委托外单位（包括内部独立核算单位）加工、改制成另外一种性能和用途的材料。委托外单位加工的材料，仍然归建设单位所有，也占用着一部分储备资金，但与库存材料有所不同，因为它已经脱离本单位仓库，而且在加工过程中，既要耗费被加工的材料，还要支付加工费和往返运杂费。加工后的材料，不仅实物形态发生了变化，而且材料的价值也有所增加。

委托加工材料的审计，主要应从以下几个方面进行：

（1）审查建设单位委托外部加工材料的必要性。

在审查时，审计人员主要应查明建设单位的材料是否确实需要委托外单位进行加工，建设单位能否利用自身的技术条件、工艺设备条件自行解决，有无不利用自身条件，而盲目发外加工的情况。在审查中，如果发现无需到外地加工的，则审计人员应督促建设单位尽量在当地加工，以节约运杂费的开支；如果发现建设单位与加工单位之间或双方经办人之间关系不正常，则审计人员应深入查询，及时提出处理意见，坚决制止不合法的加工业务。

（2）审查加工合同的签订及其内容是否合理、合法。

首先，审计人员应审查建设单位的材料委托加工业务，是否按规定与加工单位签订了加工合同，有无未签合同的加工业务。如果发现上述情况，则审计人员应查清未签合同的原因，并督促建设单位及时与加工单位补签加工合同。其次，还应审查加工合同所订立的内容是否完整、合理、合法。在审查中，如果发现建设单位与加工单位订立的加工合同的内容有不合理、不合法的情况，则审计人员应督促建设单位及时与加工单位联系，修订加工合同。

3. 审查建设单位委托加工材料的收、发情况是否正常

首先，在审查时，审计人员应检查建设单位委托加工材料的收发手续是否健全。发出材料，是否按规定办理发料手续，填制发料凭证；材料加工完毕，建设单位是否进行验收，办理入库手续，填制收料凭证。有无收、发料不办手续或手续不全的情况。如果发现上述情况，则审计人员应督促建设单位及时纠正，按规定补办收、发料手续。其次，审计人员还应审查委托加工材料的发出情况是否正常，应审查加工完毕，收回的材料与加工合同是否相符，还应审查剩余材料和下脚料的回收情况是否正常等。在审查中，如果发现建设单位发出加工材料和加工完毕、收回入库材料不正常，以及加工剩余材料和下脚料未及时收回或回收材料与合同不符等情况，则审计人员应查明原因，督促建设单位抓紧收回或及时处理；如果发现经办人员有违法乱纪情节，则审计人员应依法查究其责任。

4. 审查建设单位支付的加工费和运杂费是否合理

审计人员应查核建设单位支付加工费和往返运杂费的原始凭证、记账凭证和有关账户，检查其金额是否一致，有无差异。检查加工费和往返运杂费的开支标准是否合理，是否与加工合同相符，有无任意提高加工费和运杂费标准，有无多付或少付的情况，有无长期拖欠加工费的情况等。在审查中，如果发现建设单位支付的加工费和运杂费不合理，则审计人员应查清原因，督促建设单位及时纠正，如果发现建设单位无故拖欠加工费，则审计人员应督促建设单位及时付款，维护结算纪律。

5. 审查委托加工材料的会计核算是否正确

审查建设单位委托加工材料的会计核算工作是否正确，有无差错。如果发现建设单位对委托加工材料的账务处理有不正确之处，则审计人员应予指出，并督促建设单位及时更正，以保证委托加工材料的会计核算资料真实、正确。

5.3.4 材料出售的审计

材料出售，是指建设单位经上级主管部门批准，将不适用、剩余、超储积压、残次变质的材料和废料进行处理的一种经济活动。审计人员必须对建设单位的材料出售业务进行审计。

材料出售的审计，主要应从以下两个方面进行：

1. 审查建设单位的材料出售业务是否合法

在审查时，审计人员应检查建设单位出售的材料，是否按规定报请主管部门审批，审批手续是否完备，有无未经批准，擅自出售的情况。查明建设单位出售的材料是否属于工程竣工后的剩余材料、超储积压材料、不适用的材料、残次变质的材料和废料。检查建设单位有无为了牟取私利，而将紧俏材料出售的情况；有无一方面出售材料，另一方面又购进同一种材料非法牟利的情况；有无以相互支援和相互协作为名，以物易物，或搞非法的

套购业务，破坏国家的基本建设物资制度，扰乱市场供应等非法行为。检查建设单位出售材料的价格是否合理，有无任意提价或削价的情况。

在审查中，如果发现建设单位非法出售材料，则审计人员应坚决制止，督促建设单位及时报请主管部门审批，按规定合法出售。对于利用出售材料之机，搞违法乱纪活动，审计人员应查清责任，及时上报，依法追究有关人员的责任。

2. 审查建设单位出售材料的价款是否已收到，出售材料的会计核算是否正确

首先，审查建设单位出售材料的价款是否已全部收到，有无未收到或未全部收到的情况。如果发现出售材料的价款尚未收到，则审计人员应查明原因，督促建设单位尽快收回。其次，还应审查建设单位出售材料的会计核算是否正确，有无会计科目运用、账务处理等方面的错误等。在审查中，如果发现建设单位未将出售的材料及其取得的价款收入及时入账，则审计人员应查明原因，督促建设单位及时登记入账；如果发现建设单位出售材料的账务处理有差错，则审计人员应予指出，督促其及时更正。

5.3.5　材料盘点盈亏的审计

账实相符，是会计核算的基本原则之一。建设单位在材料的收发和保管过程中，由于计量和计算上的差错或发生自然损耗，管理不善所造成的丢失、毁损，以及不法分子的贪污、盗窃和破坏等原因，往往造成材料的盘盈、盘亏现象。审计人员必须对建设单位的材料盘点盈亏情况实施审计监督，促使建设单位改善和加强材料的管理工作，堵塞漏洞，保证会计核算资料的真实性，保护材料物资的安全与完整。

材料盘点盈亏的审计主要应从以下几个方面进行：

1. 审查建设单位是否认真执行材料盘点制度

审计人员通过深入查询，检查建设单位是否按规定对材料物资进行定期或不定期盘点。对于发生的材料盘盈、盘亏，建设单位是否已查明原因，分清责任，是否及时编制"材料盘点报告表"，并报请上级主管部门审批等。如果发现建设单位不认真进行材料的清查工作，采取走走过场的情况，则审计人员应坚决制止，督促建设单位建立健全材料的盘点制度，认真进行材料清查工作。

2. 审查建设单位材料的盈亏情况是否正常

在审查时，审计人员应认真核对库存材料明细账和"材料盘点报告表"，重点查核建设单位材料盘盈、盘亏的具体原因。应审查材料的收、发、结存数量和金额是否正确，有无因计算和账务处理上的差错，而造成账实不符的情况；审查其有无由于保管不善而造成材料霉烂、生锈等情况；有无由于材料的物理化学性能所造成的自然损耗；有无由于材料收发时计量工具不准确而造成材料短缺或多余；有无贪污盗窃或其他非法行为而造成材料的短缺损失；有无将代外单位保管的材料当作本单位的材料，列计在实存数量内，而发生盘盈的情况；有无将同类的不同规格的材料混杂，以致造成此缺彼多的情况等。

审计人员在审查核实建设单位材料盘盈、盘亏的具体原因之后，应及时提出处理意见或建议，督促建设单位针对存在的问题，及时采取有力措施，加强材料的管理和核算工作。

3. 审查建设单位对材料盘点结果的处理是否正确

首先，应审查发现材料盘盈、盘亏的会计处理是否正确。审计人员应认真核对"材料盘点报告表"、记账凭证和"库存材料"账户与"待处理财产损失"账户，看其是否已全部入账。检查盘盈的材料，是否已按计划成本记入"库存材料"账户的借方，按实际成本记入"待处理财产损失"账户的贷方，并将盘盈材料应负担的成本差异记入"材料成本差异"账户的借方或贷方。检查盘亏的材料，是否已按实际成本记入"待处理财产损失"账户的借方，按计划成本记入"库存材料"账户的贷方，并将盘亏材料应负担的成本差异记入"材料成本差异"账户的贷方，实际成本小于计划成本的差异，是否按规定用红字登记等。

其次，应审查建设单位是否将发现的材料盘盈、盘亏及时报请上级主管部门审批，审批手续是否完备；还应审查建设单位对报批后的材料盘盈、盘亏的会计处理是否正确。

在审查中，如果发现建设单位对材料盘点结果及其账务处理有错误，则审计人员应予指出，并督促建设单位及时更正，保证会计核算资料的真实、正确。对于发现的违法行为，审计人员应查清原因，依法追究有关人员的责任。

5.4 工程项目建设收入审计

工程项目建设收入，是指在基本建设过程中形成的各项工程建设副产品变价净收入、负荷试车和试运行收入以及其他收入。其他收入包括：各类工程项目总体建设尚未完成和移交生产但其中部分工程简易投产而发生的营业性收入等，工程建设期间各项索赔以及违约金等。各类副产品和负荷试车产品基建收入按实际销售收入扣除销售过程中所发生的费用和税金确定，负荷试车费用计入建设成本。试运行期间按照以下规定确定：引进国外设备项目按建设合同中规定的试运行期执行；国内一般性工程项目试运行期原则上按照批准的设计文件所规定期限执行。

5.4.1 工程项目建设收入审计的内容与目标

1. 工程项目建设收入审计主要包括的内容

(1) 关于收入的来源、分配、上缴和留成使用情况的真实性。

① 建设收入的来源与核算的内容是否相符，金额是否准确，相关手续是否完备。

② 建设收入的分配和上缴数额是否正确。

③ 建设收入的留成使用情况与核算内容是否相符，金额是否准确，相关手续是否完备。

(2) 关于收入的来源、分配、上缴和留成使用情况的合法性。

收入的来源、收入的分配和上缴比例以及留成使用情况，是否符合财政部印发的《基本建设财务管理规定》中的相关规定。

2. 工程项目建设收入审计的目标

（1）确定已入账的工程项目建设收入确实发生，无虚增建设收入的问题。

（2）确定已实现的工程项目建设收入全部入账，无漏记、少记收入的问题。

（3）确定工程项目建设收入的来源、分配、上缴和留成使用情况符合财政部印发的《基本建设财务管理规定》中的相关规定。

（4）确定所有工程项目建设收入均已反映在项目建设期内。

（5）确定工程项目建设收入已按恰当的方法进行计价。

（6）确定工程项目建设收入的账务处理和有关数字的计算、汇总正确。

（7）确定工程项目建设收入在报表中进行了恰当的分类和充分的披露。

5.4.2　工程项目建设收入审计的程序

在实施工程项目建设收入审计时，审计人员采取的主要审计程序包括：

（1）取得或编制工程项目建设收入明细表，复核其累加数是否正确，并与总账、明细账和报表的有关数字进行核对。

（2）检查会计账簿的设置是否符合会计制度的规定，审查收入、成本及费用、税金、留成收入分成等核算是否与会计制度相符。

（3）审查工程项目建设收入的确认时间是否正确。查阅该项目经批准的设计文件，明确其试运行期，凡已超过批准的试运行期，并已符合验收条件但未及时办理竣工验收手续的工程项目，视同项目已正式投产，其费用不得从建设投资中支付，所实现的收入作为生产经营收入，不再作为建设收入。

（4）从销售发票中抽取样本，将其单价与经批准的价格比较，并分析价格的合理性，判断有无低价或高价结算，以转移收入的现象。审查开票、记账、发货日期是否相符，品名、数量、单价、金额是否与发运凭证、销售合同等一致，确认工程项目建设收入已正确计价。

（5）实施销售的截止期测试。销售的截止期测试可以采取以下方法：

① 以账簿记录为起点执行测试。从决算报表日前后若干天的账簿记录查至记账凭证，检查发票存根与发运凭证，证实已入账收入是否在同一时期已开具发票并发货，有无多计收入，防止高估收入。

② 以销售发票为起点执行测试。从报表日前后若干天的发票存根至发货凭证与账簿记录，确认已开具发票的货物是否已发货，并于同一会计期间确认收入，查明有无漏记收入，防止低估收入。

③ 以发运凭证为起点执行测试。从报表日前后若干天发货凭证查至发票开具情况与账簿记录，确认收入已入账。

（6）检查各项索赔、违约金等收入，是否按照《基本建设财务管理规定》的规定，首先用于弥补工程损失，结余部分作为建设收入。

（7）检查各项建设收入是否遵守有关税收政策的规定，并按财政部门有关费用扣除的规定缴纳销售税金和所得税，将税后收入作为建设单位的留成收入。

（8）检查经营性项目的结余资金，是否按规定首先用于归还项目贷款。如有结余，30%作为建设单位留成收入，主要用于项目配套设施建设、职工奖励和工程质量奖。

（9）查阅建设收入明细账中有关成本费用记录相关的会计记账凭证、银行支付单等会计资料，检查成本、费用是否符合会计制度规定的开支范围，确认成本、费用的真实性，检查试生产期间是否违反规定计提固定资产折旧。

（10）检查建设收入及留成收入是否在财务报表中进行了恰当的分类和充分的披露。

5.5　工程项目结余资金的审计

工程项目竣工以后，编制竣工决算之前，建设单位应彻底清理现场和仓库，对剩余的设备、材料及其他物资都要及时处理，收回资金；对债权债务也应进行全面处理。因此，在正常情况下，"竣工财务决算表"内除了银行存款和现金外，不应该有其他结余资金项目。如果还有设备、材料的结余和应收、应付款项，则说明还有尚未处理的积压物资和不能及时清理的应收、应付款项。在这种情况下，审计人员根据竣工决算所附的"设备材料明细表"、"应收应付款明细表"进行分析，查明原因，提出处理意见，尽快处理结余资金。

在审计中，对故意作假、谋取不正当利益情节严重者，应依法提请有关部门追究责任。

5.5.1　工程项目结余资金审计的目标与内容

1. 工程项目结余资金审计的目标

对工程项目结余资金进行审计，主要是为了：

（1）确定工程项目结余资金的金额是否真实可信。

（2）确定财政直接支付资金的使用是否在授权范围内，计提的投资包干结余的数额是否符合国家有关规定。

（3）确定工程项目的结余资金是否都已登记入账，并列示于相关报表中。

（4）确定工程项目的结余资金在相关报表中的金额是否经过正确计价。

（5）确定被审计单位关于结余资金的账务处理和报表编制、有关数字的计算、是否正确。

（6）确定被审计单位在报表中对结余资金是否进行了恰当地反映。

2. 工程项目结余资金审计的内容

工程项目结余资金审计的主要内容包括以下几个方面：

（1）银行存款、现金和其他货币资金的情况。

（2）尚未使用的财政直接支付和授权支付额度情况。

（3）库存物资实存量的真实性，有无积压、隐瞒、转移、挪用等问题。

（4）各项债权债务的真实性，有无转移、挪用建设资金、债权和债务清理不及时等问题，呆账坏账的处理情况等。

（5）按照有关规定，计提的投资包干结余数额是否准确，是否合理合规。

5.5.2　工程项目结余资金审计的程序

审计人员在对工程项目结余资金进行审计时，一般主要采取以下审计程序：

（1）核对现金日记账金额与总账金额是否相等。

（2）审计人员会同被审计单位会计主管人员和出纳员盘点库存现金，以证实建设单位结余资金中现金的数额是否确实存在。监盘包括现场监督被审计单位现金保管人员的盘点和审计人员的必要复盘。审计人员或其助理人员在复盘时，必须让现金保管人员始终在场，不同地点的库存现金应同时监盘。

（3）审查外币现金的折算是否正确。

（4）抽查大额现金收支。审计人员应抽查大额现金收支的原始凭证的内容是否完整，有无授权批准，并核对相关账户的记账情况。

（5）核对银行存款日记账与总账是否相同。

（6）函证银行存款金额，以证实被审计单位结余资金中银行存款和其他货币资金是否存在。

（7）审查外币银行存款的折算是否正确。

（8）抽查大额银行存款收支。审计人员应抽查大额银行存款的原始凭证，看其内容是否完整，有无授权批准，并核对相关账户的进账情况。

（9）核对外埠存款、银行汇票存款、银行本票存款等其他货币资金各明细账期末合计数与总账数是否相符。

（10）函证外埠存款户、银行汇票存款户、银行本票存款户等其他货币资金账户的余额。

（11）对于非记账本位币的其他货币资金，检查其是否按规定的折算汇率折算为记账本位币金额。

（12）抽取一定样本量的原始凭证进行测试，检查其他货币资金的经济内容是否完整，有无适当的审批授权，并核对相关账户进账情况。

（13）审查现金、银行存款、其他货币资金是否在工程项目竣工财务决算表上的"货币资金"项下恰当地披露。

（14）查阅有关文件资料，检查尚未使用的财政直接支付的金额是否真实准确，并审查授权支付情况。

（15）现场监督被审计单位设备、材料的盘点，并进行适当的抽查，结合对"设备、材料明细账"的审查、核对，确认库存物资实存量的真实性。

（16）审查待处理的设备、材料中有无损毁的物资，待处理设备、材料的作价是否合理合规。

（17）审查已处理物资的作价是否合理，有关人员有无私分物资和徇私舞弊的行为。

（18）审查需要报废的物资损失和坏账损失是否经过有关部门的批准，批准手续是否完备。

（19）审查往来账款的真实性及会计处理的完整性，核实债权债务。

（20）审查应收账款情况。根据账龄对应收账款进行分类，并对其收不回来的原因进行分析。采取函证的方式，了解应收账款的情况，经过审查后，核销确实无法收回的应收账款，但必须上报上级主管部门，经授权批准后，才能进行核销。

（21）审查各种结余资金的账簿与竣工决算表反映的内容是否相符，核对工程设计概算，落实竣工工程概算数是否与设计概算数一致。查阅建筑安装工程投资、设备投资等科目及基建投资表，核对竣工工程实际支出数是否正确、一致，计算竣工工程概算结余数是否正确。

（22）查阅投资包干节余的应上缴、归还基建借款及留用比例，计算核实应留用包干结余数、应归还基建借款及留用比例、应交财政和主管部门包干结余数是否正确，并与应交基建投资包干结余科目有关贷方发生数核对，检查已归还基建借款包干结余数、已交财政和主管部门包干结余数是否正确。

（23）检查被审计单位有关结余资金的账务处理是否符合相关规定。经营项目的结余资金，相应转入生产经营企业的有关资产；非经营项目的结余资金，首先用于归还项目贷款，如有结余，30%作为建设单位留成收入，主要用于项目配套设施、职工奖励和工程质量奖，70%按投资来源比例归还投资方。

5.6 交付使用资产审计

交付使用资产，是指建设单位已经完成购置、建造过程，并已交付或结转给生产、使用单位的各项资产，包括固定资产、为生产准备的不满足固定资产标准的工具、器具、家具等流动资产、无形资产和递延资产的实际成本等。为了促进建设单位正确计算交付使用资产成本，并将已完工的资产及时交付使用，提高投资效益，必须对建设单位交付使用财产的形成、成本核算和交付使用情况实施审计监督。

5.6.1 审计交付的固定资产是否真实，是否办理验收手续

（1）审查建设单位是否根据批准的设计文件所规定的内容，将工程项目（或单项工程）建成后，按照相关规定，会同有关部门，及时组织竣工验收工作，将各项资产移交给生产、使用单位。

（2）依据批准的基本建设计划和设计文件，审查已竣工的单项工程是否为计划内项目，有无计划外项目挤入的情况；审查工程建设和设备的购置，是否严格按照设计文件的规定进行，有无擅自扩大建筑面积、提高建筑标准、盲目采购设备等情况。

在审计中，如果发现建设单位已建成的资产中，有未经有权机关批准，擅自增加的计划外项目以及违反设计规定任意增加建筑面积、提高建筑标准等情况，则审计人员应及时予以反映，依法严肃处理，并追究建设单位领导人的责任。

（3）审查建设单位已完工的各项资产是否及时验收，并办理交接手续。"交付使用资产明细表"是建设单位办理竣工决算的主要文件，是生产使用单位确定资产价值，登记固定资产、流动资产、无形资产和递延资产总账和明细账的主要依据。应审查建设单位是否会同生产、使用单位和有关部门的人员，对已完工的各项资产，在清点各项资产数量的基础上，根据建筑安装工程投资明细账、设备投资明细账、待摊投资明细账和其他投资明细账，计算各项交付使用资产的实际成本，编制"交付使用资产明细表"，并据此办理验收交接手续。

在审查中，如果发现建设单位对已竣工工程的验收交接手续不完整、不符合规定的，则审计人员应督促建设单位按规定办齐各种手续；如果发现工程已经竣工，并已具备投产条件，而建设单位尚未办理验收交接手续或工程已经投入生产，而没有办理验收交接手续的，则审计人员应查明没有办理验收交接手续的具体原因，并督促建设单位采取有效措施，及时办理验收交接手续。对于已符合验收条件而未及时办理验收手续的工程，应取消企业和主管部门（或地方）的基建试车收入分成，由银行监督全部上缴财政，如 3 个月办理验收确有困难，经验收主管部门批准，可以适当延长期限，如果发现工程已经基本建成，但由于某些配套工程或扫尾工作尚未完成，而没有办理验收交接手续的，则审计人员应深入了解影响配套工程建成或扫尾工作完成的原因，及时向有关部门反映，督促建设单位采取积极措施，抓紧配套工程建设，及时完成扫尾工作，争取早日建成并办理验收交接手续。

5.6.2 审查建设单位交付使用资产的会计核算是否符合国家规定

审计人员审查时要认真核对"交付使用资产明细表"与"交付使用资产"账户所反映的内容是否一致，数字是否相符，有无多记、少记、重记、漏记的情况；并将"建筑安装工程投资"、"设备投资"、"待摊投资"和"其他投资"账户与"交付使用资产"账户进行核对，检查其账务处理有无差错。另外，审计人员要审查建设单位对交付使用资产的明细分类核算，是否按固定资产和流动资产的类别和名称分别进行。

在审查中，如果发现建设单位对交付使用资产的核算不正确，则审计人员应查明具体问题，督促建设单位及时纠正，监督其按照会计制度的规定正确地组织交付使用资产的核算，保证会计核算资料的真实、正确、可靠。

5.6.3 审查建设单位交付使用资产成本的计算是否正确

（1）审计人员应审查建设单位是否按照规定，合理确定交付使用资产成本的计算对象；是否将具有一定使用价值的独立的固定资产作为一个成本计算对象，单独计算其成本。对于种类不同的各种流动资产，是否分别计算其成本。检查建设单位有无成本核算对象不清或将各种资产混杂，一并计算成本等情况。

如果发现建设单位确定的交付使用资产成本计算对象不合理，不便于正确计算交付使用资产成本，审计人员应督促建设单位及时调整、纠正。

（2）要审查建设单位确定的交付使用资产成本的组成内容是否合理、合法，审查其是否按照会计制度的规定，正确地计算。检查其有无将转出投资、应核销投资和应核销其他支出的内容计入交付使用资产成本；有无将建筑安装工程投资中的安装费用计入不需要安装设备成本，有无将其计入建筑工程成本等将不同资产的组成内容相互混同的情况。

在审查中，如果发现建设单位计算的交付使用资产成本，其组成内容与会计制度不符，审计人员应查明原因，督促建设单位及时纠正，将不应该计入交付使用资产成本的内容剔除，保证交付使用财产成本组成内容的真实性、合理性和合法性。

（3）要审查建设单位计算的交付使用财产实际成本是否正确。在审查时，审计人员应将"交付使用财产"账户同原始凭证和记账凭证进行核对，看其记载的内容是否一致，数字是否相符。将原始凭证（即"交付使用财产明细表"）同"建筑安装工程投资"、"设备投资"、"待摊投资"和"其他投资"等账户记载的内容进行核对，看其是否相符。检查建设单位在计算上有无差错，有无多记、重记、漏记、少记的情况，特别要审查待摊投资的分配额计算是否准确。在审查中，如果发现在计算上有差错，则审计人员应督促建设单位及时进行账务调整和更正，保证交付使用财产成本计算的真实性、准确性。

5.6.4　审查流动资产和铺底流动资金的移交情况

审查移交流动资产的种类、金额是否真实，移交手续是否齐备，账务处理及其反映是否正确无误；审查移交铺底流动资金是否适时，金额是否真实、正确、合规，移交手续是否齐备，账务处理及其反映是否真实、合规。

5.6.5　审查交付无形资产和递延资产的情况

审查由建设单位购置并单独交付生产单位的土地使用权、专利权和专有技术等交付无形资产的成本是否真实，交付手续是否齐备，账务处理是否真实、合规。

审查在基本建设过程中发生的，并单独交付生产单位的各种递延费用，包括生产职工培训费、样品样机购置费、农业开荒费用等递延资产的成本是否正确，交付手续是否齐备，账务处理是否真实、合规。

在以上对交付使用资产审计的过程中，如果发现建设单位对交付使用资产存在计算、账务处理上的差错，则审计人员应依据会计制度的规定，督促建设单位及时调整或更正。

5.7　工程项目资金冲转审计

建设单位取得基本建设资金，经过购置、建造过程，形成交付使用资产，并移交给生产、使用单位后，还要将基本建设资金来源与最终投资支出进行冲转。基本建设资金冲转，反映基本建设资金退出建设单位的过程，它标志着基本建设资金运动的完结。

基本建设资金来源具有多样化的特点，不同来源的资金，其运动过程不同，资金退出建设单位时转销核算的方法也不同。正确划分基本建设资金的来源渠道，针对不同来源的基本建设资金认真做好基本建设资金冲转的工作，对于加强基本建设管理，协调好国家、主管部门和建设单位之间的经济关系，促进国民经济的发展，都具有重要的意义。

资金冲转，是指建设单位在下年初建立新账时，将上年完成的交付使用资产冲转其相应的资金来源或待冲基建支出的会计账务处理工作。审计的目的，是检查建设单位是否按照资金来源渠道进行冲转，对于正确地计算各种不同资金来源的结余资金，处理国家、主管部门、建设单位之间的经济关系，具有重要意义。资金冲转审计，一般从以下几个方面进行：

5.7.1　拨款单位基本建设拨款冲转的审计

拨款单位，是指用基建拨款方式进行项目建设的建设单位。基建拨款单位的资金来源，包括中央和地方财政的预算拨款、地方主管部门和企业的自筹资金拨款以及其他单位拨入的其他拨款。基建拨款还可划分为预算内拨款以及预算外拨款这两种方式。拨款单位从不同来源渠道取得的拨款，虽然管理方法不同，它们却有一个共同的特点，就是无偿性的特点。因此，拨款单位基本建设资金的冲转，可以将"交付使用资产"科目的期末余额，直接冲转"基建拨款"账户。其一般程序是：

（1）在年初建立新账时，应将上年度"基建拨款"账户所属"本年预算拨款"、"本年基建基金拨款"、"本年进口设备转账拨款"、"本年器材转账拨款"、"本年自筹资金拨款"、"本年财政贴息资金拨款"、"本年其他拨款"等明细账户的年末贷方余额，全数转入"基建拨款——以前年度拨款"明细账户的贷方，以分清拨款年度。

如果一个建设单位在同一时期既有预算拨款，又有自筹资金拨款等，则"基建拨款——以前年度拨款"账户应分为"以前年度拨款（预算拨款）"、"以前年度拨款（自筹资金拨款）"等明细账户，以分清不同的资金来源。在年初建立新账时，应将上年度的各种拨款，分别转入"基建拨款——以前年度拨款（预算拨款）"和"基建拨款——以前年度拨款（自筹资金拨款）"等明细账户。

（2）在年初建立新账时，将上年"基建拨款"账户所属"本年交回结余资金"明细账户的借方余额，全数转入"基建拨款"——以前年度拨款"明细账户的借方，使"基建拨款——以前年度拨款"明细账户的贷方余额反映基本建设拨款的净额。如果同一建设期，建设单位有多种拨款，则下年初建立新账时，应将"本年交回结余资金"明细账户的上年末借方余额，按照不同的资金来源，分别转入"基建拨款——以前年度拨款（预算拨款）"、"基建拨款——以前年度拨款（自筹资金拨款）"等明细账户。

（3）在年初建立新账时，在作上述转账后，再进行基本建设资金的冲转。将上年度"交付使用资产"账户的借方余额，全数转入"基建拨款——以前年度拨款"明细账户的借方，以反映基本建设资金来源转销、资金退出建设单位的过程。

审计的要点如下：

① 审查"基建拨款"账户所属"本年预算拨款"、"本年进口设备转账拨款"、"本年煤代油专用基金拨款"、"本年自筹资金拨款"各明细账户的上年全部余额，是否已经转

入新年度的"以前年度拨款"明细账户。在审计时,要查看所转数字是否正确,防止转错。

② 审查"交付使用资产"账户的借方余额,于下年初建新账时,是否已转入"基建拨款——以前年度拨款"账户。如果已办理转账手续,则说明情况正常,可以分清各年度的基本建设拨款情况。

5.7.2 投资借款单位基本建设投资借款冲转的审计

投资借款单位就是用基建投资借款进行项目建设的建设单位。基建投资借款是一种有偿性质的基本建设资金来源,必须按期还本付息。建设单位用基建投资借款购建完成的各项资产交付(或结转)生产、使用单位时,除进行必要的账务处理外,应同时通知生产、使用单位转账,并借记"应收生产单位投资借款"账户,贷记"待冲基建支出"账户,以及时反映建设单位和项目接收单位之间的债权债务关系。"待冲基建支出"账户是基建投资借款建设单位进行基本建设资金冲转的专用备抵账户。基建投资借款单位基本建设资金冲转的核算方法为:在下年初建新账时,将"交付使用资产"账户的上年末借方余额全数转入"待冲基建支出"账户。待年度财务决算报经审批后,再按批准数进行调整;批准的"交付使用资产"核销数大于账面已冲销数的差额,应借记"待冲基建支出",贷记"交付使用资产"账户;批准的"交付使用资产"核销数小于账面已冲销数的差额,用红字作与上相同的会计分录。

在审计时,主要检查所转销的数字是否正确,经冲转后,"交付使用资产"账户应无余额,只有"应收生产单位投资借款"账户有余额,一方面表示基建资金的冲转,另一方面表示应向生产单位收回的基建投资借款。

例:某投资借款单位 2000 年末有关账户的余额如下:

"交付使用资产"账户 800000 元(借方余额)

"应收生产单位投资借款"账户 1200000 元(借方余额)

"待冲基建支出"账户 80000 元(贷方余额)

在 2001 年初建立新账时,应将上年末"交付使用资产"账户的借方额,全数冲转"待冲基建支出"账户,作如下会计分录:

　　借:待冲基建支出 800000

　　　　贷:交付使用资产 800000

经过冲转后"交付使用资产"账户无余额,说明该单位记账正确。现在,从账面上看,只有"应收生产单位投资借款"账户有余额,说明投资借款的本息尚未结清,建设单位应向生产单位收回基建投资借款,以便归还贷款单位。

5.7.3 拨贷合一单位基本建设资金冲转的审计

拨贷合一单位,是指在基本建设过程中,基本建设资金来源既有基建拨款,又有基建投资借款的建设单位。拨贷合一单位基本建设资金来源渠道不同,基建资金冲转的核算方法也不相同。在下年初建立新账时，拨贷合一单位交付（或结转）生产、使用单位的各项资产，如果能够分清资金来源的，则要分别冲转相应的资金来源：用基建拨款完成的部分，应按拨款单位基本建设资金冲转的核算方法进行，即将交付（或结转）生产、使用单位的"交付使用资产"冲转"基建拨款——以前年度拨款"明细账户；用基建投资借款完成的部分，应按投资借款单位基本建设资金冲转的核算方法进行，即将交付（或结转）生产、使用单位的"交付使用资产"冲转"待冲基建支出"账户。如果交付（或结转）生产、使用单位的各项资产，分不清是由基建拨款完成的，还是由基建投资借款完成的，则应按基本建设投资计划中所确定的基建拨款和基建投资借款的比例冲转各自的资金来源，但计入交付使用资产成本中的基建投资借款利息应全数冲转"待冲基建支出"账户。年度财务决算报经批准后，应按批准数进行调整。

拨贷合一单位基建资金冲转的审计，一般从以下几个方面进行：

1. 能够分清资金来源的审计

在审计时，要审查上年发生的各种应冲转的基本建设支出，是否能分清资金来源，对于能够分清资金来源的，建设单位是否按会计制度的规定，分别冲转"基建拨款"账户所属的"以前年度拨款"明细账户和"待冲基建支出"账户。

2. 分不清哪种资金来源的审计

对于上年发生的应冲转的各种基本建设支出，分不清是用哪种资金来源完成的，应审查建设单位是否按当年基本建设投资计划中所占比例计算，冲转的金额是否正确等。

5.7.4　企业债券资金使用单位基建资金冲转的审计

企业债券资金单位，是指用发行债券筹集的资金进行项目建设的建设单位。企业债券资金单位的基本建设投资，来源于债券筹集单位拨入的债券资金。按照现行会计制度规定，筹集债券资金而发生的债券发行费用，以及应支付的建设期内的企业债券利息，都计入工程成本，交付生产使用单位。但建设单位并不承担偿还债券本息的责任。

对使用企业债券资金单位基建资金冲转的审计，主要是在审查下年初建立新账时，对于上年完成的交付使用资产，是否从"交付使用资产"账户的贷方如数转入"企业债券资金"账户的借方，并审查建设单位是否及时通知投资公司或生产单位转账。

5.7.5　联营投资单位基本建设资金冲转的审计

联营投资单位的基本建设资金，主要来源于联营单位拨入的参股基建资金拨款。因此，用参股基建资金拨款购建完成的各项资产交付生产使用单位后，只要经过联营单位的主管部门和财政部门批准，就可以冲销其资金来源。联营投资单位基本建设资金冲转的核算方法为：下年初建立新账时，将上年末"交付使用资产"账户的余额，全数冲转"项目资本"账户。年度财务决算报经审批后，如果"交付使用资产"的批准冲转数与账面已冲转数不符，则按批准数进行调整：批准的冲转数大于账面已冲转数的差额，借记"项目资本"账户，贷记"交付使用资产"账户；批准的冲转数小于账面已冲转数的差额，用红字作与上相同的会计分录。

对于联营投资单位基本建设资金冲转的审计，主要是在审查下年初建立新账时，对于上年完成的交付使用资产，是否从"交付使用资产"账户的贷方如数转入"项目资本"账户的借方，并审查年度财务决算审批数是否与"交付使用资产"冲转数相符，如不相符，对其差额是否作了相应的调整。

5.8 工程项目会计报表审计

工程项目会计报表是综合反映建设单位在一段时期内投资来源、投资使用等财务状况的会计资料。根据建设单位会计制度法规规定，工程项目会计报表主要包括：资金平衡表、基建投资表、待摊投资明细表、基建借款情况表、投资包干情况表等。

为了使工程项目会计报表的编报切实做到手续齐备，内容完整，数字准确，说明清楚，编报及时全面，真实地反映建设单位投资来源、投资使用和财务状况，必须对工程项目会计报表的编报进行审计。

工程项目会计报表的审计内容主要包括：审查各种报表的数字是否真实，审查基建拨款、贷款使用效果是否良好，审查投资完成情况，审查在建工程和交付使用财产是否正常，审查基建结余资金、基建收入、基本建设包干结余资金是否真实、合理。其具体审计内容及方法如下：

5.8.1 资金平衡表的审计

资金平衡表的审计应从以下几个方面进行：

1. 资金平衡表账表一致性的审查

资金平衡表各项目的期末数，是根据总账和有关明细账的期末余额填列的。在审查时，可以根据建设单位会计制度的规定，将有关项目与总账和明细账有关账目进行核对，看其是否相符，从而对资金平衡表所列各项招标是否完整、数字是否正确、填列的内容是否符合规定进行查核。由于资金平衡表的项目较多，可以采用抽查方式，核实有关数字。在审查中，如果发现数字填列错误，则应由建设单位予以更正；发现漏列项目，应予补填；如果有违反有关规定的内容，则应予以剔除。

2. 资金平衡表钩稽关系的审查

资金平衡表是各项经济指标有机的组合和排列，各项指标之间有密切的内在联系，相互衔接、相互补充。这种数量上的相互关系，就是报表的钩稽关系。应对报表的钩稽关系进行认真的审查以查明报表上反映的数字是否真实可靠。

（1）表内项目之间的相互关系审查。

资金平衡表的基本结构，分为左右两方，分别反映建设单位的资金占用和资金来源。表中资金占用方和资金来源方各项目之间存在一定的对应关系，对资金平衡表中各数据的对应关系，要根据资金占用总额等于资金来源总额的原理来验证二者是否平衡。

（2）表表之间的钩稽关系的审查。

有些指标同时在不同的报表中有所反映，数字是完全相同的，这就构成表表之间的钩稽关系，也是审查资金平衡表时应注意查核的内容。应查核下列项目的钩稽关系：资金平衡表内基建拨款合计数及借款合计数是否与基建投资表内自开始建设起借款累计合计数相符；资金平衡表内交付使用资产各项合计数是否与基建投资表内自开始建设起投资完成额累计相符；资金平衡表内待摊投资数是否与待摊投资明细表的合计数相符。

资金平衡表除反映本期实际数外，还将上年年末数结转，以便前后衔接，因而形成本期与前期报表之间的钩稽关系。应审查资金平衡表中的年初数是否与上年末资金平衡表各有关项目的期末数相符。

在审查表表之间的钩稽关系时，还应注意审查资金平衡表与其他报表之间的相互关系。如审查资金平衡表中的投资完成额是否与统计数字及计划指标基本一致。

（3）基本建设拨款的审查。

①"以前年度拨款"项目的审查。

"以前年度拨款"项目，是反映以前年度投入，但尚未发挥投资效果而未经国家核销的各项基本建设拨款。审查时，应以财政部批准的决算为依据，审查上年度资金平衡表中"基本建设拨款"合计数，减去批准核销的"交付使用财产"期末数后，是否与本年的"以前年度拨款"项目相符。如果不相符，则应查明原因；如果有将未经批准核销的支出冲减基本建设拨款的情况，则应予纠正。

②"本年预算拨款"项目的审查。

"本年预算拨款"项目，是反映国家预算和上级地方财政的拨款支出数。对"本年预算拨款"应着重审查拨款范围是否符合规定，数字计算是否正确，有无将"限额拨款"余额列作拨款数；有无将预收下年度预算拨款列作本年预算拨款；有无将拨入尚未使用的资金列作拨款数，此外，还应检查有无将自筹资金开支的各项支出擅自改为预算拨款支出。如果有上述情况，则应退回原基本建设拨款户，减少本年预算拨款数。在审查时，审计人员可将银行年度对账签证单所列数字与建设单位的"本年预算拨款支出数"核对，如果相符，一般是情况正常，则也应作上述的具体审查，以防发生弊端。

③对本年其他拨款项目的审查。

其他拨款来源较多，包括进口设备转账拨款、自筹资金拨款、其他单位移交的未完工程、其他单位投入的基本建设资金等。在审查时，应根据上级批准文件和有关制度的规定，结合"基本建设拨款"科目有关的明细账、凭证进行检查，看其资金来源是否合理、合法。

（4）基建投资借款的审查。

①"拨改贷投资借款"项目的审查。

"拨改贷投资借款"项目是反映按规定借入的国家预算安排的基本建设投资拨款改为贷款的投资借款。审查时应根据国家规定的计划和有关制度的规定，结合"基建投资借款"科目有关账册及银行有关账单等进行检查。重点审查"拨改贷投资借款"的指标是否突破国家计划，"拨改贷"的范围是否符合规定，数字计算是否正确。对违反规定列入"拨改贷"的债款支出，应予以纠正。对超过国家核定计划的"拨改贷"基建支出部分，不得列入决算。

②"国家开发银行投资借款"项目的审查。

"国家开发银行投资借款"项目是反映建设单位借入的国家开发银行利用软贷款和硬贷款安排的投资借款。在审查时，审计人员可根据基建计划，检查其贷款是否突破核定的贷款指标，可通过查阅银行账单，看其是否与建设单位的"建设银行投资借款"相一致。如果不符，则应按规定进行调整。

③"其他借款"项目的审查。

"其他借款"项目是反映建设单位向银行借入的除基建投资借款以外的其他各种借款，包括国内储备借款、周转借款。在审查时，应根据借款合同和有关制度规定，结合"其他借款"明细账进行检查，有无将"其他借款"用于基建投资借款或未按规定用途使用，有无不按期归还长期占用的"其他借款"。如果有上述情况，则应予以纠正。此外，按规定对挤占挪用部分和不按期归还借款要加付利息，并用建设单位自有资金支付。

（5）基本建设结余资金的审查。

基建结余资金，是指建设单位处于储备和结算过程所占用的资金，包括库存设备、材料、货币资金、预付应收款等。

基建结余资金应根据平衡表有关资料按下列公式计算：

基建结余资金＝基本建设拨款合计＋借款合计＋待冲基建支出－基建支出合计－应收生产单位投资借款

对基建结余资金的审查，主要审查其数字是否正确，储备是否合理，预付备料款是否及时收回等。审计的目的在于查证实有数额，为下年度动员内部资源创造条件，促使建设单位合理压缩基建结余资金，以便提高资金使用率及提高投资效果。可将基建结余资金与自开始建设起投资完成额累计数比较，以求期末基建结余资金的实际占用率，再同计划占用率、上年同期占用率进行比较，以审查基本建设结余资金的实际占用水平的高低。一般来说，基建结余资金比重越大，说明有更多的资金停留在储备和结算阶段，不能及时发挥效益，应进一步查明原因，具体可从以下几个方面进行：

① 审查库存材料设备的数字是否正确。

对库存材料、设备的审查，重点应放在数字方面。审查的程序是：首先，核对账表数字是否相符；其次，检查会计部门的账面记录与仓库保管账是否相符；最后，抽查库存数量与账面余额是否相符。对于账账不符、账实不符的情况，应进一步查明原因，必要时对处理的盘亏和盘损及在途物资和委托加工物资的实况也应复查或抽查。确属有误的数字，应根据核实的数字予以纠正。

② 审查货币资金的结余情况。

主要查明账存数与实存数是否相符。在审查时，应先查明银行存款、银行借款和库存现金的实有数，并与银行对账单核对，检查是否与银行存款、银行借款余额相符。

③审查各项应收款、应付款是否合理、合法。

审查有无非法拆借资金行为，有无长期挂账非法使用资金行为等。对违规违法行为应依法处理。

5.8.2　基建投资表的审计

基建投资表是按工程项目反映从开始建设起至本年末止累计拨入、借入的基建资金及其使用情况的会计报表。审查基建投资表，可根据现行的建设单位会计制度、设计概算、基建投资计划，结合资金平衡表和有关明细账目进行检查。首先，要审查基建投资表所列项目是否完整，数字是否正确，填列的内容是否符合规定；其次，要审查基本建设投资表与资金平衡表、统计报表有关项目的数字是否相符。如基建投资表中的自开始建设起拨借款累计数是否与资金平衡表内基建拨款合计及借款合计数相符；其自开始建设起的投资完成额累计数是否与资金平衡表中交付使用资产、在建工程等各项数字之和相符；其本年实际投资完成额是否与统计报表中"本年投资完成额"数字基本相符。

在审计中，如果发现问题，则应进一步追查清楚，视其情节，依法予以处理。

5.8.3　待摊投资明细表的审计

待摊投资明细表的审查要点如下：

（1）审查待摊投资明细表的各项目数额是否与待摊投资科目所属各明细科目的数额相符。

（2）审查待摊投资明细表其合计数是否与资金平衡表、基建投资表中待摊投资的合计数相符。

（3）审查本表"贷转存利息收入"项目反映的实行投资借款的建设单位将贷款转入存款户后所实现的存款利息收入是否根据"待摊投资——借款利息"科目的本年贷方发生额分析填列。

（4）审查本表"汇兑损益"、"固定资产损失"、"器材处理亏损"、"设备盘亏及毁损"和"调整器材调拨价格折价"项目，是否根据"持摊投资"科目所属有关明细科目的本年借方或贷方发生额分析计算填列。

在审计中，如果发现问题，则应进一步追查清楚，视其情节，依法处理。

5.8.4　基建借款情况表的审计

基建借款情况表主要反映建设单位各种基建借款的借入、归还及豁免情况。基建借款情况表的审计要点为：

（1）审查基建借款情况表各项目数额是否与基建借款科目所属各明细科目的数额相符。

（2）审查基建借款情况表其合计数是否与资金平衡表中基建借款的合计数相符。

在审计中，如果发现问题，则应进一步追查清楚，视其情节，依法予以处理。

5.8.5　投资包干情况表的审计

投资包干情况表是反映实行基建核算投资包干责任制的建设单位基建包干节余的提取和分配情况的报表。投资包干情况表的审计要点为：

（1）审查投资包干情况表主要审查表中所列项目是否按照规定的内容填列，表中的数据与批准的包干协议书、设计概算和有关竣工决算报告单中确定的有关数据是否相符。

（2）审查投资包干情况表中的数据与有关明细账上的数额是否相符。

（3）检查有无未经批准预提留用的包干结余；有无漏列、少列已完工程实际支出数；有无违反规定将应交财政和主管部门的包干结余不足额上交等情况。

在审计中，如果发现问题，则应进一步追查原因，视其情节，依法予以处理。

5.9　案例分析

5.9.1　湖北某公园的财务情况

1. 项目建设的资金来源

截至 1995 年底，投入该项目的建设资金总计达 7153.08 万元，其中，自筹资金 5519.53 万元，占资金来源总额的 77%；武汉市财政拨款（1985 年以前）678.75 万元；地方财政自筹（1985 年以前）290 万元；武汉市建委集资 40 万元；各单位集资 117 万元；路灯专款 4.86 万元；园林局绿化专款 2.93 万元；建设银行贷款 150 万元。建设项目完成投资 6922.11 万元，其中，交付使用财产 6048.15 万元；在建工程支出 366 万元；转出投资 507.96 万元。

2. 财务收支情况

经审计核实，1994 年 6 月至 1995 年 12 月公园总收入 3479.43 万元，总支出 3458.60 万元，收支相抵结余 20.83 万元。

公园总收入包括：门票收入 2823.31 万元；停车场收入 31.95 万元；寄存收入 1.5 万元；场租收入 114.55 万元；营业毛利收入 367.22 万元；多种经营收入 97.19 万元；其他业务收入 43.70 万元。

同期总支出中，经费支出 1754.38 万元，基建支出 1704.22 万元，基建支出占总支出的 50%。

5.9.2　湖北某公园审计中查出的主要问题

（1）与"养园建园"原则不符的基建项目有两项，共计 1767437.01 元。

① 1992 年 11 月以来，公园向武昌区园林局首义公园拨款 1737437.01 元用于首义公园辛亥炮台工程，孙中山、黄兴铜像搬迁工程和辛亥人物群雕工程等。

② 1991 年至 1993 年，公园向紫阳湖公园拨款 33 万元，其中，30 万元作为该公司征用原首义公园土地开辟岳飞广场对武昌区园林局的拆迁补偿；3 万元用于紫阳湖公园后门入口工程配套费。

（2）将应由自有资金列支的各种赞助费计 2000 元列入经费支出。

（3）将应由福利基金列支的各种支出计 63994.78 元列入经费支出。

（4）将应由工会经费列支的活动经费计 4290 元列入经费支出。

1995 年 12 月，市园林局开展篮球赛活动，公园在经费支出中列支篮球赛组织费用，购运动衣、背心、手提包等款 4290 元。

（5）应列入而未列入的固定资产 20300 元。

1994 年 7 月，公园购桑塔纳汽车附加费 17000 元及汽车定编费 3300 元，共计 20300 元，未计入固定资产原值。

（6）其他收入 1287064 元在往来中核算，余额 184298.52 元挂账。

（7）漏交营业税及附加费共计 3780.42 元。

① 公园在开展"金利晚会"活动中收入 25000 元，应交营业税及附加 857.50 元。

② 1994 年 7 月至 1995 年 12 月，公园机关工会通过开展电脑照相、"十大悲剧展"等营业活动共取得营业收入 51732.99 元，应交营业税及附加 2922.92 元。

（8）往来长期挂账 38.5 万元。

① 1992 年 5 月，公园付给武汉出版社 10 万元图书，此款在"暂时及应付款"中挂账，至今仍未作处理。

② 1991 年至 1993 年，作为该公园导游图广告设计制作费，28.5 万元至今仍挂"暂付应付款"未作处理。

5.9.3 湖北某公园审计处理结果

对以上问题，根据有关财经法规、政策和《武汉市园林事业单位会计制度》作如下处理：

（1）对与"养园建园"原则不符的基建项目拨款的问题，今后应严格按照市政府"以楼养园、以园建园"政策执行，防止资金外流。

（2）对经费支出中列支赞助费、扶贫款、慰问家属费、罚款、春游费以及违纪扣款等共计 12537.88 元的问题，应列未列固定资产 20300 元以及其他在往来中核算，结余 184298.52 元挂账的问题，公园在审计查出后已作账务调查。

（3）对经费支出中超标准列支购服装款 43456.90 元的问题，应调增结余，并相应调减职工福利基金。

（4）对经费支出中列支篮球赛购运动服装及手提包 4290 元的问题，应调增结余，并冲减工会经费余额。

（5）对漏交营业税及附加 3780.42 元的问题，请按规定予以补交。

（6）对往来长期挂账的问题，公园应组织专门班子，认真清理往来，明晰职责，按财务制度及时作出账务处理，并将处理结果报基本建设审计处审查。

5.9.5　湖北某公园审计评价与建议

该公园在全体干部职工的积极努力下，已经发展成为集观光、购物、休憩、娱乐、餐饮活动于一体具有浓郁文化特色的全国著名风景名胜游览区，取得了较好的社会效益。十年来，公园将大量资金用于景点建设及公用设施，如 1995 年，基建支出 970 万元，占总支出的 50%，由于景点建设投入过大，致使公园在基础配套、正常维护等方面存在一定困难。为进一步开展和建设好该公园，建议：

（1）严格按照"以楼建园、滚动发展"的政策，将有限的资金用于完善园内基础配套设施，如餐饮、住宿等，使之与历史名楼的国际国内名声相适应。

（2）注意设施、设备、建筑物的老化问题，加强和重视公园的维护和维修。

（3）进一步完善财务核算程序，按合法有效的财务手续办理财务收付款核算，建立健全财务核算制度。

案例来源：贾震.《中国建设项目审计案例》.清华大学出版社，2000.

第 6 章　工程项目招投标与合同审计

6.1　工程项目招投标概述

　　笼统地说，招投标，是指采购人事先提出货物、工程或服务采购的条件和要求，邀请众多投标人参加投标并按照规定程序从中选择交易对象的一种市场交易行为。

　　具体而言，工程项目招标是建设单位（业主）为完成某一具体项目的建设任务，根据与项目有关的各项资料，经有关管理部门批准后，通过一定的方式通告（或邀请）承包商前来投标，履行必要的程序而选定最佳承包商的过程。

　　投标是对应工程项目招标而引起的一种经济行为。工程项目投标是由经过预审合格取得投标资格的投标者，按照招标文件和有关规定要求，并综合考虑自身实力，按照规定的程序向招标单位投送标书以争取中标的经济行为。

　　在市场经济国家，各级政府部门和其他公共部门或政府指定的有关机构的采购和建设开支主要来源于法人和公民的税赋和捐赠，必须以一种特别的方式来促进采购和建设尽量节省开支，最大限度地透明和公开以及提高效率目标的实现。招标与投标所具有的程序规范、透明度高、公平竞争、一次成交等特点，决定了招标投标是政府采购及项目建设的主要方式。

　　招标投标是一个完整连续的过程，没有招标则也不存在投标，无投标的招标也没有任何实际意义，因此，在项目建设与管理过程中，我们一般称之为工程项目招投标。招投标是市场经济条件下的一种竞争手段，通过这种方式，优选工程项目的承建单位，有利于提高建设质量，节约建设费用，确保建设工期。

　　我国于 1999 年 8 月 30 日第九届全国人民代表大会常务委员第十一次会议通过了《中华人民共和国招标投标法》，这标志着我国招投标工作进入了法制化、规范化的崭新阶段。按照招标投标法的要求，在中华人民共和国境内进行下列工程项目，包括勘察、设计、施工、监理以及与工程建设有关的重要设备、材料等的采购，必须进行招标：

　　（1）大型基础设施、公用事业等关系社会公共利益、公众安全的项目。

　　（2）全部或者部分使用国有资金投资或者国家融资的项目。

　　（3）使用国际组织或者外国政府贷款、援助资金的项目。

　　由此可以看出，我国十分重视工程项目招标投标工作，鼓励以公开、公平、公正和诚实信用的原则优先选择项目的设计单位、施工单位、监理单位和材料、设备的供应单位以及与之相关的部门等。在《中华人民共和国招标投标法》正式出台之前，各地相关部门颁布了与招投标有关的各项管理规定和相关政策，在《中华人民共和国招标投标法》开始实施后，各地或各行业有关工程项目招标投标的文件规定还应继续执行，它们是对《中华人民共和国招标投标法》的具体补充。由此可见，推广执行招投标经济责任制，加强招投标审计也势在必行。

6.1.1　工程项目招投标的类型

1. 按照招标形式划分

我国目前采取的主要形式有全过程招标和单项招标两种类型。

（1）全过程招标，是指从项目建议书开始，包括可行性研究、勘察设计、设备材料询价和采购、工程施工、生产准备、投料试车，直至竣工投产、交付使用的全过程都采用招投标的形式。它所对应的承建方式一般是总承包经济责任制，其投标商即为总承包商，常见的有建设单位向其主管部门总承包，施工单位向建设单位总承包，设计单位向建设单位总承包等。其基本程序首先是通过招投标选定总承包单位，总承包单位受项目主管部门或建设单位的委托，按照建设程序要求，进行项目建设前期的各项准备工作，并完成项目建设全过程的总体管理。

（2）单项招标，是指项目主管部门或建设单位，根据批准的项目建议书，对其建设过程中的部分项目进行招标，如勘察设计招标、工程施工招标、设备材料采购供应招标、监理招标等。当前，在实际工作中，大多数建设单位使用这种招标形式进行项目建设。

2. 按照招标的方式划分

我国工程项目招标还可分为公开招标和邀请招标两种主要类型。

（1）公开招标，是一种无限竞争性招标。即由招标人以招标公告的方式邀请不特定的法人或其他组织投标。该种招标适合于国家政府投资项目或世界银行贷款建设的项目。公开招标又分为国际竞争性招标和国内竞争性招标两种，前者适合于大中型工程项目的招标；对于不需要或不希望外商参加投标的情况下，我国政府的规定偏向于采用国内招标。

在国内进行招标，可用本国语言编写标书，只在国内的媒体上刊登广告，公开出售标书，公开开标。通常适用于合同金额较小（世界银行规定：一般 50 万美元以下）、采购品种比较分散、分批交货时间较长、劳动密集型、商品成本较低而运费较高、当地价格明显低于国际市场采购的项目。此外，若从国内采购货物或者工程建筑可以大大节省时间，而且这种便利将对项目的实施具有重要的意义，也可以在国内实行竞争性招标采购或建筑。在国内竞争性招标的情况下，如果外国公司愿意参加，则允许它们按照国内竞争招标的要求参加投标，不应人为设置障碍，妨碍其公平参加竞争。国内招标与国际招标的程序大体相同，由于国内竞争招标限制了竞争范围，通常国外供应商或建筑商不能得到有关投标的信息，这与招标的原则不符，所以，有关国际组织对国内竞争性招标都加以限制。

采用公开招标方式进行招标的项目，其招标公告应当通过国家指定的报刊、信息网或其他媒介发布。招标公告应载明招标人的名称和地址、招标项目的性质、数量、实施地点和时间以及获取招标文件的办法等事项。

（2）邀请招标，是一种有限竞争招标。即由招标人以投标邀请书的方式邀请特定的法人或者其他组织投标。一般都选择 3 ~ 10 个投标人参加为宜，当然，具体的选择数量，应视招标项目的大小规模而定。国务院发展计划部门确定的国家重点建设项目和省、自治区、直辖市人民政府确定的地方重点项目不适宜公开招标的，经国务院发展计划部门或省、自治区、直辖市人民政府批准，可以进行邀请招标。采用邀请招标的项目，应当向三个以上具备承担招标项目能力、资信良好的特定的法人或者其他组织发出投标邀请书，投标邀请书应载明与招标公告相同的内容。由于被邀请参加的投标竞争者有限，不仅可以节约招标费用，而且提高了每个投标人的中标几率。由于有这些优点，邀请招标比较受到招标人的青睐。例如，在欧盟的公共采购规则中，如果采购金额超过法定界限，必须使用招标形式的，则项目法人大多优先选择邀请招标。然而，邀请招标限制了充分的竞争，同时，容易导致舞弊行为的发生，因此，我国的招标投标法规一般都规定，招标人应尽量选择公开招标的方式。

邀请招标与公开招标的主要区别反映在以下三个方面：第一，邀请投标不用公开公告的形式；第二，接受邀请的单位才是合格的投标人；第三，投标人的数量有限。

6.1.2 工程项目招投标程序

工程项目招投标的基本程序可以划分为招标准备、招标、投标、开标、评标、定标这几个主要阶段，具体流程如图 6-1 所示。

1. 工程项目报建

（1）工程项目的立项批准文件或年度投资计划下达后，按照《建筑法》及相关的规定要求，需向建设行政主管部门报建审查登记。

（2）工程项目报建的范围包括：各类房屋建筑、土木工程、设备安装、管道线路敷设、装饰装修等工程建设。

（3）报建工程项目内容包括：工程名称、建设地点、投资规模、资金来源、当年投资额、工程规模、发包方式、计划开工与竣工的日期、工程筹建情况等。

（4）办理工程报建时应交验的文件资料有：

① 立项批准文件或年度投资计划。

② 固定资产投资许可证。

③ 建设工程规划许可证。

④ 资金证明。

（5）工程报建程序：建设单位填写统一格式的"工程项目报建审查登记表"，有上级主管部门的需经其批准同意后，连同应交验的资料一并报建行政主管部门。

工程项目报建审查登记后，具备了《招标投标法》中规定的招标条件的工程项目，可开始办理建设单位资质审查。

2. 审查建设单位资质

建设单位办理招标，应具备以下条件：

（1）具有法律、行政法规规定的相应的民事权利能力和民事行为能力。

图 6-1 工程项目招投标流程图

（2）有与招标工程相适应的经济、技术人员。

（3）有组织编制招标文件的能力。

（4）有审查投标单位资质的能力。

（5）有组织开标、评标、定标的能力。

不具备上述 2～5 项条件的建设单位必须委托具有相应资质的中介机构代理招标，建设单位与中介机构签订委托代理招标的协议，并报招标管理机构备案。

3. 招标申请

招标申请包括以下内容：工程名称、建设地点、招标建设规模、结构类型、招标范围、招标方式、要求施工企业的等级、施工前期准备情况（土地征用、拆迁情况、勘察设计情况、施工现场条件等）、招标机构组织情况等。

一般结构复杂或大型工程应采用公开招标的方式。招标单位的招标申请得到招标管理机构批准后，可以编制资格预审文件、招标文件。

4. 资格预审文件、招标文件的编制与送审

公开招标需要进行招标预审的，只有资格预审通过的施工单位才可以参加投标；不采用资格预审的公开招标应进行资格后审，即在开标后进行资格审查。采用资格预审的招标单位需编写资格预审文件和招标文件，而不进行资格预审的公开招标只需编写招标文件。资格预审文件和招标文件按照有关部门规定须报招标管理机构审查的，审查同意后可刊登资格预审通告、招标通告。

（1）资格预审文件。

招标单位根据工程具体情况和要求编写资格预审文件，按规定日期、时间发放资格预审文件。资格预审文件包括下列主要内容：

① 投标单位组织与机构。

② 近三年完成工程的情况。

③ 目前正在履行的合同情况。

④ 过去两年经审计过的财务报表。

⑤ 过去两年的资金平衡表和负债表。

⑥ 下一年度财务预测报告。

⑦ 施工机械设备情况。

⑧ 各种奖励或处罚。

⑨ 与本合同资格预审有关部门的其他资料。

如果是联营体投标，则应填报联营体每一成员的上述资料。

（2）招标文件。

招标应根据工程项目的具体情况和《招标投标法》及相应的规定编写招标文件，按有关规定需经招标管理机构审查的应当经过审查同意后方可发放。

招标文件主要包括以下内容：

① 招标须知前附表和投标须知。

② 合同条件。

③ 合同协议条款。

④ 合同格式。

⑤ 技术规范。

⑥ 图纸。

⑦ 投标文件参考格式。

⑧ 投标书及投标附录。

⑨ 工程量清单与报价单。

⑩ 辅助资料表和资格审查表。

（3）招标价格。

一般结构不太复杂或工期在一年以内的工程，可以采用固定价格，考虑一定的风险系数；结构较为复杂或大型工程，工期在一年以上的，应采用调整价格。价格的调整方法及

调整范围应在招标文件中明确。

招标文件中还应明确投标价格的计算依据。当前，在我国工程项目招标工作中，投标价格计算的主要依据有：工程计价类别；执行的定额标准或取费标准；执行的人工、材料、机械设备政策性调整文件等；材料、设备计价方法及采购、运输、保管的责任；工程量清单。

5. 发布招标公告或发出邀请书

按照《中华人民共和国招标投标法》规定，当招标人采用公开招标方式时，应当发布招标公告。依法必须进行招标的项目的招标公告，应当通过国家指定的报刊、信息网或者其他媒介发布；当招标人采用邀请招标的方式确定投标人时，应向三个以上具备承担招标项目的能力、资质良好的特定的法人或其他组织发出投标邀请书。

6. 审查投标人的资格

工程项目招标，一般在发放标书前招标人对前来投标的投标人进行资格审查，了解这些单位的资历、资质、信誉、财力和技术力量等情况。其目的，一是通过预审，保证参加投标的承包商具备承担工程项目实施任务的能力；二是通过预审，实施对工程项目的必要保护，限制那些由于政治、经济或其他原因不能参加投标的单位，保证招标工程项目能按招标要求和条件顺利实施。

资格预审的内容，主要包括以下几个方面：

（1）投标人概况。它包括公司名称、企业简介、法人代表、企业资质、注册资本、近三年的财务状况、承担任务情况等。

（2）经验与信誉。投标人应具有完成与拟投标工程在类型、规模、结构、复杂程度和所采用的技术以及工艺方法等方面类似工程的经验，并具有丰富的组织管理大中型工程项目的施工经验和施工能力。同时，对投标人以往的成就、业绩与信誉及原业主对其的评价等因素，招标人在资格预审时应予以充分考虑，并作为一项重要的考核指标。

（3）投标单位的技术力量。主要是管理人员包括高级工程师、经济师、会计师、工程师、监理师等人员的情况，要能符合招标项目对施工技术的要求。

（4）财务能力。投标人应具有足够的流动资产用以承包该工程项目的建设，并由经招标单位认可的银行审查验证并出具证明。投标人应提交近三年的财务会计报表，财务报告需经注册会计师审查验证并出具审计报告，拟承包的工程项目不应超过其财务能力的范畴，尤其是流动资金的不足，将会导致资审不合格。

（5）施工装备。投标人需具备能满足工程施工要求的机械施工设备（包括自身拥有的、拟为本工程购买或租用的设备）。

对投标人进行资格预审，主要是通过对上述内容逐一进行审查和评价。但由于招标工程项目内容不同，施工条件不一，故预审的方法也不同。招标人应视项目而定。

7. 工程标底的编制与报审

（1）标底的编制程序和要求。

招标单位设有标底的，标底必须保密，并按下列程序进行编制：

① 确定标底的编制单位。标底由招标单位或委托有编制标底资格和能力的中介机构代理编制。

② 提供相应资料。主要包括：图纸、施工现场水文地质和地上的有关部门资料、招标文件、领取标底计算书、报审的有关表格。

③ 参加交底会包括现场施工图纸交底、施工方案交底，以及现场勘察、投标预备会，便于标底的编、审工作。

④ 编制标底。编制标底的人员应严格按照国家有关政策、规定，科学公正地编制标底。标底必须保密，不得泄露。

（2）标底的编制原则。

① 根据国家或地方公布的统一工程项目划分、统一计量单位、统一计算规则以及施工图纸、招标文件，并参照国家或地方规定的技术、经济标准定额及规范，确定工程量和编制标底。

② 标底的计价内容、计价依据应与招标文件的规定完全一致。

③ 标底的价格作为招标单位的期望计划价，应力求与市场的实际变化吻合，要有利于竞争和保证工程质量。

④ 标底价格应由成本、利润、税金等组成，一般应控制在批准的总概算或修正概算及投资包干的限额以内。

⑤ 一个工程只能编制一个标底。

（3）标底的计价方法及组成内容。

按照我国现行的工程造价计算方法，又考虑到与国际惯例接轨，在工程量清单的报价上采用以下两种方式：

① 工料单价。工程量清单的单价，按照现行预算定额的工、料、机消耗标准及预算价格确定。其他直接费、利润、材料计划内调价、材料差价、税金等，按照现行的计算方法计取，列入其他相应标底计算表中。

② 综合单价。工程量清单的单价综合了直接费、间接费、工程取费、有关文件规定的调价、材料价差、利润、税金、风险等一切费用。究竟选用哪种方法，应在招标文件中明确。

标底的组成内容包括：标底的综合编制说明；标底审定书、标底价格计算书、带有价格的工程量清单、现场因素、各种施工措施费的测算明细以及采用固定价格工程的风险系数测算明细等；材料用量；标底附件，如各项交底纪要，各种材料及设备的价格来源，现场的地质、水文、地上情况的有关资料，编制标底所依据的施工方案或施工组织设计等。

（4）标底的审查定案。

① 审查的作用。

确定标底是招标单位在前期准备工作中的一项重要工作。在保证建设工程质量的前提下，标底是评价比较投标报价的基础，是评标和确定中标单位的主要依据。从招标单位来讲，标底是否合理，对招标的成败起很大的作用。标底过低，投标单位无法承包；标底过高，会失去招标的意义。为了防止"低价抢标"现象的发生，作为基准价格的标底要有一个上限和下限的幅度，上、下限的幅度不一定相同，具体幅度大小可根据国家或招标单位的意向定，对国家投资的大型工程建设项目（包括土建和设备），标底还需经过工程建设单位会同建设银行和有关部门进行审核。

② 审查机构。

标底可自行编制，也可委托有编制标底资格的有关部门编制，但编出的标底需经有权机关（一般由招投标管理机构）审查定案。我国招投标的管理机构按建设工程性质进行划分，其中国家独立投资或参与投资的项目的招投标，由国家计委或受其委托的机构进行管理；工业交通部门负责其直接投资的大中型专业工程的招标管理工作；工程招投标的综合管理部门为建设主管部门；其他资金投资的项目由各级人民政府指定的部门负责管理。目前，招投标的管理机构为招投标办公室，一般设在各级建设主管部门，办公室成员由计委、建委、建设银行等部门的人员组成。有的地区成立了专门从事招投标业务的招标公司，建设单位（业主）将编制好的标底连同有关资料报送招投标办公室或招标公司，由招投标办公室或招标公司指定专门机构对标底进行审查。

③ 审查标底的原则。

审查标底须遵循以下几项原则：首先，应坚持实事求是的原则，合理核实标价。在审查过程中，要严格执行有关政策和规定，逐项核实，不论是虚估多计还是少算漏项，都应如实调整，做到标底基本合理，以保证标底的有效性；其次，坚持量、价、费和设计技术标准同审的原则，既要审查编制标底的依据是否充分，工程量、取费标准、单价的套用是否符合有关规定，又要加强对设计技术标准的审查，使设计合理、经济适用。

④ 标底审查的内容和方法。

标底审查的内容和方法与概（预）算的审查内容和方法基本相同。除从总体上审查是否具备招标的基本条件及标价是否超过批准的概算外，审查的内容也侧重集中在工程基本造价的审核上。它包括审查编制标底的依据，主要审查编制标底的依据是否符合工程所在地的有关政策、法规和规定，是否符合工程项目本身的技术经济特点和要求以及环境等客观要求，各项依据是否充分；审查编制标底所采用的单价是否正确，根据审批的工程项目建议书，审查标底所列的工程名称、种类、规格、计量单位与定额或单位估价表所列的内容是否一致，定额套用和换算是否准确，对定额缺项的处理是否符合编制标底的有关规定和原则；审查工程量的计算是否准确，即对标底中所列的工程量，对照图纸尺寸进行逐项审查或抽查；审查取费标准，建设单位（或业主）在确定工程项目的招标前，一般对施工单位的资质有一定的要求。由于目前国内费用定额的确定根据施工企业的性质不同其取费标准是不同的，所以需要根据招标单位对项目建设者的要求审查标底的编制是否有高套或低套的现象。另外，由于定额编制方法的不同，有的按照直接费或人工费的百分比计算，有的还规定了单项定额与综合定额，故在审查时，对各项费用的计算基础、各种费用率的采用、单项定额与综合定额有无重复计算及工程设计图纸上未包含的设备购置是否计入标底等应作重点审查。

⑤ 标底的定案与保密。

标底经过上述有权部门审查后，对标底审查过程中出现的标价超概算、标价明显过低、编标依据不符合有关规定等情况，要及时与编标单位、建设单位（或业主）协商并取得一致意见，以便合理确定并调整标价。对争议较大、确实难以定案的应上报有关部门协调处理。另外，标底审查定案后，应密封并严加保密，在中标单位确定以前，编审标底的人员和所有涉及标底的有关人员，不得以任何方式向任何单位和个人透露或暗示有关标底的任何内容，如有泄露问题发生，将追究其法律责任。密封的标书在决标前不得启封，并实行在公证机关的监督下公开启标。

8. 发出或发售招标文件

招标文件是在招标准备阶段由招标人编制的一份文字性的书面资料，是投标人投标的主要依据，也是评标、定标的标准。在确定了中标单位之后，招标文件又是签订承包合同所需依据的基础。招标人应及时通知通过资格预审的投标单位在规定的时间、地点购买或领取招标文件，并进行认真核对，核对无误后以书面形式予以确认；招标单位对招标文件所作的任何修改或补充，应当在投标截止时间之前，发给所有获得招标文件的投标单位，投标单位应以书面形式予以确认；修改或补充的部分，对投标单位有约束作用；当投标单位对招标文件有不清楚的问题时，应在收到招标文件后 7 日内向招标单位提出，招标单位以书面形式或投标预备会议形式予以解答。发出或发售招标文件的时间，应规定得长一些，以使投标人有足够的时间领取招标文件。

9. 投标准备和投标

当投标单位资格审查获得通过后，应按照招标通知的要求，向招标机构购买招标文件，并研究和熟悉招标文件的内容。首先，要研究招标文件中的各项要求，特别是影响标价构成的所有要求必须明确、清楚，对文件中含糊不清或相互矛盾的内容、不理解的地方，可在招标截止日期前以书面或口头方式向招标单位询问、澄清；其次，要对招标文件中的投标人须知、图纸、合同条款、技术规范和工程量清单等资料，进行详细核对、研究和分析，因为它关系到整个投标的进程；最后，要严格审查图纸，主要研究图纸与合同条款、技术规范和工程量清单之间的对应关系，对其中不相符或含糊不清的地方，应及时向设计或招标单位澄清；另外，对材料、设备的采购供应和施工工艺、施工技术等方面的要求也要加以澄清，以便为编制投标标书做准备。

（1）现场勘察与参加标前会议。

投标单位在研究招标文件后，根据招标文件中规定的时间和地点，组织工程、技术、财务等专业人员，与总工程师、总经济师、总会计师一起参与招标单位组织的对工程项目现场进行考察，了解项目所在地的地理环境、交通情况、水、电、通信设施、劳动力资源、材料采购与供应及现场取土、供土、当地居民生活习惯、社会治安等有关情况，充分掌握第一手资料，对承建该工程项目可能会遇到的风险要充分预测，对承包业务的前景作出正确的判断。工程项目的现场考察，必须深入细致，对各项因素须充分予以估计，不能有任何疏忽、失误，否则将不能解除签订合同后应承担的风险。

投标单位在投标前，根据业主的安排，可参加标前会议，标前会议是招标单位给拟参加投标的单位提供的一次质疑机会。投标单位在标前会议前，应将在研究招标文件、现场勘察过程中所发现的各种问题，整理成书面资料，在标前会议上要求招标单位予以澄清。

（2）编制并报送投标文件。

① 投标文件的内容。

投标文件是由招标单位随招标文件一同下发的，具有固定格式和统一内容，要求投标单位根据自身的实际情况填制并在规定的期限内报送给招标单位的文书。一般包括投标书及其附录、授权书、投标保证金、工程量清单、辅助资料表、证明合格条件和资格的资料、选择报价和按投标人须知规定的其他资料。

a. 投标书及其附录。投标书一般在招标文件中的投标人须知中规定有固定的格式，投标人只需按要求填写。填写投标书时应注意两点：第一，要防止发生无效投标书的工作漏洞。在现行招标投标的有关规定中，对无效投标书的规定有：投标书未密封、未加盖本单位公章和负责人的印章、字迹涂改或字迹辨认不清、寄达日期已超过规定的截止时间或开标时间。第二，不得改变投标书的格式。如果投标书的格式不能表达投标意图，则可另附补充说明，如降价决定、对标书中有关错误的修正意见及其对报价的影响、宣传自身的业务优势等。这一类补充说明材料一般不作为评标的依据，但如果补充说明得当有力，则会引起招标公司或招标委员会对投标人的兴趣。

投标书附录是说明保证金额、第三方保险最低限额、开工时间、工期、违约赔偿金及限额、缺陷责任、支付指定分包人的暂付金额比例、发票金额与合同价应付金额的比例、保证金的百分比及限额、阶段证书的最低限额、业主未支付金额的利息、动员预付款、计价货币等。

b. 授权书。即投标人委托书，投标人如委托代理人参加投标，则代理人须由总经理授权并颁发投标委任书，证明被委任参加投标的代理人在授权范围内，全权处理一切有关事宜，如授权代理人签署投标书，进行谈判、签署合同和处理与此有关的一切事务。

c. 投标保证书。投标保证书一般由投标单位的担保银行以保函的形式出具，因此，又称投标保函，是担保银行对投标单位的一种担保方式。投标人如在未开标之前中途撤标，或在开标后中标而由于某种原因不愿签订合同，招标机构有权将投标单位的投标保证金全部没收，投标单位的担保银行无权拒付。

d. 标价的工程量清单。这是投标文件中的主要组成部分，一般而言，在招标单位的招标文件中都附有工程项目的工程量表，供投标单位作为编制标价的统一依据，以避免由于工程量不统一而产生量差。投标人在阅读工程量清单时应与投标人须知、合同的一般条款、特殊条款、技术规范及图纸等同时阅读。一般情况下，工程量清单列明的数量是估计的、暂时的数量，只作为招标的共同依据，支付应以工程师指示并完成的实际工作量为依据。完工的数量由承包人计量，由工程师确认，并按工程量清单中的单价和价格作价，或按合同一般条款的有关规定所确定的单价和价格作价。除非合同另有规定，有标价的工程量清单中的单价与价格，应包括所有的设备费、劳务费、管理费、材料费、安装费、维护费、利润以及合同明示或暗示的所有一般风险、责任和义务费用。无论数量是否标出，工程量清单中的每一项目均须填入单价或价格。对有数量的项目，无论数量是否标出，工程量清单中的每一项目均须填入单价或价格。对有数量的项目，承包人如没有填入单价或价格，其费用应视为已分配在相关工程项目的单价与价格之中。在有标价的工程量清单所列各项目中，应计入符合合同条件规定的全部费用，未列的项目，其费用应视为已分配在相关工程项目的单价和价格之中。工程量清单各部分，是按技术规范的相应章节编号的，工程量清单各章节的项目应与技术规范的相关章节的计量与支付条款连同阅读。签订合同前若发现工程量清单有错误，则应按"投标人须知"中的有关条款的规定予以修正，但一定要注意策略，不得任意更改原有工程量，只允许另行提出勘误，或在签订合同时更正。招标单位在提供的工程量清单表中，一般还列有"单价"和"总价"两栏，由投标人作价填列。

②投标文件的编制。

编制投标文件，实际上就是投标人按招标书中规定的各种文件，在核对招标单位所提供的工程量清单表中的工程量的基础上，采用合理工程定额标准填制工程量清单表中的单价、分项单价和总价，计算确定投标工程项目总造价的技术经济文件。投标文件的核心就在于标价的确定，故编制投标文件也叫做标。

做标是一项复杂而繁重的工作，也是整个投标过程中的关键，因而，承包单位应在总经理的领导下成立由工程、技术、财会、经济、设备管理等方面的人员以及公司内审机构、法律顾问等组成的专门机构，按照招标单位的要求，在规定的时间内做出标价。为了准确地做出标价，必须对招标单位的各项文件逐件地进行研究，尤其是招标书中关于投标项目的技术规范要求，涉及工程项目实施的技术条件，一定要仔细审查。在认真审查和研究的基础上，制订出一个科学周密的编标工作计划。在做标时一般应考虑以下几项因素：一是内部因素，即投标单位内部的经营管理因素和经济技术条件；二是招标项目本身的因素；三是客观环境因素。根据现场考察研究的各项原始记录，综合上述三个方面的因素，形成一个报价的整体依据，这是提出一个有竞争力的报价所不可缺少的重要步骤。

投标单位填制投标文件的基本程序如下：

a. 投标书封面的填制。投标书封面应填写投标单位全称、地址及单位法人名称并加盖印章，签署投标书报出日期。

b. 标书的填制。投标书是投标单位承包工程的主要条件，也是招标单位评标、决标的主要依据。一般包括：

第一，承包工程的方式。投标单位应在投标文件中表明投标的方式，包括工程项目的施工方式和工程价款的结算方式。即工程项目的施工是实行总包还是分包或单项工程承包，工程价款结算是实行总造价一次承包还是实行总造价加包干系数的承包方式。

第二，投标工程项目标价的填报。这是投标单位承包工程项目的主要经济条件，标价中综合了工程项目施工过程中的全部费用。标价的填报一般包括下列几个基本步骤：

Ⅰ. 根据投标文件内各项规定条件，结合现场考察时各项记录，经过整理后分项计算工作量。

Ⅱ. 根据设计图纸和技术说明，按标书中所列工程量列出单价、分项价和总价。

Ⅲ. 计算工程施工项目总费用。一般地，在招投标工程项目中，有关工程项目的总费用均需包括在标价中，故投标单位应对完成工程项目所需的原材料、人工和机械设备等直接费用进行核算，对管理费、利润、竣工后的维修费，以及税收、保险、银行贷款和其他不可预见费等间接费用进行核算并分摊到各有关分项工程的单价中，这是整个工程标价中的关键。重点是合理确定基础单价（包括工日、材料、设备等）、工程定额（包括用工定额、材料消耗定额和施工机械台班定额等）、各种期间费用（包括管理费用、利息、不可预见费用等）的摊入系数等。

Ⅳ. 由于实际工程量和设计工程量总是有出入的，所以要根据实际考察和审查设计图纸，预计在施工中可能对设计图纸进行变更调整进而影响工程量的可能性。如果考虑此项因素，则要在投标报价时注意策略。

Ⅴ. 投标书中所报价格一般为工程项目竣工后的付款价格，其间无论物价、工资、汇率是否变动，均不调整标价，因而，如果工程期限较长，则应充分考虑上述变动因素。

Ⅵ. 如果投标单位想对承包工程项目提出新的设计、施工方案，那么，在投标时除按投标书要求报价外，还可向招标单位提供供选择的投标书，附有详细的设计图纸和说明，并说明新的方案在施工进度和造价方面与原设计的对比优点。

如果属于大型工程施工项目或外商投资项目，则还应考虑工程监理费用，这是工程量以外专供监理工程师和其他办事人员使用的费用。这部分费用包括在工程造价之中，名义上为承包人所有，实际上是供监理工程师使用，因此，在报价时要力求准确。

第三，工程项目的开、竣工日期及总工期。如果工程项目中有两个以上的单项工程，则应填写每个工程项目的开、竣工日期。

第四，工程质量标准和施工技术措施。在标书中，应按照招标文件中对工程质量和施工技术的总体要求，反映出投标单位的技术水平、投入本工程中的设备状况和质量的保证程度。

第五，要求招标单位提供的配合条件。投标单位向招标单位提出的条件要有针对性，如果某一工程项目招标文件中要求投标单位承包工程项目的造价一次包死，即使遇到物价上涨等因素，也不调整承包价格，那么投标单位在投标书中，要综合招标文件中的要约条件，向招标单位提出反要约条件，但要注意策略。

第六，填写标书应注意的事项。投标单位在填写投标书时要注意：

Ⅰ. 要防止发生导致无效投标书的工作漏洞。

Ⅱ. 不得改变投标书的格式。

Ⅲ. 提高报价的准确率和中标率。对于那些技术要求高、较复杂的工程项目，可聘请有权威的专门咨询公司作为顾问，参加工程项目的研究和起草标书的工作。同时，要加强对有关招标工程项目资料的收集，有针对性地了解、收集、分析和整理投标工程项目的基础资料。有关工程项目的基础资料主要包括工程所在地的技术情报（如技术水平、施工能力和工艺水平等）、价格行情（如工程所在地的价格水平，包括工程单价、工程材料和机械设备单价、生活资料和其他消费品价格、运输价格、劳动力价格等）、经济条件（如同行业利润水平、同等工程项目的造价水平等）、有关各类费用计算依据和资料以及工程所在地的有关法律条文及其他有关规定等。在掌握和了解有关信息时，可以采取走访同行和知己的方法，听取他们的看法和意见，为投标报价提供资料。另外，还要尽可能地通过各种途径获取标底情报，以使做出的标书更有可靠性，增加中标的可能性。

③ 标价的计算。

工程项目的标价组成较为复杂，根据现行工程预算定额的基本规定，工程项目总造价一般包括直接费、间接费、利润和税金等，其中，直接费包括人工费、材料费、机械使用费、临时设施费、施工用电用水费、脚手架费、施工小型机具费、工程试验费及分包费用等；间接费包括管理费、经营业务费、转包费、利息净支出、不可预见费、税金、劳动安全保险费等。工程项目标价的组成随招标工程内容及招标文件的具体规定而异，一般应按招标文件的要求来划分和计算。

计算标价一般包括以下几个步骤：

a. 计算并核对工程量。工程项目招标文件中所提供的工程量的数值往往会因种种原因而不精确，为了避免投标过程中因工程量计算不准确所带来的风险，投标单位在投标报价时一定要认真加以计算和复核，尤其是对总价合同的工程量复核时，由于业主只以单项工程名称在招标文件中列项，而不按分部分项工程提供工程量，并且单项工程总价是固定的，工程量风险比较大，为避免招标文件提供的不准确工程量造成的经济损失，投标单位必须自己详细计算工程量。计算工程量的基础依据是工程项目图纸和建设单位提供的工程量清单表，计算的方法与编制工程预算相同，在计算的同时应将计算结果与招标文件中的工程量清单相核对，搞清工程量清单中每一个细目的具体内容，以免在计算工程量价格时出现失误。在计算核对工程量表中的细目后，应按建筑面积、土方工程、钢筋混凝土工程、砌筑工程、金属结构工程、装修工程、设备和安装工程、管道安装工程、电器安装工程及其他项目等分别进行汇总，计算出各分项工程量，同时，相加计算出招标工程项目总的工程量，并与招标文件中工程量清单表中所给工程量进行核对。

b. 制定施工方案。建设工程招标，业主往往要求投标者在报价的同时，报送施工方案，以评价投标人采取的施工措施是否充分和合理，是否具备相应的技术经济条件，是否采取了先进的施工技术保证按期完成工程施工任务。投标单位在编制投标文件过程中为了准确计算标底价格，一般都要在研究招标工程施工技术要求和条件的基础上，研究制定对拟完成投标工程项目所应采取的施工方法、施工技术、工程的进度、材料设备、劳动力资源、施工机械设备的供应以及工程分包等工程施工方案。施工方案一般应体现投标单位的实力和优势，施工方案的先进与否，不仅关系到投标单位能否中标，而且直接关系到投标者中标后能否保质、按时完成工程项目施工任务并取得预期的经济效益。

施工方案一般包括：

第一，施工进度计划。主要应满足以下条件：首先，总工期符合招标文件规定的要求；其次，明确反映各主要分部工程的施工顺序和开、竣工时间以及它们的衔接关系；最后，对劳动力资源和施工机械设备等要能合理有效使用。

第二，施工方法和主要施工技术的选择。这是施工方案中的主要组成部分，在制定方案时应考虑招标文件中的技术规范要求和工程所在地的施工机械化水平，研究采用先进施工工艺的可能性以及采取上述措施所能带来的经济效益。

第三，材料及施工机械设备供应计划。根据招标文件中对工程项目材料采购供应方式和工程项目对施工机械设备的需要及工程项目所在地的机械化水平来确定。

第四，工程分包计划。如果招标文件中允许投标单位将工程项目的部分或全部分包给其他单位，则投标单位应在施工方案中制定分包方案，投标单位应对分包工程项目的总报价负责。

第五，合理的资金供应计划。投标单位应根据投标工程项目工程量的大小估算工程项目承包建设过程中所需要的流动资金量，并依据标书中规定的预付款额度、承包合同款、承包期各项工程费用、业主支付的工程款以及工程所在地银行贷款取得的可能性、承包单位所能承受的银行贷款利息等项目来制订资金需求计划。

施工方案是根据招标文件制定的，它只能对某些重大的技术与组织问题作出一个原则性的安排，以满足编制相应的标价计算需要，至于详尽具体的内容只有在中标后再编制相应的施工技术措施计划。

c. 基础单价的计算。在一般工程项目中，工程单价应包括：人工及其有关费用、材料费、机械使用费及其他一切有关费用、临时工程费、开办费、不可预见费、管理费及利润等。在上述这些费用中，影响项目基础单价的因素主要有三个方面，即基础价格、定额标准和各种摊销系数。对国内的一般工程项目而言，项目基础单价的主要依据是全国统一工程预算定额和项目所在地的材料预算定额及其他有关取费标准；而对承包的国外工程项目，由于没有统一的定额标准，基础单价的计算就应分费用项目单个确定有关的基础单价。

第一，人工费用的计算，主要应计算出工人每个工日的日平均工资。国外承包的工程，如果整个工程是雇佣工程所在地的工人，则只需按当地建筑工人的日工资，适当加上有关津贴、招募工人的费用开支等，最后折合成工日工资。在计算时，可以收集一些工程所在地其他有关工程项目的人工费用标准作参考。如果工程项目施工人员中有国内人员，则其工资单价的组成需按国内有关规定计算，一般应包括：国外包干工资、中转费、差旅费、保险费、生活费、奖金福利费、服装费、加班工资等。在测算人工费用时，可根据工程项目所需技术等级工人的构成及其工资标准，以及国内派出人员和当地雇佣工人的构成及其工资标准计算出一个综合人工单价来估算。对分项工程直接费单价一般采取统一不变的人工工资单价。

第二，材料设备基价的计算。在国际工程项目承包中，材料、设备主要从工程所在地采购，但有些地区由于建筑材料和设备短缺或价格高、质量规格型号不能满足工程项目建设需要，也可从国内采购或通过第三国采购。然而，不管采用何种采购方式，在计算价格时，均要换算成材料设备到达工程项目所在地后的价格作为计算基价。其价格的组成应包括原价［当地采购价、国内或第三国采购供应到岸（CIF）价或离岸（FOB）价］、运杂费（包装、运输、装卸、保险等费用）、税金（关税及其他税金）、安装调试费、运储损耗及其他有关费用。

第三，施工机械使用费基价的计算。对自有机械，其使用费的基价应包括折旧费用、安装拆卸费、运杂费、燃料动力费、操作人员工资、维护修理费、保险费用等；对通过租赁方式租用的机械设备，其使用费的基价应包括租金（融资租赁的应增加手续费）和进场费（包括运输、安装调试等费用）。

施工机械台班单价的计算方法是：

台班单价=（基本折旧费+运杂费+装卸费+维修费+保险费）×总台班数+机上人工费
　　　　　+动力燃料费

其中，折旧费=（原值-残值）×折旧率

总台班数为机械在折旧期限内的工作白班数。

第四，其他费用的计算。它包括开办费、现场管理费和其他待摊费用等。开办费是工程项目正式开工前的各项现场准备工作所发生的各种费用。通常指现场勘察费，场地清理和平整、通水、通电、通气、排洪、排污、电话线路等费用，现场试验设施费，施工机械费，脚手架与小型工具费，临时设施费及其他费用等。现场管理费包括投标费用、保函手续费、保险费、税金、咨询费、管理人员费用和行政办公经费、差旅费、广告宣传费、业务开拓费、国家资产使用费及其他费用。其他待摊费用包括流动资金贷款利息、代理人佣金、利润、风险系数和降价系数以及物价上涨系数等。

d. 标价计算与审查分析。在计算各费用基础单价、选定适当的定额标准、测定相关费用分摊系数的基础上，就可以开始计算汇总标价。在计算时，首先确定每个单项工程的人工消耗量、材料消耗和施工机械台班量，工程项目及其内容一定要和招标文件中的工程量清单中所列相同，工料消耗定额要根据技术说明的要求、施工方法、工人的操作熟练程度和施工条件等来确定。

在计算出标价后，应对计算的结果进行必要的审查和分析，审查分析的目的是研究这些标价的合理性、盈利性和风险性，进而作出最后的报价决策。

标价的审查，首先，是审查标价计算的依据、计算的方法、标价计算中所采取的报价策略，尤其是要审查有关费用的预测、估计和费用的分摊是否合理、正确，是否会对工程项目投标产生影响，以及采用这些报价方法能给公司带来多大的效益，可能会承担多大的风险；其次，是审查计算的标价中有无重大的遗漏和缺项，各费用项目的计算是否正确，对各分项目汇总计算的总价是否正确等。

对标价的分析可采用静态分析和动态分析的方法。所谓静态分析即对上述计算的工程项目标价进行数据分析，分析各项费用的实际消耗量、总费用成本和单位费用成本之间的有机构成及其结构比重。首先，是各费用项目的实际消耗在总费用成本中所占的比例指标，如整个工程项目标价中材料费占总标价的比例，各主要材料数量和分类总价，单位最终产品的总材料费指标和主要材料消耗指标等；其次，是对上述各类指标和比例，分析标价结构的合理性。例如，分析直接费与管理费的比例关系，劳务和材料费的关系，临时设施和机具设备费用与直接费的比例关系，利润、佣金、流动资金及其利息与总标价的比例关系等；另外，还可分析劳动生产率，即参照同类工程项目建设的经验，分析按单位最终产品价格，用工、用料的合理性。标价的动态分析，是将所计算的标价进行横向和纵向比较。所谓纵向比较，即将该工程项目的标价与以前年度承接同类工程项目所计算的标价进行比较，主要比较各费用项目的构成、费用项目单价及变动趋势，分析影响工程项目标价的主客观原因，加工期的延误、物价和工资的上涨、外汇汇率的调整等；所谓横向比较，是将拟投标项目的报价与同类工程项目的标价相比较，分析标价的高低和合理性，对不合理的工程项目单价进行重新调整。只有在认真进行上述审查和分析的基础上，才能最后作出报价的决策，并对需要进行调整的项目作最后的调整和修改，形成最终的投标报价文件。

e. 投标书的报送。投标单位在完成标书的各项准备工作后，应在招标单位规定的日期内将标书连同投标函一起寄送招标文件中指定的地点，寄送的标书有正本和副本。投标人应将投标书正本和副本分别密封在内层信封和外层信封中，并在信封上注明"正本"和"副本"，负责开标的单位名称和地址，投标人名称、地址，所投标工程名称、招标编号，投标截止日期前不得开封等字样，在信封口加盖投标单位密封封章。投标单位应在招标文件规定的投标截止日期前按指定的地点报送投标文件，投标截止日期后的任何标书都将作为无效标书原封退回。

10. 评标与决标

评标与决标是招标、投标工作中的一个重要环节，是继工程项目投标后，做好有关后续工作，争取中标的重要阶段。

（1）开标。

所谓开标，是招标单位在公证部门的鉴证下，将所有参加投标单位的标书当众启封揭晓（在特殊情况下，当工程项目涉及国家安全、机密等方面时，可采取非公开开标的方法），予以公布，故又称揭标。开标的时间应为招标文件规定的投标截止日或稍微滞后的时间内开标，但不能滞后时间过长。当开标具体日期确定后，应提前通知投标单位。开标应由招标单位委托的招标机构组成招标委员会主持，除招标委员会主任参加外，还至少需要两名以上人员参加，以保证开标在法律上的有效性。

开标一般按下列程序进行：

① 招标委员会负责人宣布、通报本次招标情况，公布评标原则和注意事项。

② 在评标委员会和投标单位及公证人员参与的情况下，验证标箱和投标书是否启封。

③ 招标委员会负责人依据投标单位递交标书的日期先后顺序，交由拆封员当众开启标书，唱标员对投标单位的名称、每一投标报价总额以及是否提供了投标保证金等予以公布，由记标员予以记录，记标后由投标单位当场签字。

④ 公证部门公证开标结果，宣布是否符合法律程序。

⑤ 唱标后的记录副本，按照国家规定应送银行和主管部门备案。

当标书开启后，允许投标单位对其所报送的标书作一般性的说明或疑点澄清，但不允许投标单位更改标书的实质性内容和标价；对招标单位来说，可以要求投标单位对其投标事项中某些含糊不清之处予以说明，但不允许授意或要求投标单位更改标书的实质性内容和标价。经过上述工作后，如投标单位的标书符合招标机构要求的条件，便可当众宣布接受其投标。在开标过程中，如果遇到以下情况，则可分别予以处理：

① 对标书未密封，标书未按规定的格式填写，或字迹模糊、辨认不清、未加盖投标单位或负责人印章的，视为无效标书。

② 投标书不符合招标文件要求，或因投标单位在标书上要求保留不同意见及附加条件而违背投标文件要求的，在开标之前投标单位对其保留意见及附加条件未有书面声明作废的，视为无效标书。

③ 未按规定日期和时间寄送的报价书，原则上应视为废标，予以原封退回。但是，当经查实这种延误并非投标单位所致，而接受这种迟到标书也不会让该投标单位获得某种优惠时，招标单位可同意该迟到的标书有效。

④ 未按规定提供投标保证金的标书宣告无效。

按照招标、投标的有关规定，在开标后，投标单位对报价不可作实质性的修改，招标单位也不可以任何理由要求投标单位对报价作实质性的修改。但在开标、评标过程中，允许投标单位对标书中含糊不清之处予以澄清和说明，从而为投标单位在开标后争得中标的有利地位提供机会，因此投标单位绝不可在开标后消极等待，应采取各种争取中标的手段和方法。

在公开开标后，投标单位已经明确了报价的高低位置，也看清了竞争对手的报价排列顺序和允诺报价条件的优劣，这时，投标单位就该果断地决定其进退策略。

报价在前两名的投标单位应不放过任何竞争手段，争取中标。在这种情况下，两者均处于竞争中的有利地位，尽管报价条件大体相近，但各有长短。这时，对于决标者来讲很难作出倾向性的决定。关键问题是谁的说明更有说服力，谁的信誉更好，谁就更有中标的可能性。

报价在三、四名的投标单位，应调整竞争策略，争取得到报价答辩的机会。特别是对投标单位经营影响较大的项目，更应通过报价答辩，发挥报价条件中的独有专长，同时发挥公关部门的作用，争取跻身前列。

报价明显高于竞争对手的投标单位，如果报价条件无明显优势，或投标项目对投标企业无多大吸引力，则应放弃竞标。

在公开开标后，招标单位为了选择更理想的中标者，要对有价值的标书全面认真地进行评估。报价低的标书在竞争中占据有利地位；而报价稍高、接近标底的标书，如果标价条件具有明显的优势，则对招标单位同样具有较大的吸引力。为了选择一个较为理想的标书，给投标者以弥补疏漏的机会，招标单位往往要求报价前几名的投标者进行报价答辩。报价答辩不是简单地说明，不是对标书的重复叙述，而是以技术、经济条件为重点，深层次地对质疑问题进行分析论证。如论证施工方案、施工技术的先进性、适用性和可靠性；论证施工设备的先进性和生产能力，表述投标单位在资金上和经济上的实力以及以往承接过类似工程项目建设的经验和信誉，中标后能在多大程度上给招标单位带来实惠等。

（2）评标。

所谓评标，是指招标单位组织评标委员会，对开标时已公开接受的标书进行筛选和评估，以选择最佳的标书作为决标和授予建设工程施工合同的对象。评标是在开标后到决标授标前的工作过程。

① 评标的基本要求。

评标的目的是围绕技术、质量、进度、费用、服务以及商务条件等筛选评估出合适的投标单位，这就要求在评标过程中必须坚持公正、平等的原则；坚决维护招标文件中规定的各项要求和标准，保证评标质量，坚持择优选择，体现竞争的原则；坚持评标过程中的保密原则，对招标单位的标底、评标的意见、中标的意见意向以及评标的具体情况，都不得向投标单位和与评标工作无关的人员透露。

② 评标的工作程序。

评标是按照规定的程序进行的。尽管各个工程项目招投标的情况不同、要求不一，但在评标过程中都有一个大致相同的程序，标书的分析和评估就是按照这个程序进行的。

a. 确定评标方案。

在正式评标前，评标小组要拟订一个详尽的评标方案。评标方案是对招标文件要求的具体化，包括招标文件中各项技术、经济、商务要素的具体构成和定量要求，各种要素转换为货币数量的权数确定等，同时要有相关的方案说明。合理确定评标方案通常采取两种方法：一是将招投标文件发给招标单位各职能部门征求意见，然后将意见收集整理，分析确定评标方案；二是组织招标单位各部门联合办公，对招投标文件进行共同研究，确定评标方案。

b. 标书的审查。

评标过程的第一步是对所有的标书进行初审，将标书中有明显不足或缺陷的标书筛选出来，保留那些有评估价值，拟进一步评选的标书。

所谓有明显不足的标书是指：

第一，标书内容与招标工程项目内容不符的。

第二，标书没有竞争能力，报价过多高于标底的。

第三，标书内容不完整，投标单位在投标书中未提供计算标价的依据和有关说明的。

第四，标书报价计算有误的，如单价与总价计算不符，标价的数字等与文字说明不符，计量单位有误，不同币种、币值的换算有误等。

c. 标书的评审。

在对投标书进行初评之后，评标委员会应对所有的入选标书进行评估和分析，具体包括技术、经济商务和其他各有关方面的评估等。

第一，技术评估。技术评估主要包括标书中工程设计、施工方案、施工进度计划是否满足招标文件规定要求，质量如何保证，现场管理（包括组织机构、平面布置、人员能力与授权情况）是否适应合同任务，材料设备能否满足招标文件和设计要求以及施工机械选择是否合理，投标对招标工程在技术上有无保留和建议等。

第二，经济商务评估。主要是从成本、财务和经济分析等方面，评定投标报价的合理性和可靠性，估量授标给投标人后的不同经济效果。

除上述评估内容外，还应对投标单位的财务能力、施工能力、劳动素质、合作伙伴、筹资能力、商业信誉等方面进行评估。

对标书评估的具体内容、评估的详细程度和侧重点，是根据工程项目的复杂程度、费用水平、风险程度等来确定的。

d. 标书的澄清。

为有助于标书的审查、评价和比较，业主可以个别地要求投标人澄清其投标书，包括单价分析表。澄清时，不允许更改投标标价及标书中的实质性内容，但错误修正不在其中。对投标人来说，虽然澄清不是议标，但在提供解释性资料时，提供的任何解释都将有可能被认为是一种承诺，因此应持谨慎态度。

e. 确定评标价格。

所谓评标价格，是指对标书中允诺的技术、经济、服务诸因素，经过科学计算、衡量、比较所求得的标书价格。在目前通行的招标、投标工作中，通过对评标价格进行比较，以确定中标者已较为普遍，尤其是国际承包工程的招标、评标主要采用这种方法。计算评标价格要考虑报价以外的其他技术、经济、商务因素，投标单位除慎重报价外，还应重视发挥技术、经济、商务方面的优势。对评标价格的评估确定方法都有明确的规定，投标单位应对这些规定予以考虑。

f. 评标报告。

投标书经过评标委员会评估分析后，要对每份标书评估结果作出详细记录并写出评估报告，由招标单位和提供贷款银行批准。评标报告可采取两种形式：一是采用评标建议书的形式，报告中说明有哪些单位参加了投标，评标价格最低、获胜的投标单位名称，报价金额以及其他有关建议性说明；二是采用评标推荐书的形式，报告中说明有哪些单位参加了投标，倾向于哪个投标单位中标，推荐的理由，以及其他有关说明等。评标报告是评标工作的最终成果，它是决标和授予工程承包合同的依据。

（3）授标。

招标人（业主）按照招标文件规定的标准，对所有符合要求的投标书进行评比，确定评标价格最低的承包商为中标单位（中标人）。如果是世界银行贷款项目，则还要将评标报告和授标建议交世界银行审查，在征得世界银行同意后，业主可授予中标单位中标书。在中标人被通知中标的同时，业主将招标文件提供的合同协议书格式，连同其他双方达成的协议签字后寄给中标人。在此情况下，中标人应在收到上述协议的 21 天内签字并退还给业主，或者邀请中标人在收到中标须知书 28 天内，派代表前来谈判签约。对较复杂的工程，合同还应将中标人的投标文件、业主在投标阶段发出的补充通知、评标阶段澄清会上提出的问题和投标人的答复、双方往来文件等所有对双方有约束性的文件汇集在投标文件汇编中，最后由业主向中标人正式发出授标信，并着手准备与承包商签订建设工程承包合同。

6.2 工程项目招投标审计的目标和程序

工程项目招投标审计的总体目标是对招投标过程以及结果产生的公正性、公平性、合法性进行检查和评价，出具审计意见，而其具体目标则会因为审计时具体的情况和侧重点不同而有所不同。

我国政府审计机构一般在招投标工作完成之后进行事后审计，但从审计监督的效果来看，审计人员应从开标时开始介入，实施工程项目招投标审计。这样，一方面，能够及时发现问题，建议有关部门及时改正；另一方面，此时承包合同尚未签订，审计建议能够有效地得以执行，相对于签订合同而言，这时的审计工作相当于事前审计，可以减少事后审计的被动性。

招投标审计应采用跟踪审计的方法，也就是说在承包合同签订之后，审计人员应关注审计合同的执行情况，以已经过审计的，并在招投标过程中确认的合同为依据，审计招标人与投标人在合同履行过程中的合法性和合规性，实施建设全过程监督。

工程项目招投标审计一般遵循以下程序：

1. 了解和收集与工程项目招投标有关的资料

在审计工作前，审计人员应多方面了解和收集各种与该工程项目招投标审计有关的资料、文件，如果该工程项目属于地方性项目，那么审计人员还应该熟悉当地政府制定的有关招投标的规定。审计人员可以自己或者要求其助理人员登记资料清单，将已提供的重要资料装订成册，记录已提供资料和未提供资料的情况。

2. 调查了解工程项目招投标情况

审计人员就招标单位是否具备招标的资格、招标工作过程是否合法、合同是否规范等问题进行检查审核，并加以记录。

3. 综合评价工程项目招投标的总体情况

审计人员根据以上所收集到的资料和在审计过程中所记录下的事项对招投标单位在招投标活动中的行为是否合法合规，是否遵守了公开、公平、公正性以及是否按照诚信原则组织招投标活动进行判断，并出具审计意见。

6.3 工程项目招投标审计的内容

6.3.1 工程项目报建的审计

对工程项目报建的审计主要是审查项目是否经有关部门的批准、报建时所提交的文件资料是否全面、报建的内容是否符合规定等内容。

招标人自行招标的，应当在发布招标公告或者发出招标邀请书 15 日前持有关材料到县级以上人民政府的行政主管部门备案；招标人委托招标代理机构进行招标的，招标人应当在代理招标委托合同签订后 15 日内，持有关材料到县级以上人民政府的行政主管部门备案。备案机关应当在接受备案之日起 5 日内进行审核，发现招标人不具备自行招标条件、代理机构无相应资格、招标前期条件不具备、招标公告或者招标邀请书有重大瑕疵的，可以责令招标人暂时停止招标活动。

审计人员应该对项目在报建时交验的文件资料进行复核，以检查项目的报建文件资料是否全面，报建人是否有舞弊的行为。这些文件资料包括：

(1) 工程项目建议书批准文件。

(2) 可行性研究报告批准文件。

(3) 初步设计批准文件。

(4) 资金证明。

(5) 项目法人成立的批准文件。

(6) 投资方案协议书。

(7) 有关土地使用权的批准文件。

(8) 施工准备阶段建设内容和工作计划报告。

(9) 项目法人组织结构和主要人员情况表。

审计人员还应该检查报建工程项目的内容是否完整，是否包括工程名称、建设地点、投资规模、资金来源、当年投资额、工程规模、发包方式、计划开工与竣工的日期、工程筹建情况等。

在这个环节中，审计人员应该重点审计工程规模、工程范围和资金证明三个方面的内容。

1. 工程规模

如果工程规模达到一定的标准，那么就应该进行招标。审计人员应该对各个不同的单项招标合同进行审计，检查合同的价格是不是达到了规定应该招标的金额。如果达到了规定应该进行招标的规模而没有招标，除非情形特殊（如该项目的技术是保密的，或者项目的建设涉及了国家机密等），否则，工程项目的负责人则有可能进行舞弊，这时审计人员应该向有关行政主管部门进行报告。

2. 工程范围

审计人员应该就工程的性质向建设单位进行询问，如果工程的性质属于以下范围的，那么就应该进行招标：

（1）关系社会公共利益、公共安全工程建设项目。

（2）使用国有资金投资或者国家融资的工程建设项目。

（3）使用国际组织或者外国政府贷款、援助资金的工程建设项目。

3. 资金证明

向报建单位开户的银行发出询证函，确定报建单位是否为该项目的建设开设了专门的账户并真实足额地存入了项目建设所需的资金，必要的时候还要了解该笔资金的来源和后续使用情况。

同时，为了防止报建单位蒙蔽上级领导虚报建设项目，以骗取上级的拨款，在必要的时候审计人员还应该到报建单位所指明的建设所在地进行实际考察。

6.3.2　建设单位资质的审计

建设单位资质，是指建设单位是否有具备与从事招标工作有关的条件（即项目的建设单位是否有资格进行自行招标）以及相应的民事行为能力。

工程项目的招标工作是非常复杂的，它需要工程技术人员、概（预）算人员、财务计划人员和工程管理人员共同合作来完成。如果建设单位自行招标而又不具备相应的资格，工程的设计图不规范，没有能力对工程所需的数据进行准确的计算，那么在编制标底的过程中就会产生错误，进而会影响工程的质量。因此，审计人员应该重点审查建设单位是否具有自行招标的资格，能不能对工程进行准确的设计。审计人员一般应对建设单位的以下事项进行审核：

（1）项目法人营业执照、法人证书或者项目法人组建文件。

（2）与招标项目相适应的专业技术力量情况。

（3）是否具有编制招标文件和组织评标的能力。

（4）是否设有招标机构或三名以上的专职招标业务人员的。

（5）以往编制的同类工程项目的中标文件和评标报告，以及招标业绩的证明材料。

对于（1），审计人员可以到项目建设单位的上级领导部门或者其所注册的工商行政部门进行调查；而对于（2）、（3）、（4）、（5），审计人员应该向建设的技术部门和人力资源部门进行询问，并对该单位以往的工作业绩进行评价，从而确定建设单位是否真正拥有自行招标的资格。如果建设单位没有自行招标的资格，那么就应委托具备相应资格的招标单位代理招标。假如建设单位没有资格自行招标，但采用了自行招标的方式进行招标，那么审计人员就应该向建设单位的主管部门汇报，请其采取相应的措施。

另外，建设单位即使自身具备了招标能力，它也可以自由选择是采用自行招标还是委托招标，任何单位和个人都不得强制其委托招标代理机构办理招标事宜。现实生活中，一些地方和部门的行政领导收受了当地招标公司的贿赂对招标投标活动进行非法干预，强令一些具有自行招标资格的建设单位进行委托招标。有时，这些代理招标机构根本就没有能力进行招标工作，通常只是为了通过某些行政的力量来获得非法的利益。这样既浪费了资金，也违背了招标应遵循的原则，严重影响招标工作进行的公平性，影响工程建设的质量。因此，在必要的时候，审计人员还应该对代理招标单位是否具有代理招标的资格进行审计。在审计招标代理单位是否具有相应资格的时候，要注意审查以下两点：

（1）是否拥有从事招标代理业务的营业场所和相应资金。

对此审计人员可以直接到该代理机构的营业场所所在地进行走访观察，并检查它的营业执照，必要时还可以向它所注册的工商行政管理部门进行询问，以确定其所具有的资格的真实性。

（2）是否拥有能够编制招标文件和组织评标的相应专业力量。

审计人员除了需要检查以上的两点以外，还应该在必要的时候对该代理机构的行政隶属关系和其他利益关系进行检查。

6.3.3　招标申请的审计

对招标申请的审计主要是审核招标申请文件所包括的内容是否全面，是否符合工程项目招标的条件，所采用的招标方式是否合法。

招标单位的招标申请应该得到招标管理机构的批准，审计人员应该要求招标单位出示招标申请的批文，要是需要的话还可以向招标管理部门针对此事进行询问。审计人员同时还应检查招标申请是否包括了如下应有的内容：工程名称、建设地点、招标建设规模、结构类型、招标范围、招标方式、要求施工企业的等级、施工前期准备情况、招标机构组织情况等。

对于工程项目招标来说，审计人员应该检查建设单位是否具备相关的条件。如果建设单位不具备相关的条件，那么这个项目就不能进行，同时，也不能进行招标工作。这些条件是：

（1）项目的建设是否已经确定或得到批准。

（2）项目所需资金的落实情况，相关资料是否已经收集完毕，项目是否已经列入年度计划内。

对于施工招标来说，审计人员除了审查以上两点外，还应审查以下事项：

（1）监理单位是否已经在施工招标之前确定。

（2）建设单位是否具有满足招标要求的设计文件，是否已与设计单位签订适应施工进度要求的图纸交付合同或协议。

（3）有关工程项目永久征地、临时征地和移民搬迁的实施、安置工作是否已经落实或已有明确安排。

6.3.4　资格预审文件、招标文件的编制与送审的审计

对资格预审文件、招标文件的编制与送审进行审计，主要是确定招标人是否进行了资格预审。

在进行投标工作之前，招标单位应该对潜在的投标人进行资格审查，其目的是为了保证招标工作的质量。招标人也可以不进行资格预审，在招标工作结束后对投标人进行资格后审。进行资格预审的，一般不再进行资格后审，但招标文件另有规定的除外。

审计人员应该检查资格预审程序的合法性和合规性，资格预审一般按照下列原则进行：

（1）招标人组建的资格预审工作组负责资格预审。

（2）资格预审工作组按照资格预审文件中规定的资格评审条件，对所有潜在投标人提交的资格预审文件进行评审。

（3）资格预审完成后，资格预审工作组应提交由资格预审工作组成员签字的资格预审报告，并由招标人存档备查。

（4）经资格预审后，招标人应当向资格预审合格的潜在投标人发出资格预审合格通知书，告知获取招标文件的时间、地点和方法，并同时向资格预审不合格的潜在投标人告知资格预审结果。

6.3.5　招标公告或招标邀请书发布的审计

对招标公告或招标邀请书发布进行审计，主要是审查招标人是否在指定的媒体上发布了招标公告或者向足够数量的投标人发出了招标邀请书。

如果招标人采用的是公开招标，那么审计人员只要审查一下招标人所发布的招标信息的媒体是不是国家发展和改革委员会指定的，该媒体上有没有招标人发布的招标信息即可。审计人员还应审查招标公告的内容，以确定其是否有限制潜在投标人数量的项目条款。招标单位要对招标公告的真实性负责，如果审计人员在审计的时候发现公告的内容与实际不符，那么就应该提请相关管理部门对此进行纠正。

如果招标人采用邀请招标，则审计人员首先应该审查一下投标人的数量。根据相关文件的要求，招标人采用邀请招标的应该向不少于 3 个投标单位发出投标邀请书。审计人员可以要求招标人提供投标人的名称，并向投标人进行询问，以确定招标人提供的信息是否真实。同时，审计人员还应该结合对投标人资格的审计来确定招标人和投标人之间是否存在利益关系，是否有互相串通损害国家利益的行为。

6.3.6　对投标人资格的审计

对投标人资格的审计，主要是确定投标人是否有相应的资格来承接招标的项目。

按照项目建设与项目管理要求，无论是设计投标、监理投标，还是施工投标，参与投标的投标人应具备与项目的建设规模和项目性质要求相一致的资质和级别。因此，招标人应该对投标人进行资格预审，并且专门发布资格预审公告，以便淘汰不合格的投标人。只有通过了资格预审的投标人，才可以购买招标文件，参与竞争。如果为邀请招标，由于招标单位已经对邀请单位的资质条件有所了解，则可以不进行资格预审，但要在评标时进行资格后审，将其资质、信誉、能力作为评标考虑的因素之一。

资格预审与资格后审的内容基本相同。资格预审公告一般应包括：招标人的名称和地址，招标项目的性质和数量，招标项目的地点和时间要求，获取资格预审文件的办法、地点和时间，资格预审的日程安排。

对投标人资格的审计主要包括以下内容：

1. 投标人概况

审计人员可以向投标人注册的工商行政部门了解有关该企业的主要经营范围、注册资本、企业资质等情况，并向投标人索要近三年的经过注册会计师审计的并出具审计报告的财务报表，据以分析投标人是否有足够的财力（尤其是流动资产）来完成它所承揽的任务。

2. 经验与信誉

审计人员可以要求投标单位提供以往所承揽过的工程的概况介绍，对投标人以往的成就、业绩与信誉尤其是向原业主咨询投标人以往工作表现的情况，给予考虑。

3. 投标单位的技术力量和施工装备

审计人员应该与投标单位的人力资源管理部门就其高级管理人员（包括高级工程师、经济师、会计师、监理师）的素质、学历以及以往所参加过的工程的业绩情况进行询问，同时可以实地检查投标人是否真正拥有所承揽的工程应配备的机械设备（包括自由设备和拟为所承揽工程购买或租赁的设备）。

审计人员应该注意的是，当招标代理机构代理项目监理招标时，该代理机构不得参加或代理该项目监理的投标。

6.3.7 工程标底的审计

对工程标底进行审计，主要是对招标项目标底的合规性和合理性作出客观评价。标底的编制工作在招标准备阶段完成，并报送各地招投标管理办公室审核，经过审核认可的标底，方可作为评标依据。对工程标底的审计主要包括以下内容：

1. 审计标底编制的合规性

一个合规的标底应满足以下条件：

（1）标底的单一性，标底的单一性并不排除根据不同企业的情况制定不同类型的标底，以适用于不同类型的企业，体现公允性，但是，一个类型的标底只能有一个。

（2）标底必须经过主管部门的批准，具备法定效力。

（3）标底的编制依据必须合规。编制标底的依据应当符合工程所在地的有关政策、法规和规定，符合工程项目本身技术经济特点和要求以及环境等客观要求，各项依据充分合理。标底合规性的审查，主要通过标底的资料，围绕合规性应该具备的条件，收集和分析证据。

审计人员应该与参与编制人员交谈，了解编制时对标底的各种考虑，尤其应该注意被调查人员对客观原因的解释，分析其合理性。

2. 审计标底的合理性

一个合理的标底应满足以下条件：

(1) 工程量计算正确。

(2) 材料差价计算合规，材料差价应该按现行政策规定计算。

(3) 钢筋用量按实际作合理调整。

(4) 标底造价包干范围清楚。

(5) 工期计算正确，符合国家规定的工期定额和设备合同规定的考核期等。

对标底合理性的审查，应围绕标底合理性的条件进行审核，主要包括：

(1) 审查工程量计算的正确性。

工程量计算具有较强的技术性，审计人员在开始审查前应先与被审计单位工程和设计部门的工程技术人员取得联系，并请他们详细介绍情况，然后索取建设工程部门和设计单位有关人员对标底审查的报告，用做参考和证据。通过对了解的情况的分析、整理，得出大致的概念，而后逐项审查；发现少计漏计项目，应予以补充，重计多计项目，应予以剔除。

(2) 审查套用的预算定额或地区单位估价表的正确性。

根据审批的工程项目建议书，首先，审查标底所列的工程名称、种类、规格、计量单位与定额或单位估价表所列的内容是否一致，定额套用和换算是否准确，对定额缺项的处理是否符合编制标底的有关规定和原则；其次，审查工程量的计算是否准确，即对标底中所列的工程量，对照图纸尺寸进行逐项审查或抽查；最后，审查取费标准，建设单位（或业主）在确定工程项目的招标前，一般对施工单位的资质有一定的要求，而不同性质的施工企业在确定费用定额时的取费标准是不同的，所以应根据招标单位对项目建设者的要求审查标底的编制是否有高套或低套的现象。

由于定额编制方法的不同，有的按照直接费或人工费的百分比计算，有的还规定了单项定额与综合定额，审计人员在审查时，应对各项费用的计算基础、各种费用率的采用、单项定额与综合定额有无重复计算及工程设计图纸上未包含的设备购置是否计入标底等内容，作为重点审查。

(3) 审查材料的预算价格。

材料预算价格对标底的影响大，应作为审计的重点。材料预算价格如果有国家和地区统一价格，则按统一价格确定；如果没有统一价格，则应按实际情况确定。审计人员应着重审查按实际情况确定的预算价格。

(4) 审查工期的确定。

审计人员应了解工程的工期计算定额，按规定合理确定工期的长短，并对标底规定的工期奖与工期促进措施的要求的可行性作比较分析，提出意见。

另外，按照《中华人民共和国招标投标法》的要求，标底必须保密。审计人员要对标底的保密性进行监督，以确保招标工作的公平性。

6.3.8　招标文件的发出或出售的审计

对招标文件的发出或出售进行审计，主要是审核招标文件的内容是否真实、完整以及招标文件售价的合理性。在实际中经常发现由于招标文件不实而导致招投标工作被动、招标人与投标人产生纠纷等有关问题，因此，审计招标文件的质量是招投标审计工作的重要内容之一。招标文件的发出或出售的审计，可以结合招标文件的发布审计一起进行。

招标文件是招标准备阶段由招标人编制的一份文字性的书面资料，是投标人投标的主要依据，也是评标、定标的标准。在确定了中标单位之后，招标文件又是签订承包合同所需依据的基础。招标文件的编制是招标准备工作中最重要的环节，所以招标文件内容的表达就显得非常的重要。

招标文件的内容一般包括：投标人须知，招标项目的性质和数量，技术规格，投标价格的要求及其计算方式，评标的标准和方法，交货、竣工或者提供服务的时间，投标人应当提供的有关资格证明文件，投标保证金的数额或者其他形式的担保，投标文件的编制要求，投标文件递交的方式、地点和截止时间，开标、评标、定标的日程安排，主要合同条款。

在对招标文件进行审计时，审计人员应该向招标单位索要其编制的招标文件或招标文件的复印件，仔细阅读文件中的各个项目的语句表达是否清楚，有没有歧义，招标人所要表达的内容是否真实完整的写入了招标文件中。如果有不明确或有能够产生歧义的条款，则审计人员应该提醒招标人及时给予改正，并在投标截止日之前及时通知各投标人；如果招标人对文件中的错误不予改正，则审计人员应该针对这种情况向招标单位的行政主管部门进行反映。

招标人在编制招标文件过程中，由于受到所获得的信息、时间、经验和专业知识的限制，招标文件有可能出现错误或者遗漏。如果使用错误的招标文件进行招标，那么必然会影响招标的效果，甚至导致招标失败。因此，招标人可以出于任何理由，主动地或者根据承包商和供应商的要求，对一些条款表述不清，或者容易产生误解的内容，甚至涉及实质性内容的错误进行变更。为了使投标人有充足的时间对招标文件的全部作出反应，并且能够编制出有质量的投标文件，招标人应该在招标文件要求提交投标文件截止时间至少15日前，以书面形式通知所有招标文件的收受人。更改通知书是招标文件的组成部分，如果招标单位没有给投标人留出反应时间，就缩短了投标人编制投标文件的时间，那么更改通知书就无效。审计人员应该注意检查招标人是否在规定的时间内发出了更改通知书，如果招标人没有在规定的时间之前发出更改通知书，那么就有可能在有意限制投标人的数量，对此审计人员应该上报相关管理部门提请他们对此予以处理。

招标单位不得利用发售招标文件的机会无理的提高招标文件的价格获取不当利益。审计人员应该检查招标单位的销售发票或者现金账，如果需要，则审计人员可以向投标人进行函证或询问。

6.3.9　投标、开标、评标与中标的审计

审计人员对招标、开标、评标和中标进行审计主要是审查投标文件的编制和填写是否符合规定，标价是否合理，投标保证金的交纳和返还，评标工作的公正性和公平性等内容。

1. 投标审查

投标文件的审查包括投标文件合格条件的审查和投标文件技术经济的再评价两个方面。

（1）投标文件合格条件的审查。

发出招标邀请后，投标单位陆续寄来投标书，招标单位收到投标书以后，将其存放在一个密封的标箱内。经过一段时间的准备，招标机构在公证机关的监督下，按照招标公告或邀请书规定的时间、地点公开召开开标会。投标文件合格条件的审计一般都是事后审计，审计人员应要求被审计单位提供各投标单位的投标文件内容资料和公证员的公证报告，在对投标文件的实际情况与开标时对投标文件和条件的评定作分析后，作出可靠的结论。

审计人员在审查招标文件的合格条件时，应该结合开标时对投标文件的检查来确定。在开标过程中如果遇到下列情况，那么投标文件就应视为无效标书：

① 投标文件为密封、未按照规定的格式填写，或者字迹模糊、辨认不清、未加盖投标单位或者负责人的印章。

② 投标文件不符合招标文件要求，或者因投标单位在标书上要求保留不同意见及附加条件而违背投标文件要求的，在开标之前投标单位对其保留意见及附加条件未声名作废的。

③ 未按照规定提供投标保证金的标书。

（2）投标文件的技术经济再评价。

由于投标文件的审计一般是事后审计，所以对投标文件的技术经济评价也是再评价，是对评价机构评价结论的评价，评价的内容包括技术和经济两个方面。投标文件技术方面的审查，是对投标文件内容在施工技术、施工工期和施工组织上进行可行性分析和评价。投标文件的综合经济评价的审查是通过一定的方法对招标要求的主要指标逐个评价和审查。经常使用的评审方法有选标比价法、综合评分法和综合经济评价法，在实际操作运用时，两种方法可同时使用。一般先用选标比价法淘汰超过预选要求的投标者，以节约时间，提高效率，然后对预选范围内的投标者进行综合经济评分。审计人员使用综合评分法要注意以下几个问题：

① 综合评分法的标准和方法必须在投标截止之后、开标之前的一段时间内拟制。

② 评标人员必须具有代表性和权威性，有关部门如工商、计委、建设银行等及项目主管部门都应派代表参加，公证机关派人参加评标，实行公证监督。

③ 评标时发挥公证员的作用，由于采用专家评议法，难免带有个人判断的偏差，为了保证评价的客观公正，需要对这种偏差加以限制。若发现评标人员缺乏公正，则公证员

应取消其评标资格。

审计人员应当审查的内容有：投标书是否得到了密封并加盖了本单位公章和负责人的印章；在开标之后检查投标书的编写是否按照了规定的格式进行，有无对投标书的内容进行修改，有无字迹涂改和字迹辨认不清（在开标的时候进行检查）；投标书的接受是否符合规定，即投标书的送达是否在规定的投标截止时间之前。原则上超过了投标截止时间的投标书是不能被接受的，但如果投标书的延误是由于非投标人的错误而导致的，而且接受投标文件也不会让投标人获得额外利益，那么招标人可以接收投标人的投标书。投标人对已递交的投标文件进行撤回、更正和补充是不是在规定的时间内进行的，是否符合招标文件的要求。

投标报价是投标文件的主要构成部分之一，它是投标人在进行投标准备时，按照招标文件要求，综合考虑自身的技术水平和管理能力，完成的一份投标报价文件。审计人员应注意投标报价是不是在建设成本的基础上确定的，有无低于成本竞争的行为发生，同时，还应该注意审计招投标过程中有无人为的压价、哄抬标价或泄露标底的现象。

投标人在递交投标文件的同时，应当递交投标保证金，投标保证金是在招标文件中规定的。审计人员应该检查招标人是否设立了专门的账号来对投标保证金的收支情况进行管理，并检查招标人的收款记录和银行存款账户，必要时要向投标人和投标保证金所在的银行进行函证，以确认招标人是否按照规定标准收取了投标保证金以及投标人是否真正及时地交纳了符合规定的投标保证金。同时，审计人员还应该关注在招投标完成并签订合同之后招标人是否将投标保证金返还给了投标人。如果招标人滥用投标保证金或者投标人没有按照规定按时足额的交纳投标保证金，那么审计人员就应及时向招标人的上级行政主管部门反应。

2. 开标审查

开标审查主要关注的是它的公正性和公开性。只有在特殊的情况下开标才可以采用非公开的方式，例如，工程项目涉及国家安全、机密，否则，开标应该采用公开的方式。如果对招投标的审计采用的是事中审计，那么审计人员就应该参加开标会，对开标的程序和组织的合法性和公平性进行监督。比如，开标会的主持人以及开标会的参与成员（主持人、监标人、开标人、唱标人、记录人等）是否按照相关要求全部参加。如果对招投标的审计采用的是事后审计，则审计人员应该向当时参加了开标会的公证人员询问开标的程序和组织是不是按照有关规定进行。

开标一般按照以下的程序进行：

（1）招标委员会负责人宣布、通报本次招标情况，公布评标原则和注意事项。

（2）在评标委员会和投标单位及公证人员参与的情况下，验证标箱和投标书是否启封。

（3）招标委员会负责人依据招标单位递交标书日期的先后顺序，交由拆封员当众开启标书，唱标员对投标单位的名称、每一投标报价总额以及是否提供了投标保证金等予以公布，由记标员予以记录，记标后由投标单位当场签字。

（4）公证部门公证开标结果，宣布是否符合法律程序。

（5）唱标后的记录副本，按照国家规定应送到相关行政主管机关备案。

当标书开启后，允许投标单位对其所报送的标书作一般性的说明或澄清，但不允许投标单位更改标书的实质性内容和标价。对招标单位来说，可以要求投标单位对其投标事项中某些含糊不清之处予以说明，但不允许授意或者要求投标单位更改标书的实质性内容和标价。经过上述工作后，如果投标单位的标书符合招标机构要求的条件，则可当众宣布接受其投标。审计人员应该在现场对开标活动给予监督和记录，要确保开标活动是按照规定的程序公平合法的进行，对在开标过程中发现的违法违规行为，审计人员应及时的对招标人给予提醒，并提请其改正。如果招标人不肯改正，那么审计人员就应及时的把这种情况上报到招标人的行政主管部门，提请该主管部门给予处理，以防止因招标人的违法违规行为而使得国家的利益受到损失。

3. 评标审查

评标工作是由评标委员会负责的，所以评标的审计就是审查评标委员会工作的合法性和公平性。由于评标委员会成员的组成在招标结果出来之前是保密的，所以对评标委员会工作进行事中审计一般是不大可能的，大多数情况下对评标工作的审计都是事后进行的。

首先，在实施审计的时候，审计人员应该注意评标委员会成员的身份和人数。审计人员可以向招标单位索要评标委员会成员的名单，并对所列的成员的身份进行复核，比如，询问该专家是否真正的参加了评标工作，向专家所在的单位询问专家的资格，以及调查其过去的工作经历、家庭成员的组成等情况。其次，如果审计人员获准可以参与评标的工作，那么审计人员还应该注意审查评标委员会的工作内容和工作程序。一般来说，评标工作的程序为：

（1）招标人宣布评标委员会成员名单并确定主任委员。

（2）招标人宣布有关评标纪律。

（3）在主任委员主持下，根据需要，讨论通过成立有关专业组和工作组。

（4）听取招标人介绍招标文件。

（5）组织评标人员学习评标标准和方法。

（6）经评标委员会讨论，并经 1/2 以上委员同意，提出需投标人澄清的问题，以书面方式送达投标人。

（7）对需要文字澄清的问题，投标人应当以书面形式送达评标委员会。

（8）评标委员会按招标文件确定的评标标准和方法，对投标文件进行评审，确定中标候选人推荐顺序。

（9）在评标委员会 2/3 以上委员同意并签字的情况下，通过评标委员会工作报告，并报招标人。

4. 中标的审查

中标的审查在于确定中标人的产生是否公平合法。中标人的产生可以由招标人授权评标委员会直接确定，也可以根据评标委员会提出的书面评标报告和推荐的中标候选人顺序确定。被选定的投标人的投标应该符合下列条件之一：能够最大限度地满足中标文件中规定的各项综合评价标准；能够满足中标文件的实质性要求，并且经评审的投标价格合理最低，但投标价格低于成本的除外。

当招标人确定的中标人与评标委员会推荐的中标候选人顺序不一致时，审计人员应该要求招标单位陈述选择该中标单位的原因，如果理由不充分，则审计人员应该上报到招标单位的上级行政主管部门。审计人员还应该检查招标人是否及时地将中标的消息通知了中标人和其他的投标人。

开标、评标和中标的最基本原则就是公平、公正，任何投标人都不得以向招标人或者评委会成员行贿为手段谋取中标。在审计时，审计人员应注意发现上述问题，并予以揭示，以保证招投标工作的公平性和公正性。

6.4 工程项目合同审计的意义

6.4.1 工程项目承包合同中存在的问题

在工程项目承包合同中，往往会因种种原因出现各种问题，这些问题的存在使得合同当事双方蒙受不应有的损失。在工程项目承包合同中，常见的几种问题主要有：

（1）缺少必要的法律常识，合同签订后才发现合同中缺少一些必不可少的法律条款，合同虽已签字但不具备法律效力，使得因履行合同造成损失而发生的经济纠纷得不到法律的保护。例如，某工程项目通过招投标确定的中标价为 300 万元，招标文件中没有关于优惠让利的规定，但甲乙双方在签订施工合同时，甲方要求乙方按照中标价让利 4% 签订合同，作为合同报价，乙方同意并由此签订了合同。这就违背了工程项目招投标的基本原则，该项条款实际是无效的，审计人员在审计时，应将该问题揭示出来。

（2）在合同执行过程中发现原订合同中的有些条款考虑不周、含糊不清，难以分清双方的责任和权利，合同的条款之间、不同的合同文件之间的规定和要求相互矛盾或不一致。例如，某工程项目施工合同在其第四条中约定，"该项目按照中标价 400 万元一次包定，但在施工期间如果发生图纸之外的设计变更，则该变更部分在决算中按实调整"。在这一合同条款中，"图纸之外的设计变更"很难理解，容易使合同当事人双方产生异议，因而难以界定双方的责任、权利和义务。如果审计人员在合同签订过程中对该合同进行了审计的话，则应要求合同当事人双方具体约定"图纸之外设计变更"的内涵和范围，或者将"图纸之外的设计变更"改为规范说法"设计变更"，以避免理解上的模糊。

（3）合同条款漏洞太多，对许多可能发生的情况未作充分的估计，因而未能相应研究考虑一些补救的条款在合同中作出具体规定。例如，某工程项目施工场地比较复杂，施工条件不是很好，可能会导致造价的增加，但承包方在签订合同时未能充分地考虑到这个问题，致使合同报价偏低，但又无法弥补。

（4）合同双方对同一合同的有关条款理解不相同，而合同中又未能作具体解释，使得合同双方在合同的履行过程中因意见不一致而产生矛盾或争议，以致合同无法正常履行。例如，审计人员在对某建筑工程项目进行工程决算审计时，发现有这样的一项合同条款就存在诱发理解争议的问题，该条款规定，"该工程项目按照中标价包定，但是，经过甲方签字认可的工程量变更部分，在决算中可以调整。材料价差按实计算"。按照该条款的规定，审计人员和甲方都认为决算时应在中标价基础上调整甲方认可的变更部分的工程量，同时，调整整个工程全部材料的价差。但乙方不同意此观点，它坚持除了调整甲方认可的变更部分的工程量之外，还应调整的是变更部分的价差，而不是全部价差。当然，这个理解是错误的，其关键就在原合同条款中，"材料价差按实计算"之前用了"句号"。如果是"逗号"或"顿号"，则理解上就会与之不同。由此可见，合同内容应清晰，尽量避免出现此类纠纷。

（5）合同一方在合同实施中才发现合同的某些条款对自己极为不利，隐藏着极大的风险，或过于苛刻，使工程合同无法履行。例如，某工程项目合同在多项条款规定施工单位让利、施工单位垫资、施工单位承担一切安全事故责任等类似规定，最终导致合同无法正常履行或承包方偷工减料，完成低劣工程。

（6）工程合同签订的条件不具备。按照我国工程项目的建设与管理要求，工程项目应具备以下条件才能签订施工合同：

① 初步设计已经完成并经过批准。

② 工程项目已列入年度建设计划。

③ 有足够满足施工所需要的图纸和有关的技术资料。

④ 业主建设资金和主要建筑材料、设备来源已经基本落实。

⑤ 招投标项目，其中标通知书已经下达。

但在实际建设活动中，建设业主和建造承包商往往忽视合同签订的基本条件要求，在图纸不全、资金尚未落实的情况下匆匆签订合同，致使合同内容不详，合同纠纷增多。例如，由于图纸不全而无法合理地确定合同报价，资金没有到位导致工期延误，合同约定的建设时间形同虚设，建设业主和承包商都因此而蒙受一定的经济损失，在一定程度上影响了合同履行的严肃性。

6.4.2　工程项目合同审计的目的

为了避免工程承包合同在签订过程中出现上述问题，减少工程承包合同签订过程中可能带来的损失，审计人员应对工程合同进行必要的审计。通过审计可以达到以下几个目的：

（1）将合同文本中的各个组成部分分解开来，逐条研究各项条款的合理性和可行性，对涉及工程技术尤其是影响到切身利益的条款要逐字逐句理解，并审计合同条款的表达是否清楚，如有含糊不清之处则要向合同当事双方指出。

（2）审计合同内容的完整性。用标准的合同文本来对照该合同文本，审计是否缺少一些必要的合同条文。

（3）审计合同的合法性。通过审计，可以分析评价每一个合同条文执行后的法律后果将会给承包商带来的风险，为报价策略的制定提供基础资料，为合同谈判和签订合同提供决策依据。

（4）通过审计，可以发现合同条款之间的矛盾性，即不同条款对同一具体问题的规定或要求不相一致；还可以发现对承包商不利或有害的条款，如单方不平等条约等；另外，还能发现一些隐含着较大风险和内容含糊不清，或自己所不能理解的条款。

一般情况下，建设工程合同审计项目的确定主要依据招标单位提供的招标文件中所附工程合同的有关条款。在国际工程招标中，工程合同通常都有固定的文本，除具体的合同条款根据具体的工程项目而定外，其余格式基本相同。但在确定审计项目过程中，应结合具体的工程项目的性质、特点以及工程项目所在地的自然环境和地理条件以及工程项目的技术要求来实施具体的审计。在审计中，要结合招标文件中有关技术规范、施工图纸、工程量清单以及其他有关技术资料的要求，根据以往的经验确定审计重点。在审计时，应侧重审计合同双方的权利和义务是否明确，合同条款的完整性和严谨性，合同条款与招标文件以及其他技术资料之间是否叙述一致，有无相互矛盾或故意作假的现象，合同的合法性和有效性等。对合同的审计是整个投标过程中不可逾越的重要的基础工作，参加审计的人员必须具备一定的工作经验。

6.5 工程项目合同文件审计

工程项目是一个庞大的建筑体系，它由许多功能不同、构造相异的部分组成。一个工程项目的实施，需要订立众多的合同，几乎包括了所有类别的经济合同。工程项目合同审计重点在于施工合同文件。

工程项目合同文件审计的依据是：《合同法》、《建筑安装工程承包合同条例》、《建筑工程勘察设计合同条例》、《建筑工程施工合同管理办法》等。在审查时，应从合同的订立、成立和生效三个方面进行。

6.5.1 经济合同订立的审计

1. 审查订立经济合同的主体是否合格

审查订立合同的双方是否具备经济实体、法人地位。一般不具备法人资格或不符合法定条件的公民、采取不正当手段设立企业，取得营业执照或冒充法人、法人超越经济范围和等级、无权代理和滥用代理权订立的经济合同，均为主体不合格的无效经济合同，要依法判其无效；如果该合同的订立给国家造成损失，则应依法追究有关人员的责任。

2. 审查订立经济合同的程序是否合规

在审查时，应依据法律关于经济合同程序文件的规定，审查订立经济合同的程序是否合规。对不符合法定程序订立的经济合同，应要求其补办手续。

6.5.2 经济合同是否成立的审计

经济合同不成立，特指不具备形式要件和程序要件的经济合同。形式要件，是指经济合同的外在形式要符合法律要求；合同中列有足以使合同成立的必要条款，必要条款应当准确、清楚、具体，要能证明双方当事人意思表示一致。程序要件即经济合同订立的程序，分为一般程序和特殊程序。一般程序，是指当事人要约和承诺的过程。特殊程序分为两种情况：一是当事人特别约定的程序；二是法定的审批程序。在审查时，可从以下几个方面进行：

1. 审查经济合同是否具备形式要件

审查工程项目经济合同是否列入必要的条款，必要条款的表述是否一致，经济合同的外在形式是否符合法律要求等。

2. 审查经济合同是否具备程序要件

审查工程项目经济合同是否符合约定审批、约定签订、约定公正、约定担保、约定付款等；经济合同是否履行法定审批程序，按法律法规规定，某些重大经济合同的签订，必须以主管部门审批的文件为依据。

在审计中，若发现经济合同不具备形式要件和程序要件，则应确认经济合同不成立，并依法予以解除。

6.5.3　经济合同是否有效的审计

按照《合同法》第五十二条规定，下列经济合同为无效经济合同：
（1）一方以欺诈、胁迫的手段订立合同，损害国家利益。
（2）恶意串通，损害国家、集体或第三人利益。
（3）以合法形式掩盖非法目的。
（4）损害社会公共利益。
（5）违反法律、行政法规的强制性规定。
无效经济合同具体表现形式有以下几种：
（1）属于主体不合格的经济合同。
（2）属于内容不合法的经济合同，包括有：
① 以国家限制或禁止流通物为标的的合同。如专属国家所有的财产为标的的合同、以土地所有权为标的的合同等。
② 合同内容违反国家利益或社会公众利益的合同。如假经济合同，一方为了获得非法经济利益，为了截留公款、骗取银行贷款或骗取主管机关拨款的经费而订立的假经济合同。
③ 标的数量、质量、价格和违约责任等规定违反国家指令性计划、法律和法规规定的合同。

在审计时，应按照《合同法》等法规的规定，对经济合同文件的有效性进行审查判定。若发现经济合同文件无效，则应建议立即停止合同的履行，对订立无效经济合同的违法行为以及由此产生的经济后果，要依法予以追究。

6.5.4　无效经济合同财产后果的处理方式及确认无效经济合同的权属的审计

1. 审查无效经济合同财产后果的处理
根据过错责任原则，在订立经济合同时，谁有过错造成经济合同无效即由谁承担缔约

责任。无效经济合同后果的处理有以下几种类型：

（1）返还财产。

因为无效经济合同所约定的权利义务关系，法律不予承认，所以当事人依据合同所取得、占有的财产，应返还给对方。

（2）赔偿损失。

无效经济合同的订立和履行，可能会给一方或双方当事人带来财产上的损失。根据《合同法》规定，经济合同被确认为无效后，有过错的一方应赔偿对方因此所受的损失。若双方均有过错，各自承担相应的责任。

（3）追缴财产。

对违反国家利益或社会公众利益的无效经济合同，若双方都是故意的，则应追缴双方已经取得的财产，上缴国库。若只有一方是故意的，则故意的一方从对方取得的财产应返还对方；若非故意的一方已经取得或约定取得的财产，则应收归国库所有。

在审计中，若发现无效经济合同财产后果的处理不当，则应督促其依法予以纠正。

2. 审查无效经济合同的确定及处理

无效经济合同是法律上禁止订立的违法合同。违法合同可能会侵害国家、第三人（当事人以外的企事业单位和民众个人）或当事人的利益，而且给侵害对象造成的损失往往是无法补偿的。为了维护国家、企事业单位和公民的合法权益，《合同法》规定，经济合同的无效，由人民法院或仲裁机构确认。

在审计时，应审计无效经济合同的确认及处理是否遵循了过错原则，是否客观、公正。若发现不当，则应责其纠正。

6.6 工程项目合同履行审计

6.6.1 审查合同履行是否遵守其基本原则

合同的履行必须遵循的基本原则是：实行履行原则、适当履行原则、协作履行原则和监督履行原则等四项。

实行履行原则，是指当事人应严格按照合同规定的标的完成合同义务的原则，其含义包括两个方面：

（1）不能用其他标的来代替合同标的。

（2）不能以偿付违约金和赔偿金来代替履行。

实行履行原则并不是绝对的，其例外的情况有：

（1）以特定物为标的的合同，因义务人的过错，标的物灭失使实际履行已成为不可能。

（2）由于义务人不能按期交付标的，使实际履行对于权利主体来说已经不必要，或者使损失更大。

（3）标的物的质量不符合约定要求，权利主体自动放弃实际履行的请求。

（4）在法律有规定或合同有约定不实行履行只负赔偿责任时，可适用除外。

适当履行也称约定履行，是指当事人必须按约定品种、规格、质量、数量和期限、地点、方式来履行。这里的"适当"二字，意指履约行为和结果同约定条款的要求完全相符。

在审查中，如果发现合同履行没有遵守以上基本原则，则应督促其根据法规的规定以及合同的实际履行情况，纠正其不符合原则的做法，追究有关当事人的责任，以保证合同的正确履行。

6.6.2　审查合同履行的程度

1. 合同履行程度的含义

合同履行的程度，即合同履行情况的分析。合同的履行是整个合同业务最关键的环节，由于经济生活错综复杂，表现在合同履行上也十分复杂。同样一种履行情况，不同当事人往往可以得出完全不同的判断。所以，正确分析合同的履行情况，确定履行行为的性质，对于判断是否违约、如何划分和承担违约责任具有重要意义。

2. 合同履行程度的分类

合同履行的程度可分为四种情况：

（1）全面履行。

双方当事人按约定条款，全面地完成各自的义务，使履约行为、结果与合同条款全面相符，双方均实现了订约目的，彼此均无任何争议，即视为合同的全面履行。

（2）不履行。

合同订立后，由于一方或双方当事人的主观原因，合同义务全部没有履行，或根本没有履行合同规定的义务。这是违约行为最严重的行为，如在购销合同中，供方按合同规定交付给需方一定产品，而需方在无任何理由情况下，拒不支付货款，这就是需方不履行或全部不履行合同义务，不履行合同除法定免责条件外，一律追究当事人的责任。

（3）不适当履行。

双方当事人由于主观或客观的原因，不能全面履行合同，或使合同中的部分义务没有履行，即在履行合同标的的数量、质量、期限、地点、方式等不符合合同的规定，则为不适当履行，不适当履行合同是违约行为。对于违约者，应当依法或依合同约定追究违约责任。

（4）履约不能。

亦称不可能履行，是指合同中规定的义务当事人已经没有履行的可能。这种不能履行，不是由于当事人主观过错所致，而是客观上出现了不允许当事人去履行的情况，如订立合同所依据的计划被修改或取消；当事人一方关闭、停产或转产；不可抗力造成特定标的物的灭失；由于合同仲裁机关和人民法院对合同确认无效而撤销（主要指非故意的一方）。凡属于不能履行的合同，允许其变更或解除合同。

3. 约定不明条款的履行规则

为了确保合同的全面履行，双方当事人在订立合同时，对于各项条款的规定应力求明确、具体、清楚，切忌模棱两可、含糊不清，避免歧义解释的可能性。但在合同实践中，由于某些主观和客观上的原因，如承办人缺乏法律知识、合同实务经验不足、签约过程匆忙、未经认真审查等，往往出现某些条款规定不明确的情况。这些约定不明确的条款，虽然不一定妨碍合同的有效成立，但不足以指导合同当事人适当履行合同，甚至会引起争议和纠纷。

约定不明确的情况常常是有关质量、价款或酬金、期限、地点、方式和包装等的约定不明。根据我国立法和司法的实践，可依照下列规则作出处理。

（1）质量标准的约定不明。

质量标准约定不明，若有国家标准或专业标准，则可按中等质量标准履行。不允许提供不合格的产品和劳务；没有国家标准或专业标准的，可按同类产品或劳务的中等质量标准履行；当事人有特殊要求的，由当事人双方协商确定。

（2）价款或酬金的约定不明。

价款或酬金约定不明的，若有物价管理机关或劳动管理机关的规定，则按规定履行；若没有规定的，则可参照同类物品的价格或同类劳务的报酬履行。

（3）履行期限约定不明。

履行期限约定不明的，如果属于计划性合同，则权利人可以随时要求义务人履行合同，义务人也可随时向权利人履行合同；非计划性合同，当事人也可以随时请求履行合同。但不管是否属于计划性合同，随时请求履行合同时，必须事先通知对方当事人，并应当给对方留出相应的或必要的准备时间。

（4）履行地点约定不明。

履行地点约定不明的，如果是给付货币的，则在接受给付一方所在地履行；其他标的，在履行标的义务一方所在地履行。

（5）履行方式约定不明。

履行方式约定不明的，在履行义务时，应事先通知对方自己准备采取的履行方式和方法，取得对方同意后，方可履行。

（6）标的物包装要求约定不明。

标的物包装要求约定不明的，可按国家的有关规定，并依照物品的性能进行包装。一般应以不损坏物品和运输、保管的安全，以及有利于推销为原则进行包装。

在审计中，应按照法规的有关规定，对合同履行的具体情况进行审计，确定合同的履行程度，分析合同履行中违约行为的原因、性质、程度，若发现在合同履行中有不合规、不合法行为，则应依法予以查处；对为谋取私利而使国家或集体遭受损失的，应依法追究有关当事人的责任。

6.6.3 审查合同的变更与解除

实际的经济活动是复杂多变的，如市场供求关系发生变化、国家计划重新修改、天灾人祸、合同当事人主客观发生变化等，要求对已生效的合同进行某些修改，甚至予以解除的情况，都是难免发生的。在符合法律规定的情况下，也是完全允许的。合同的变更与解除是以合同合法有效地存在为前提，在合同没有履行或没有完全履行之前，由当事人依照法律规定的条件、程序和形式，对原合同某些条款进行修改或补充，或者取消原合同的法律关系。

对于合同的变更与解除，审计中应把握以下几点：

1. 审查变更或解除合同的法定条件是否具备

变更或解除合同，必须具备一定的条件，而这些条件是由法律法规规定的。

合同变更和解除的法定条件有四条，凡属于下列情况之一者，允许变更或解除合同：

（1）当事人双方经过协商同意，并不因此损坏国家利益和社会公共利益以及违反法定的审批程序。

（2）出于不可抗力致使合同的义务不能履行。不可抗力，是指人力无法抗拒的某种力量。它通常包括主观上无法预料的、客观上无法预防的因素。各国立法部门承认不可抗力是允许解除合同的一个法定条件。不可抗力的形式各种各样，有时表现为自然现象，如地震、海啸、飓风、水灾、蝗灾、旱灾、自然原因引起的火灾等；有时表现为社会现象，如战争、革命、政变、封锁、禁运、罢工等。

属于这一法定条件变更或解除合同时须注意：

① 正确认定不可抗力事件，不论对当事人还是对仲裁机关，均是十分重要的。当不可抗力发生时，在通知对方的同时，应向对方提交有关主管部门能够证明不可抗力确已发生，并说明其影响程度的可靠材料，作为认定的依据。在科学技术飞速发展和管理水平日益提高的今天，不可抗力具有相对的意义。

② 现阶段，我国的法律对不可抗力的范围还没有作出明确具体的规定，但在订立合同时，应就不可抗力以及相应的责任问题作出具体的规定。法律通常准许当事人在合同中作出因不可抗力而免除责任的规定。

③ 我国有关法律规定：凡发生不可抗力，当事人已尽其应尽的责任仍未能避免合同不履行或财物损坏时，可不负赔偿责任。

④ "无法防止的外因"，是指当事人主观上无过失，而客观上又无法防止的外因，它与"不可抗力"含义不同。因此，新的合同法已将该内容从"合同变更或解除的法定条件"中删除。

无法防止的原因一般有两种情况：其一，是行政命令或国家政策的调整等；其二，是由于第三方的原因，如供应不足、运输受阻或材料协作中断等。它们均不是不可抗力直接原因引起的，或均与不可抗力无关。因此，不再列为变更或解除合同的法定条件。

⑤ 不可抗力发生在债务迟延时，债务人仍应负责。这是各国立法普遍承认的一条法则。

（3）由于另一方在合同约定的期限里没能履行合同。"另一方在合同约定的期限里没有履行合同"，即另一方违约，结果使原订的合同的目的已不复存在，再维持合同的效力已无意义或继续给一方（守约方）造成更大损失。因此，由于另一方违约而变更或解除合同是变更解除合同的法定条件之一。

这种变更和违约主要涉及当事人一方变更或违约的条件问题。即：

① 当一方违约时，变更或解除合同的权利归守约的一方所有。违约一方不仅没有此权利，并具有执行对方决定的义务。这是变更或解除合同的一个条件。

② 不但违约一方确有违约行为，而且违约行为导致了守约一方继续履行合同已成为不必要。

（4）订立国家的重大建设工程项目承包合同所依据的国家计划修改或取消。国家计划修改或取消的原因主要有：出现重大自然灾害，国际关系重大变化，对重要的资源开发的调整等。但是不包括：

① 不是按法定手续制定和批准的计划的修改或取消。

② 上级领导机关造成原计划的失误，该失误属于上级领导机关的过错造成的合同不能履行，不属于合同的变更或解除的法定条件。

③ 业务主管部门滥用职权，不经合法手续擅自修改计划，不能作为变更或解除合同的法定条件。

2. 审查有无非法变更或解除合同的情况

不得变更或解除合同的法律规定为：

（1）合同不因一方当事人发生合并或分离而变更或解除。在当事人一方合并时，应由合并后的当事人承担履行合同的义务和享有应有的权利；在当事人一方分立时，由分立后的两个或两个以上的当事人分别承担履行的义务和分别享有相应的权利，如果合同双方当事人合并，则原订合同解除。

（2）当事人一方法定代表人或承办人的变动，不能成为变更或解除合同的理由。因为法定代表人和承办人均不是以个人身份，而是以法人名义或以其组织名义对外订立合同的，只要法人或该组织存在，就应该认真履行合同。

3. 审查变更或解除合同的免责条件是否真实、合规

根据我国法律规定，在下列条件下变更或解除合同可以免予承担赔偿责任。

（1）不可抗力，但是如果双方当事人在原订合同中另有规定，或者当事人是在延迟履行的情况下遇到不可抗力，均不适用上述免责的规定。同时，没能及时、尽力采取措施，防止损失的扩大，则无权就扩大的损失要求赔偿。

（2）当由于一方违约，使合同履行成为不必要时，无过错（受伤害）的一方，变更或解除合同可不负赔偿责任，而且有赔偿请求权和违约索赔权。

（3）有关法律法规所规定的其他免责条件，如在保险合同中，投保方如果隐瞒被保险财产的起初情况，则保险方有权解除合同而不负赔偿责任，并可不退还保方已交纳的保险费；在财产租赁合同中，如果承租方擅自将租赁财产转租或进行非法活动，则出租方有权解除合同而不负赔偿责任。

（4）合同约定的变更或解除的免责条件，这种约定的免责条件，只要不违背法律规定，则是可以有效成立的。

6.7 施工索赔审计

6.7.1 索赔的含义

索赔,是指当由于对方未能履行合同义务而遭受损失时,有向对方要求赔偿损失的权利。

施工索赔,就是承包商根据 FIDIC《土木工程施工合同条件》的有关规定,通过监理工程师向业主索取承包商应得到的合同价格以外的合理费用。

据统计,一些国家每项工程承包商向业主索赔的平均次数约为 20 次,索赔金额约占合同总价的 6%。可见,科技发展的日新月异,建设水平的不断提高,增加了设计特别是施工的难度,同时,也增加了合同订立的难度,不可避免地存在着合同中关于权利义务的约定不明的情况,使得索赔成为必然。

6.7.2 索赔的依据和程序

1. 施工索赔的依据

(1) 我国《民法通则》第一百一十一条对违反合同规定,"当事人一方不履行合同义务或者履行合同不符合约定条件的,另一方有权要求履行或者采取补救措施,并有权要求赔偿损失"。

(2)《经济合同法》第三十一条规定,"当事人一方违反经济合同时,还应进行赔偿,补偿违约金不足的部分"。

(3) 国务院发布的《建筑安装工程承包合同条例》第十三条"违反承包合同的责任"中亦规定有索赔的内容,可参照执行。

2. 施工索赔的程序

按照 FIDIC《土木工程施工合同条件》规定,索赔程序为:

(1) 索赔通知。

要求承包商"在引起索赔事件的第一次发生之后的 28 天之内"通知工程师。

(2) 保持同期记录。

工程师在收到上述索赔意向书面通知后,应及时检查有关的同期记录以及进一步的同期记录。在工程师需要时,承包商须向工程师提供这些同期记录的副本。

(3) 索赔的证明。

承包商向工程师发出要求索赔的通知的同时,应向工程师递交一份详细的报告,说明索赔的款额和根据。在引起索赔的事件结束后的 28 天之内,承包商应向工程师递交一份最终详细报告,提出累计的总额及所有作为索赔依据的资料。

(4) 索赔支付。

上述报告、同期记录和索赔证明经工程师核实后，所确定的索赔款额应在随后支付给承包商。

6.7.3 施工索赔审计的内容

（1）审查施工索赔的要求是否真实、合理、合规。

（2）审查施工索赔发生的原因是否明确。

（3）审查施工索赔的程序是否合规。

（4）审查施工索赔的金额是否适当，支付是否及时。

在审查中，若发现有不合规的施工索赔，或借索赔名义侵占国家利益的非法行为，则应依法予以严肃处理。

6.8 案例分析

6.8.1 背景资料

（1）某大型国有集团公司决定建造一座商务楼，部分用于公司办公，部分出租给其他单位作为写字楼。商务楼建筑面积12190平方米，五层框架结构，机钻孔桩基础，已做好"三通一平"工作。公司成立了商务楼工程建设指挥部，由公司副总经理任总指挥，公司基建处处长任副总指挥。

（2）某集团公司商务楼工程建设指挥部200×年2月15日编制了《招标公告》，分别在公司门户网站发布和总部宣传窗张贴，将集团公司商务楼土建及水电安装工程面向社会招标。凡建筑施工一级资质、项目经理一级的公司均可带相关的证明材料报名参加投标，报名时间为200×年2月15日至2月18日。

（3）工程建设指挥部起草了商务楼招标文件并向通过资质审查的报名单位发放招标文件。商务楼招标文件主要内容如下：

① 综合说明。

它包括工程概况、项目建设依据、有关单位和机构、合格的投标人、招标范围、质量要求及罚则、工期要求及罚则、本次工程招标的依据、投标的报价要求及计算方式等。

② 评标标准和方法。

它包括评标原则、评标组织、评标方法和内容。

③ 开标、审标、询标、决标。

④ 投标文件的内容、编制、效力。

⑤ 投标保证金、履约保证金。

⑥ 授予合同与招标结束。

⑦ 发放招标文件、答疑、开标、评标、定标的日期安排。

⑧ 主要合同条款。

招标文件还附有《暂定材料表》。

（4）各公司报名情况及资质审查情况。

到 2 月 18 日为止，共有 12 家建筑公司向工程建设指挥部提交了招标公告所要求的材料。分别是 A 公司、B 公司、C 公司、D 公司、E 公司、F 公司、G 公司、H 公司、I 公司、J 公司、K 公司、L 公司。指挥部将从 12 家公司里面选择 6 家参加投标。

2 月 20 日，工程建设指挥部召开会议，对所报名公司进行资格审查。12 家公司在报名时所提供的书面资料汇总如表 6-1 所示。

表 6-1　　　　　　　　　　　各家公司报名时提供的书面资料

名称	A	B	C	D	E	F	G	H	I	J	K	L
成立时间	2001	1991	1995	1986	1987	1995	1990	1989	1999	1998	1982	1987
注册资本	6000 万元	5000 万元	4500 万元	2000 万元	4000 万元	8000 万元	1 亿元	5000 万元	5000 万元	3000 万元	3000 万元	4500 万元
企业施工资质	公路一级	市政一级				公路一级	市政一级					
	基础一级	基础一级	基础一级			基础一级	基础一级				基础一级	
	土建二级	土建一级	土建一级	土建二级	土建一级	土建一级	土建一级	土建一级	土建二级	土建	土建	土建一级
近 3 年获鲁班奖次数		1	1		1	2	2					
近 3 年获省级工程奖次数	2	1	2	1	1	2	2	1			3	
是否通过质量体系认证	否	是	是	否	是	是	是	否	否	是	是	否
项目经理资质	一级	一级	一级	二级	一级	一级	一级	二级	一级	二级	一级	一级

会议讨论结果：

完全符合招标公告要求资质的公司有：B 公司、C 公司、E 公司、F 公司、G 公司、K 公司、L 公司。但将 A 公司与 K 公司相比，K 公司的注册资本最低，只有 3000 万元，A 公司的注册资本有 6000 万元；将 A 公司与 L 公司相比，A 公司近 3 年获省级工程奖有 2 次，而 L 公司却没有，所以从业绩角度考虑，A 公司比 L 公司实力强。虽然 A 公司只具有土建二级施工资质，但可承担单项合同额不超过公司注册资本金5倍的28层及以下、单跨度36米及以下的房屋建筑工程的施工。商务楼建筑面积12190平方米，是五层框架结构，也在上述可承包的工程范围之内。

会议决定：选择A公司、B公司、C公司、E公司、F公司、G公司参加投标。

6.8.2 审计实施情况和审计建议

根据招投标工作的各个阶段，审计部采取分阶段跟踪审计的方法，分别对招标公告、招标文件和报名单位的资质进行了审计。审计实施的时间分别是发布招标公告前、发布招标文件前和发出招标通知书之前。

1. 招标公告审计

（1）审计实施情况。

① 检查招标公告是否符合招标投标法、建筑法和相关的行政法规、部门规章、其他规范性文件，以及集团公司关于工程项目招投标的规定。经查，本招标公告只准备在公司门户网站上发布和公司总部的宣传窗上张贴，不符合国家规定，不利于信息公开。根据《中华人民共和国招标投标法》第十六条规定，招标人采用公开招标方式的，应当发布招标公告，依法必须进行招标的项目的招标公告，应当通过国家指定的报刊、信息网络或者其他媒介发布。

② 审阅集团公司关于本工程的相关决定，如投资额、招投标的范围、工程质量要求、投标单位的资质要求、工期、招标方式等。经查，均符合集团公司的规定。

③ 审核招标公告具体内容。公告内容是齐全的，但公告发布时间与开始报名时间是同一天，不利于信息公开。

（2）审计建议。

建议该公司修改招标公告，公告发布的一周内各潜在投标人均可报名。招标公告应在省或市级媒介上发布，同时，在公司的门户网站上发布招标公告或在公司总部的宣传窗上张贴招标公告。

2. 招标文件审计

（1）审计实施情况。

① 初步审核招标文件文本，并就有关条款询问商务楼工程建设指挥部工作人员。

② 检查招标文件是否与招标投标法、建筑法和工程项目招投标相关的行政法规、部门规章、其他规范性文件，以及集团公司关于工程项目招投标的规定相符合。根据《中华人民共和国建筑法》第二十四条规定，提倡对建筑工程实行总承包，禁止将建筑工程肢解发包。根据《建设工程质量管理条例》第七条规定，建设单位应当将工程发包给具有相应资质等级的单位，建设单位不得将建设工程肢解发包。本次工程招标划分成5个标段是人为地将工程肢解发包，与国家的有关规定不符。同时也是故意降低招标规模，规避招标监督。发放招标文件时间与投标人提交投标文件的时间只有5天，与招标投标法第二十四条规定不符。《中华人民共和国建筑法》第二十四条规定，招标人应当确定投标人编制投标文件所需要的合理时间；依法必须进行招标的项目，自招标文件开始发出之日起至

投标人提交投标文件截止之日止，最短不得少于 20 日。

③ 经对商务楼工程的设计图纸及其说明审查，设计图纸符合工程建设有关方面的使用要求，设计中没有大缺陷。

④ 根据施工图纸计算商务楼工程的投资额、建筑面积、施工工期等主要指标，并与招标文件中数据核对，招标文件中的相关数据计算准确没有重大偏离。

⑤ 经过实地观察后认为，施工场地已达到招标文件中要求，可以正常施工。

⑥ 通过上网查询、市场调查、查阅当地建筑材料信息价，与暂定表中材料价格与市场价格进行比较，没有发现重大偏离。

⑦ 经审查招标文件的内容、文字发现，招标文件存在以下主要问题：具体评标标准没有对外公开；没有拟签订合同的主要条款，如工程款的支付和工程的变更、验收、仲裁等内容不明确，在执行合同过程中容易引起争论；工程价款调整的计算方法没有在招标文件中予以说明；招标文件对工程变更时是否要按投标时同口径优惠等没有说明；缺少什么条件下为废标的条款；缺少什么条件下为无效投标的条款。

（2）审计建议。

① 将工程的 5 个标段合并成 1 个标段，实行工程总承包。

② 增加招标文件以下内容：拟签订合同的主要条款，工程价款的调整方法，明确工程变更时是否需要按投标时同口径优惠，废标和无效投标的条款。

③ 具体的评标标准及细则应当随同招标文件对外发布。

④ 延长提交投标文件的截止时间，该时间至少延迟到 3 月 31 日。

3. 对报名单位资质的审计

（1）审计实施情况。

① 审核各投标报名单位的书面证明文件，着重审查资质证明文件是否符合招标公告提出的各项要求，是否有假冒资质证明文件，资质证明文件的正本与复印件是否一致。结果发现 A 公司房屋建筑工程施工总承包二级，与招标公告中要求不符，不能作为投标单位。

② 审核工程建设指挥部关于各投标报名单位资质审查的会议记录及决定。

③ 对各投标报名单位进行实地考察。查询各投标报名单位的工资册、社保缴费记录等，了解拟在施工现场所设项目管理机构的项目负责人、技术负责人、项目核算负责人、质量管理人员、安全管理人员是不是投标报名单位的员工；实地观察各投标报名单位的基本情况，进一步了解各投标人的证明文件是否属实。审计发现，B 公司、F 公司的项目经理在其所在公司工资册中没有名字、没有社保缴费记录。又向 B 公司、F 公司的人事部门了解近期人事调动情况，这两位项目经理均不是刚刚从外单位调进来的。结果证明 B 公司、F 公司的项目经理不是上述两家公司的工作人员。

④ 到建设主管部门、招投标管理部门、监察局等政府职能部门查询各投标报名单位的情况，着重了解各投标报名单位是否有重大违纪违规问题。经调查了解到 B 公司、C 公司有行贿记录，B 公司有两次因串标被行政处罚。

⑤ 走访各投标报名单位曾经施工建设项目的业主等，着重了解各投标人的管理水平、经济实力、与业主的配合程度、信誉等。经调查了解到 F 公司因施工质量存在问题，至

今还在与某业主单位打官司。

（2）审计建议。

建议取消 A 公司、B 公司、F 公司的投标资格。虽然 C 公司符合招标公告中的要求，但在其他建设项目中存在违规问题，选择该公司作为投标单位是不恰当的。由于取消上述 4 家建筑公司的投标资格后，本次参加投标的单位数不符合招标投标法的规定，建议重新发布招标公告，重新确定投标单位。

案例来源：贾震.《中国建设项目审计案例》. 清华大学出版社，2000.

第 7 章 工程项目施工阶段审计

施工阶段是项目实施的主要工作内容,是投资活动的高峰期。这个时期的关键是控制工程进度、质量和费用。缩短工期可以及早发挥投资效益,工程质量是建筑产品满足生产和使用要求的基本保证,控制投资和节约使用是这个阶段的主要课题。因此,施工阶段审计的主要任务就是对上述问题进行严格监督,使之得到有效控制,保证项目顺利建成交付使用。

7.1 工程项目进度审计

7.1.1 工程项目进度审计的任务

施工工期,是指工程项目或单项工程从基础工程开工到完成全部工程设计的内容并达到国家验收标准所经历的日历天数。时间就是效益,项目建设的时间越短,效益越好。所以,工期是反映施工计划完成情况的一个重要指标,也是考核企业施工组织管理水平和经济效益的手段。加快施工进度,缩短施工工期,使工程尽快竣工投产,不仅能使企业降低工程成本,而且能够缩短工程项目的建设周期,提高投资经济效益。

工期虽然是工程项目的一个关键性控制指标,但也不是越短越好,工期偏紧,会导致为赶工期而忽视工程质量,提高工程造价;工期偏松,施工没有约束,放弃了取得投资效益的时机。因此,有合理工期或计划工期与实际工期之别。合理工期是在一个全国平均、先进、合理的施工条件下,完成建筑产品所必需的施工时间(天数);实际工期是指项目已经全部竣工的实际日历时间(天数),施工单位实际工期的计算应在全部日历施工天数中,扣除停工、窝工等未施工天数,加上例假日加班作业天数,即实际工期(天)(日历施工工期)-(全日停工天数)-(例假日天数)+(例假日加班天数)。

工程项目进度审计的任务就是将实际建设工期(或实际进度)与合理(或计划)工期比较,以考核、评价项目是否能按期建成。

7.1.2　工程项目进度审计的内容

1. 审查建设工期的计算是否符合工期定额规定

施工企业为了加强工期管理，一般实行工期定额制度。工期定额，是指在一定的生产技术和自然条件下，完成某个单位工程平均需要的标准天数。它是根据国家建筑安装工程质量检验评定标准、施工及验收规范等规定，按照工程的不同用途、结构、层数、面积、开工时间和施工地区（全国划分为三类地区）制定的。工期定额是签订工程承包合同和编制施工组织设计、安排工程进度的依据。

有的施工单位为了获取提前竣工奖，往往在实际施工开始一段时间后再申报正式开工日期，造成提前竣工的假象。有的单位在编制工期时，使用高套地区类别、"错套"结构形式等方法，多报工期。因此，在审计计划工期时，应该注意有无在动工后申报、有无故意错套定额的情况。

2. 审查工程项目是否按合理工期组织施工

着重检查施工单位是否按工期定额编制施工组织设计，并按计划进度组织施工；施工合同、投资包干合同中是否明确提出合理工期的要求。

3. 审查工程计划的完成情况

对于工期计划完成情况的审计有两种方法：

（1）将各项工程的实际竣工时间与计划竣工时间直接进行对比，并查明提前竣工或拖延工期的原因。

（2）综合审查各项竣工工程施工工期的长短。为了综合审查和考核施工工期的长短，需要计算平均施工工期。竣工工程的平均施工工期有两种计算方法：一是按照各项竣工工程数量计算；二是按照竣工工程面积计算。

平均施工工期的计算公式如下：

① 按竣工工程数量计算的平均施工工期：

$$\text{施工工程平均施工工期} = \frac{\text{各个竣工单位工程施工工期之和}}{\text{竣工单位工程个数}}$$

② 按竣工工程面积计算的平均施工工期：

$$\text{施工工程平均施工工期} = \frac{\text{各个竣工单位工程施工工期之和}}{\text{竣工工程面积（百平方米）}}$$

按上述方法计算出实际平均施工工期以后，与计划工期比较，以确定其提前或延期，然后进一步查明影响施工工期的因素。影响施工工期的因素很多，例如，施工单位施工力量是否有保证，材料是否及时供应，施工图纸质量以及能否及时提供图纸，施工用水、用电有无保证等，都对施工工期产生影响。在审计时，应查清主、客观因素，分清是发包单位的责任，还是承包企业的责任，并研究对策，消除消极因素，改善施工管理，促使企业能够更好地完成承包任务。

7.2 工程项目质量审计

建筑产品（或工程）质量，是指产品适合于一定的用途、满足人们一定需要的特性，这些特性可概括为适用性、可靠性和经济性。适用性，是指工程达到设计和使用要求的程度；可靠性包括产品的寿命、耐用性和安全性，它指工程的耐用程度、使用期限和使用期间的保证程度；经济性，是指产品经济效益大小的属性，包括造价低、维修经营费用少、生产效率高等。

质量的概念有狭义和广义之分。广义的质量，除指产品质量外，还包括工序质量和工作质量。工作质量是产品质量的保证和基础，工序质量是施工现场的作业水平和工作质量，是产品质量控制的重要环节。它们的关系是：工作质量保证工序质量，工序质量保证产品质量。因此，有建筑工程质量和施工质量的区分。建筑工程质量，是指一定时期内的设计水平、施工水平和材料质量的综合体现，工程质量一般用全优工程、优质工程和合格工程等指标来表示。施工质量是广义的工程质量，是工作质量和工序质量的综合反映，通常用工程合格率、报废工程率和返修工程率等指标来表示。

7.2.1 施工质量管理组织体系审计

审查建设单位和施工单位是否建立健全施工质量监督组织体系，包括甲、乙方项目质量管理组织，总承包公司及分包单位也应建立质量管理机构，施工单位要从上到下设立各级质量管理机构，各工序设监督检查员，全面负责工程质量的检查和验收。

7.2.2 施工质量管理审计

施工过程是建筑产品形成的主要过程，是质量管理的关键环节。施工单位的质量保证体系主要包括施工准备、施工过程和使用过程的质量管理三部分。施工准备的质量管理包括施工图纸审查，施工组织设计的编制，材料和预制构件及半成品等建筑物资的质量检验。施工过程中的质量管理包括两个方面的内容：按设计图纸、设备说明书、操作规程、施工规范进行施工；按质量标准进行施工质量检查和验收。针对上述施工过程，质量管理审计内容主要包括工艺质量控制和建筑材料质量控制两个方面。

1. 设备、材料和预制构件质量管理审计

设备、材料及预制构件质量好坏是影响工程质量的重要因素。例如，水泥、混凝土、砂浆的强度标号，钢筋的强度等级均明显影响工程质量。在审计时，应查设备、材料有无验收入库的检验手续，产品有无出厂合格证及生产许可证；检查领料记录，审核领用的材料是否符合设计要求，如水泥标号；审查预制构配件的质量是否经过检测，有无检测证明；重要结构材料如钢筋混凝土应进行抗压强度试验，达到设计强度要求后方可使用，检查有无试验证件。

2. 施工工序质量管理审计

工序质量，是指工序过程的质量或现场工作质量，工序的质量对工程的施工质量有决定性的影响。因此，工序质量管理是基本的也是最重要的质量控制点，起"把关"的作用。工序质量管理的任务主要有两个：一是把影响工序质量的因素排除在施工操作之前；二是进行质量检验，包括自检、互检、工序交接检验和专项检验。在审计时，通过查阅各种材料、设备使用记录，检查其有无经过检验；检查施工记录、质量检验记录包括现场工程师和监理工程师的记录；特别注意对隐蔽工程和关键部位（或关键工序）检验资料的审查。

检查隐蔽工程验收资料就是审查隐蔽工程检验的内容是否齐全、完整。一般的隐蔽工程包括：地槽、基础工程、混水砌体、钢筋工程、地下防水工程、各种地下或墙体内的暗设管道线路等。隐检的合规性包括质量是否符合设计规范、检查是否由三方（即甲、乙、丙三方，丙指设计单位）合同进行、有无正式检查签证。

关键部位，是指对工程的适用性、安全性、可靠性和经济性有直接影响的部位，例如，高层建筑的垂直度、楼面标高等。在质量控制管理中，都对关键工序或关键部位设置工序质量控制点（管理点）。因此，在审计时，应特别留意查阅工序质量管理的质量检查记录，评价工程质量及其管理活动。

7.2.3　施工质量事故审计

凡发生工程质量不符合规定的质量标准和设计要求的问题都称为工程质量事故，按事故的情节和性质可分为一般质量事故和重大质量事故。重大质量事故有：建筑物、构筑物或其主要结构倒塌；超过规范规定的基础下沉，建筑物倾斜、结构开裂和主体结构强度严重不够等影响结构安全和建筑物寿命，造成不可补救的永久性缺陷；影响设备及其相应系统的使用功能，造成永久性缺陷。在审查时，检查质量事故记录，了解质量事故的大小和产生事故的原因、造成的经济损失程度，评价事故处理的合理性。

工程事故造成的经济损失可用下式估算：

返工损失金额＝返工工程量×定额基价×（1+间接费率）−可回收材料价值

7.2.4　施工质量管理审计方法

1. 审阅对照法

主要是审阅各种施工质量记录和检测、试验记录，其中，包括施工单位和建设单位、质检机构的记录，工程监理部门的质量监督鉴证，材料测试机构的测试数据、构件检测资料等，审查质量管理组织的活动程度。将上述各种检测数据与设计要求和质量标准进行对照，便可判明工程的质量鉴证程度。

2. 目测检查

实际观察，对照质量标准进行检查，主要用于看得见摸得着的部位。

3. 实测检查

实测检查是用一些简单的器具，例如，用靠尺测量平整度，经纬仪、托线板测量垂直度，用方尺、套方测量平直度等进行实地测量，将实测数据与施工质量检查标准的允许偏差进行对比，以未超出偏差值的点数与总检测点数之比，求得工程合格率。

7.3　工程项目资金管理审计

工程项目的施工阶段是把设计图纸和原材料、半成品、设备等变成工程实体的过程，在施工阶段中，节约资金的空间很小，但是损失浪费资金的空间却很大，此阶段的资金管理审计属于一个查漏防弊的监督控制机制，其目的在于边审计边建设。

加强建设资金来源和使用的管理对于保证项目按期建成投产，控制投资规模，提高投资效益都有重要作用。在审计时，应作为主要问题来抓，其主要内容包括：

1. 审查资金来源是否正当，分配是否合理，能否按时到位

建设资金的供应能否保证项目建设的需要，是项目顺利建成的基本前提，相反，资金不能及时足额到位，会影响工程进度，增加费用支出，影响投资效益的正常发挥。

2. 审查挤占、挪用、转移建设资金的问题

目前，挤占、挪用、转移建设资金的问题比较严重，形式多样，要着重审查有无将生产性建设资金用于非生产性建设（如住宅）和福利设施（如医院、浴室）项目的建设；有无将建设资金用于发展第三产业，开办集体企业、联营公司等；审查有无生产费用挤占建设成本等。例如，有的项目将国家预算内投资的 50% 资金用于非生产性建设；又如，某企业将生产管理费 260 多万元摊入技改工程成本。

3. 审查有无超概算、超规模、超标准，搞计划外工程等重大违纪违规问题

不合理的调整概算，"三超"建设和概算外工程已屡见不鲜，有的还相当严重，审计中应严加核查，一经发现及时纠正。例如，曾对 20 个国家重点建设项目的 161 亿元投资进行审计，查出违纪违规金额 8 亿元，约占总投资的 5%。

4. 审查有无重大损失浪费问题

它包括检查有无决策失误造成损失；可行性研究不充分或设计不当，漏项变更造成的损失；工期拖延造成损失以及管理不善造成损失的问题。例如，某发电厂卸煤翻车机工程，耗资千万元，建成七年，一直未能投入使用；某研究所基建项目损失浪费高达 4300 万元，占投资完成额的 18% 以上。

7.4　案例分析

7.4.1　工程概况

1. 建设规模

河北省 S 市某煤气二期工程建设规模为 40 万立方米/日，总投资 11493.56 万元，其

中，市政府筹措 4500 万元；市公用局和市管道煤气公司集资解决 6993.56 万元。

2. 计划及投资完成情况

市计委累计下达投资计划 10500 万元，实际累计完成投资 9779.25 万元。按投资构成分：建筑安装工程投资 4828.4 万元，设备投资 4327.68 万元，待摊投资 620.53 万元，其他投资 2.64 万元。按完工程度分：完工项目 20 个，投资 4486.22 万元；在建项目 10 个，投资 5293.02 万元。

3. 资金来源落实情况

经统计，该项目共落实建设资金 8033.1 万元，其中，市政府筹措资金 4500 万元（市政府委托建行发行债券 2000 万元，市能交基金 800 万元，市土地批租资金 700 万元，国家债券转贷款 1000 万元），上述资金均为有偿使用，前 5 年免息，后 5 年按银行即期利率计息，10 年内还本付息。企业通过发展煤气用户集资 3533.1 万元。

4. 工程设计及施工队伍的选择

该煤气二期工程由 S 市政工程设计院承担设计。在施工队伍的选择上，坚持选择作风硬、质量好、报价低的施工单位，经过再三比较筛选，设备安装由 S 城乡设备安装工程公司承建，土建由西湖勘测水工建筑公司承建。由于正确地选择了施工队伍，确保了工程质量和建设速度。

5. 工程管理

市管道煤气公司按照工程建设的需要，选择各种专业技术人员组成油制气办公室，通过项目跟踪、工程组织和协调，对工程建设实施全面管理，严把工程质量关。材料、设备的供应，由公司所属供销公司按照工程所需材料、设备清单负责组织供应。用户及管网建设由公司工程处承建。公司财务科负责资金的筹集、调度和对外结算，并按建设单位会计制度，组织财务核算工作。

7.4.2 审计查出的主要问题

（1）概算投资缺口计 3557.91 万元。

① 概算漏项，少列投资 874.69 万元。土建漏 12 项，少计投资 517.18 万元；设备漏算 216 台（套），少计投资 357.51 万元。

② 计算错误 17 处，少计投资 333.4 万元。油制气车间工程项目中，管道材料费合计数漏加 187.8 万元；其他 16 处计算错误 145.6 万元。

③ 材料设备涨价等因素的影响，增加投资 3753.67 万元。

a. 根据相关文件的规定，调增 S 市材料费率 40%，调增人工费率分别为土建 4.65%，安装 2.35%。经计算，轴材和人工费调增投资 762.83 万元。

b. 主材，按照市场实际购买价格计算，增加投资 1576.89 万元。

c. 经计算，设备涨价率为 46.1%，增加投资 1094.95 万元。

d. 因破路费收费标准的提高和软基础处理共增加投资 319 万元。

上述三项共计调增投资 4961.76 万元，减少概算中已列物价上涨因素 848.57 万元；价差 308.91 万元和取消蒸苯工序投资 226.37 万元，共计 1383.85 万元。轧抵后应净调增概算投资 3577.91 万元。

（2）自筹资金不落实 3262.17 万元。根据市计委、市城建设委关于该煤气二期工程概算的批复，市公用局和市管道煤气公司应自筹该煤气二期工程建设资金 6993.56 万元。二期工程共发展煤气用户 31614 户，收入 7934.88 万元，管网及户内安装成本 4203.49 万元（不含 500～700 中压干管），能用于二期主体工程建设的资金为 3731.39 万元，未落实资金 3262.17 万元。

（3）超标准收取煤气初装费 29.2 万元。市公用局经征得市物价局的同意，规定，管道煤气初装费收取标准由原 2000 元/户，调增至 2200 元/户，而 S 市管道煤气公司则按 2200 元/户收取初装费。经审计，超标准收费 1462 户，多收初装费 29.2 万元。

（4）少收煤气初装费 21.13 万元。经公司领导批准，减免市有关部门及内部职工等单位和个人管道煤气初装费 620 户，少收初装费 21.13 万元。

（5）财务核算不合规金额 673155.66 元。

① 将应列其他投资——递延资产科目核算的油制气工人培训费计 424625.35 万元，计入待摊投资。

② 将应列入设备投资科目核算的油罐车附加费 2 万元，桑塔纳、切诺基小汽车附加费 4 万元，共 6 万元计入了待摊投资。

③ 将应冲减管网建设成本的自然灾害损失赔偿费 81969.49 元，计入专项拨款账户核算。建设期解放大道? 被水冲坏，市保险公司支付自然灾害损失赔偿费 81969.49 元。该管道修复费已列入管网建设成本。

④ 市管道煤气公司工程处，在待摊投资中列支职工春游费 6560.82 元；

⑤ 经公司领导批准，在施工管理费中，列支设计室购微机款 10 万元。

（6）二期工程设备、材料采购返点收入，未按规定冲减建设成本计 309607.34 元。经统计，二期工程设备、材料实际返点收入 309604.34 元，计入公司财务科往来。

（7）闲置设备六台，金额 415791.38 元。由于煤气一期工程蒸苯工序是按 8 组 160 门直立炉设计的，而一期工程实际建 4 组 80 门直立炉，为使原蒸苯工序设备充分发挥其功能，经公司领导研究决定停建二期蒸苯工序，并通知 S 市政工程设计院对二期粗苯工段工艺作了修改，使其符合一期蒸苯工序使用的条件。蒸苯工序修改后，公司有关部门之间未能及时进行协调，使公司供销公司仍按原设计设备清单多购买换热器六台，金额 415791.38 元。该设备至审计日仍闲置在仓库中。

（8）用建设资金购买股票和购置度假房产金额计 18 万元。

① 购买 S 市长江供水实业公司法人股票 100 万元，计入长期投资。

② 支付 S 市公用局南海龙旅业开发公司 80 万元，购买 S 市滨海地区度假区内房屋 1 栋，占地面积 1 亩，建筑面积 300 平方米。地价每亩 20 万元、房价每平方米 2000 元，共计 80 万元，计入承包单位往来。

（9）公司所属供销公司，五次共计借款给 S 市某贸易开发公司 53 万元，共还款 43 万元，尚欠 10 万元。应收资金占用费 10775.86 元（双方协商年占用费率按 10.98% 计算），已收 6427.40 元，待收 4348.46 元。

（10）少交城市基础设施补偿费和教育设施配套费计 30651 元。市管道煤气公司陈家墩宿舍工程，原建筑面积 7107 平方米，实际施工图建筑面积为 7708 平方米。该宿舍工程的人防建设费、商业网点费经领导批准减免，教育设施配套减免 25%，经审计，少交城市基础设施配套补偿费 18030 元、教育设施配套费 12621 元，共计 30651 元。

7.4.3 审计结论

（1）概算投资缺口 3577.91 万元。应如实向市计委各主管部门汇报，反映超概算的原因以及各要素的详细计算过程，请示市计委调整项目概算，并寻求解决资金问题的途径，确保煤气二期工程早日全面完工、发挥投资效益。

（2）自筹资金不落实的问题，应积极采取相应措施，提高安装和使用过程中的服务质量，加快发展煤气用户的速度，筹集资金来源，从资金上有效地保障二期工程建设。

（3）对于这次审计查出煤气初装费减免和超标准收费的问题，鉴于有其特殊的原因，不作处理。但以后要严格遵守国家和地方的物价政策，既不能超标准收费，增加市民负担，也不能随意减免，少收费，要保证收取的煤气初装费合法、合规。

（4）财务核算不合规金额 673155.66 元，按照建设单位会计制度的规定作以下调整：

① 调减待摊投资 497186.17 元，调增设备投资 6 万元，调增其他投资——递延资产 424625.35 元，调减自有资金 6560.82 元；

② 调减管网建设工程投资 81969.46 元，调减专项拨款——市保险公司赔偿费 81969.49 元；

③ 调减施工管理费 10 万元，调增固定资产——微机 10 万元。

（5）按照建设单位会计制度的规定，二期工程设备，材料的返点收入 309607.34 元，应调减待摊投资或直接冲减有关设备的价值，相应调减有关账户。

（6）闲置设备六台，计 415791.38 元的问题，应积极与 S 市政工程设计院或生产厂家取得联系，使其能尽快在其他地方的工程项目中调剂使用，把损失降至最低限度。同时，在以后的工程建设中，公司各部门之间要加强协作，统一步伐，统一行动，杜绝类似的情况发生。

（7）违反规定用建设资金购买股票和度假房产的问题，要用公司自有资金归垫。

（8）公司所属供销公司借给 S 市某贸易开发公司的资金和占用费计 104348.46 元要在规定时间收回，防止形成呆死账而造成损失，对有关责任人员要进行批评。

（9）按照 S 市人民政府的规定，对少交的城市基础设施补偿费和教育设施配套费共计 30651 元，应上交财政，如表 7-1 所示。

表 7-1　　　　　　　　　　　某煤气二期工程资金汇总表　　　　　　　　　（单位：元）

问题项目	金　额	其　　中	
		违规、违纪	上　交
概算投资缺口	35779100.00		
自筹资金不落实	32621700.00		

续表

问 题 项 目	金　额	其　中	
		违规、违纪	上　交
超标准收费	292000.00	292000.00	
少初装费	211300.00	211300.00	
财务核算不合规	673155.00	673155.00	
返点收入挂往来	309607.00	309607.00	
闲置设备	415791.00		
用建设资金购股票、度假房产	1800000.00	1800000.00	
资金外借未收回	100000.00		
少交两费	30651.00	30651.00	30651.00
合　计	72233305.38	3316714.00	30651.00

7.4.4　审计评价

国广煤气二期工程是市重点基本建设项目之一，也是市委、市政府为市民办的一件好事、实事。该工程在市委、市政府及有关部门的支持下，经过市管道煤气公司全体干部职工的共同努力，主体工程基本完工，并一次性点火成功，在春节期间创造了日产气 43 万立方米的纪录。在各项管理上比上一期工程有明显进步，在工程管理上，严格挑选施工队伍，确保了施工质量；在资金的管理上，千方百计发展用户，筹集工程资金来源；在支出方面勤俭节约、精打细算。如油制气的部分设备安装和管网建设全部由本公司承担安装和施工任务，同时，还注意了内部挖潜工作，为二期工程节约了大量的投资。但该工程是在边生产的情况下边建设的，也存在一些问题，针对存在的问题，应加强以下几个方面的工作：

（1）建立工程档案的管理制度。工程档案管理，是工程建设的一个重要组成部分，在这次审计中，发现有些资料不完整，有些资料提供不及时等。因此请公司领导指定一个部门，专人对工程建设档案进行收集、整理和完善，为工程竣工验收做好准备。

（2）加强对资金的管理工作。在这次审计过程中，发现公司所属供销公司资金外借的情况较严重。通过这次审计以后，公司领导要支持财务部门的工作，把内部银行办好，把有限的资金管好、用活，杜绝损失和浪费，使之成为公司的资金管理中心、资金调度中心，从而发挥资金使用的最大效率。

（3）做好往来账务的清理工作，特别是对一期遗留下来的账务清理。如公司与原煤气集团的账务清理；一期工程收尾费用的清理等，应核销的账务，抓紧核销，能结算的往来账，抓紧结算，防止出现呆账或其他损失。

第8章 工程项目竣工决算审计

8.1 工程项目竣工决算概述

8.1.1 工程项目竣工决算的内涵

工程项目竣工决算，是指工程项目全部建设完工并经项目法人或项目建设单位和工程项目质量监督部门等验收合格后，由项目法人或委托方根据各局部工程竣工结算和其他工程费等实际开支的情况，进行计算与编制的综合反映该工程项目从筹建到竣工投产或交付使用全过程中各项资金使用情况和建设成果的总结性的经济文件，是工程项目建设经济效果的全面反映。工程项目竣工决算应由项目法人或建设单位编制，项目法人应组织财务、计划、统计、工程技术和物资等专门人员，组成专门班子共同完成此项工作。设计、监理、施工等单位应积极配合，向项目法人提供有关资料，项目法人对竣工决算的真实性、完整性负责，应在项目完建后规定的期限内完成竣工决算的编制工作。工程项目竣工决算是工程项目建设管理工作的一个重要环节。

竣工决算和年度财务决算不同，年度财务决算主要是反映当年的基本建设成果和财务情况，而竣工决算是以工程为主体，反映工程项目或单项工程从开工到竣工为止的全部建设成果和财务状况。工程项目竣工决算比年度财务决算更能全面地、综合地反映工程项目建设的全过程，是对年度财务决算系统的综合，是核定新增固定资产和流动资产、办理交付使用的依据。

竣工决算也不同于工程结算。工程结算，是指一个单项工程完工后，经建设单位及有关部门验收并办理验收手续后，施工企业根据施工过程中现场实际情况的记录、设计变更通知书、现场工程更改签证、预算定额、材料预算价格和各项费用标准等资料，在概算范围内和施工图预算的基础上，按规定向建设单位办理工程价款的结算。工程结算是决算的主要依据，二者存在以下联系：

1. 编制单位和内容方面

结算是由施工单位的预算部门进行编制的，其内容包括工程项目建设单位承担的工程项目建设全部费用，它与所完成的项目工程量及单位工程造价一致，最终反映的是施工单位在该工程项目中所完成的产值。决算是建设单位财务部门编制的，包括工程项目从筹建开始到项目竣工交付使用为止的全部建设费用，最终反映的是该工程项目的全部投资。

2. 作用方面

工程结算为竣工决算提供基础资料，作为建设单位和施工单位核对和结算工程价款的依据，是最终确定工程项目施工产值和实际工程量完成情况的基础材料之一。决算反映竣工项目的建设成果，作为项目交付验收的依据，是工程项目竣工验收的重要组成部分。

8.1.2　工程项目竣工决算的编制

1. 竣工决算的编制依据

（1）工程项目计划任务书和有关文件。

（2）工程项目总概算书以及单项工程综合概算书。

（3）工程项目设计图纸以及说明，其中，包括总平面图、建筑工程施工图、安装工程施工图以及相关资料。

（4）设计交底或者图纸会审纪要。

（5）招投标标底、工程承包合同以及工程结算资料。

（6）施工记录或者施工签证以及其他工程中发生的费用记录，如工程索赔报告和记录、停（交）工报告等。

（7）竣工图以及各种竣工验收资料。

（8）设备、材料调价文件和相关记录。

（9）历年基本建设资料和历年财务决算及其批复文件。

（10）国家和地方主管部门颁布的有关建设工程竣工决算的文件。

2. 竣工决算的编制内容

竣工决算的内容包括竣工决算报表、竣工决算报告说明书、工程竣工图和工程造价比较分析四个部分。大中型建设工程项目竣工决算报表通常包括工程项目竣工财务决算审批表、竣工工程概况表、竣工财务决算表、工程项目交付使用资产总表以及明细表、工程项目建成交付使用后的投资效益表等；对于小型建设工程项目竣工决算报表是由工程项目竣工财务决算审批表、竣工财务决算总表和交付使用资产明细表组成。

（1）竣工决算报告说明书。

竣工决算报告说明书概括了竣工工程建设成果和经验，是全面考核分析工程投资与造价的书面总结，也是竣工决算报告的重要组成部分，主要内容如下：

① 工程项目概况及评价。

② 会计财务的处理、财产物资情况及债权债务的清偿情况。

③ 资金节余、基建结余资金等的上交分配情况。

④ 主要技术经济指标的分析、计算情况。

⑤ 工程项目管理以及决算中存在的问题和建议。

⑥ 需要说明的其他事项。

（2）竣工决算报表结构。

根据财政部财基字〔1998〕4 号关于"基本建设财务管理若干规定"的通知以及财

基字〔1998〕498 号文"基本建设项目竣工财务决算报表"和"基本建设项目竣工财务决算报表填表说明"的通知,工程项目竣工财务决算报表格式有工程项目竣工财务决算审批表;大、中型建设工程项目概况表;大、中型建设工程项目竣工财务决算表;大、中型建设工程项目交付使用资产总表;工程项目交付使用资产明细表等。小型建设工程项目竣工财务决算报表有工程项目竣工财务决算审批表;小型建设工程项目竣工财务决算总表;工程项目交付使用资产明细表等。

(3) 工程竣工图。

工程竣工图是真实地记录和反映各种建筑物、构筑物等情况的技术文件,它是工程交工验收、改建和扩建的依据,是国家的重要技术档案。对竣工图的要求包括以下几个方面:

① 根据原施工图未变动的,由施工单位在原施工图上加盖"竣工图"图章标志后,即可作为竣工图。

② 施工过程中尽管发生了一些设计变更,但可以将原施工图加以修改补充作为竣工图,则可以不重新绘制,由施工单位负责在原施工图(必须是新蓝图)上注明修改的部分,并附以设计变更通知单和施工说明,加盖"竣工图"图章标志后作为竣工图。

③ 凡结构形式改变、工艺变化、平面布置改变、项目改变以及有其他重大改变,不宜再在原施工图上修改、补充者,应重新绘制改变后的竣工图。属于设计原因造成的,由设计单位负责重新绘制;属于施工原因造成的,由施工单位负责重新绘制;属于其他原因造成的,由建设单位自行绘制或委托设计单位绘图,施工单位负责在新图上加盖"竣工图"图章标志,并附以记录和说明,作为竣工图。

④ 为满足竣工验收和竣工决算需要,应绘制能反映竣工工程全部内容的工程设计平面示意图。

3. 竣工决算书的编制步骤

(1) 收集、整理和分析有关资料。

收集和整理出一套较为完整的相关资料,是编制竣工决算的必要条件。在工程进行的过程中应注意保存和收集资料,在竣工验收阶段则要系统地整理出所有技术资料、工程结算经济文件、施工图纸和各种变更与签证资料,分析其准确性。

(2) 清理各项账务、债务和结余物资。

在收集、整理和分析资料过程中,应注意建设工程从筹建到竣工投产(或使用)的全部费用的各项账务、债权和债务的清理,既要核对账目,又要查点库存实物的数量,做到账物相等、相符;对结余的各种材料、工器具和设备要逐项清点核实,妥善管理,并且按照规定及时处理、收回资金;对各种往来款项要及时进行全面清理,为编制竣工决算提供准确的数据依据。

(3) 填写竣工决算报表。

依照工程项目竣工决算报表的内容,根据编制依据中有关资料进行统计或计算各个项目的数量,并将其结果填入相应表格栏目中,完成所有报表的填写。这是编制工程竣工决算的主要工作。

(4) 编写工程项目竣工决算说明书。

根据工程项目竣工决算说明的内容、要求以及编制依据材料和填写在报表中的结果编写说明。

（5）上报主管部门审查。

以上编写的文字说明和填写的表格经核对无误后装订成册，即可作为工程项目竣工文件，并报主管部门审查，同时把其中财务成本部分送交开户银行签证。竣工决算在上报主管部门的同时，抄送设计单位，大、中型建设工程项目的竣工决算还需抄送财政部、建设银行总行和省、市、自治区财政局和建设银行分行各一份。

工程项目竣工决算文件，由建设单位负责组织人员编制，在竣工建设项目办理验收交付使用一个月之内完成。

8.1.3　工程项目竣工决算的作用

1. 竣工决算是国家对工程项目投资实行计划管理的重要手段

根据国家基本建设投资的规定，在批准工程项目计划任务书时，可依据投资估算来估计工程项目建设计划投资额。在确定工程项目设计方案时，可依据设计概算决定工程项目计划总投资最高数额；在施工图设计时，可编制施工图预算，用以确定单项工程或单位工程的计划价格，同时，规定其不得超过相应的设计概算。因此，竣工决算可反映出固定资产计划完成情况以及节约或超支的原因，从而控制投资费用。

2. 竣工决算是竣工验收的主要依据

我国基本建设程序规定，对于批准的设计文件规定的工业项目经负荷运转和试生产，生产出合格产品，民用项目符合设计要求，且在能够正常使用时，应及时组织竣工验收工作，并全面考核工程项目，按照工程不同情况，由负责验收委员会或小组进行验收。

3. 竣工决算是确定建设单位新增固定资产价值的依据

竣工决算中需要详细计算工程项目所有的建筑工程费、安装工程费、设备费和其他费用等新增固定资产总额及流动资金，作为建设管理部门向企、事业使用单位移交财产的依据。

4. 竣工决算是基本建设成果和财务的综合反映

工程项目竣工决算包括项目从筹建到建成投产（或使用）的全部费用。除了采用货币形式表示基本建设的实际成本和有关指标外，同时，包括建设工期、工程量和资产的实物量以及技术经济指标，并综合了工程的年度财务决算，全面反映了基本建设的主要情况。

8.2　工程项目竣工决算审计的目标和作用

8.2.1　工程项目竣工决算审计的目标

工程项目竣工决算审计主要是为了审查和评价工程项目的相关经济活动，确定以下几个方面的内容：

（1）工程项目竣工决算的形式是否完整。

（2）工程项目竣工决算的内容是否真实、可靠。

（3）工程项目竣工决算的内容是否合法。

（4）工程项目相关建设活动和经济活动是否有效，并出具审计意见，提出改进的建议。

工程项目竣工决算审计的目标之间存在着紧密的相互联系。完整性是真实性和可靠性的前提，如果工程项目竣工决算形式上残缺不全，则形式审查尚且不能有效进行，更何况检查其真实性和可靠性；真实性与可靠性是合法性的前提，只有竣工决算的内容真实、可靠，才有进一步审核其合法性的可能，否则就无法判断决算是否合法；分析、评价工程项目的建设效益和效果是工程项目竣工决算审计的最高目标，只有前三个目标都实现后才可能实现这个目标，否则用不可靠、不真实、不合规的数据分析和评价工程项目的建设效益和效果，很难得出正确的结论。

8.2.2　工程项目竣工决算审计的作用

竣工决算是工程项目竣工验收的重要组成部分，是正确确定新增固定资产价值，综合反映竣工建设项目或单项工程的建设成果和财务情况的总结性文件，是办理固定资产交付手续的依据。工程项目竣工决算审计的作用主要体现在以下几个方面：

（1）有利于全面真实地反映竣工项目的实际财务状况和最终建设成果。目前，在决算中脱离实际、弄虚作假、多列费用、加大工程支出等问题十分突出。加强决算审计，有利于全面考核竣工项目概算的执行情况和投资效果。

（2）有利于全面考核竣工项目的基本建设计划、概算、执行情况。通过工程项目竣工决算审计，可以反映竣工项目设计及实际新增生产能力、建设时间、概算的实际建设成本、主要建筑材料的概算消耗量和实际消耗量，达到全面考核竣工投资项目的基本计划、概算执行情况以及投资效果的目的。

（3）有助于保证决算中相关指标的准确性，从而科学评估投资效益和效果。

（4）有利于修订概（预）算定额，降低建设成本，提高财务工作水平。原有概（预）算定额在执行一段时间后，需要作相应的调整修改。通过竣工决算审计，就可以为修改概（预）算提供正确的资料。同时，随着概（预）算定额消耗费的不断降低，建设成本也会相应降低，从而为国家节约建设资金。

（5）有利于提高决算编制的质量。在审计中不断发现决算上存在的问题，有利于不断完善决算管理制度，提高决算编制的及时性和准确性。

8.3　工程项目竣工决算审计的依据和内容

8.3.1　工程项目竣工决算审计的依据

工程项目竣工决算审计的依据主要包括：

（1）工程竣工报告和工程验收单。

（2）工程施工合同和有关规定。

（3）经审批的施工图预算。

（4）经审批的补充修正预算。

（5）预算外费用现场签证。

（6）材料、设备和其他各项费用的调整依据。

（7）有关定额、费用调整的补充项目。

（8）建设、设计单位修改或变更设计的通知单。

（9）建设单位、施工单位合签的图纸会审记录。

（10）隐蔽工程检查验收记录。

8.3.2　工程项目竣工决算审计的内容

审计人员对工程项目实施竣工决算审计的主要内容，应当按照委托或授权的具体情况及建筑行业自身的特点来确定，一般包括：

1．工程项目竣工决算报表编制审计

审计人员应重点审查决算编制工作有无专门组织，审查竣工决算报表编制的依据是否符合国家有关规定，资料是否完整，内容是否真实，引用的数据是否准确。

2．工程项目投资及概算执行情况审计

审查项目建设是否按批准的概算执行，有无概算外项目和提高建设标准、扩大建设规模的问题，有无重大质量事故和经济损失。

3．工程项目建设成本的审计

审核建筑安装投资、设备投资、待摊投资、其他投资的内容是否真实，有无挤占成本，有无以高估冒算、多计工程量等手段提高工程造价，虚列建设成本，转移资金等问题。

4．交付使用资产和在建工程审计

审查交付使用的固定资产、无形资产、递延资产是否真实、完整，是否符合交付条件，移交手续是否齐全、合规。核实在建工程投资完成额，查明未能全部建成、及时交付使用的原因。

5．未完工程审计

根据修正总概算和工程形象进度，核实未完工程的未完工程量，是否留足投资。防止将新增项目列作未完工项目、增加新的工程内容和自行消化投资包干节余。

6．结余资金的审计

核实银行存款、现金和其他货币资金，审查实际库存物资，有无积压损失浪费。核实债权债务，有无虚列往来欠款，或私设小金库，隐匿结余资金等问题。

7．建设收入审计

审查收入是否真实，有无隐瞒、转移收入，是否按有关规定计算分成，留用部分是否合理分配使用。

8. 应交款项审计

审查各项税金、质量监督费等是否足额及时缴纳，缓征或减免的款项是否经过审批。

9. 投资包干节余审计

审查承包合同及投资包干的建设内容是否符合有关规定，投资包干的建设内容是否按概算要求全部完工，其指标完成情况如何，包干节余分配是否合规。

10. 投资效益审计

主要从投资决策、投资回收期、资金使用、建设工期、工程造价、贷款偿还能力以及各项经济技术指标是否达到设计要求等方面的综合分析，全面评价工程项目投资建设的社会效益和经济效益。

8.3.3　工程项目竣工决算审计的重点

工程项目竣工决算审计是在施工图预算审计的基础上完成的，在审计时，应注意的重点如下：

1. 审计施工合同

工程施工合同，是明确甲乙双方责任、权利与义务的具有法律约束力的文件之一，它直接影响工程决算的编制与审核工作，同时，也约束甲乙双方的工程结算。

在进行竣工决算审计时，首先，应了解合同中有关工程造价确定方面的具体约定，以此决定审计重点及可审范围。对于一般的包工包料，按时结算的项目来说，可以从工程量开始实施全面审计；对于包定施工图预算或中标价，可以调整设计变更及材料价差的项目，决算审计的重点是设计变更费和价差的计算是否正确。其次，可有的放矢地审计包定的合同报价，而对这一部分内容的审计，一般可以达到发现问题揭示问题的目的，但很难解决问题并进行审计处理。对于一次性包死（又称为不可调值）的项目来说，在无特别原因的情况下认可原决算报价，若有重大问题的项目，则可通过审计发现并向有关部门反映，在一定程度上尽力使之合理。

2. 审计单位造价

首先根据建设单位提供的总决算报价和总建筑面积计算单位造价，并与该地区的平均造价指标相比较，以此决定审计方法。如果该项目的单位造价接近于平均造价，则采用抽查审计法；如果该项目的单位造价与地方的平均造价指标出入较大，则采用详细审计的方法。因此，通过单位造价的高低，判断工程决算的准确性程度，以保证审计效率的提高。

3. 审计工程量及各项费用的计算

该部分审计内容及要求同施工图预算审计，本处不再赘述。

4. 审计设计变更

首先，审计设计变更手续是否齐全，设计变更内容是否真实；其次，审计设计变更费的计算是否正确，计算过程是否有误。为保证设计变更的真实性，在必要时，审计人员需进行现场测量与核实。

5. 审计材料价差

材料价差，是指材料的实际价格与预算价格之间的差额。按大多数地区的计算要求，

材料价差 = 材料用量 × （材料实际价格 – 材料的预算价格）。从公式可以看出，审计材料价差的重点在于材料的实际市场价与材料用量的确定。一般情况下，大部分材料用量通过工料分析计算，而材料的实际价格通常以有关部门定期公布的信息价和市场平均价为准，施工单位提供的发票价仅供参考。

6. 审计独立费用

所谓审计独立费用，是指未含在直接工程费和间接费之内但属于工程造价的一些费用。主要包括：误工费、点工费、包干费、施工配合费等。

（1）误工费，是指由于建设单位的原因或不可抗力的影响而导致工期延误，建设单位应补偿施工单位由于误工而发生的人工费损失。在审计该项费用时，首先，应注意是否发生误工，如果误工的话，则是否由于上述两种原因导致而成；其次，应注意审计误工费的计算是否合规，误工的时间是否正确等相关内容。一般情况下，误工时间以施工签证为准确认，所以，审计该项费用时应延伸审计施工签证的真实性。按照地方规定，确实误工时补算的误工费内容以施工工人的基本生活费为主，不能按照正常施工作业时发放的工资标准计算。另外，是否需要计算这项费用，应在竣工决算中予以考虑，而在预算时，无法确定。审计人员应特别注意这一点。

（2）点工费，是指在施工过程中，应建设单位要求，由施工单位在定额工期之外所完成的与项目建设有关的工作内容而增加的费用。如当甲供材料到现场时，施工单位派工人卸车而发生的人工费就属于这项费用，施工单位在决算中，按照签证注明的工日和地方规定的费用标准计算点工费用，点工费 = 点工工资 × 点工工日。审计点工费也要注意点工发生的真实性和计算标准的合法、合规性。

（3）包工费不是法定的费用内容，在审计包工费时，应注意项目的承包方式，审查施工合同确定项目是否为包干的工程，只有包干的工程才可能记取包干费；同时，通过合同审计包干系数的选择是否合规，计算基数是否正确，费用内容是否与不可预见费等内容重复。一般情况下，非包干工程不得计算包干费，包干费不得与不可预见费重复记取。

（4）施工配合费，又称为配合管理费，是指建设单位将建筑工程的某一部分另外分包给其他施工单位，同时，当该部分的施工又需要工程总承包施工企业的配合时，该总包企业应向建设单位收取施工配合费。例如，某宾馆建筑工程项目，在总承包商与建设单位签订施工合同时，建设单位提出将铝合金门窗部分由他们单独发包给铝合金厂制作和安装，但要求总承包商给予配合。在此条件下，总承包商就应在施工图预算中计算一定比例的施工配合费，并做独立费处理。

8.4　工程项目决算审计与结算审计

工程项目决算审计不同于结算审计，二者在依据、标的、目的、法律效力、从业人员等方面，有着本质的区别。

1. 两者的审计依据不同

竣工决算审计依据《中华人民共和国审计法》、《基本建设竣工决算审计工作要求》、

《基本建设项目竣工决算审计暂行办法》等法规进行，其审计内容主要包括：

① 竣工决算编制依据。

② 项目建设及概（预）算执行情况。

③ 建设成本。

④ 交付使用资产。

⑤ 尾工工程。

⑥ 结余资金。

⑦ 基建收入。

⑧ 投资包干节余。

⑨ 投资效益评价等。

它主要根据国家的审计法和相关规定，对工程项目竣工决算进行审计，主要审查概（预）算在执行中是否超支以及超支的原因，有无隐匿资金，隐瞒或截留基建收入和投资包干节余，以及以投资包干节余名义转移基建投资之类的违纪行为等。

工程造价结算审计主要是根据国家有关法规和政策，依据国家建设行政主管部门颁发的工程定额、工程消耗标准、取费标准以及人工、材料、设计图纸和工程实物量，对工程造价的确认和控制进行有效的监督检查。在工程项目实施阶段，以承包合同为基础，在竣工验收后结合施工变更、工程签证等情况，作出符合施工实际的竣工造价审查结果，它是承发包双方结算的依据，也是工程决算的基础资料和依据。

2. 两者标的不同

竣工决算审计以基建项目为标的，包括资金来源、基建计划、前期工程、征用土地、勘察设计、施工实施的一切财务收支。工程造价结算审计以单位工程为标的，只对单位工程造价的合理性负责。

3. 两者从业人员不同

竣工决算审计与工程造价结算审计是两个截然不同的专业学科，竣工决算审计以会计师、审计师为主；而工程造价结算审计以工程经济和工程技术人员为主。从长期发展的趋势来看，竣工决算审计和结算审计将会以审计师和造价工程师为主。

4. 两者法律效力不同

审计部门和被审计单位是一种审计监督关系，审计部门的审计监督只对被审计单位产生法律效力，对其他单位不产生连带法律约束力。凡对建设单位投资项目进行的审计结果，对施工单位的造价结算一般不具有约束力。工程造价中的工程结算审计，以施工承包合同为基础，以承发包双方发生的实物交易为依据，按照国家或地方施工、料、机消耗标准进行核算，对双方都具有约束力，其工程结算审计结果可作为双方结算的法律依据。

5. 两者的目的不同

工程项目决算审计的目的是加强对投资者资金的有效控制，减少管理者滥用职权截留资金、转移资金，造成工程项目建设资金流失的各种违法违规行为，其职能是一种监督行为。工程造价结算审计是运用科学、技术原理和经济法律手段，解决工程项目建设活动中工程造价的确定与控制，一方面，可以达到提高工程项目投资效益的目的；另一方面，可以起到监督工程项目结算的作用。

8.5　工程项目竣工决算审计的程序

工程项目竣工决算审计程序，是指进行该项审计工作所应遵循的先后顺序。按照科学的程序实施审计，可以提高审计工作效率，明确审计责任，提高审计工作质量。工程项目竣工决算审计的程序一般可分为审计准备阶段、审计实施阶段和审计报告阶段。

8.5.1　审计准备阶段

1. 成立审计小组

工程项目竣工决算可由审计主管部门组织进行审计，也可视情况由审计主管部门委托具有专业审计资格的社会审计机构进行审计。无论是主管审计部门，还是社会审计机构，都要根据审计项目的性质和审计内容的要求落实审计人员，成立审计小组，明确审计小组组长，并进行合理分工。参加工程项目竣工决算审计的审计人员应当具有相应的素质和业务工作能力，并具备会计、经济、工程专业技术职务或具备必要的专业技术知识。社会审计机构受托承担工程项目竣工决算审计，应将参加审计人员的名单及执业经历等资料书面报委托的审计主管部门审查和备案。

2. 初步搜集审计资料

为了有序、优质、高效地开展竣工决算的审计工作，制定出切实可行的审计方案，审计人员应当在审计准备阶段进行审前调查，初步了解项目建设的基本情况。这些情况主要包括：工程项目的性质、类别、规模、承建方式等情况；所需资料的可获得性；工程材料的供应方式；工程价款的结算情况；工程项目预算、结算已审核情况及审核结果的处理；工程项目现场施工情况；建设期内工程预算定额、预算单价、取费标准等的变化情况；其他需要了解的情况。

3. 编制审计计划和审计方案

按照相关法律法规的要求，审计部门在实施审计前，应当制订审计计划和审计方案。审计计划由派出的审计机关编制，审计方案由派出的审计组编制。

审计方案的主要内容包括：编制的依据，被审计单位的名称和基本情况，审计目标，重要性水平的确定和审计风险的评估，审计的范围、内容、重点以及对审计目标有重要影响的审计事项的审计步骤和方法，预定的审计工作起止时间，审计组组长、审计组成员及其分工，编制的日期，其他有关内容。

4. 下达审计通知书

审计主管部门或被委托的社会审计机构对工程项目进行竣工决算审计，应向被审计单位下达审计通知书，审计通知书应当于审计组进驻被审计单位3日前传达。审计主管部门或被委托的社会审计机构，应当要求被审计单位法定代表人和财务主管人员就与审计事项有关的会计资料的真实性、完整性和其他相关情况作出书面承诺。

8.5.2　审计实施阶段

1. 进驻被审计单位，向被审计单位索取必要的文件资料

为了对工程项目基本情况作进一步了解，以确定审计工作量和人员安排，提高审计工作效率，审计主管部门或被委托的社会审计机构可根据需要，向项目法人索要下列资料：工程建设项目建议书、可行性研究报告；工程项目初步设计的批准文件；工程项目的概（预）算批复文件；工程项目的年度投资计划或资金筹措文件；工程项目的合同文本和招标、投标有关的文件、资料；工程项目的内部控制制度；工程项目有关的财务账簿、凭证、报表及工程结算资料；工程项目的竣工初步验收报告；工程项目竣工财务决算报表；审计需要的其他资料。工程项目法人应对提供资料的真实性、完整性、及时性负责。

2. 对被审计单位的内部控制制度进行测试和评价

审计人员可以采用调查表法、流程图法、记述法等方法对被审计单位的内部控制制度进行调查了解。审计人员通常可以实施以下程序：询问被审计单位有关人员，并查阅相关内部控制文件；检查内部控制生成的文件和记录；观察被审计单位的内部控制的运行情况；选择具有代表性的事项进行穿行测试；通过内部审计人员了解内部控制。

审计人员在了解内部控制后，要对被审计单位内部控制的设计和运行情况进行控制测试。在主要证实法下，可执行"同步控制测试"及"额外控制测试"，在较低的控制风险水平下，必须执行"计划控制测试"。

控制测试通常可以采取四种方法：询问有关执行人员；对业务执行情况进行实地观察；对显示内部控制运行情况的凭证和报告进行审查；重新执行。在不同情况下，上述四种程序的实用性和有效性是不一样的，它们往往要结合起来使用。

完成以上工作后，审计人员应立即对工程项目的内部控制情况进行评价，然后调整审计方案或进行扩大测试。

3. 按照调整后的审计方案实施审计

在实施审计过程中，审计人员应注意做好以下工作：

（1）按照审计方案的人员分工，展开现场审计取证。在工程建设方面，审计人员应认真查阅项目建设的政策性资料和文件资料；对批准立项文件、可行性研究报告、初步设计概算、工程项目行业法规等有关依据要认真审查研究、取证；认真审查施工预算、结算、决算、施工图和竣工图等资料，认真查阅取证。

在财务方面，审计人员应清理与项目建设有关的银行账户，认真审阅会计账簿、会计记账凭证、竣工决算报表等有关资料，对项目建设的会计信息的真实、合法、合规性进行审查，获取充分适当的审计证据；对项目建设的决算财务报表进行业务测试、分析性程序等实质性测试审查，获取实际完成投资的真实性、合法性及工程造价控制的有效性的取证。

（2）要求被审计单位给审计工作提供必要的条件。在审计过程中，审计事项可能涉及众多的部门或经办人员。为了落实和查明某些事项，审计组可以要求被审计单位提前做好安排，以保证审计人员及时同有关部门或经办人员取得联系，获得尽可能满意的审计证据或有关资料。

(3) 要求被审计单位协助审计组从事部分具体工作。按照审计准则的要求，审计组必须评审内部控制，检查会计记录，函证债权债务等，而这些工作完全由审计人员完成可能比较困难，或时间上不允许。审计人员可根据实际情况，监督指导被审计单位及有关人员办理一些具体工作。

(4) 被审计单位在审计取证材料上签字。在审计过程中，大量的工作是搜集、整理和加工审计证据，而这些取证材料只有被审计单位签字认可，才具有证明力。

(5) 运用实质性测试对工程项目财务收支的真实性，合法性和效益性进行深入审查，进而取得审计证据。

在这一过程中，审计人员要把实施的审计程序和收集的审计证据记录于审计工作底稿上。

8.5.3　审计报告阶段

审计人员实施上述审计程序，获取相应审计证据，形成审计工作底稿，并就相关审计事项与被审计单位达成基本意见后，现场审计或实施审计阶段基本结束，审计项目进入审计报告阶段。审计人员应对工程项目进行分析，形成评价与结论，发表审计意见，出具审计报告。

8.6　工程项目竣工验收审计

8.6.1　竣工验收审计概述

竣工验收是工程项目建设全过程的最后一个程序，它是国家全面考核和评价建设成果、检查工程是否符合设计要求和质量好坏的重要环节，是投资成果转入生产或使用的标志。竣工验收的主要目的和作用是：

(1) 通过验收，检查设计和工程质量，及时发现和解决一些可能影响正常生产和使用的问题。

(2) 对验收合格的项目，可即时办理固定资产交付使用手续，促进工程项目及时投产使用，发挥投资效益。

(3) 通过竣工验收，有关部门和单位可总结建设经验，考核评定成绩，以便改进工作。

根据国家规定，所有工程项目按批准的计划和设计文件所规定的内容建设完成，工业项目经联动负荷度运转或试生产考核，能够生产合格产品，非工业项目符合设计要求，能够正常使用，就要及时组织验收，编制竣工验收报告，办理交付使用财产手续。对于个别工程项目和单项工程已符合基本要求，只是由于少数非主要设备和某些特殊材料短期内不能到货，或工程虽未按设计文件规定的内容全部建完，但对生产影响不大，也可办理竣工验收手续。

竣工验收审计的主要目的：一是项目是否按国家规定及时进行验收；二是验收是否合规，手续是否齐全。

8.6.2 审计内容与方法

1. 审查竣工验收组织是否符合规定

国家对工程项目竣工验收的组织工作，一般是按隶属关系和工程项目的重要性来确定的。大中型项目，部门所属的，由主管部门会同所在省市组织验收；各省、自治区、直辖市所属的，由地方组织验收；特别重要的项目，由国务院批准组织国家验收委员会验收；小型项目，由主管部门组织验收。按照国家规定，工程项目应成立竣工验收委员会，经有关部门批准后负责工程项目的验收工作。验收委员会的成员组成一般包括建设单位、施工单位、建设银行、设计单位、环保部门、城建、消防部门、审计机关和项目主管部门等单位。在审计时，应检查竣工验收组织是否按照项目分级验收原则执行，验收委员会的成员组成是否符合规定。

2. 审查竣工验收资料是否真实、完整

竣工验收依据的资料主要包括：

(1) 工程技术资料。

主要包括：经过批准的可行性研究报告和各项设计文件、设备技术说明书、建筑安装工程承包合同、施工过程中设计、施工等部门的有关变更文件，试车或试生产情况报告等。审查上述资料是否经各有关单位（包括设计、施工单位）进行过系统整理，并由建设单位分类立卷，以便在竣工验收时交生产单位（或使用单位）保管。审查文件、资料是否真实、齐全，整理符合规定要求。

(2) 竣工图。

竣工图是建设单位移交生产单位的重要技术文件，是工程进行生产、维修、技改和扩建的依据。当竣工图不准确、不完整、不符合归档要求时，不能进行验收。

(3) 竣工决算。

竣工决算是竣工验收报告的重要组成部分，国家规定所有工程项目竣工后必须编制竣工决算。

3. 竣工验收合规性审计

竣工验收合规性审计，包括验收程序和验收内容是否符合规定的要求，竣工验收工作程序一般分为单项工程验收和全部工程验收两个阶段。一个单项工程完工后，即可由建设单位组织验收；整个工程项目全部建设完成后应根据规模大小和复杂程度组织验收；规模较大、较复杂的工程项目应先进行初验，然后进行全部工程项目的竣工验收；规模较小、较简单的项目可以一次进行全部工程的竣工验收；大型联合企业全部建成时间很长，应对其分期分批进行验收；对国外引进成套设备项目的验收，应按与国外签订的合同规定办理验收。按照国家规定，在竣工验收前，建设单位对施工单位进行交工验收，即甲、乙双方对承建工程项目所进行的全面验收，验收合格后建设单位和施工单位签证合格证书。在正式进行竣工验收前，建设单位要经过自检和初验，符合设计要求，具备竣工图表、竣工决算、工程总结等必要文件资料，由项目主管部门责成建设单位向负责验收的单位提出竣工验收申请报告。

竣工验收审计的内容包括：

（1）完整性审计，审查项目是否按总体设计中的全部内容建设完成。

（2）使用性审计，审查土建工程、设备、水、暖、电、卫等安装工程、现场环境等工程是否达到验收标准，符合生产和使用要求。在审查时，检查是否按施工图、现行建筑安装验收技术规范执行；工程质量特别是隐蔽工程、关键部位工程是否有施工记录和验收资料；设备是否按设备技术说明书进行验收，有无试车合格证书；各项技术资料是否齐全，绘制的竣工图是否符合规定。

（3）合法性审计，对各单项工程的工期、工程规模、建筑标准进行审查。检查工期是否符合承包合同的规定，工程规模和标准是否按最后批准的执行，有无扩大规模和提高标准的现象。

（4）审查遗留问题的解决办法是否落实。一般在主要工程完成以后，必然会遗留下许多零星未完的尾工工程，或者在验收试车时发现的问题，例如，环境工程，个别的"三废"治理工程或遗漏项目等。审查遗留项目的工程量，所需投资及完成期限是否已确定具体的处理办法，并落实有关单位执行。

4. 审计方法

主要采用审阅法和实测法。例如，查阅竣工图用以界定编制方法是否符合要求，设计变更施工记录和隐蔽工程验收签证等均可采用此法。工程质量的优劣检测要实地观测，除实地察看试运转外，在发现重要可疑迹象时，还可通过一定的器具，依据一定的标准对已建工程的工程量及工程质量进行实地检查测量。

8.6.3　审计结果评价

竣工验收审计报告可以从以下三个方面予以评价：

（1）评价工程项目是否按规定及时组织验收工作。

（2）评价验收工作是否规范，特别是对工程质量、工程规模和建设标准予以明确评价。

（3）对竣工验收报告、竣工图、竣工决算和各项其他技术资料的完整性和质量进行评价。

8.7　工程项目竣工决算报表的审计

8.7.1　竣工决算报表种类

根据工程项目的规模等级，竣工决算表的种类主要有以下几种：

（1）大、中型工程项目竣工工程概况表。

（2）小型工程项目竣工决算总表。

（3）大、中型工程项目竣工财务决算表。

（4）大、中型工程项目交付使用财产总表。

（5）大、中、小型工程项目交付使用财产明细表。

8.7.2　竣工决算报表审计的目标

工程项目竣工决算审计主要是为了：

（1）确定各工程项目竣工决算表的编制内容是否齐全、完整。

（2）确认报表所反映的项目竣工决算内容是否确实存在。

（3）确认项目竣工决算业务的会计处理是否正确，编制是否合法、合规。

（4）确定项目竣工决算反映的会计期间是否正确。

（5）确认项目竣工决算正确分类，并予以恰当、充分的反映。

（6）确认报表中所反映的工程项目的效益性是否达到预期的设计。

8.7.3　竣工决算报表审计

1. 竣工工程概况表审计

（1）审查竣工工程概况表的完整性。

竣工工程概况表的内容包括：建设时间、新增生产能力、完成主要工程量、建设成本、主要材料消耗和主要技术经济指标等。这张表综合反映了大中型项目的基本情况，即将设计要求与实际情况进行比较，要求建设单位填写该表时，应保证其完整性和正确性，不能漏项。各项目的填写要求是：

① 占地面积：设计栏按照设计文件和国家批准的征地计划数填写；实际栏按实际征用土地面积填写。

② 建设时间：以计划栏的计划确定的开、竣工时间为准；实际开、竣工时间应以与计划相同的开、竣工标志确定建设周期。

③ 如实填写初步设计和概算批准机关、日期、文号；如果有修正概算，则应填写清楚。

④ 新增生产能力：按初步设计规定的生产能力和实际生产能力分别填写；非工业项目按效益填写。

⑤ 完成主要工程量：根据施工单位提供并核实后的统计资料填写。

⑥ 基本建设支出：该栏目反映建设全过程的全部支出，应根据批准的基建投资表的相关数字填写。

⑦ 主要材料消耗：根据建设单位的统计资料填写。

⑧ 主要技术经济指标：根据概算或主管部门规定的指标填写。

（2）审查竣工工程概况表的真实性。

① 复核占地面积：设计占地面积包括初步设计确定的面积和被批准的用地面积。在审计时，应注意批准用地文件是否符合《土地管理法》的规定，实际占地面积按批准机关、文号、征地时间、征地面积的顺序列表，将批准计划用地与实际占地面积表格进行比较并分析两表差异的原因。

② 复核建设时间：初步设计、开工报告、建设合同应该使用同一个开、竣工标志。开工时间应该以开工报告批复以后或开工报告批复的时间为准；竣工时间以试车运行生产结束为标志。在审计时，应复核实际开工和竣工时间。

③ 复核完成主要工程量与工作量：复核主要工程量与工作量完成的办法是与单项工程的交付使用财产明细表对照审核，在审核中发现不符，应了解原因，并进行处理。

④ 复核收尾工程：表中所列收尾工程应与单项工程验收报告的估计一致，如果发现不符，则分析原因，并进行处理。

⑤ 复核建设成本：建设成本的复核应以单项工程项目按照建设成本的构成，分别编制对照表，逐一审核。建设成本，包括建筑安装成本、设备和工器具成本、其他费用成本三项。复核建设成本的真实性，在审查竣工决算阶段，只能做到确认竣工决算数据与历年的财务决算报表的一致性。

⑥ 复核主要材料消耗：主要材料消耗一般只包括钢材、木材和水泥。复核的办法是审核单项工程的竣工验收材料和施工单位提供的材料，然后加以汇总；也可以列表将实际消耗与概算进行比较分析。

2. 竣工财务决算表审计

（1）审查竣工财务决算表的完整性。

竣工财务决算表的报表口径与年度财务决算报表口径一致，可以直接汇总填写。

（2）审查竣工财务决算表的真实性。

① 审核交付使用财产的真实性，这包括对大中型项目的交付使用财产总表及其明细表的审核。具体审核的内容如下：

a. 审核历年批复的年度决算报表所列的、交付使用财产项目的累计数与竣工决算表所列的数据一致性。

b. 审核交付使用财产的核算范围。

c. 抽查一定比例的交付使用财产，观察其存在和保管情况。

d. 审核交付使用财产的成本内容。

e. 审核交付使用财产成本计算的正确性。

② 审核库存器材的真实性。该项目包括设备和器材两项，是库存材料和设备期末账上的余额。如果竣工年度的年度财务决算已经经过审计，则只需审核竣工决算与年度财务决算中库存器材数据的一致性；如果竣工年度的年度财务决算尚未编出，则还要对库存的器材进行盘点抽查，以确定账户记录与实际库存的一致性。

③ 审核应收应付款。应将应收应付款列出明细表，然后由审核人员对照明细表逐项审核，如果发现催收不及时或故意拖欠，则审计人员应提出解决问题的建议，并将意见写进审计报告。

④ 审核基建收入。对照年度财务决算表基建收入数据与竣工财务决算表数据，进行

逐项审核。

⑤ 审核拨、借款累计支出。拨、借款累计支出应与建设单位的年度财务决算拨、借款项目的累计数一致，也应与建设银行或与其他专业银行的拨、借款账上的支出一致。

⑥ 审核应核销投资支出与应核销其他支出。审查人员应逐项审核应核销投资支出与应核销其他支出的真实性和合规性。

3. 工程项目交付使用财产总表及明细表审计

审查表中所列内容是否真实、正确，如表列交付使用财产的数量、价值与实际交付使用的数量、价值是否相符，有无虚报、重报现象等。

8.7.4 竣工决算分析说明审计

工程项目竣工决算报表必须附有必要的文字说明，主要从概（预）算的执行、计划和财务管理等方面，以年度财务决算资料为依据，分析基本建设过程中的经验教训。工程项目竣工决算说明书的主要内容包括：项目建设的依据、初步设计概算批准的日期；资金来源和占用情况；投资效果的简要；财务管理工作及执行财经纪律情况；结余设备、材料及处理情况等。

在审计工程项目竣工决算说明书时，审计程序和内容主要包括：

（1）审核竣工财务决算文字说明书的真实性，看其内容与竣工财务决算报表是否相一致。

（2）审查竣工财务决算文字说明书和所叙述的事实是否全面、系统，是否符合实际情况，有无虚假不实、掩盖问题等情况。

（3）审核说明书的内容是否符合相关财务管理制度的规定。

8.8　工程项目建设资金及概（预）算执行情况审计

工程项目投资及概（预）算执行情况主要包括：资金投入的实际金额和到位情况、实际投资完成额、概算的审批与执行情况等内容。工程项目投资及概（预）算执行情况审计主要是审查和评价：

（1）资金来源渠道的合法性及资金数额的真实性和记录的完整性。

（2）实际投资完成额的真实性，记录的完整性、合法性。

（3）概算审批、执行的真实性、合法性。

8.8.1 资金实际投入金额和到位情况的审计

工程项目建设初期确定的资金来源渠道的合理性及投资数额是否到位，对整个工程项目的建设有着重要的影响。在项目竣工完成后，要审查各种资金渠道实际投入的金额，同时，还要着重分析部分资金尚未到位的原因。

在审计资金实际投入的金额和到位情况时，主要审计程序和内容包括：

（1）收集与工程项目资金来源审计相关的资料。

（2）调查了解工程项目资金筹集渠道的实际情况。

（3）查阅相关资料，审核工程项目总投资的来源是否全部合规，各年度投资是否全部落实，各期财务支出是否合规。一个工程项目可能会有几种资金来源，审计时要逐一落实，对利用国家经营性基本建设基金的项目，要求具有国家专业投资公司的有关文件或投资计划；对利用非经营性基本建设基金的，要有主管部委的有关文件或投资计划；对利用银行基本建设贷款的，要有贷款合同或银行承诺证明；对利用外资的，要有经有关机关批准的合资合同或协议。

（4）审查资金来源合规后，进一步审查各年度落实的投资数额的真实性，审核收到投资额的会计记录是否完整。

（5）审查筹措资金总额是否满足工程项目建设需要，资金到位率是否符合工程项目建设的要求，有无资金不到位影响建设进度的情况。

（6）分析审核资金不到位的原因，重点审查是否因债券发行不够理想而导致资金不到位，是否银行坐扣利息，是否建设贷款发放的中间环节不畅通，是否地方、部门资金不到位，是否因忽视社会效益而导致有关单位不予贷款。

8.8.2　实际投资完成额的审计

实际投资完成额指的是整个工程项目在竣工决算时的实际投资完成额，是指在一定时期内货币表现的实际完成的项目建设工作量，是反映工程项目建设规模和考核项目建设计划完成情况的综合指标，它是相对于概（预）算中的计划投资完成额而言的。加强实际投资额的审计，对于评价概（预）算的质量水平，总结项目建设的经验具有重要的意义。

在审计实际投资完成额时，主要审计程序和内容包括：

（1）取得相关资料，审核实际投资完成额数据记录的真实性以及会计处理的合理性。

（2）对投资完成额的构成内容进行审计。按现行制度规定，构成基本建设投资完成额的投资支出主要有建筑安装工程投资、设备投资、待摊投资、其他投资、转出投资和待核销基建支出，所以审查重点应放在建筑安装工程投资、设备投资、待摊投资、待核销基建支出等方面。

（3）审计投资计划的完成情况。在审查核实投资完成额的基础上，将调整后的实际投资完成额与计划数对比，检查投资计划的完成情况。根据国家批准的基建投资计划与资金平衡表的资料，将年度投资完成额与年度投资计划进行比较，考核年度投资计划的完成程度，将累计完成投资完成额与批准的投资总额相比较，考核项目总投资的完成情况。

8.8.3　概算的审批与执行情况的审计

在工程项目建设过程中，对工程项目概算的执行情况，要加以审计，看其是否严格按照概算规定办事，如果发生不正常的情况，则应及时采取措施，纠正错误。

在审计概算的审批、执行时，主要审计程序和内容包括：

（1）取得该工程项目概算的相关资料。

（2）审核项目的概算内容是否与该工程项目的内容相一致，是否有上级主管部门审查批准该工程项目概算的文件。

（3）审核项目概算是否由具有相应资质条件的设计单位所编报，编报是否符合国家有关规定，编报内容是否完整，是否符合相关的法律法规。

（4）审核该工程项目是否严格按照设计概算执行，建设过程中有无计划外工程、概算外购置等情况。项目建设过程中要坚持按基本建设程序办事，严格按照批准的设计概算进行建设，设计文件经批准后，工程项目总平面布置、设备建筑面积、建筑结构、安全卫生措施等需要修改时，必须经过原设计机关批准同意。

（5）查阅相关文件、账册、凭证、资料、工程竣工初验报告、工程监理单位对工程价款结算的核实鉴证，调查施工现场及相关实物，审查概算执行过程中有无虚列投资项目、虚报投资完成额的情况发生。

（6）审核项目建设过程中，建筑安装工程量及其支出和采用的定额、费率、标准是否与经过审批的概算一致。审核采用的设备数量及型号、价格是否与经过审批的概算一致，审核其他支出的项目投资是否与经过审批的概算一致。

（7）核对各概算子项的执行结果，并与原批概算（调整概算）对比，分析重大差异的原因，要求审计金额不低于已支出（含大型设备预付款）工程投资的40%。

8.9 案例分析

8.9.1 工程概况

陕西某水泥厂工程，主要建设内容包括：露天堆场、预均化系统、生料设备、熟料煅烧、水泥粉磨、厂内铁路专用线改造、110kV变电站、矿山扩能改造以及厂前区配套设施等。工程概算总投资71506万元，资金构成为：资本金14300万元；建设银行贷款45596万元（包括中央建贷35596万元，地方建贷10000万元）；中行贷款6506万元（折合784万美元）；S市地方资金5104万元。

该项目建设工期为15个月，比国家建材局下达的26个月工期提前11个月。

8.9.2 审计查出的问题及处理意见

经审计查出有问题资金21548.58万元，主要有：

1. 项目资金未到位9815.50万元

该项目概算总投资71506万元，实际到位资金58830.01万元，扣除外汇贷款实际比概算少批准1360.49万元，实际未到位资金9815.50万元。根据审计署、国家计委、财政部、国家经贸委、建设部、国家工商行政管理局《关于印发〈建设项目审计处理暂行规定〉的通知》第五条，"建设项目资金来源不符合有关规定的，应当要求限期归还原资金渠道；资金不落实或者年度投资未按规定到位的，应建议有关方面解决"，各建议单位尽快将未到位资金筹措到位。

2. S 市 A 集团投入 3300 万元土地未经评估，无法入账

经审计，S 市 A 集团应投入资本金 6300 万元，其中，现金 3000 万元，实物投入 3300 万元，经查该市建材集团已投入土地 586996.47 平方米，由于土地价值未经土地管理部门评估，价值无法确定，因此，账面上没有反映其价值，目前手续正在办理之中。根据审计署、国家计委、财政部、国家经贸委、建设部、国家工商行政管理局《关于印发〈建设项目审计处理暂行规定〉的通知》第五条，"建设项目资金来源不符合有关规定的，应当要求限期归还原资金渠道；资金不落实或者年度投资未按规定到位的，应建议有关方面解决"，各建设单位尽快与有关单位协商，抓紧办理土地评估等事宜，保证资本金按规定的要求到位。

3. 超规模建预均化圆库及锅炉房等 3514 平方米，超规模投资 1988.69 万元

该项目预均化圆库、长库、水泥包装成品库、锅炉房工程概算规模为 19188 平方米，投资 1943.51 万元，实际建设规模 22702 平方米，投资 3932.20 万元，超规模 3514 平方米，超投资 1988.69 万元。根据审计署、国家计委、财政部、国家经贸委、建设部、国家工商行政管理局《关于印发〈建设项目审计处理暂行规定〉的通知》第六条，"批准设计外的在建工程应要求其暂停、缓建，并报原审批部门审批，建设单位擅自扩大建设规模、提高建筑装修及设备购置标准的投资，视同计划外工程处理"，由建设单位报原概算审批部门审批。

4. 未完工程列支散装车等设备超概算共计 1980.35 万元

经查，该项目概算列支散装车、老 K 车及装卸车投资共计 3128.60 万元，实际购置散装车、老 K 车及装卸车 1806.21 万元，并在未完工程列支 3302.74 万元，共计 5108.95 万元，超概算 480.35 万元。根据审计署、国家计委、财政部、国家经贸委、建设部、国家工商行政管理局《关于印发〈建设项目审计处理暂行规定〉的通知》第六条，"批准设计外的在建工程应要求其暂停、缓建，并报原审批部门审批，建设单位擅自扩大建设规模、提高建筑装修及设备购置标准的投资，视同计划外工程处理"，由建设单位报原概算审批部门审批。

5. 部分单项工程超概算 2442 万元

（1）该项目铁路工程概算投资为 670.08 万元，实际投资为 2099.39 万元，超概算 1429.31 万元。

（2）道路工程概算投资为 1164.90 万元，实际已完成 647.70 万元，在未完工程列支 862.70 万元，合计 1537.40 万元，超概算 372.50 万元。

（3）经审计，办事处概算规模为 500 平方米，投资 75.03 万元，实际购置市内住宅一座作为办事处使用，规模为 325.68 平方米，投资 311.44 万元，超概算 236.41 万元。

（4）该项目绿化工程概算投资为 50.82 万元，实际支出 454.60 万元，超概算 403.78 万元。

上述四项根据审计署、国家计委、财政部、国家经贸委、建设部、国家工商行政管理局《关于印发〈建设项目审计处理暂行规定〉的通知》第六条，"批准设计外的在建工程应要求其暂停、缓建，并报原审批部门审批，建设单位擅自扩大建设规模、提高建筑装修及设备购置标准的投资，视同计划外工程处理"，由建设单位报原概算审批部门审批。

6. 其他费用超概算 1381.64 万元

（1）待摊投资概算投资为 10057 万元，实际支出 11325.24 万元，超概算 1268.24 万元。

（2）办公生活家用器具概算投资为 30.52 万元，实际支出 143.92 万元，超概算 113.40 万元。

上述两项根据审计署、国家计委、财政部、国家经贸委、建设部、国家工商行政管理局《关于印发〈建设项目审计处理暂行规定〉的通知》第六条，"建设项目不突破概算总投资的单项间投资调剂，应敦促建设单位向原审批部门申报批准"，由建设单位报原概算审批部门批准。

7. 概算外购置办公用车 26.45 万元

该项目购置桑塔纳轿车 1 辆 20.02 万元及航天车 1 辆 3.3 万元，购置摩托车 4 辆合计 3.13 万元，经查上述支出共计 26.45 万元在项目批准的概算中未包括。根据审计署、国家计委、财政部、国家经贸委、建设部、国家工商行政管理局关于印发《建设项目审计暂行规定》的通知第六条，"批准设计外的在建工程应要求其暂停、缓建，并报原审批部门审批；建设单位擅自扩大建设规模、提高建筑装修及设备购置标准的投资，视同计划外工程处理"，由建设单位报原概算审批部门审批。

8. 违规预提未完工程 162.75 万元

（1）未完工程列支吊车支出 135 万元，经查此项支出概算中未包括，也无购货合同，违规预提吊车支出 125 万元。

（2）未完工程列支氧气、乙炔瓶库 22.75 万元，经查概算规模 159 平方米，工程预算造价 15 万元，违规预提 7.75 万元。

（3）未完工程列支绿化工程 30 万元，经查该项目绿化工程实际支出 143.49 万元，概算投资为 50.82 万元，已超概算 92.67 万元，违规预提绿化工程 30 万元。

上述三项支出根据审计署、国家计委、财政部、国家经贸委、建设部、国家工商行政管理局《关于印发〈建设项目审计处理暂行规定〉的通知》第十六条，"虚报投资完成、虚列建设成本、隐匿结余资金等，应按国家有关规定和现行会计制度作调账处理"，上述支出应予剔除。

9. 提前工期奖及赶工费 19.23 万元计入工程成本

（1）该项目支付给长安水泥石矿提前工期奖 20 万元，计入"预付工程款"，后转入"建安工程投资"。

（2）该项目共支付陕西省水泥设计院赶工费 9.23 万元计入"待摊投资——设计费"。

上述两项根据国家建委《关于执行"提前竣工奖"和"三大材料节约并奖"有关问题的通知》（81）建发施字 200 号第三条："提前工期奖的来源，应严格按照国家建委、财政部 \ 中国人民建设银行"（80）建总企字第 582 号文的规定，由建设单位从提前竣工所获得的经济效益或节约的投资中支付的规定，上述支出应从建设成本中剔除。

10. 将罚款、赞助支出 29827. 90 元计入待摊投资

该项目将罚款及赞助支出 29827. 90 元计入"待摊投资"。根据《工业企业财务制度》第五十五条，"企业的下列支出，不得计入成本、费用：为购置和建造固定资产、无形资产和其他资产的支出；对外投资的支出；被没收的财务支付的滞纳金、罚款、违约金、赔偿金以及企业赞助、捐赠支出"，该项支出应从建设成本中剔除，由生产单位以自有资金支付。

11. 支付未中标单位补偿费 3000 元计入待摊投资

该项目支付给东方建筑公司等三个未中标单位补偿费共计 6000 元计入"待摊投资——建设单位管理费"。根据 S 市人民政府关于修改工程建设施工招标投标管理办法的有关规定，"招标结束后，建设单位要向未中标的投标施工企业退还押金，并付给未中标的有效标函施工企业标书编制补偿金（按中标总价的 1‰ 计算，不足 50 元按 50 元计算，最多不超过 1000 元"，多计入的 3000 元应从成本中剔除，由生产单位以自有资金支付。

12. 工程外开支 30000 元

该项目将应由东矿建材休养所负担的污水处理工程费 30000 元计入"待摊投资——建设单位管理费"。根据审计署、国家计委、财政部、国家经贸委、建设部、国家工商行政管理局《关于印发〈建设项目审计处理暂行规定〉的通知》第十一条，"对转移、侵占和挪用的建设资金，应责令有关单位限期收回"，应将资金收回。

13. 二线占用项目资金 16670 元

该项目将扩建二线研讨会会务费 16670 元计入"待摊投资——建设单位管理费"。根据审计署、国家计委、财政部、国家经贸委、建设部、国家工商行政管理局《关于印发〈建设项目审计处理暂行规定〉的通知》第十一条，"对转移、侵占和挪用的建设资金，应责令有关单位限期收回"的规定，应由生产资金归垫。

14. 为生产垫付贷款抵押手续费 7020 元

该项目为生产办理流动资金贷款，缴纳抵押手续费 7020 元计入"待摊投资——建设单位管理费"，根据审计署、国家计委、财政部、国家经贸委、建设部、国家工商行政管理局《关于印发〈建设项目审计处理暂行规定〉的通知》第十一条，"对转移、侵占和挪用的建设资金，应责令有关单位限期收回"，应由生产资金归还。

15. 建设期利息收入 35380. 45 元，未冲减工程成本

该项目投产后第一年，商业银行账户一季度利息收入 20747. 71 元计入当年 7 月份，二季度利息收入 14632. 74 元由于未与银行对账，未及时取回结息单，因此尚未入账，上述两项利息收入均未冲减项目成本。根据财政部《关于印发〈基本建设财务管理若干规定〉的通知》第十三条，"建设项目在建设期间的存款利息计入待摊投资，冲减工程成本"，由于项目已决算，由建设单位到银行索取结息单，并将利息收入冲减项目成本。

16. 未缴各种税金 1808176. 97 元

（1）未缴固定资产投资方向调节税 1722281. 18 元。

① 该项目部分单项工程应缴纳固定资产投资方向调节税 1550579. 32 元，实际已交纳 49500 元，截至审计之日止未缴纳固定资产投资方向调节税 1501079. 32 元。根据《中华人

民共和国固定资产投资方向调节税暂行条例》第五条，"投资方向调节税按固定资产投资项目的单位工程年度计划投资额预缴。年度终了后，按年度实际完成投资额结算，多退少补；项目竣工后，按全部实际完成投资额进行清算，多退少补"，应补缴固定资产投资方向调节税 1501079.32 元。

② 该项目购买商品房作为市内办事处，合同金额 2789449.20 元，由于改变用途，需补缴 10% 固定资产投资方向调节税，共计 221201.86 元。根据税务有关规定，"商品房售价总额减除代收配套费用及商品房平均利润后的差额为计征固定资产投资方向调节税的计税依据"，"对购买其他公建用房的单位，按其他公建用房适用的税率"，应补缴固定资产投资方向调节税 221201.86 元。

（2）未缴印花税 85895.79 元。

该项目订立的建筑合同、设计合同、购房合同及借款合同等未缴纳印花税 85895.79 元。根据《中华人民共和国印花税暂行条例》第二条，"下列凭证为纳税凭证：① 购销、加工承揽、建设工程承包、财产租赁、货物运输、仓储保管、借款、财产保险、技术合同或者具有合同性质的凭证。② 产权转移书据"，应补缴印花税 85895.79 元。

17. 将应转入固定资产和流动资产的办公生活家用器具 1348747.80 元转入递延资产

该项目将办公生活家用器具 1348747.80 元在交付使用时全部转入递延资产。根据财政部《关于修改重印〈国有建设单位会计制度〉的通知》，"交付使用资产科目核算建设单位已经完成购置、建造过程，并已并付或结转给生产、使用单位的各项资产，包括固定资产、为生产准备的不够固定资产标准的工具、器具、家具等流动资产、无形资产和递延资产的实际成本"，属于流动资产的办公生活家用器具 116048.38 元应转入流动资产。同时，根据《工业企业财务制度》第二十五条，"固定资产是指使用期限超过一年的房屋、建筑物、机器、机械、运输工具以及其他与生产经营有关的设备、器具、工具等。不属于与生产经营主要设备的物品，单位价值在 2000 元以上，并且使用期限超过两年的，也应当作为固定资产"，将应属于固定资产的办公生活用家器具 369206 元转入固定资产。

18. 购买水泥 855255 元没有发票

该项目在工程建设时期从建材公司购入水泥 2443.5 吨，共计金额 855255 元，未取得购货发票。根据财政部《全国发票管理暂行办法》第五条："凡销售商品、产品、提供劳务服务以及从事其他业务活动的单位和个人，在取得收入时，均应向付款方如实开具发票，并加盖印章"的规定，由建设单位向建材公司索取发票。

19. 账表不符 85603.88 元

（1）该项目办公生活家用器具竣工财务决算报表数为 1354627 元，账面金额为 1439218.80 元，由于决算报表漏项导致账比表多 84591.80 元。

（2）该项目银行存款竣工财务决算报表数为 15522953.93 元，账面金额 15521941.85 元，由于漏计导致账比表少 1012.08 元。

上述两项根据财政部《关于印发〈基本建设财务管理若干规定〉的通知》第四十三条，"基本建设项目在编制竣工财务决算前，要认真做好各项清理工作。主要包括基本建设项目档案资料的归集整理、账务处理、财产物资的盘点核实及债权债务的清偿，做到账账、账证、账表相符"，调整上述两项账表不符金额。

20. 关于外汇贷款问题

经查，概算批复外汇贷款少 1360.49 万元，因此该项目应调减概算 1360.49 万元。

8.9.3　审计评价

此次审计是在该水泥厂提供的会计资料及财务决算基础上进行的，主要采用详查和抽查的方法对项目概算执行情况，交付使用资产的真实性、合法性，项目投资的效益性及企业内部控制制度和管理等情况进行了审计。项目竣工决算报告支出 66117.72 万元（未包括应提税金 48.2 万元），经审查，实际支出应为 65961.78 万元，核减投资 204.14 万元。

审计表明，该项目自立项至竣工期间能够按照规定办理各项审批手续，基本能够按照国家有关规定进行核算，但在会计核算及编制竣工决算等方面还存在一些问题，主要有账务处理不准确，有的固定资产未纳入固定资产管理，违规预提等问题。

1. 经济效益

该水泥厂工程历时 15 个月，比国家建材局下达的 26 个月提前 11 个月完成，并且没有突破概算投资，成为国内同类型生产线建设中工期最短、投资相对最省的项目，受到西安市政府的通报表彰和国家建材局的贺信表扬。由于缩短了工期，使项目提前达产，这样项目少支出建设期利息 3655.03 万元，比预期提前创造产值 7049.06 万元。

2. 社会效益

从其社会效益分析，该水泥厂工程的建设给所在地带来了一定的效益，主要有：

（1）国家资源得到了充分利用。

S 市郊矿山的石灰石资源属低钙高镁的低品位矿石，该项目利用这样的矿石，生产市场急需的高标号低碱水泥，优化了 S 市的水泥产品结构，项目充分发挥新型干法工艺的特点，使矿石利用率由原设计的 55% 提高到 85% 以上，从而使矿山的服务年限由 54 年提高到 72 年，使国家宝贵的不可再生资源得到了充分利用。

（2）低碱水泥延长了建构筑物的寿命。

目前造成陕西地区近年来建设的一些以立交桥为代表的大型建、构筑物工程早期破坏的重要原因是混凝土中碱集料反应，而经过专家认证，低碱水泥可以解决这一难题，因此，低碱水泥的使用可以保证建构筑物的设计寿命，减少维修费用。

（3）提高了 S 市的水泥散装率。

发展散装水泥是我国建材业、储运业和建筑业现代化的必由之路，既可以节约能源和资源，节约包装费；又可以实现机械化、自动化，提高效益；同时，还可以节约大量的木材，保护森林资源，维护生态平衡。

（4）使两个亏损企业实现脱困。

S 市建材供应公司和水泥石矿是两个长期亏损的企业，该水泥厂项目选址在 S 建材供应公司院内，盘活了原有的存量资产，解决了该企业的生存问题；在项目建成后，水泥石矿的生产能力得到发挥，实现了该企业扭亏脱困。

（5）成为 S 市建材行业新的经济增长点。

项目建成后，解决了 410 人的劳动就业，同时可以给国家增加税收，增加工业总产值。

　　3. 环境效益

　　该项目生产工艺采用目前国内具有国际先进水平的窑外分解干法生产技术，单位能耗比湿法水泥厂降低 47%，环境保护设备先进，环保设施投资 5605 万元，占总投资的 8%，经环境监测部门对现场实际监测，粉尘综合排放浓度为每标准立方米 51 毫克，远低于国家粉尘排放浓度每标准立方米低于 150 毫克的规定。污水经处理后用于生产，实现污水的"零"排放。厂区种植有草皮、花卉、乔木、灌木，达到"花园式工厂"的标准。

　　案例来源：贾震.《中国建设项目审计案例》.清华大学出版社，2000.

第 9 章　工程项目投资效益审计

9.1　工程项目效益审计概述

9.1.1　工程项目投资效益审计的必要性

我国在改革开放和发展经济过程中，要正确处理好投资和国民经济的关系，加大对工程项目的投资，推动国民经济的增长。我国实行积极性财政政策，扩大国家投资和鼓励私人投资，投资就必须考虑如何把稀缺的资源进行合理的配置来获得最大化的效益。

然而在实际工程中，很多项目前期工作草率，可行性研究报告不实不深，甚至出现了为了可批而进行可研的现象。概算、工期、预期效益等关键性指标失去了刚性，一些耗资巨大的生产性项目建成之日便是亏损之时，国家被迫进行多次的再决策，如停息挂贷、增加资本金、税收减免等内部转移支付手段。

为了提高经济增长的质量和可持续发展，迫切需要加强投资效益审计理论研究，尤其是构建投资效益审计指标体系，分析其理论依据，探讨构建投资效益审计指标体系的必要性和可行性。

9.1.2　工程项目投资效益决策控制理论

投资决策是项目前期的核心工作，也是项目建设程序中的关键环节，它直接影响工程项目投产或交付使用后的经济效益。科学的投资决策主要围绕三个决策文件：项目建议书、可行性研究报告、项目评估报告，这也是世界上通行的投资决策依据。

投资决策失误是客观存在的，一方面，由于投资决策是一种估计和预测，尽管有科学的方法也很难避免失误；另一方面，由于我国固定资产投资资金主要来源于政府，有些决策文件是否可行完全取决于主管行政长官的个人意志，而这些行政长官又往往考虑的是局部利益甚至是个人利益，由此而进行的投资决策造成的损失和浪费巨大。

工程项目现行的投资决策程序为：

（1）立项，项目法人或投资者提出项目建议书。

（2）项目法人/投资者委托或自行编制可行性研究报告。

（3）项目法人/投资者持经过批准的可行性研究报告向银行申请贷款，银行经过项目评估决定是否给予贷款。

作为国家审计部门，主要审计决策程序的合法性和合规性，这也是我们传统的投资决策审计的内容。

投资效益审计仅仅依靠投资决策制度进行审计控制是不够的，从内容上看，必须加强对工程项目的财务效益评审、国民经济效益评审和环境效益评审，从而建立完整的投资效益审计体系。

9.1.3　工程项目投资效益审计理论体系

投资效益审计可以和投资审计同时进行，投资效益审计的切入点可以是在项目的决策期的某个时点上进行的项目前评估，可以是在项目的建设期的某个时点上进行的中间评价，也可以是在项目生产期的某个时点进行的项目后评价。审计目标要做到基础数据准确、合规，评审报表和评审指标真实、有效。

工程项目经济效益包括财务效益和国民经济效益两个方面。财务效益主要考察项目自身的财务盈利能力、清偿能力和外汇的平衡能力；国民经济效益主要考察项目对整个国民经济的净贡献。

因此，投资效益审计的内容体系包括以下三个方面：
（1）工程项目财务效益评审体系。
（2）工程项目国民经济效益评审体系。
（3）工程项目环境效益评审和社会效益评审体系。

9.1.4　工程项目投资效益审计实务探讨

1. 固定资产投资效益审计主体确定

我国固定资产投资效益审计主体的组织体系是"三位一体"，即国家审计、社会审计、内部审计。从《审计法》、《注册会计师法》、《审计署关于内部审计工作的若干规定》等法律法规的规定和授权来看，政府投资或以政府投资为主的国家建设项目效益审计应由国家审计和内部审计来完成。民间审计主要审计股份制和私人投资的工程项目。

2. 固定资产投资效益审计实施的时间确定

由于目前有些项目前期"可研"不实不深，施工过程中工程造价高估冒算和投产后部分工程项目效益不佳，政府被迫进行多次的再决策，工程项目效益审计应该围绕建设程序进行全过程审计，即从投资决策的事前审计到建设期的事中审计，最后直至项目建成投产的后评审。

3. 固定资产投资效益审计内容确定

固定资产投资效益主要包含经济效益和社会效益两个方面。工程项目经济效益又包含财务效益和国民经济效益两个方面，财务效益是前提和基础。关于如何进一步完善工程项目效益审计的理论体系，基本上可以分为三种观点：第一，仅进行工程项目财务效益审计；第二，进行工程项目财务效益、国民经济效益审计；第三，进行工程项目财务效益、国民经济效益、社会效益全部审计。

（1）工程项目财务效益审计。

工程项目财务效益审计是审计人员从项目角度出发，根据现行的财务制度与价款来考察工程项目财务效益状况及如何提高工程项目财务效益的评审过程，是工程项目经济效益审计的重要构成部分和首要环节。

工程项目财务效益审计的主要依据有国家计委、建设部联合颁布的《建设项目经济评价方法与参数》，以及现行的财务制度等。评审如下内容：

① 评审财务数据确定的准确性和科学性。

财务数据真实性审计是工程项目财务效益审计的基础。要按照《建设项目经济评价方法与参数》的规定来确定财务数据费用项目的构成及其确定方法。财务数据真实性审计直接影响财务效益审计的质量。

② 评审财务报表编制的正确性。

首先，对照《建设项目经济评价方法与参数》中规范的财务报表，审查基本报表与辅助报表格式的合规性；其次，再进一步审查报表内容的正确性。这里面涉及的内容较多，必须熟练掌握才能够提高工程项目财务效益审计的质量。

③ 评审财务指标。

首先，对照《建设项目经济评价方法与参数》审查静态指标和动态指标计算的正确性；其次，再进一步审查判断结论的准确性。

（2）工程项目财务效益、国民经济效益审计。

这种观点认为工程项目财务效益、国民经济效益均要进行审计。工程项目财务效益审计见上述内容。工程项目国民经济效益审计是按照资源合理配置的原则，从国家宏观角度出发，用一整套国家参数计算，以提高工程项目对整个国民经济的净贡献为目标，对工程项目经济合理性的再评审。

此观点认为：在工程项目经济效益审计中，仅仅作财务效益评审是不够的，更重要的是还要进行国民经济效益审计。国民经济效益评审用调整过的价格，即一套影子价格计算项目的效益和费用。首先，计算影子价格、影子汇率及项目未来的经济效益和费用；其次，计算净效益（即每年的经济效益与费用之差）；最后，对计算出的一系列技术经济指标进行分析和判断。基本指标是国民经济净现值（ENPV）和国民经济内部收益率（EIRR）。当国民经济净现值大于或等于零时，该项目可行；当国民经济内部收益率大于或等于社会折现率（i_s）时，该项目可行。从而进一步考察工程项目对国民经济的净贡献。

（3）工程项目财务效益、国民经济效益、社会效益全部审计。

此观点认为：随着科学技术的进步和经济的发展，人们越来越注重经济的可持续发展，注重工程项目与生态环境的关系，加强工程项目的社会效益和环境效益审计。因此，工程项目财务效益、国民经济效益、社会效益和环境效益全部要审。

综上，工程项目效益审计的完整理论内容应包括：财务效益、国民经济效益、社会效益和环境效益。审计实务上应实事求是，具体问题具体对待，各有侧重。财务效益审计理论体系完整，实务操作规范，也易为审计人员掌握。目前，我国国民经济效益审计和社会效益审计在实务操作上还有一定的难度且参数严重滞后。结合审计目标及实务可操作性，国家大、中型建设工程项目应实行财务效益审计为重点，兼顾国民经济效益、社会效益和环境效益审计；股份制及私人投资应侧重财务效益和环境效益审计。

（4）固定资产投资效益审计技术手段确定。

目前，固定资产投资效益审计需要大量的数量计算且分析手段多种多样：有手工计算的、有利用计算机辅助审计的等。软件主要有：中国国际工程咨询公司开发使用的、开发银行开发使用的、国家审计署投资审计司委托内蒙古审计厅开发的、设计单位自行开发的等。工程项目效益审计方法的发展趋势是利用计算机软件辅助审计并结合分析性复核，这就要求审计人员掌握工程项目效益审计的一整套技术方法和计算机辅助审计技术。

（5）固定资产投资效益审计应注意的问题。

固定资产投资效益审计外勤工作结束后，审计人员必须表达审计意见，出示审计报告。审计人员在表达的审计意见过程中，基本上要注意以下两个方面的问题：

① 财务效益与国民经济效益矛盾的处理。

② 工程项目效益审计风险的控制。

财务效益可行，国民经济效益可行，则工程项目经济效益可行；财务效益不可行，国民经济效益不可行，则工程项目经济效益不可行；当财务效益与国民经济效益产生矛盾时，原则上财务效益要服从国民经济效益。

固定资产投资效益审计的审计风险是客观存在的，关键是如何将审计风险控制在可容范围之内。工程项目效益审计的审计风险究其产生的原因主要有：确定性分析中的假设条件和审计人员业务水平及工作责任心带来的风险。

在前评价确定性分析中的假设条件带来的审计风险的规避，要求审计人员准确地估算和确定基本财务数据，包括总投资额、总成本、销售收入或营业收入、销售税金及附加、利润及利润的分配等。

审计人员业务水平及工作责任心带来的风险控制，则要求审计小组合理地配备财务、工程、计算机等专业的审计人员，并且严格按照审计规范或审计准则执业。

9.2　工程项目财务效益审计

9.2.1　工程项目财务效益评审的经济意义

投资经济效益审计包含：财务效益评审和国民经济效益评审两个方面，财务效益评审是前提和基础。工程项目财务效益评审是评审人员从项目角度出发，根据现行的财务制度与价款来考察项目财务可行性的论证过程，是投资效益审计的重要构成部分和首要环节，是对工程项目财务评价的再评价。工程项目财务效益评价的意义主要表现在以下几个方面：

1. 总结经验和教训，提高工程项目投资决策水平和投资经济效益

审计人员可以在计算期内的不同时点上，考察项目的盈利能力、清偿能力、财务外汇平衡能力，发现差距，找出原因，提出提高财务效益的途径，为提高投资决策水平和经济效益服务。

2. 工程项目财务效益评审是国民经济效益评审的前提和基础

一般情况，国民经济效益评审是以财务效益评审作为基础，把财务评价中的财务价格转换为影子价格，进行费用效益分析并编制报表和计算静态指标、动态指标，考察项目对整个国民经济的净贡献，进一步对项目的国民经济效益进行评审。

3. 财务效益评审的技术分析方法应用广泛

工程项目财务效益评审是项目效益审计核心工作之一，它的科学的方法体系主要应用在项目的立项、可行性研究、项目评估、投资效益分析中，同时，与投资统计与会计、投资项目管理都有十分密切的联系。

4. 工程项目财务效益评审内容覆盖项目整个建设程序

工程项目的建设程序主要包括：

（1）立项。

（2）可行性研究。

（3）项目评估。

（4）施工。

（5）竣工验收。

（6）项目后评估。

评审人员在进行财务效益评审时，都离不开这六个环节。

5. 对中外合资项目意义更大

对于合资项目一般只按合资各方共同确认的可行性研究报告，作财务效益评审而不进行国民经济效益评审，因此，财务效益评审对于中外合资项目具有更重要的意义。

作为投资管理者和投资审计人员，只有掌握这门应用经济科学，才能有效地提高投资效益，减少投资决策失误，更好服务于社会。财务效益评审及财务评价的主要依据是1993 年国家计委和建设部联合颁布的《建设项目经济评价方法与参数》。工程项目财务效益评审要求评审人员，先要掌握工程项目财务评价的编制，然后，再进一步对项目财务评价进行再评价。下面以新建项目为例，分别论述。

9.2.2　工程项目财务评价

1. 工程项目财务评价的程序

（1）估算财务数据。

① 总投资额。

② 总成本。

③ 销售收入或营业收入。

④ 销售税金及附加。

⑤ 利润及利润的分配。

（2）编制财务报表。

它包括编制资产负债表、现金流量表、损益表等主要报表和固定资产投资估算表、投资计划与资金筹措表、总成本费用估算表等辅助报表。

（3）计算财务指标。

它包括静态指标（投资回收期、投资利润率、投资利税率、资本金利润率）和动态指标（财务净现值、财务内部收益率、动态投资回收期等）。

（4）提出财务评价结论，看项目是否可行。

2. 财务数据估算

（1）总投资额估算。

新建项目总投资额＝固定资产投资额＋流动资金＋建设期利息

① 固定资产。

固定资产投资额＝建筑工程投资＋设备购置费用＋设备安装费用＋预备费用＋其他费用（如土地征用费、拆迁费、青苗补偿费等）。

在这里需说明：设备的购置费用，是指设备从产地到项目所在地的一切费用，要区别国产与进口、标准设备与非标准设备，分别进行估算。

进口设备购置费用＝离岸价格（FOB）＋海运费＋海运保险费＋关税＋进口增值税＋银行、外贸手续费＋国内运杂费（装卸费、国内运输费）

② 流动资金，是指企业在生产过程中处于生产和流通领域，供周转使用的资金。它从货币形态开始，依次经过供应过程、生产过程和销售过程三个阶段，具有时间上的继起性和空间上的并存性。估算时一般根据固定资产投资额或销售收入乘以比率。

注意：

a. 根据国有商业银行的规定，新建项目或更新改造项目业主必须拥有30%的自有流动资金，其余部分方可申请贷款。

b. 流动资金根据生产负荷投入，长期占用，全年计息。

③ 建设期利息，是指项目在建设期内因使用外部资金而支付的利息，包括国内借款利息和国外借款利息（包括承诺费、管理费）。年建设期利息估算公式为：（年初借款本息累计＋当年借款额/2）×年利率。

（2）总成本的估算。

总成本费用，是指项目在一定时期内（一般为一年）为生产和销售产品而花费的全部成本费用。总成本＝生产成本＋管理费用＋财务费用＋销售费用。为了方便计算，根据国家计委、建设部联合颁布的《建设项目经济评价方法与参数》的规定将总成本中的生产成本、管理费用、财务费用、销售费用等相同费用名称进行合并。

总成本费用估算公式：总成本费用＝原材料成本＋燃料、动力成本＋工资及福利费＋修理费＋折旧费＋维检费＋摊销费＋利息支出＋其他费用。具体每一项的详细的估算方法参见《建设项目经济评价方法与参数》。

（3）销售收入或营业收入的估算。

销售收入，是指企业出售产品，提供劳务获得的货币收入，也叫营业收入。估算公式：销售收入=年销售量×销售单价。年销售量设定等于生产量并按各年生产负荷加以确定；国家控制的物质的销售单价实行计划价，其他均为市场价，市场价又主要表现为出厂价或离岸价。

（4）销售税金及附加的估算。

销售税金及附加主要有：消费税、营业税、资源税、城市维护建设税、教育税附加。这些都要按照现行的税法体系的规定来计算，要掌握这些税种的税目、税率、应纳税额的计算、减免税的规定等。

（5）利润及利润分配的估算。

利润总额的估算公式为：利润总额=产品销售（营业）收入−总成本−销售税金及附加。根据利润总额可计算企业所得税及净利润，税后利润一般按照下列顺序进行分配：

① 弥补被没收的财物损失，支付各项税收的滞纳金和罚款。

② 弥补以前年度亏损。

③ 提取法定盈余公积金。

④ 提取公益金。

⑤ 向投资者分配利润，即应付利润。

3. 编制财务报表

财务报表的编制在项目的财务评价中起到承前继后的作用。一方面，总结前面估算的财务数据；另一方面，为后面计算财务指标准备基础资料。财务评价的基本报表有现金流量表（如表9-1所示）、损益表、资金来源与运用表、资产负债表及外汇平衡表，除必须编制以上几种基本报表外，还应编制辅助报表。这些报表在《建设项目经济评价方法与参数》中都有比较规范的格式，在这些报表中又以现金流量表最为重要。现金流量表反映项目计算期内各年的现金流入（CI）和现金流出（CO），用以计算静态指标和动态指标，按计算基础的不同分为全部投资现金流量表和自有投资现金流量表。

表9-1　　　　　　　　　　　　**现金流量表（全部投资）**　　　　　　　（单位：万元）

序号	年份 项目	建设期		投产期		达到设计能力生产期				合计
		1	2	3	4	5	6	……	n	
1	现金流入									
1.1	产品销售（营业）收入									
1.2	回收流动资金									
1.3	回收固定资产余值									
2	现金流出									
2.1	固定资产投资									
2.2	流动资金									
2.3	经营成本									
2.4	销售税金及附加									

序号	项目 \ 年份	建设期		投产期		达到设计能力生产期				合计
		1	2	3	4	5	6	……	n	
2.5	所得税									
3	净现金流量									
4	累计净现金流量									

计算指标：财务内部收益率：

财务净现值：（$i_c =$　%）　　　（$i_c =$　%）

投资回收期：

4. 计算财务指标

财务指标是工程项目财务评价的核心和从财务角度判断项目是否可行的依据。从货币时间价值角度来分类，财务指标包含：静态指标和动态指标。

（1）静态指标。

① 投资利润率＝年利润总额或平均利润/总投资×100%

② 投资利税率＝年利税之和/总投资×100%

③ 投资回收期计算式：累计净现金流量出现正值年份–1+上年累计净现金流量/年净现金流量

④ 资本金利润率＝年利润总额/资本金×100%

（2）动态指标。

① 财务净现值（FNPV），是指拟建项目按部门或行业的基准收益率，计算出项目计算期内各年财务净现金流量的现值之和。

公式：$\sum_{i=1}^{n} (CI - CO)_t \times (1 + i_c)^{-t} = \text{FNPV}$；

计算依据：财务现金流量表；

判断：FNPV≥0 项目可行，说明项目收益率超过或等于国家规定的基准收益率。

② 财务内部收益率（FIRR），是指项目计算期内各年财务净现金流量现值之和等于零的折现率，用来反映拟建项目的财务盈利能力。

表达式：$\sum_{t=1}^{n} (CI - CO)_t \times (1 + \text{FIRR})^{-t} = 0$；

采用试算插入法的计算公式：$\text{FIRR} = i_1 + (i_2 - i_1) \times \text{FNPV}_1 / (\text{FNPV}_1 + \text{FNPV}_2)$；要满足 $2\% < i_2 - i_1 < 5\%$，这个公式可以用数学的方法把它推导出来；FNPV 的经济含义：反映了项目财务确切的盈利能力或项目筹资所能承受的最高利率；计算依据：财务现金流量表（全部投资、自有投资）；判断：FIRR≥i_c（国家规定的基准收益率）；特性：FIRR 实质是 $\sum_{t=1}^{n} (CI - CO)_t \times (1 + \text{FIRR})^{-t} = 0$ 这个一元高次方程的解，对于多解或无实数解，这个指标不可用，应采用别的经济指标。只有当方程有唯一解的时候，该项目为常规项目，即

计算期内累计净现金流量开始为负值，后均为正值。

除上述两个动态指标外，还有动态投资回收期、财务外汇净现值、财务外汇内部收益率等。

5. 提出项目财务评价结论，确定项目财务效益情况

最后，财务评价指标按照标准来进行判断，确定项目财务效益情况，得出财务评价结论。

9.2.3　工程项目财务效益评审

工程项目财务评价主要体现在项目前期的三个决策文件（项目建议书、可行性研究报告、项目评估报告）中，是工程项目财务效益评审的关键，主要依据国家计委、建设部联合颁布的《建设项目经济评价方法与参数》。

1. 评审财务数据估算的准确性和科学性

财务数据的估算是财务评价的基础。先要按照《建设项目经济评价方法与参数》的规定来确定财务数据费用项目的构成及其估算方法。特别要注意总投资额中建设期利息的估算，按年估算，复利计息，因为复利更能反映资金的占有性和对时间的敏感性；总成本中九项费用项目的构成，注意每项费用估算方法及估算数据的准确性，在掌握《建设项目经济评价方法与参数》中相关内容的基础上，必须还要具备一定的财务知识；销售税金及附加的估算是按照现行的税法体系进行的；销售收入的估算是假设销售量等于生产量并根据生产负荷确定。财务数据的估算是财务评价最基础的工作，它直接影响财务评价的结论。

2. 评审财务报表编制的正确性

首先，对照《建设项目经济评价方法与参数》中规范的财务报表，审查基本报表与辅助报表格式的合规性；其次，再进一步审查报表内容的正确性，这里面涉及的内容较多，必须熟练掌握才能够提高对财务评价的审查质量。

3. 评审财务指标

首先，对照《建设项目经济评价方法与参数》审查静态指标和动态指标计算的正确性；其次，再进一步审查判断结论的准确性。在财务评价可行的基础上，还要结合国民经济评价。财务评价可行，国民经济评价可行，则项目可行；财务评价不可行，国民经济评价不可行，则项目不可行；当财务评价与国民经济评价产生矛盾时，原则上，财务评价要服从国民经济评价。

9.3　工程项目国民经济效益审计

9.3.1　工程项目国民经济效益评审意义

工程项目国民经济效益评审是按照资源合理配置的原则，从国家宏观角度出发，用一

整套国家参数计算，是以提高工程项目对整个国民经济的净贡献为目标，评价项目经济合理性，对工程项目的国民经济评价的再评价。

为了实现加速经济增长速度，提高经济增长质量和人民生活，达到充分就业等社会经济目标，国家在一定时期总要投入一定量的人力、物力和财力资源进行项目建设。在经济效益评审中，仅仅作财务评审是不够的，更重要的是还要进行国民经济效益评审。财务评价是用现行价格计算项目的效益和成本，由于各方面的原因，我国现行价格严重失真。国民经济评价用调整过的价格，即一套影子价格计算项目的效益和费用，从而进一步考察工程项目对国民经济的净贡献。

9.3.2　工程项目国民经济效益评审的基本原理

1. 费用—效益分析

费用—效益分析是项目国民经济评价的基本方法。它是从国家和整个社会的角度出发，全面地、综合地分析和评价工程项目的一种科学的方法。费用—效益分析是 20 世纪四五十年代在西方资本主义国家发展起来的，主要用于项目的评价和决策，只是在近十多年来，才在发展中国家得到应用和推广。我国在进行工程项目的国民经济评价时也采用了费用—效益分析的基本理论和方法。

费用—效益分析的基本问题：计算影子价格、影子汇率及项目未来的经济效益和费用，估算对未来效益和费用折现的社会折现率，并对净效益（即每年的经济效益与费用之差）进行折现，最后对计算出的一系列技术经济指标进行分析和判断。基本要求是要以最小的费用取得最大的效益；基本指标是净现值和内部收益率。用社会折现率对各年净效益进行折现，得出经济净现值。经济净现值为正值或零，该工程项目便值得实施；内部收益率大于或等于社会折现率，才能接受该项目。在费用—效益分析中占有重要地位的，是影子价格和社会折现率。价格是否合理，直接影响费用和效益计算的准确性和分析评价的客观性。社会折现率既是折现率，又是评选项目的标准。

2. 费用和效益

国民经济评价是国民经济作为一个整体来考察项目给其带来的效益和使其付出的代价，所以，费用和效益的范围比财务评价中的成本和效益要宽得多。

对于项目来讲，费用，是指因项目建设而使国民经济所付出的代价，包括项目自身和国民经济其他部门所付出的代价。费用包括内部费用和外部费用，内部费用，是指用影子价格计算的项目投入物的经济价值；外部费用，是指社会为项目付出了代价，项目本身并不需要支付的那部分费用。项目的费用用机会成本度量，项目投入物作为一种稀缺的资源，它有许多种用途，投到项目上去，就失去了用于别的用途获得效益的机会，那么，这种投入物投到项目上去国民经济所付出的代价就是放弃其他使用机会而获得最大效益。

机会成本实质上是被放弃的一种效益。用机会成本度量费用，就可以把项目的效用和费用放在一个共同可比的标准上进行度量和评价，即取得的效益与放弃的效益进行比较，前者大于后者，项目是可以接受的，说明项目所投入的资源得到最佳使用；前者小于后者，项目是不能被接受的，说明项目所投入的资源未得到最佳使用。

项目的效益，是指项目对国民经济所作的贡献，项目效益分为内部效益和外部效益。内部效益，是指项目产出物用影子价格计算的经济价值。外部效益，是指项目为社会作出贡献，而项目本身并未得益的那部分效益。

3. 外部效果

外部效果也叫外部效应，就是项目带来的外部费用和效益。这部分效果在项目本身反映不出来，而反映在国民经济的其他部门。在国民经济评价中，要充分考虑项目所产生的外部效果，这也是其特点所在。项目的外部效果可以是有形的，也可以是无形的。有的可计量，有的则不易计量。项目的外部费用，是指由于项目存在而使项目以外的主体所造成的全部损失。工业项目的"三废"对空气或水的污染就是一个比较典型的例子。工业生产过程中排泄的废物会给社会生产和社会生活带来损失，特别是给周围的农业生产和居民造成净损失。项目的外部效益，是指由于项目存在而使项目以外的主体所享有的利益。例如，在建设一个钢铁厂时修建了一套厂外铁路运输线，这套线路除为钢铁厂服务外，还可以为当地的生产和生活服务，降低了该地区的运输费用，使当地工业、农业和居民得益。又如，有一部分企业由于原材料供不应求而不能充分发挥生产能力，而有一个拟建项目所生产的产品正好属于这种原材料，这样项目投产以后可缓解市场的紧张局面，使供需基本平衡，从而可以充分发挥这部分企业的生产能力，那么，这些企业所增加的效益，其中一部分应算做是此项目所带来的外部效益。

4. 国家参数

国家参数，是指在项目经济评价中为计算费用和效益，衡量技术经济指标而使用的一些参数。

从社会观点看，国家参数应反映最佳的资源分配、国家的价值判断、国家目标和国家政策。它是数量度量标准，也是价值判别标准，在国民经济评价中有着重要的作用，它直接影响着项目评价和选定的结果。国家参数，原则上应该对所有部门、地区和项目都是一致的，只是在非常特殊的条件下才有可能不一致。比如，一些由于历史和自然条件原因比较落后的地区和那些国家急需发展的，或从战略考虑比较重要的部门的项目。对这样的项目，也可能不用统一的国家参数。

国家参数随着时间的进程而应该不断变化。在不同时期，国家有不同的价值判断、经济发展目标和经济政策，所以应该有不同的国家参数。随着经济的发展，项目国民经济评价方法和政府职能的不断完善，国家参数也要不断地进行测算和修订，力求反映投资资金的最佳配置，反映国家的价值判断、经济目标和经济政策。

国家参数包括货物影子价格、影子工资、影子汇率和社会折现率等。

（1）货物影子价格。

价格是国民经济评价中的一个关键因素。价格是度量项目费用和效益的统一尺度，价格合理与否关系到费用和效益计算的正确性，从而关系到计价结果的客观性。合理的价格应该反映市场的供求关系、资源的稀缺程度和国际市场价格因素。我国相当一部分产品现行价格不能反映这几种因素，原因是：

① 由于历史的原因，为了鼓励工业的优先发展，工业产品、特别是加工工业产品的价格定得偏高。随着劳动生产率的提高，工业产品的社会劳动消耗不断下降。与此同时，

有些资源（如能源、木材和矿物等初级产品）相对紧缺，而且开采条件逐渐恶化，社会劳动消耗不断增加，但价格调整不及时，致使加工工业产品的价格过高，而原材料、能源等初级产品的价格偏低。

② 我国政府为了使人民的基本生活有一定保障，对生活必需品（如粮食、食油、棉布和住房等）实行低价供应，政府为此每年需提供大量补贴。这些物品的价格低估了它们的边际社会效益。

③ 政府为了扶持某些工业的发展，对这些工业产品征收比较高的进口关税，以维持相对较高的国内市场价格。如果用这样的"失真"价格来评价项目，则往往会得出不正确的评价结论。因为在一个价格被"扭曲"了的市场上，由于价格体系的失真，采用现行市场价格进行宏观经济评价的结果，不足以反映项目对国民经济的贡献。

所以，在国民经济评价中，要用合理的价格对投入物和产出物的现行价格进行调整，这种合理的价格，我们称为影子价格。影子价格也称最优计划价格，它是经济资源最佳利用时的边际值。根据国外的一些做法和我国的实际情况，一般以口岸价格（国际市场价格，下同）为基础估算投入物和产出物的影子价格。

（2）影子工资。

在国民经济评价中，用影子工资度量劳动力费用。影子工资，是指拟建项目使用劳动力，国家和社会付出的代价。它由两个部分组成：一是劳动力的机会成本，即项目使用劳动力而导致被迫放弃的该劳动力在原来岗位上所有取得的净效益；二是因劳动力就业或转移所增加的社会资源消耗，如交通运输费用、城市管理费用等。这些资源是因项目存在而消耗的，但并没有因此提高劳动力的生活水平。

在国民经济评价中，以影子工资作为劳动力费用，并计入经营成本。从理论上讲，影子工资包括劳动力的机会成本和社会为劳动力的就业或转移所消耗的资源价值。但实际上，劳动力的机会成本是很难计算的，特别是在就业结构不合理，存在着隐蔽性失业的情况下更是如此；至于后一部分的估算就更加困难了，因为在项目评估阶段，难以预测到时会增加多少社会资源的消耗。所以，一般以财务评价中的现行工资（也叫名义工资）为基础，乘以一个换算系数，即变换为影子工资。选用工资换算系数应坚持以下原则：即一般的项目，可选用1.0；对于某些特殊项目，在有充分依据的前提下，可根据项目所在地的劳动力的充裕程度，对于所在地区就业压力大，所用的劳动力大部分是非熟练劳动力的项目，可取小于1.0的工资换算系数；若是占用大量短缺的专业技术人员的项目，则可取大于1.0的工资换算系数。因为在这种情况下，劳动力的机会成本相对比较大，为培训、转移所消耗的社会资源也较多。上述只是给出一个范围，在确定一个具体数值时，还要由评估人员根据项目及项目环境的特点，按照上述原则进行分析和判断。

（3）影子汇率。

影子汇率是在项目的国民经济评价中用以将外汇折算为人民币的参数。对于非美元的其他国家货币，可先按当时国家外汇管理局公布的汇价折算为美元，再用影子汇率折算为人民币。影子汇率影响工程项目决策中的进出口抉择，间接影响项目的经济合理性。一般认为，在国家实行外汇管制和没有形成外汇市场的条件下，官方汇率（国家公布的正式汇率）往往低估了外汇的价值。外汇的机会成本是在一定的经济政策和经济状况下，由于项目投入或产出而减少或增加的外汇收入给国民经济带来的净损失和净效益。对于投入物来讲，是指因为投入一个美元的外汇，国家实际要支付或国家要消耗多少人民币；对产出物来讲，是指因为增加一个美元的外汇，国家实际所得到的人民币收入。

（4）社会折现率。

社会折现率是投资决策的重要工具。适当的社会折现率可以促进资源的合理分配，引导资金投向对国民经济净贡献大的项目。原则上，选取的社会折现率应能使投资资金的供需基本平衡。如果社会折现率定得过高，投资资金供过于求，则将导致资金积压，也会过高估计货币的时间价值，使投资者偏爱短期项目；如果定得过低，在经济评价中有过多的项目通过检验，则将导致投资资金不足，也会过低地估计货币的时间价值，使投资者偏爱长期项目。

社会折现率的确定体现国家的政策、目标和宏观调控意图，并且既要符合基本理论，又要符合我国的实际情况，应该考虑我国近期的投资收益水平、社会资金的机会成本、国际金融市场上的长期贷款利率以及资金供求状况等因素。

9.3.3　工程项目费用和效益的鉴别与度量

项目费用和效益的鉴别与度量，要注意以下几个问题：

首先，要考虑项目"有"或"没有"条件下投入和产出之间的差别。在有些时候，没有项目的情况并不就是现状的简单延续，因为可以预料产出和投入的增加总会以某一种方式发生。因此，项目的"有"、"没有"状况并不对应于项目的"前"、"后"状况。

其次，要区分不同的投入物（或产出物）所带来的费用（或效益）状况。因为项目的费用是由投入物而引起的，投入物对国民经济的影响不同，费用的度量方法就有所不同。项目的效益是由它的产出物提供的，产出物对国民经济的影响不同，效益的度量方法也有所不同。

再次，要对外部效果的鉴别作充分的论证，弄清是否真正为项目所产生。有时，与所评价项目有关的企业所增加的效益或所遭受的损失可能不是来自所评价项目的，很有可能来自和所评价项目相同或相类似的其他项目，或者只是部分来自所评价项目。如果属于前一种情况，则不应该计算这部分外部效果；如果是后一种情况，则要根据项目投入物和产出物的实际情况与其他项目分摊外部效果。

最后，要在鉴别时只考虑和所评价项目直接有关的外部效果。因为项目建设可能直接或间接地引起许多部门、企业的效益或费用增加，不能无限地连续计算这些增加的效益或费用。例如，拟建一个铝锭生产项目，项目投产后，将使铝材生产企业增加了效益。铝材是紧俏产品，市场上供不应求，铝锭项目投产后，铝材供应量增加又将使一些用铝材作为原料的生产企业充分利用了生产能力，增加了效益。在这种情况下，可以把铝材厂和用铝材原料的企业增加的效益都视作拟建项目的外部效果，也可只计算铝材厂增加的效益。

1. 费用的鉴别和度量

鉴别和度量费用有以下四种情况：

（1）因项目建设而增加项目所需投入物的社会供应量。即因项目大量使用投入物引起国民经济增加生产来满足这种需求。实际上，社会为满足增加的需求消耗了有限的资源。项目所需投入物带来的费用是为增加社会供给量所消耗的资源的真实成本，也就是作为项目投入物的资源的机会成本。

（2）减少对其他相同或类似企业的供给，即项目的投入物是由减少对其他企业的供应而转移过来的。在这种情况下，这些其他企业因减少供应而不能生产的产品用影子价格计算的边际效益就是项目的费用。

（3）增加进口或减少出口。增加进口，是指项目建设使国家不得不增加进口，以满足项目对投入物的需要。项目的费用可看做是国家为增加进口而多支付的外汇。减少出口，是指因项目使用了国家准备用来出口的商品作为投入物，从而减少了国家的出口量。项目的费用可看做是国家因减少出口而损失的外汇收入。

（4）外部费用。在国民经济评价中所考虑的外部费用主要是工业项目废物产生的环境污染给社会所造成的损失。环境污染主要包括：

① 空气污染。

空气污染，是指在大气中排放有毒气体和固体细粒所造成的污染。发电厂、钢铁厂、化工厂、造纸厂以及其他一些加工工业项目都会产生此类问题。

② 水的污染。

水的污染是指把含有机物和无机物的废水排放到河流和湖泊中所产生的水的污染。一般的工业项目都可能产生此类问题。

③ 固体废物的堆积。

固体废物的堆积，是指工厂产生的废渣堆积所造成的污染。对产生大量废渣的项目，如黑色和有色金属冶炼项目、发电厂等，这是不可忽视的问题。

④ 噪音污染。

噪音污染，是指工厂的机器设备的轰鸣所造成的噪声污染，它直接影响着人们的工作和休息。

对于项目所造成的污染，首先，要进行鉴别，并与国家规定的标准进行比较，考察污染的程度。其次，能量化的尽可能量化，量化确实有困难的，可作定性分析。环境污染的量化可以考虑以下两个方面：

a. 为了清除污染或减少污染，社会所消耗的资源的价值。

b. 项目为其产生的污染所支付的赔偿金和罚款。后者可参照同类企业的经验数据估算。

2. 效益的鉴别和度量

鉴别和度量效益有以下四种情况：

（1）项目投产后增加社会总的供给量，即增加了国内的最终消费品或中间产品。从理论上讲，其效益用消费者或用户的愿支付价格度量。在目前情况下，这种愿支付价格不易确定，可以用调价方法调整后的价格度量。当然，在国民经济评价中，只要稍作努力就可以确定愿支付价格时，还是要用愿支付价格度量。

（2）项目投产后减少了其他相同类似企业的产量，即从整个社会来讲，没有增加产品数量，只是项目投产后产品数量代替了其他相同或类似企业的等量产品。从理论上讲，此种情况下的项目效益是被替代企业因为停产或减少产量而节省的资源价值。这些资源的价值用愿支付价格度量。实际的度量方法可参照在第一种情况中所论述的方法。

（3）增加出口或减少进口。增加出口是指项目投产后增加国家出口产品的数量，项目效益是增加的外汇收入。减少进口，是指项目投产后其产品可以替代进口产品，减少国家等量产品的进口，项目效益是减少进口而节省的外汇。

（4）外部效益。外部效益的表现形式也是多种多样的，在国民经济评价中所考虑的外部效益主要包括以下几个方面：

① 技术培训和技术推广。

在某个地区建设一个技术先进的项目，会培养和造就数量众多的工程技术管理人员，这些人才所带来的效益，大部分为项目所吸收，但因为人才的流动、技术的交流，这些人才可能会给该地区，乃至整个社会经济的发展带来好处。这部分外部效益比较容易鉴别，但很难量化，在国民经济评价中，一般作定性分析。

② 给"上、下游"企业带来的效益。

"上游"企业，是指为项目提供原料或半成品的企业；"下游"企业，是指项目为其提供原料或半成品的企业。之所以会给"上、下游"企业带来效益，这是项目的"联系效应"所致。所谓"联系"，是指一个部门（或项目）在投入或产出上与其他部门（或项目）之间的关系。一个部门（或项目）和向它提供投入的部门（或项目）之间的联系叫做"后向联系"，也就是项目与"上游"企业的联系。一个部门（或项目）和吸收它的产出的部门（或项目）之间的联系叫做"前向联系"，也就是项目与"下游"企业的联系。我们把项目与"下游"企业的联系产生的效果叫"前联"效果，把项目与"上游"企业的联系产生的效果叫"后联"效果。产生"前联"效果的项目，一般是指基础工业项目，如原材料工业、能源工业、交通运输业项目等。在整个国民经济中，可能由于原料产品或中间产品缺乏会使一大批有效益的加工和制造项目失去了投资的机会，而所评价的基础工业项目投产后，会给这些项目创造投资和取得效益的机会。产生"后联"效果的项目，一般是指加工业和制造工业项目，此类项目的建立会刺激和鼓励那些为其提供原料或半成品的工业发展。

项目的"前联"和"后联"效果，也即项目对"上、下游"企业产生的效益主要表现在两个方面：一是项目投产后，使"上、下游"企业闲置的生产能力得以充分利用而增加的净效益。如某项目在建设之前，因为为其提供原材料的企业产品的市场需求不足，因而不能充分利用现有的生产能力。该项目投产后，增加了市场需求量，使得"上游"企业提高了生产能力利用率，增加了净效益。二是项目投产后，使"上、下游"企业的生产规模达到了规模经济，特别是"上游"企业，因为为了满足对投入物所增加的需求，不得不增加该种产品的供给，从而使其增加生产规模，达到规模经济。

项目对"上、下游"企业产生的效益是非常复杂的，在鉴定时要进行充分的分析的论证。对于第一个方面的表现，要有两个条件：

a. 未被利用的生产能力是国内需求不足或供给不足所致，除采取拟建项目投资措施外，并没有其他办法可以提高需求或增加供给。

b. 只考虑整个项目生产期内闲置生产能力被利用所增加的净效益。

对于第二个方面的表现，也要有两个条件：

　　a. "上游"或"下游"企业的生产规模处于规模不经济状态。

　　b. "上、下游"企业达到规模经济除采取拟建项目投资措施外，别无其他途径可以使其达到规模经济状态。

　　从实践来看，在计算"上、下游"企业的效益时，往往重视第一个方面的表现，因为它可能产生较大的可量化的外部效益，而对第二个方面的表现，可忽略不计，因为其鉴别和度量比较困难，产生的影响，用数量表示又不是很明显。除非情况特殊，一般不值得花很大的精力考察这部分外部效益。

　　3. 转移支付

　　在鉴别和度量效益费用时，要剔除"转移支付"。"转移支付"，是指那些既不需要消耗国民经济资源，又不增加国民经济收入，只是一种归属权转让的款项，包括税金、补贴和国内借款利息等。

　　(1) 税金。

　　列为转移支付的税金，包括销售税金及附加、房产税、土地使用税和车船使用税等。在财务评价中，房产税、土地使用税和车船使用税在管理费中列支，计为项目的支付；销售税金及附加是企业拿出按销售收入的一定比例计算的款项上缴给国家财政，也是项目的支付。但国民经济评价是站在国民经济角度考察项目的，以是否增加国民经济的资源消耗或增加国民收入价值来判定费用或效益的，各种税金支付，实际上并不花费任何资源，只是项目所在部门把这笔款项转付给财政部门。因此，在国民经济评价中，这些税金不列入项目的费用，否则就会高估项目的经济代价，从而降低项目的效益。

　　(2) 补贴。

　　补贴，是指根据国家政策的规定给某种产品的价格补贴。我国在价格体系不合理的条件下，往往采取价格补贴的方式，鼓励人们消耗或购买某种产品。这种补贴，对作为使用者的项目来讲，它少支付了相当于补贴金额的款项，意味着项目降低了成本，增加了效益。因此，在财务评价中，这部分价格补贴金额表现的是项目的效益。但从国民经济角度考察项目，可以看出，为生产这些包含价格补贴的产品所消耗的资源并没有因价格补贴而减少，国民经济收入也没有因此而增加。所以，这种补贴实质上是与税金方向相反的转移支付。在国民经济评价中，不应把这种补贴作为项目的效益，以免低估项目的经济代价，人为地增加项目的效益。

　　(3) 利息。

　　利息，是指国内贷款利息，不包括支付给国外的利息。在财务评价中，国内贷款利息是作为项目的费用来处理的，但从国民经济角度考察项目，它也属于一种转移支付，即由项目拿出一部分款项转付给国家的金融机构。这种转付并没有因此而增加国民经济的收入或增加国民经济的资源消耗。故在国民经济评价中，不把国内贷款利息列入项目费用。

9.3.4　工程项目价格调整

　　1. 调价范围和货物的划分

　　(1) 调价范围。

因为现行价格不甚合理，需要在进行国民经济评价时对投入物和产出物的价格进行调整。我们所说的价格不合理，指的是现行价格体系不合理，并不否认有些产品的价格基本合理。另外，有些投入物和产出物在项目的费用及效益中占的比重较大，而有些占的比重较小，所以我们可以得出结论，即并不是每一种投入物和产出物都要调价，大致有一个范围，即有两个约束条件：

① 价格严重不合理。

② 在费用或效益中占的比重较大。

只有符合这两个条件的投入物和产出物，才调整价格。

（2）货物的划分。

调整价格就是把不合理的现行价格调整为基本合理的价格——影子价格。在确定影子价格时，我们把项目的投入物和产出物划分为外贸货物、非外贸货物和特殊投入物三种类型。

① 外贸货物，是指其生产、使用将直接或间接影响国家进出口水平的货物。产出物中包括直接出口、间接出口或替代进口；投入物中包括直接进口、间接进口（占用其他企业的投入物使其增加进口）或占用原可用于出口的国内产品（减少出口）。

② 非外贸货物，是指其生产或使用将不影响国家进出口水平的货物。除基础设施产品和服务外，还包括受运输、贸易政策等条件限制不能进行外贸的货物。

③ 特殊投入物包括劳动力和土地。

2. 价格调整方法

影子价格属于重要的国家参数，一般应由国家计委（或其他有关权威机构）测算并颁发，但可作为投入和产出的货物成千上万，因受各方面条件的限制，不可能测算出所有的投入物和产出物的影子价格，大部分需要项目评估人员自己进行测算。为此，需要了解确定影子价格的基本方法。

（1）外贸货物影子价格的确定方法。

外贸货物的影子价格以口岸价格为基础，加减国内长途运输费用和贸易费用来测算。

① 产出物（以出厂价计）的定价方法。

a. 直接出口产出物。

$$影子价格 = 离岸价格 \times 影子汇率 - 国内运费 - 贸易费用$$

有关的地点是拟建项目与口岸，离岸价格减去国内运费和贸易费用为项目产出物的出厂价格。

b. 间接出口产出物。

$$影子价格 = 离岸价格 \times 影子汇率 - 原供应厂到口岸的运输费用及贸易费用 + 原供应厂到用户的运输费用及贸易费用 - 项目到用户的运输费用及贸易费用$$

有关的地点是拟建项目、原供应厂、用户和口岸。离岸价格减去原供应厂到口岸的运费及贸易费用为原供应厂的出厂价格，再加上原供应厂到用户的运费及贸易费用为用户的进厂价格，再减去用户到拟建项目的运费及贸易费用，即换算为拟建项目产出物的进厂价格。

从增加或减少资源消耗来理解，可以看出：如果没有拟建项目，则不会发生原供应厂到口岸以及用户到拟建项目的运输费用和贸易费用，但有原供应厂到用户的运输费用及贸易费用发生。有拟建项目，前者发生了，后者不再发生，显然，作为计算效益的价格应当从中减去增加的资源消耗再加上减少的资源消耗。

c. 替代进口产出物。

影子价格=到岸价格×影子汇率+口岸到用户的运输费用及贸易费用−用户到拟建项目的运输费用及贸易费用

有关的地点是口岸、用户和拟建项目。到岸价格加口岸到用户的运输费用及贸易费用为用户的进厂价格，再减去用户到拟建项目的运输费用及贸易费用，即换算为项目产出物的进厂价格。

从增加或减少资源消耗理解，可以看出：如果没有拟建项目，则不会发生用户到拟建项目的运输费用和贸易费用，但会发生用户到口岸的运输费用和贸易费用。有了拟建项目，前者发生了，后者不再发生，显然，作为计算效益的价格，应当从中加上节省的资源消耗，减去增加的资源消耗。

② 投入物（以进厂价计）定价方法。

a. 直接进口的投入物。

影子价格=到岸价格×影子汇率+口岸到拟建项目的运输费用及贸易费用

有关的地点是拟建项目和口岸，到岸价格加口岸到拟建项目的运输费用及贸易费用为拟建项目投入物的进厂价格。

b. 间接进口的投入物。

影子价格=到岸价格×影子汇率+口岸到原用户的运输费用及贸易费用−供应厂到原用户的运输费用及贸易费用+供应厂到拟建项目的运输费用及贸易费用

有关的地点是口岸、原用户、供应厂和拟建项目，到岸价格加口岸到原用户的运输费用及贸易费用为原用户的进厂价格、再减原用户到供应厂的运输费用及贸易费用为供应厂的出厂价格，再加供应厂到拟建项目的运输费用及贸易费用，即换算为拟建项目投入物的进厂价格。

从增加或减少资源消耗来理解，可以看出：如果没有拟建项目，则不会发生口岸到原用户及供应厂到拟建项目的运输费用及贸易费用，但会发生供应厂到原用户的运输费用及贸易费用。有了拟建项目，前者发生了，后者不再发生。显然，作为计算费用的价格，应当从中加上增加的资源消耗，减去节省的资源消耗。

c. 减少出口的投入物。

影子价格=离岸价格×影子汇率−供应厂到口岸的运输费用及贸易费用+供应厂到拟建项目的运输费用及贸易费用

有关的地点是口岸、供应厂和项目。离岸价格减供应厂到口岸的运输费用及贸易费用为供应厂的出厂价格，再加供应厂到拟建项目的运输费用及贸易费用，即换算为拟建项目投入物的进厂价格。

从增加或减少资源消耗来理解，可以看出：如果没有拟建项目，则不会发生供应厂到拟建项目的运输费用和贸易费用，但会发生供应厂到口岸的运输费用和贸易费用。有了拟建项目，发生了前者，后者不再发生。显然，作为计算费用的价格，应当从中加上前者，即增加的资源消耗，减去后者，即减少的资源消耗。

（2）非外贸货物影子价格确定方法。

① 产出物：

a. 增加供应数量满足国内消费的产出物。供求均衡的，按财务价格定价；供不应求的，参照国内市场价格并考虑价格变化的趋势定价，但不应高于相同质量产品的进口价格；无法判断供求情况的，取上述价格中较低者。

b. 不增加国内供应数量，只是替代其他相同或类似企业的产出物，致使被替代企业相应的产品可变成本分解定价。提高产品质量的，原则上应按被替代产品的可变成本加上提高产品质量而带来的国民经济效益定价，其中，提高产品质量带来的效益，可近似地按国际市场价格与被替代产品的价格之差确定。

c. 产出物按上述原则定价后，再计算为出厂价格。

② 投入物：

a. 能通过原有企业挖潜（不增加投资）增加供应的，按可变成本分解定价。

b. 在拟建项目计算期内需通过增加投资扩大生产规模来满足拟建项目需要的，按全部成本（包括可变成本和固定成本）分解定价。当难以获得分解成本所需要的资料时，可参照国内市场价格定价。

c. 项目计算期内无法通过扩大生产规模增加供应的（减少原用户的供应量），参照国内市场价格、国家统一价格加补贴（如有时）中较高者定价。

d. 非外贸货物的成本分解方法。

测算非外贸货物的影子价格，分解成本方法是一种重要的方法。用分解成本作为某些产出物和投入物的影子价格，是基于以下的判断：口岸价格基本代表了国际市场价格，国际市场价格是基本合理的价格，对现行价格进行调整，应该以口岸价格为基础。非外贸货物不能直接以口岸价格为基础定价，但生产非外贸货物所用的原材料、零部件、燃料、动力等可能有外贸货物。为了符合尽量以口岸价格为基础调整现行价格的原则，对非外贸货物的财务成本进行分解，并分别对各生产费用要素进行调价，其中的外贸货物，以口岸价格为基础，按照外贸货物的调价方法调价，非外贸货物用规定的方法调价。

用成本分解法测算影子价格的非外贸货物，在产出物中仅包括项目产品替代其他同类企业的产出物，致使被替代企业停产或减产的情况；在投入物中，除减少原用户的供应量的情况外，通过现有企业挖潜和通过增加投资扩大生产规模来满足项目对投入物的需求的情况，都要用成本分解方法调价。分解成本可分解变动成本，还可分解总成本。对于上述的产出物和通过现有企业挖潜满足项目投入物需求的情况，用分解变动成本的方法调价；对通过增加投资扩大生产规模满足项目投入物需求的情况，则用分解总成本的方法调价。

分解成本，首先，要对所分解的投入物或产出物按现有生产该种物品的企业的成本费用要素进行分解，并剔除其中的税金，因为税金属于转移性支付，不计入物品的费用。这里的税金，主要是指包括在成本中的房产税、土地使用税、车船使用税、进口原材料的关税、进口增值税等。其次，对分解出来的原材料、燃料、动力及其他物料投入进行分类，分为外贸货物、非外贸货物、特殊投入物，并按规定的各自调价方法分项进行调价。其中重要的，即在总费用中占的比重较大的属于非外贸货物的物料投入要进行第二轮分解。再次，调整在生产费用中的折旧和流动资金贷款利息。因为折旧是静态方法计算出来的，并且作为计算基础的建设投资是没有调过价的。调整这项费用是要用调过价的建设投资和动态方法进行，流动资金贷款利息调整是基于这样的考虑，在原成本费用中，利息是按照没有调过价的流动资金计算的，所用的利率是现行利率。对其调整，是要按调过价的流动资金和社会折现率来计算的。

9.3.5 工程项目国民经济效益评审

国民经济评价报表包括基本报表（全部投资的国民经济效益费用表，国民经济效益费用流量如表9-2所示）和辅助报表（出口产品国内资源流量表、国民经济评价投资调整计算表、国民经济评价销售收入调整计算表、国民经济评价经营费用调整计算表），在国民经济评价报表的评审的基础上，进一步对国民经济评价指标进行评审。

表 9-2 　　　　　　　　　**国民经济效益费用流量表（全部投资）**　　　　（单位：万元）

序号	年份 \ 项目	建设期		投产期		达到设计能力生产期			合计
		1	2	3	4	5	6	…… n	
1	生产负荷（100%） 效益流量								
1.1	产品销售（营业）收入								
1.2	回收固定资产余值								
1.3	回收流动资金								
1.4	项目间接效益								
2	费用流量								
2.1	固定资产投资								
2.2	流动资金								
2.3	经营费用								
2.4	项目间接费用								
3	净效益流量（1—2）								

计算指标：经济内部收益率： 　　　　经济净现值（$i_c =$ 　%）

注：生产期发生的更新改造投资作为费用流量单独列项或列入固定资产投资项中。

（1）经济内部收益率（EIRR）。

经济内部收益率是反映项目对国民经济净贡献的相对指标。它是指项目在计算期内各年经济净效益流量的现值累计等于零时的折现率。其表达式为：

$$\sum_{t=1}^{n} (B - C)_t \times (1 + EIRR)^{-t} = 0$$

式中：B——效益流量；

$\quad\quad C$——费用流量；

$\quad\quad (B-C)_t$——第 t 年的净效益流量；

$\quad\quad n$——计算期。

经济内部收益率等于或大于社会折现率，表明项目对国民经济的净贡献达到或超过了要求的水平，认为项目是可以接受的。

（2）经济净现值（ENPV）。

经济净现值是反映项目对国民经济净贡献的绝对指标。它是指用社会折现率将项目在计算期内各年经济净效益流量折算到建设期初的现值之和。其表达式为：

$$ENPV = \sum (B-C)_t \times (1+i_s)^{-t}$$

式中：i_s——社会折现率。

经济净现值等于或大于零表示国家为拟建项目付出代价后，可以得到符合社会折现率的社会盈余，或除得到符合社会折现率的社会盈余外，还可以得到以现值计算的超额社会盈余，我们认为项目是可以考虑接受的。

9.4　工程项目环境效益审计

9.4.1　开展工程项目环境审计的必要性

当今世界各国政府都要面对在经济增长的同时，自然环境遭受不同程度的污染和破坏，出现了一些全球性的环境问题。目前，地球上每天至少有一个物种在消失；酸雨造成的受害面积在逐年增加；温室效应对地球的威胁；臭氧层的破坏又是一个潜伏的危机等。早在 19 世纪，恩格斯在"劳动在从猿到人转变过程中的作用"一文，就向世人告诫："我们不要过分陶醉于我们对自然界的胜利，对于每一次这样的胜利，自然界都报复了我们。"

地球是一个有机的整体，也是一个典型的生态系统，人类的生活和生产活动正在影响着整个地球，为了保护环境，人类采取了许多措施，提出了建立在可持续发展理论、经济外部性理论、环境资源价值理论基础上的环境审计理论体系。1995 年，最高审计机关国际组织（INTOSAI）第十五届大会的《开罗宣言》中制定了一个环境审计定义的框架，其内容包括：财务审计、合规性审计和绩效性审计。所谓环境审计，是审计主体对被审计单位的环境保护项目计划、管理和实施活动的真实性、合法性和有效性进行的独立的经济监督活动。

18 世纪，法国科学家布丰是被人们认为第一个研究人类活动对自然环境影响的学者，他对有人居住和无人居住区域的景观进行比较后指出，有人居住的区域，林木、湖泊和沼泽较少，荒地和灌木较多，这也说明了人类的生活和生产活动对环境有着不同程度的影响，其中，人类的生产活动，主要是生产性建设项目对环境的影响和破坏较大。20 世纪，由工业项目给环境造成的大气污染、土壤污染、水质污染、噪音污染和核污染已成为全球性的公害，严重威胁着人类的生存。因此，工程项目环境审计应成为环境审计的重点，我国政府有必要并且能够首先开展工程项目环境审计。通过工程项目环境审计，可以促进各级政府严格履行环境保护职责，加强环境保护法制建设，形成结构合理、协调高效的环境行政管理体系。

9.4.2 我国建设项目环境审计主体、依据及审计实施时间的确定

1. 工程项目环境审计主体的确定

环境效益属于宏观效益，加之我国工程项目中以政府投资和参股、控股的工程项目为主体，我国开展工程项目环境审计应为国家审计机关，工程项目环境审计的人员配置和机构设置可分步进行。首先，审计署可联合计划、环保等主管部门成立一个"工程项目环境审计专家委员会"，可聘请审计、环保、工程、经济等方面的专家组成；其次，再进一步对国家重点建设项目的事前、事中、事后开展独立的工程项目环境审计监督，发挥国家审计机关宏观调控的职能。

2. 工程项目环境审计的依据

工程项目环境审计的依据是评价项目环境管理系统和有关经济活动的环境方面是非优劣的准绳。我国已建立了较为完整的工程项目环境审计的法规体系：

（1）有关环境的法律法规。

我国从 20 世纪 70 年代开始，先后颁布了环境保护和资源管理方面的法律和法规，建立了比较完整的环境法律体系。我国陆续颁布了《环境保护法》、《大气污染防治法》等六部环保法律和《土地法》、《森林法》、《渔业法》等八项资源管理、开发利用和保护方面的法律。另外，国家和地方还分别制定并颁布了一批环境保护、国土开发整治等环境资源管理方面的行政法规、地方法规，包括《征收排污费暂行办法》、《建设项目环境保护管理办法》、《建设项目环境保护设计规定》、《环境影响评价证书管理办法》等 22 项。

我国先后加入一批保护资源和环境的国际公约、协议和议定书，主要有《国际捕鲸公约》、《国际热带木材协定》、《保护臭氧层维也纳公约》、《生物多样性公约》等。

除环保法律法规外，在各种经济法规中也包含了环境保护的法律规范。这些法律法规为我们进行工程项目环境审计提供了依据。

（2）环境标准。

环境标准是国家为了维护环境质量、控制污染，从而保护人群健康、社会财富和生态平衡而制定的各种技术指标和规范的总称。环境标准是具有法律性的技术规范，是我国环境法律体系的一个重要的组成部分。环境标准包括环境质量标准、污染物排放标准、环境保护基础标准和方法标准三大类。

（3）有关环境保护和环境污染的财务会计核算准则和标准。

3. 工程项目环境审计实施时间的确定

国家审计机关可制定工程项目环境审计实施规范。"工程项目环境审计专家委员会"按照工程项目环境审计实施规范，对国家重点建设项目在开工前的立项、可行性研究、项

目评估、初步设计等涉及项目对环境的影响等方面进行审查和评价，有权对环保部门及其评价报告进行再评价，建立一个有效的牵制和监督的机制。在工程项目的施工过程中，对工程项目环境审计实施跟踪审计；对工程项目竣工验收应有"工程项目环境审计专家委员会"参与，并且要进一步对工程项目环境效益进行后评价。

9.4.3　工程项目环境审计的内容

我国国家审计机关开展环境审计，《审计法》向审计机关就环境审计进行授权，其中，规定："审计机关对政府部门管理的和社会团体受政府委托管理的社会保障基金、社会捐赠资金以及其他有关基金、资金的财务收支进行审计监督"，"审计机关对国际组织和外国政府援助、贷款项目的财务收支进行审计监督"等。根据《审计机关关于建设项目预算（概数）执行情况审计实施办法》第十三条的规定："审计机关对建设项目执行环境保护法规、政策情况进行审计监督，重点审查建设项目设计、施工各个环节是否执行国家有关环境保护的法规和政策，环境治理项目是否和项目建设同步进行。"

我国国家审计机关开展工程项目环境审计的内容主要包括：审计人员首先测试和评价项目有关环境保护的内部控制制度；考察工程项目投产或交付使用对自然环境和人文环境的影响程度；工程项目防治环境污染措施是否及时有效，并且防治环境污染措施必须与项目主体工程同时设计、同时施工、同时投产；环境专项资金的筹集、使用和管理中的真实性、合规性和效益性；最后，审计人员要对工程项目的外部效果进行总体的评价并得出结论。

9.4.4　工程项目环境审计的程序

对于一个工程项目来说，实施环境审计应主要包括三个阶段：

1. 了解和评价工程项目的环境管理系统

审计人员对一项工程项目进行审计，首先要全面了解该项工程项目的环境管理系统。了解的内容包括：项目开工前是否进行了环境影响评价，是否通过了环保部门的认可；项目的开工是否符合我国关于基建项目"三同时"制度的规定；施工过程中的工程管理模式、环境管理机构和措施以及环境监督管理情况。

审计人员了解了整个环境系统的质量和活动之后，可以对该项工程的环境管理系统作出评价，并找出其中的弱点，提出建议，同时据此确定进一步审查的重点和范围。

有时，该阶段的内容又可以作为单独的环境审计项目来进行。

2. 搜集证据

有关环境管理方面的证据包括：

（1）实物统计资料。

（2）成本效益数字。

（3）有关技术资料。

（4）环保管理资料。

这些证据的取得可采用函证、问询和专题调查的方法，其中技术性较强的应是环境价值的量化问题，即如何计量环境的成本和收益，这很大程度上取决于审计小组中环境经济学专家的衡量和确认。例如，环境经济学专家确认，举世瞩目的三峡工程有着巨大的社会效益和经济效益，它不仅可以保护长江中下游人民的生命财产免受洪水灾害，而且年发电量可替代 4000～5000 万吨原煤燃烧所产生的能源，每年少向大气排放二氧化碳约 1 亿吨、二氧化硫 100 万吨、一氧化碳 1 万吨，可以有效地抑制全球温室效应和酸雨，减少大量的飘尘、降尘和固体废弃物。

环境污染造成的价值损失可以用总成本费用来替代。这种损失既有直接的损失，又有间接的损失；既包含经济的损失，又包含非经济的损失，可以用排放量乘以每单位污染物和污染源对各方面造成的损失（或治理的成本费用）来求得。

3. 环境评价和效益分析，提出审计报告

对环境资料的量化为我们进行有效的分析提供了基础。针对收集的资料与各种环境标准相比较，据此，审计人员可以对一个工程项目的环境管理系统进行综合评价，得出结论，提出审计报告。

9.4.5 工程项目建设和生产对环境影响评审方法初探

工程项目环境审计的方法是审计人员在实施审计过程中所采用的一切技术手段，包含大家较为熟悉的财务审计、效益审计等常用的审计方法。下面分别论述项目建设和生产对水体污染和大气污染环境影响的评审方法。

1. 项目建设和生产对水体污染的测评方法

工程项目的建设和生产对水体污染造成的社会经济损失，是对工业、农业、畜牧业、渔业、林业和公共事业等部门造成损失的总和，测评方法举例如下：

工程项目的建设和生产对水体污染给工业造成的经济损失，计算公式为：

$$Y_n = Y_{n-1} + Y_{n-2} + Y_{n-3} + Y_{n-4} + Y_{n-5}$$

式中：Y_{n-1}——水体污染使生产设备计划外修理的损失；

Y_{n-2}——水体污染使生产设备计划外停工减产的损失；

Y_{n-3}——设备提前损坏、报废的损失；

Y_{n-4}——水体污染使产品质量下降的损失；

Y_{n-5}——水体污染造成废品的损失增加。

2. 项目建设和生产对大气污染的测评方法

大气，是指包围在地球外围的空气层，围绕地球的这层大气总质量约为 5.3×10^5 吨，其中，98.2% 集中在 30 公里以下。由于工程项目的建设和生产对大气污染造成的社会经济损失的计算模式可以设计为：

$$Y = Y_a + Y_b + Y_c + Y_d + Y_e$$

式中：Y_a——人体健康损失；

Y_b——公共事业损失；

Y_c——工业损失；

Y_d——农业损失；

Y_e——林业损失。

它们的计算方法主要为：

（1）项目建设和生产对大气污染造成工业损失的估算。

$$Y_c = Y_{c-1} + Y_{c-2} + Y_{c-3} + Y_{c-4} + Y_{c-5}$$

式中：Y_{c-1}——基本生产资料（厂房、机器设备）日常维修费用增加造成的损失；

Y_{c-2}——由于大气污染增加设备大修的损失；

Y_{c-3}——提前报废未提折旧的损失；

Y_{c-4}——计划外停工修理造成减产的损失；

Y_{c-5}——附加损失。

（2）项目建设和生产对大气污染造成农业损失的估算。

$$Y_d = \sum_{i=1}^{n} P_i \times C_i$$

式中：P_i——污染 1 公顷 i 作物的经济损失（$i = 1, 2, \cdots, n$）；

C_i——污染区 i 作物播种面积（$i = 1, 2, \cdots, n$）；

n——污染区播种的作物种类数。

（3）项目建设和生产对大气污染造成林业损失的估算。

$$Y_e = \sum Y_i$$

对森林来说，Y_i 可分为 10 种情况：Y_1 为木材产量降低的损失；Y_2 为清林工作量增加的损失；Y_3 为增加复种量造成的损失；Y_4 为森林副产品资源储备减少的损失；Y_5 为森林护田功能降低的损失；Y_6 为森林保土功能降低的损失；Y_7 为森林保水功能降低的损失；Y_8 为护路林带破坏造成的损失；Y_9 为森林卫生保健功能降低的损失；Y_{10} 为森林旅游资源减少的损失。

9.5　工程项目社会效益审计

开展效益审计对工程项目决策科学化具有巨大的推动作用，是节省国家财政资金、创建节约型社会的一个重要保障。长期以来，在工程项目效益审计中，主要集中于项目的财务评价及项目国民经济评价两个方面，而忽视了对工程项目所进行的社会评价。从项目社会评价的发展过程、内涵等方面阐述项目社会评价的必要性对于开展工程项目效益审计具有重要意义。

项目社会评价所涉及的内容非常广泛，一般而言，包括以下四个方面：一是评价项目对社会经济的贡献，涉及就业收益、技术进步收益、节约时间的社会效益、促进地区经济和部门经济发展、促进国民经济发展、提高产品国际竞争力等；二是评价项目对资源利用的影响，涉及国土开发利用效益、节约能源耕地和水资源、自然资源综合利用、对防止自然灾害的影响等；三是评价项目对文化教育的影响，涉及对当地人民生活的影响，对当地教育事业、文化事业的影响，对社区基础设施及社会福利的影响等；四是项目对社会环境的影响，涉及对国防的影响，对当地政府和管理机构的影响、对当地民族团结、宗教信仰、民众风俗的影响等。就单个项目而言，并不一定涉及上述所列举的项目社会评价的一般内容的全部，具体的项目必须依照实际情况确定其社会评价的内容。

目前应针对当地居民受益较大的社会公益性项目、对人民生活影响较大的基础性项目、容易引起社会动荡的项目和国家、地区的大中型骨干项目以及扶贫项目进行社会评价。例如，水利灌溉项目、移民和非自愿移民项目、畜牧项目、渔业项目、林业项目以及大型的能源、交通、工业项目等。

在工程项目的效益审计过程中开展项目社会评价的意义在于：一是有助于保证项目与其所处社会环境的相互协调；二是有利于促进国家社会发展目标的顺利实现；三是有利于减少项目投资的短期行为和盲目投资；四是有利于资源的合理利用和社会环境保护。

目前，在我国经济发展中，出现了一些结构性和体制性的矛盾和问题，如钢铁、有色等行业出现的过度投资导致的产能过剩问题、部分高消耗以及高污染项目屡禁不止、个别行业重大安全事故频发等。应该说在项目效益审计过程中开展项目社会评价给我们提供了新的思路和方法。这一做法有助于审计人员更加全面、准确地把握一个工程项目总体情况，通过深刻的剖析，把潜在的问题查找出来，对某一行业、地区乃至整个国家社会发展产生的影响进行预警，并提出宏观性较强的对策和建议，为国家的经济持续稳定发展保驾护航。

9.6 案例分析

9.6.1 工程项目财务效益评审案例

某新建小型仿真丝项目有关资料如下，据此进行财务效益评审。

1. 项目有关资料

（1）计算期估算有关资料。

建设期为 2 年，生产期为 15 年，其中，投产期为 1 年，生产负荷为 80%。设计生产能力为：年产涤纶真丝为 1000 吨，其中，50D、100D 各为 250 吨；68D 为 500 吨。

（2）总投资估算有关资料。

① 固定资产投资估算有关资料。

a. 建筑工程：总建筑面积为 1500 平方米，平均每平方米造价为 450 元。

b. 设备购置：

• 进口设备，包括切片干燥设备一套，牵伸卷绕机一台，空调设备一台，全部设备离岸价格合计 210 万美元，合同货价为到岸价，以美元结算。海运费率为 6%，海运保险率为 2‰，进口关税率为 10%，进口增值税税率为 17%；外贸、银行手续费，国内运杂费计费依据均为到岸价，费率分别为 1.5%、0.4%、2%。

• 国内设备，全部到厂费用为 220 万元。

c. 设备安装费用：取进口设备和国内设备到厂费用的 10%。

d. 工程建设其他费用共为 500 万元。

e. 预备费用为建筑工程、设备购置费用、设备安装费用和工程建设其他费用之和的 10%（分别按人民币和美元计算）。

② 建设期利息估算资料。

在该项目固定资产投资和固定资产投资方向调节税中，自有资金为 500 万元，其余均为外部借款。

a. 人民币投资中的 60%（含 500 万元自有资金）在项目建设期第一年投入，其余 40% 在第二年投入，人民币借款由当地建行提供，年利率为 9.54%。

b. 外币在建设期第二年投入，均为借款，由国际金融机构提供，年利率为 8%。

（3）流动资金估算有关资料。

根据经验数据和本项目的具体情况，流动资金取正常生产年度销售收入的 18.791%，根据生产负荷投入。在流动资金中，自有资金占 30%，其余 70% 均为当地工商银行贷款，贷款年利率为 8.64%，自有流动资金全部在投产期投入。

（4）总成本估算有关资料。

① 原材料：聚酯切片，达产年需要为 1050 吨，单价为 0.9 万元；辅助材料：纺丝油剂、包装材料等，达产年费用总额为 45 万元。

② 购入的动力和燃料：经测算达产年耗用需要为 192 万元。

③ 工资及福利费：该项目职工定员为 60 人，人均年工资为 6000 元，职工福利基金取工资总额的 14%。

④ 固定资产折旧费：折旧年限为 15 年，净残值率为 4%。

⑤ 修理费：取折旧费的 40%。

⑥ 利息支出：简化起见，这里只考虑流动资金的利息，根据各年实际占用，分别加以计算。

⑦ 其他费用：取达产年第一年上述六项合计的 10% 计算。原材料、动力和燃料为变动成本，其余为固定成本。

（5）销售收入和销售税金估算的有关资料。

① 销售收入：本项目所生产的产品，出口和内销各占 1/2，其销售价格如表 9-3 所示。

表 9-6　　　　　　　　　　　**本项目所生产产品的销售价格**

型　　号	50D	68D	100D
出口（美元/吨）	5000	4500	3500
内销（万元/吨）	3.0	2.8	2.4

② 税金及附加：该项目为一般规模纳税人，设增值税进项税和销项税税率均为 17%，城市维护建设税税率、教育费附加率分别为 7%、3%，出口产品免税。

（6）利润总额及分配的估算。

该项目不缴纳资源税，企业所得税税率为25%。

（7）要求。

① 估算财务数据。

② 编制有关财务报表。

③ 计算财务指标。

（8）有关参数。

汇率取1美元=8元人民币，基准收益率为12%。计算结果保留两位小数。

2. 工程项目财务效益评审案例计算过程（财务数据估算部分，单位：万元）

（1）总投资额的估算。

$$总投资额=固定资产投资额+建设期利息+流动资金$$

① 固定资产投资额=建筑工程投资额+设备购置费用+安装费+其他费用+预备费用=67.50+2585.80+258.58+500+341.19=3753.07。

a. 建筑工程投资额=0.045×1500=67.50。

b. 设备购置费用=进口设备购置费用+国产设备购置费用。进口设备购置费用=离岸价+海运费+海运保险费+进口关税+进口增值税+国内运杂费（装卸费+运输费）+手续费（银行手续费+外贸手续费）；到岸价=离岸价+海运费+海运保险费=210×（1+6%+2‰）=223.02万美元（合人民币223.02×8=1784.16万元）；关税=到岸价×关税税率=1784.16×10%=178.42；进口增值税=（1784.16+178.42）×17%=333.64；国内运杂费，银行、外贸手续费=到岸价×适用费率=1784.16×（2%+0.4%+1.5%）=69.58；国产设备=220；设备购置费用小计：1784.16+178.42+333.64+69.58+220=2585.80。

c. 安装费=2585.80×10%=258.58。

d. 其他费用=500。

e. 预备费用：人民币预备费=［（67.50+2585.80+258.58+500）-1784.16］×10%=162.77；美元预备费=223.02×10%=22.3021（合人民币22.302×8=178.42万元）；预备费用小计：162.77+178.42=341.19。

② 建设期利息估算。

借入投资额：

第一年：（3753.07+562.96-1784.16-178.42）×60%-500=912.073

第二年：人民币（3753.07+562.96-1784.16-178.42）×40%=941.38

美元223.02+22.302=245.32。

L1=（0+912.07/2）×9.54%=43.51；

L2=（912.07+43.51+941.38/2）×9.54%=136.07；

L2外币=245.32/2×8%=9.81（合人民币9.81×8=78.48）；

建设期利息小计：43.51+136.07+78.48=258.06（含9.81万美元）。

③ 流动资金估算。

［125×3+250×2.8+125×2.4+（125×0.5+250×0.45+125×0.35）×8］×18.791%=3125×18.791%=587.22。

总投资额 = 3753.07 + 258.06 + 587.22 = 4598.35（含 223.02 + 22.302 + 9.81 = 255.13（万美元））。

（2）总成本的估算。

① 原材料：达产年：1050×0.9 + 45 = 990；投产年：990×80% = 792。

② 动力和燃料：达产年：200×0.5 + 0.4×180 + 40×0.5 = 192；投产年：192×80% = 153.60。

③ 工资及福利费：60×0.6×（1 + 14%）= 41.04。

④ 折旧费：3753.07×（1 − 4%）/15 = 240.20；净残值：3753.07×4% = 150.12。

⑤ 修理费：240.20×40% = 96.08。

⑥ 利息支出：投产年：587.22×（80% − 30%）×8.64% = 25.37；达产年：587.22×（1 − 30%）×8.64% = 35.52。

⑦ 其他费用：（990 + 192 + 41.04 + 240.20 + 96.08 + 35.52）×10% = 159.48。

总成本：投产年：792 + 153.60 + 41.04 + 240.20 + 96.08 + 25.37 + 159.48 = 1507.77；达产年（4～17）：990 + 192 + 41.04 + 240.20 + 96.08 + 35.52 + 159.48 = 1754.32。

经营成本：投产年：1507.77 − 240.2 − 25.37 = 1242.2；达产年（4～17）：1754.32 − 240.2 − 35.52 = 1478.6。

（3）销售收入与销售税金及附加的估算。

① 销售收入。

达产年：（125×3 + 250×2.8 + 125×2.4）+（125×0.5 + 250×0.45 + 125×0.35）×8 = 3125；

投产年：3125×80% = 2500。

② 税金及附加。

达产年：（1375 − 990 − 192）×17%×（1 + 7% + 3%）= 36.09；

投产年：36.09×80% = 28.87。

（4）利润的估算。

投产年：2500 − 1507.77 − 28.87 = 963.36；

达产年（4～17）：3125 − 1754.32 − 36.09 = 1334.59

9.6.2　工程项目环境审计案例

下面通过××水利工程施工区环境管理系统审计案例说明环境审计的程序。

首先，审计人员应明确其审计目标，即评价该水利工程施工区环境管理系统的健全性和有效性。

其次，了解和测试施工区环境管理系统。审计人员可以通过审阅有关文件资料、现场观察、问询等方式取得有关该水利工程施工区环境管理系统健全性和有效性的证据。

审计人员经过深入调查和研究，了解了该水利工程施工区环境管理系统情况如下：

1. 工程管理模式和环境管理机构

中国长江××水利工程开发总公司作为该水利工程建设的业主，对三峡工程建设和管理实行"业主负责制、招标承包制、建设监理制和合同管理制"的新体制，同时，该水利工程施工区实行以"××水利总公司为主，地方政府配合"的封闭式管理模式。

环境保护工作是该水利工程建设的有机组成部分。总公司在工程建设部设立了环境保护处，负责三峡工程施工区的环境保护与管理工作。由国家审查通过的《长江××水利枢纽环境影响报告书》及其批复意见、《长江××水利枢纽初步设计报告(枢纽工程部分)》的环境保护初步设计部分以及审查通过的《××水利工程施工区环境保护实施规划》等正在逐步贯彻实施。

自1992年底，部分准备工程实施以来，施工区环境质量得到了较好的控制和保护。监测结果显示，施工区环境质量良好。施工区段的长江干流水质维持在二类标准(GB3838—88)，生活水厂的水源水质基本符合饮用水卫生标准，施工区大气环境质量是好的，二氧化硫、一氧化碳等指标均符合一级标准(GB3096—82)，总悬浮微粒(TSP)浓度在1995年和1994年比1993年有明显的上升，但仍维持在国际三级标准范围。施工区环境噪声基本符合国家有关噪声控制标准的要求。施工区污水的排放符合GB8978—88的排放标准。

2. 施工区环境保护

在该水利工程施工总体规划中，十分重视环境保护的要求，例如，将施工作业区和生活办公区分开布置；田秋鱼油库的移址和朱家湾排水涵洞改道；尽可能避免在葛洲坝下游河道采砂；水泥和粉煤灰运输采用全封闭运输；医疗急救和防疫中心的规划；环境保护中心的规划；生态恢复和环境绿化规划及生活垃圾处理规划等。《××水利工程施工区环境保护实施规划》的编制和批准是三峡工程建设加强环境保护规划的又一重要体现。

在三峡工程建设的计划安排中，无论是环境保护的工程(工作)计划，还是投资计划，都被纳入工程计划和年度计划之中，《××水利工程施工区环境保护实施规划》的批准，为更好地开展三峡工程施工区环境保护计划工作提供了有效的依据。

总公司工程建设部根据水利水电工程施工的特点，经过调查研究和反复讨论，编制完成了《××水利工程施工区环境保护管理实施办法(试行)》和《××水利工程施工区环境卫生管理办法》、《施工区绿化工程实施和管理规定》，并在施工区颁布实施。同时，在施工区颁布了《××水利工程施工区环境卫生管理实施细则》，开展了环境卫生监察工作；转发了地方政府有关加强水土保持、卫生防疫和环境保护工作的通知和文件；在其他的管理办法，如建设用地管理办法、安全管理办法中，都有相应的环境保护要求。

结合工程建设，根据工程进度和环境保护以及实际需要，施工区实施了部分环境保护措施。如砂石加工系统的废水处理、拌合楼的除尘、交通运输路面混凝土(硬)化、水泥和粉煤灰的封闭运输、坡面工程支护和坡面绿化、施工生活区排水系统"雨污分流"、为保护饮用水水源将朱家湾排污口改道、公共厕所的建设、环境卫生的专业化管理、生产垃圾的集中收集处理以及环境绿化等，这些工程措施和生态措施对保护施工区环境起了一定的积极作用。

3. 环境监督管理

施工区的环境监督管理，一是确保工程建设活动符合国家有关环境保护法规和标准，二是监督施工单位、监理单位以及其他有关单位严格执行合同规定的要求。

施工区除严格执行环境管理制度外，施工区环保处还委托有关单位开展了施工区环境质量监测和功能区环境监测，定期报告监测结果，每监测年度作年度报告。

目前，正在筹建的该水利工程坝区环境保护中心，其重要任务之一就是全面开展施工区环境质量监测和环境监督监测，以便及时了解施工区环境污染状况，加强施工区环境监督管理的力度。

该水利工程施工区连续两年委托宜昌市卫生防疫部门开展了施工区饮用水水源水质和生活供水水质的监督性监测工作，每月提交监测数据和卫生监督意见书。正式水厂 1995 年相继启用以来，生活供水水质已有明显改善，达到了国家规范要求。

4. 公共卫生

根据施工区有关环境保护管理办法，委托专门的单位开展施工区环境卫生的维护和管理，在地方有关主管部门的配合和行政执法授权下，开展了施工区环境卫生文明施工监察工作，有效地促进了施工区的环境管理和文明施工。

为保障施工区该水利建设者的身体健康，水利总公司多次明确要求各有关单位切实加强劳动保护和搞好生活营地及公共区域的环境卫生工作，强化食堂卫生管理，加强医疗卫生和卫生防疫工作。根据国家管理体制改革的精神和该水利工程建设的实际情况，水利总公司在施工区建设了一定标准的医疗急救中心，具体开展施工区医疗急救服务工作和卫生防疫工作。

5. 其他环境保护工作

至 1994 年 6 月止，水利总公司配合文物考古单位，已完成右岸中堡岛、白庙子、杨家湾、朝天嘴和左岸覃家沱等处的文物遗址考古发掘任务，有效地保护和发掘了施工区的文物资源。同时，在工程建设过程中，要求各施工单位遵守国家有关文物保护法规，对在施工过程中发现的文物，要求加以妥善保护，并按有关程序处理。

为加强施工区已征用土地的管理，总公司工程建设部已制定并颁布了《××水利工程建设用地管理办法》，确保珍惜和合理利用土地资源。

受三峡工程施工影响的珍稀野生生物资源，主要是葛洲坝下游虎牙滩采石，可能对中华鲟产卵场带的影响。为此，总公司已给予充分重视，现正加快建人工砂石加工系统，并在规划中尽可能减少或避免葛洲坝下游河道采砂。

此外，根据工程建设的需要，开展了一定的环境保护科研工作，如××水利工程施工区环境影响咨询和噪声防治措施研究等。

最后，审计人员对该水利工程施工区环境管理系统的综合情况进行评价，充分肯定了三峡工程施工区的环境保护工作，同时，提出下列三点建议：

(1)完善"封闭管理"前提下的环境管理机制。该水利工程施工区实行封闭式管理，这给该水利工程建设的环境管理既提供了有利条件，又提出了挑战，即如何在遵守国家现有的环境保护法规和相关法规的前提下，充分实行施工区环境管理"以××水利总公司为主，地方政府配合"的方针。新的环境管理机制应充分体现这一精神，进一步明确项目业主的主导地位和权利，正确处理施工区内外环境关系。

(2)强化环境监理。环境监理要从项目设计和招投标开始。首先，要严格项目环境保护设计审查，督促设计单位严格遵守国家有关环境保护法规和相关法规，切实执行国家建设项目环境保护设计规定；加强项目招标设计和招标文件的审查。其次，要进一步完善施工承包合同中的环境保护条款，使其具体化。对正在实施的项目，尚不具体的环境保护条款应予补充解释，便于工程监理单位开展环境监理。此外，要进一步督促工程监理单位开展所监理项目的环境监理，真正实行全方位全过程的监理。

同时，监督各施工、监理单位根据所承担项目，建立和完善环境保护工作体制和岗位，这是加强施工区环境保护和环境监理的重要基础。

（3）进一步加强环境监督监测和环境统计。由于环境影响的不可封闭性，因此施工区内外的环境污染均可能相互侵蚀。××水利总公司按照有关规定和规划要求严格施工区环境管理和生态保护，但是，如果地方政府不加强施工区红线外周边开发活动的环境保护规划与污染防治，严把环保审批关，那么，搞好该水利工程整个区域的环境保护将是很困难的。

第 10 章　工程项目后评审

10.1　工程项目后评审概述

10.1.1　工程项目后评审的定义

项目后评审，是指在工程项目已全部建成投产之后，由审计部门对项目的投资决策、建设实施和生产经营全过程的投资效益所进行的审计、评价。

对后评审的定义可作以下两点说明：

第一，后评审是在项目建成投产后的事实上所进行的审计评价工作，它是工程项目审计的延伸和归宿，之所以称之为"归宿"是因为所有工程项目的最终目标是要实现预期的效益，而效益的实现只有在生产经营之后才能显现出来。

第二，在工程项目建设周期中，项目决策审计是对拟建项目的可行性所进行的预测和估计，审查项目建设的必要性、技术的可行性和经济的合理性，建设阶段重点是审查如何保证项目顺利建成、按期投产，并着重审查项目的资金使用和财务状况，其目的是为实现预期的投资效益，但是，投资项目的预计效益必须由实践来检验，通过生产经营活动来实现。项目后评审就是将项目投资全过程及生产（使用）的实际结果与预计的情况进行比较研究，评价实际投资效益是否达到预计投资效益。后评审的目的是总结项目建设的经验教训，提供反馈和信息，为领导和有关部门提高投资决策水平和改进项目管理工作提供依据，发挥在宏观调控中的作用，同时，针对项目存在的问题，提出改进措施，促使项目提高投资效益，努力实现既定目标。

10.1.2　工程项目后评审的作用

1. 提供反馈信息，提高科学决策水平

目前，我国工程项目审批决策的主要依据是可行性研究报告和评估报告，即使这些报告的内容和深度以及评价方法都合规，但评价毕竟是一种预测，预测是否准确，项目能否达到预期的目标，只有经过生产经营取得的实际效果，才能作出确切的回答，项目后评审就是检验投资效果的重要环节之一，是项目管理、监督的一个阶段。因此，审计部门建立项目后评审制度，可起到促进提高决策水平的重要作用，主要表现在以下几个方面：

（1）可行性研究人员、评估人员和项目决策者都预先知道自己的行为可能要经受后评审的检验，就会增强他们的责任感，提高项目预测的准确性。

（2）如果项目已进行过决策审计，没有发现决策和建设中的问题，在生产或使用中暴露出来了，则审计人员就应反思以前的审计，总结经验教训，提高审计水平，更好地为投资决策服务。

（3）通过项目后评审，为决策领导者反馈信息，可以及时纠正项目决策中存在的问题，有些带有共性的问题可以总结出有益的经验教训，为合理确定投资规模、投资流向和结构布局提供依据，指导今后的决策工作。此外，项目后评审的结果可以作为类似项目决策的比较标准，也可作为类似项目早期的判别依据。

（4）通过后评审，可以检验其评价参数的合理性和科学性，为修订、完善评价体系提供依据。用后评审的反馈信息，将项目生产运作的实际效果与预测目标进行对比分析，根据两者的吻合程度可以检验现行项目评价参数、评价方法的合理性。另外，后评审工作中收集和积累的各种信息资料（如项目的产品价格、成本、收益率、投资回收期等），为修改完善评价参数提供基础数据和根据，可以推动建设项目评价方法和参数合理化、科学化的研究，促进决策科学化。

2. 进行项目诊断，提高项目投资效益

项目后评审是在项目运营阶段进行的，通过分析和研究项目生产时期的运作情况，比较实际效益与预测效益的偏离程度，分析产生偏差的原因。根据实际情况，进行项目诊断，促使效益较好或与预计效益相差较小的项目尽快实现预期目标；对于条件发生了变化，风险性较大，或者发展前景不乐观的项目，更应紧紧围绕投资效益这个中心，慎重评审，提出补救措施和建议，提醒项目业主和政府主管部门，必须采取积极措施，避免损失，保证项目成功，达到合理的经济效益。

3. 总结经验教训，提高项目管理水平

工程项目管理是一项复杂的系统工程，涉及主管部门、贷款机构、勘探设计和施工单位、政府计划决策部门等多个单位，只有这些单位相互协调，密切合作，项目才能顺利建成并取得预期效果。在项目管理中，既有管理好坏影响投资效益的问题，如建设工期拖延，工程质量不佳；又有生产经营不善，使用不当造成效益低下的问题。因此，通过后评审，针对项目在生产（使用）阶段暴露出来的问题，总结项目管理经验，分清是各部门管理运作不协调的问题，还是建设实施中发生而在生产（使用）中才暴露出来的问题，从而使项目环境变化致使项目处于困境；或是投入生产后经营管理不善的问题等，提出切实可行的审计建议，促使项目改善管理，乃至促进宏观管理水平的提高。

10.1.3　工程项目后评审的依据

（1）国家计委、建设部关于项目后评估的规定。

（2）项目决策和建设资料，包括项目建议书、可行性研究报告及评估报告；工程设计文件及设计变更签证；工程承包合同及施工资料；竣工验收资料；施工图预算和竣工决算资料；设备技术资料以及建设资金来源与运用资料等。

（3）项目建成投产（使用）后的效益资料，包括年度财务报表和统计报表；成本资料、销售资料、项目经济活动分析等。

10.2　工程项目后评审的基本内容

按照工程项目运行周期的过程，项目后评审的内容包括以下三个方面：

1. 项目前期工作后评审

主要包括：项目立项条件的后评审，项目决策程序和决策科学性的后评审，以及项目勘察设计的后评审等。

2. 项目实施的后评审

主要包括：从项目开工到竣工验收的全过程，评审的主要内容包括：项目实施管理的后评审，项目建设质量和建设工期的后评审，项目竣工验收和竣工决算的后评审等。

3. 项目运营的后评审

运营后评审，是指从项目建成投产到进行后评审的一段时间，评审的主要内容包括：生产经营管理的后评审，项目生产条件和工艺技术后评审，项目生产情况的后评审，项目产出的后评审和项目经济后评审。

项目类型不同，后评审的内容可有所侧重。从与项目前评价（指可行性研究或项目评估）相对应的角度，一般工业工程项目后评审的内容应包括以下几个方面：

1. 项目建设必要性的后评审

即从国内外市场的供求变化和项目产品的实际销售情况，来验证可行性研究所作的市场需求预测是否正确。主要包括：分析产品的销售量、产品市场占有率、产品销售价格和市场竞争能力等，以对新的趋势作出预测。如果项目实施结果与预测值偏差甚大，则应分析产生偏差的原因；同时，要重新审查项目决策的质量，是否符合国家产业政策和投资方向，项目的规模是否经济，以及是否属于重复建设或盲目建设项目。

2. 项目生产条件后评审

生产条件后评审是在项目建成投产后，把原料、燃料、动力供应、交通运输以及厂址条件等方面的实际情况，与项目前评价的预测情况进行对比分析，找出存在的差距，检验前评价所做结论的正确程度。

3. 工艺技术后评审

工艺技术后评审就是检验项目的工艺流程、生产技术、设备选型，引进国外技术和设备是否先进、经济、安全和实用，是否能完成项目的设计目标，取得预期的经济效果。在后评审中，针对项目已具备的设备技术性能资料，工艺、技术运用情况和项目生产能力的实际资料和数据，将其与前评价的预定方案相比，评价其符合程度。

4. 项目经济后评审

经济后评审是评价项目投资效果的核心问题，包括项目实际的财务效益后评审、国民经济后评审和社会效益后评审，将评审结果与前评价进行对比分析，综合评价项目预期投资的实现程度。

10.3 工程项目实际基础数据评审

工程项目的各种实际基础数据包括：工程项目总投资额、资金筹措与运用情况、产品价格、产品销售收入、产品成本及利润等。评审的目的在于将这些实际值与前评价（可行性研究报告或评估报告）的预测值进行对比，寻找差距，分析原因，为项目经济后评审准备其预见性资料，实际基础数据评审的任务是核实和确认这些数据的合规性和真实性。

10.3.1 工程项目投资额的评审

工程项目的总投资包括：固定资产投资、固定资产投资方向调节税、建设期借款利息和流动资金四个部分。项目建成投产运营后，前三项形成固定资产、无形资产和递延资产，在审查时，要逐项审核实际完成的总投资，包括建筑安装工程竣工决算和设备及工器具的购置费的正确性及实际支付额，核实其他费用的实际构成是否符合规定，费用是否合理，然后将核定的各项实际数据汇总，结合项目竣工决算报告中的数据，计算项目实际固定资产总投资，并与可行性研究报告（或评估报告）中固定资产投资总额估计数和批准的概算总投资额进行比较，计算出投资超支额或节约额，并分析原因。

10.3.2 资金来源和运用情况的评审

主要评价资金来源渠道是否符合国家规定；资金筹措方式与数额是否满足项目的实际需要；外汇来源和国内配套资金有无落实等；资金的使用安排和实际到位率是否满足工程建设需要；流动资金占用量和周转期是否合理等。将投产后的实际数额与前评价报告中的预计数进行比较，分析资金来源和运用的变化情况。

10.3.3 产品成本的评审

产品成本的评审包括产品总成本和单位产品成本评审。首先，评审投产后各年的预测成本数，比较投产后各年实际成本的变化，分析其原因，尤其是与预测年份对应年份的实际成本的变化情况，更应找出其原因，以便与预测值比较。在评审时，可编制产品总成本分析表，并采用要素成本法编制，使之与前评价时所用总成本表对应，便于与前评价的数据一一相应，进行对比分析。审核实际成本时，主要是审阅生产单位提供的会计报表中的有关数据，审查的重点是成本的真实性和合规性。其次，是将实际成本与可行性研究报告（或评估报告）中的成本预测数进行比较，评价预测的生产成本（正常生产年份）及其各项组成费用与实际费用的差距，并分析产生差异的原因。在比较时，应将前评价中正常年份的预测数与后评审时比较正常的某一年份的实际值进行对比，且尽量选择与前评价正常年份产品相应的后评审年份的实际数与前评价相比较，以满足可比性原则。

产品单位成本的评审可用两种方法：一是编制后评审产品成本分析表，制表格式宜采用项目成本法，以便于和前评价的预测值作比较分析；二是将已核实的总成本除以与总成本相应年份的产量。为此，应审查产品的年产量即可核准单位产品成本，同时，可将上述两种方法所得单位成本数加以对比，检验是否存在差异。

10.3.4　产品销售收入和利润的评审

销售收入一般包括产品销售收入和其他销售收入。产品销售收入，是指企业在报告期内生产的成品、自制半成品和工业性劳务等所取得的收入；其他销售收入包括材料销售、包装物出租或出售、无形资产转让、提供非工业性劳务等所取得的收入。在项目后评审中所审核的销售收入数据，应指可行性研究时所确定的项目产品的销售收入，不包括其他销售收入，也不应计入企业其他产品的销售收入。

销售收入的评审仍可分两步进行：第一步是审查项目投产后的年实际销售收入数；第二步是将实际数与可行性研究报告中的预测值相比较，分析差距情况及其产生差距的原因。

10.3.5　产品实际产量的评审

在后评审时，对产品产量应审查两个方面：

（1）产品产量的生产年份是否与前评价中预计的年份一致，如有差异，应分析迟迟不能达产的原因，并估算所造成的损失。

设从投产至达到设计生产能力的经济损失额为 F（万元），则

$$F = \sum_{i=1}^{n} (\overline{p_i} - p_i)$$

式中：n——从投产至达到设计生产能力前一年的实际年数；

p_i——第 i 年的实际年利润额(万元)；

$\overline{p_i}$——第 i 年设计生产能力的年利润额(万元)。

（2）审查投产后正常生产年份的实际产量。这里既要审查项目的实际生产量，又要核准实际的销售量，因为在前评价中假定了产品全部可售出，无库压现象，实际上只有将产品销售出去才能计入销售收入，产生效益，这是实际审查中要注意的。实际生产量的审查可以直接审问企业（项目）产品生产记录，包括产品入库记录、已售产品和库存产品记录，以确认产量的真实性；也可以根据投料记录，按投入与产出之间的关系，推算产品的实际产量。实际销售量的审查，应根据企业会计准则，以销售收入的实现为基础进行审核。

10.3.6　产品销售价格的评审

产品销售价格与产品获利能力之间是线性关系，价格直接影响利润，因此，价格是项目经济评价的关键因素之一，它直接影响项目评价的结果和质量。价格的变化受多种因素影响，即使在可行性研究或评估时，对销售价格作了认真的分析、论证，予以确定，但预计与现实之间的差异总是有的，在后评审时，应实事求是地根据当时实际情况确定销售价格，并与前评价中的价格进行比较，检验其预测的差异程度，同时，还要计算价格差异对销售收入和利润的影响。

10.4　工程项目前期和实施工作后评审

10.4.1　工程项目前期工作后评审

工程项目前期工作是项目建设全过程的一个重要组成部分，是项目成败的关键。前期工作后评审的目的在于分析工程项目的实际效益与前期预测效益的差异，研究这种差异与项目决策的关系，分析其原因，为提高决策水平和改进管理工作积累经验，提供借鉴。

前期工作后评审的重点包括以下几个方面：

1. 项目建设必要性和立项条件的后评审

（1）项目建设必要性评审。

市场需求分析是研究项目建设必要性的主要依据，也是决定项目生命力的重要环节。在前期研究中，有对产品市场未来需求量的预测，在后评审时，已取得了市场需求的实际数据。比较项目建设前后市场产品的供求情况，计算出市场需求与供应预测偏差率。通过偏差程度的大小来评价项目建设是否必要，以及预测的准确程度。同时，通过审核项目产品的市场占有率，根据占有率的大小，特别是市场占有率的前后变化的大小，说明市场对该产品的需要程度，从而评价项目建设规模的合理性。

（2）立项条件审查。

主要审查项目建设和生产条件、厂址、资源、原材料、能源、运输等；工艺流程、设备方案和生产技术等是否适应项目生产的需要；工程建设施工条件、征地拆迁、"三通一平"、建设进度和工期等是否落实，是否满足建设施工的要求。

2. 项目前期经济评价的后评审

项目经济评价是可行性研究的核心内容，重点审查立项决策前是否认真进行了财务评价、国民经济评价和不确定性分析等经济合理性研究工作，评价依据的基本数据是否准确、可靠，评价方法是否符合规定，计算是否准确、无误，评价结论是否正确。

3. 项目决策的后评审

（1）项目决策前是否进行项目评估，写出评估报告。按照规定，工程项目要先评估，后决策。未经评估的项目，任何单位都不得审批，更不能组织开工建设，同时，规定承担可行性研究和做经济评价的单位，不得参加同一项目的评估工作，而且它们都必须是经批准的有资格单位。

（2）审查在项目决策时，决策部门是否真正把经济评价结论作为项目取舍的重要依据。根据前评价时的经济评价结论和项目投产使用后的实际情况，在比较决策时，采纳或未采纳经济评价结论意见的效果，从而检验决策的正确性。

（3）评审项目决策程序和决策方法是否正确，是否符合我国现行投资政策和有关规定；项目审批决策和效率如何，决策质量怎样。通过后评审，正确评价决策的质量和决策者应承担的决策责任和风险。

4. 项目勘察设计的后评审

勘察设计的后评审主要包括：

（1）审查承担勘察设计任务单位的资格和信誉状况。

（2）设计的委托方和被委托方之间是否签订了设计合同，合同双方的责任是否明确。

（3）设计的依据、标准、规范和所用定额是否符合国家规定，设计是否符合批准的设计任务书（可行性研究报告）的要求，设计是否满足项目需要。

（4）设计单位是否实行限额设计，有无"三超"情况，设计方案在技术上的可行性和经济上的合理性如何。

（5）评审设计水平、设计质量，通过审查有无设计漏项或错项、设计变更的多少以及造成工程返工等情况予以确认。

5. 项目建设资金筹措落实情况的后评审

（1）资金筹措的方式是否符合国家规定，自筹资金是否落实、可靠，是否存入银行，社会筹资是否经过国家有关部门的正式批准，贷款资金是否已与贷款机构签订好贷款合同。

（2）筹措资金总额是否满足项目建设需要，资金的到位率是否符合建设进度的要求，有无资金不到位影响建设进度的情况。

（3）项目开工建设有无正式批准的开工报告，有无经过开工前审计，审计时对资金落实情况的评价如何。

10.4.2　工程项目实施工作后评审

项目实施阶段是固定资产投资使用高峰期，也是项目能否顺利建成投产，发挥效益的关键时期。项目实施工作的主要内容包括：项目开工准备，施工组织与管理，建设资金的供应和使用，设备、材料的采购，工程质量，建设成本；建设进度和工期，配套建设、竣工验收与交付使用财产，以及项目的生产能力等。项目实施后评审的重点内容主要包括以下几个方面：

1. 建设资金的供应与使用情况评审

（1）评审建设资金的供应是否及时、足量。资金供应过早过多，会增大资金占用，增加利息支出，但是如果资金供应不及时，数量不足，就不能满足施工进度的要求，造成停工待料，影响建设进度，拖延工期，同样会增加投资和费用支出。审查财务支出和投资完成额是否相适应，就能反映上述情况。审阅会计报表，计算建设期各年度的财务支出数，与实际投资完成额的差额大小进行分析，在正常情况下，两者差额较小，表明大体相适应，否则，就应着重分析。要分析评价各年度之间的差额是否有大起大落的现象，资金的投资完成情况有无出现过大起大落，同时，要分析资金供应不及时给工程建设和投资效益所造成的影响。

（2）评审建设资金的运用是否符合国家现行的财务制度和信贷制度，使用是否合理、合规，有无挪用资金和其他违纪或浪费现象。

（3）计算、考核资金实际使用效率。资金实际使用效率越高，说明资金的使用效果越好。

2. 工程质量后评审

工程质量影响投资效益，工程质量的后评审应借助竣工验收资料进行，主要评审内容有：

（1）建筑安装工程产品质量。计算实际工程质量合格率、实际工程质量优良品率，并将实际工程质量指标与合同文件或设计文件规定的指标进行比较，看其是否满足质量要求。

（2）设备质量评审。审查设备及其安装工程质量是否保证设备能正常运转和投产后满足正常生产的要求。通过审阅设备单体试车、联动试车和负荷试车的生产记录，调查了解交付使用后，设备运行是否正常。

（3）计算并分析工程质量对投资效益的影响。例如，因工程事故而拖延建设工期所增加的投资费用；某些无法补救的工程质量事故对产品生产、产品质量、环境污染等造成的长期影响等。

3. 建设工期评审

（1）核实工程项目和各单项工程的计划开、竣工日期和实际开、竣工日期，计算计划（合理）建设工期和实际建设工期。

（2）将工程项目或单项工程的计划工期和实际工期进行比较，或与国内外同类项目实际工期进行比较，计算实际建设工期变化率。

（3）分析工期提前或推迟的主要原因，计算工期延长对投资效益的影响，例如，工期拖延将会导致贷款或债券利息增加、资金占用量增大，损失早日投产的利润额，甚至贻误时机，失去市场。

10.5　工程项目经济后评审

工程项目经济后评审是运营阶段后评审的重要内容，也是整个项目后评审的核心，项目经济后评审，是指对项目实际投资经济效益的再评价，经济后评审的评价方法、评价指标与可行性研究基本相同，均以国家计委、建设部发布的经济评价方法参数为准，其最重要的不同是后评审用项目投产后的实际数据，计算项目投资实际效益指标，综合评价项目建设实现的经济效果和主要经验教训。

10.5.1　工程项目经济后评审的主要评价指标

（1）财务效益后评价指标：

后评价财务内部收益率（$FIRR_e$）；

后评价财务净现值（$FNPV_e$）；

后评价投资利润率；

后评价投资利税率；

后评价借款偿还期（Pde）；

后评价静态投资回收期（Pte）；

后评价外汇净现值（$FNPVF_e$）。

（2）国民经济效益后评价指标：

后评价经济内部收益率（$EIRR_e$）；

后评价经济净现值（$ENPV_e$）。

10.5.2　工程项目经济后评审的基本内容

工程项目经济后评审包括项目财务效益后评审、国民经济效益后评审和社会效益后评审三项内容。

（1）财务效益后评审包括财务盈利能力、借款清偿能力和外汇效果。

（2）国民经济效益后评审是用后评审时点以前的实际影子价格、影子汇率、影子工资和社会折现率等，计算项目给国民经济带来的净效益，评价项目建设的经济合理性。

（3）社会效益后评审主要考察项目对地区经济发展、人民生活水平的提高、就业状况、技术进步和环境保护，以及对促进资源合理配置等的实际影响。

10.5.3　工程项目经济后评审的主要步骤

（1）搜集基础资料，审查实际基本数据的正确性。

（2）编制财务后评审和国民经济后评审基本报表和辅助报表。

这些报表包括总成本费用表、单位产品成本表、损益表、借款还本付息计算表、现金流量表和外汇平衡表。后评审基本报表的格式、编制方法与前评价基本相同，但其中的价格、投资额、成本、销售量等均用评审时点以前的实际数据填列，影子价格等按国家最新发布的数据。

（3）根据基本报表，计算评价指标，将其与前评价对应指标值进行对比分析，找出产生差异的原因。

后评审经济效益指标的计算方法与前评价相同，但评价标准要采用国家最新发布的评价参数。

10.5.4 项目后评审实际经济效益与前评价效益指标的对比分析

为比较分析项目投产后的实际经济效益与可行性研究中预测经济效益的差异程度，设置对比指标体系是十分必要的。当要比较实际效益与预计效益间偏差的绝对数值时，应建立绝对值对比指标，如投资增减额、成本降低（增加）额等；当要分析效益指标增减变化时，需设置相对变化指标，如产品市场预测偏差率、到期借款偿还率等。除上述后评审经济指标外，常用的对比指标主要有：

1. 实际建设工期变化率

建设工期是指工程项目从开工之日起到竣工验收为止所实际经历的日历天数。在建设过程中，经上级批准而停建、缓建的时间，可以从建设工期中扣除，建设工期反映建设速度，是一个重要的综合性经济效果指标。建设工期相对变化率指标为：

$$实际建设工期变化率 = \frac{实际建设工期 - 计划（合理）建设工期}{计划（合理）建设工期} \times 100\%$$

当变化率为零时，表明项目按期竣工；当变化率大于零时，表明实际建设工期比计划工期拖延；当变化率小于零，表明实际工期缩短，提前竣工。

2. 实际单位生产能力投资

实际单位生产能力投资是项目实际投资总额与竣工项目实际形成的综合生产能力的比值，它是反映竣工项目实际投资效果的一个综合指标，表达式如下：

$$实际单位生产能力投资 = \frac{竣工验收项目（单项工程）实际投资总额}{竣工验收项目（单项工程）实际生产能力} \times 100\%$$

上式比值越小，表明项目的实际投资效果越好；反之，实际投资效果差。将此比值与可行性研究的预测值或同类项目相比，可检验项目投资效果的水平。

3. 实际生产能力利用率

实际生产能力利用率，是指一定时期内，投产项目的实际产品产量与项目实际生产能力的比值，它表示生产能力的利用程度，计算公式是：

$$实际生产能力利用率 = \frac{项目实际年生产量}{项目实际年生产能力} \times 100\%$$

此指标值的高低，反映项目实际生产能力发挥作用的程度，它既表明生产能力利用的现状，又指出尚未发挥作用的潜在能力（1−实际生产能力利用率）。

4. 实际达产年限与实际达产年限变化率

实际达产年限，是指项目从投产之日起到实际产量达到设计生产能力为止所经历的时间（年）。它是考核投产项目实际投资效益的一个重要指标，如果在进行后评审时，项目尚未达到设计生产能力，则计算公式如下：

$$设计生产能力 = 投产第一年实际产量 [1 + (V_本)^{n-1}]$$

式中：n 为实际达产年限；$V_本$ 为平均年生产能力增长率。

实际达产年限变化率是反映实际达产年限与设计达产年限偏离程度的一个指标，计算公式为

$$实际达产年限变化率 = \frac{实际达产年限 - 设计达产年限}{设计达产年限} \times 100\%$$

当上式变化率大于零时，表明实际达产年限大于设计达产年限；当变化率小于零时，表明实际达产年限小于设计达产年限；当变化率为零时，表明预计与实际完全吻合。

5. 到期借款偿还率与实际借款偿还期变化率

到期借款偿还率，是指从项目投入资金时始到到期时（如后评审时）止，项目实际偿还借款本息额与按借款合同到期应偿还借款本息额之比，即：

$$到期借款偿还率 = \frac{到期累计已偿还借款本息额}{到期应偿还借款累计本息额} \times 100\%$$

当比率大于或等于 1 时，表明项目已按借款合同偿还借款；当比率小于 1 时，表明项目未按借款合同偿还借款。

实际借款偿还期变化率是衡量实际借款偿还期与预计偿还期偏离程度的指标，计算公式为：

$$实际借款偿还期变化率 = \frac{实际借款偿还期 - 预计借款偿还期}{预计借款偿还期} \times 100\%$$

当上式变化率大于零时，表明项目的实际借款偿还期比预计时间长；当变化率小于零时，表明项目提前还贷。

10.6　工程项目后续审计

10.6.1　工程项目后续审计的定义

工程项目后续审计，一般是指审计机构对被审单位在前次审计工作结束后，为检查审计结论和处理决定执行情况，或发现有隐瞒行为，或漏审、错审时而进行的跟踪审计。第二种情况是，有些工程项目铺了摊子，但建设资金不能及时到位、或配套项目不能同步建设，或水文地质条件不清等，都直接影响建设速度，拖延工期，使项目难以按期竣工投产，造成较大经济损失。为促使这类建设项目能按计划达到预期的目的和效果，对其实施后续审计就显得十分必要。第三种情况是，对于同一个工程项目，曾进行过前期审计或在建项目审计，当审计机关在项目建成投产以后，再次对其实施的审计，也可称为后续审计。通过审计，一方面，可以全面考核项目的实际投资效益，并与可行性研究时的预计效益进行比较，全面评价项目的建设业绩和教训；另一方面，可以检验前次的审计质量和审计水平，总结经验，指导今后实践。

10.6.2　工程项目后续审计的目标

后续审计作为工程项目审计的一个重要环节和后续跟踪，其主要目标有：

（1）检查被审计单位是否已对审计发现采取了相应的措施并进行整改，是否取得预期的效果。

（2）检查审计报告提出的审计意见和建议是否恰当，是否具有针对性和可操作性，是否切合被审计单位实际。

（3）检查被审计单位不对审计发现采取纠正措施的原因及其对审计的影响。

（4）检查是否存在漏审或错审情况，以考虑是否进行再审或修正。

10.6.3 工程项目后续审计的作用

（1）后续审计可以促进被审单位认真执行审计决定，积极改进工作，避免重大经济损失，提高审计效果。

（2）后续审计有利于提高审计质量。通过后续审计，可以检验原审计决定的正确性，如果发现审计决定与事实有出入，或者脱离当前实际，不现实，则审计机关可以及时纠正，并完善原审计决定，以此为借鉴，提高审计工作水平。

（3）通过后续审计能够发现新问题。有些单位对审计处理决定不重视，甚至前审后犯，边审边犯。对于这些单位，后续审计一方面可以审出前次审计深度不够未能发现的遗漏问题；另一方面可以发现新出现的问题。

10.6.4 工程项目后续审计的主要内容

（1）把原审计结论、处理决定中所提出的问题的落实执行情况列为后续审计的重要内容。检查被审单位有无认真采取整改措施，改正或处理有关人和事，效果如何。对于尚未得到采纳、执行的有关问题，要认真分析、查明原因；对于因故拖延不改或措施不力的，要督促其尽快采取措施解决；对于故意拖延、拒不执行的应责令其在限期内改正。

（2）检查上一次审计时已审出的问题有无重犯的情况，特别要审查那些隐埋较深，上次审计时因某些原因（如时间仓促、人力有限、线索不够）未能见底的问题、例如，挪动、转移建设资金，挤占建设成本等。

（3）审查有无产生新问题、有的单位钻空子，避开已审过的问题，在别的方面做文章。例如，违反财经纪律的新方式、新计划外工程、损失浪费等都有可能重新发生。

（4）检查上一次的审计质量和审计报告的质量。回顾工作中有无不妥或失误之处，审计决定有无不客观、不够准确，或者操作不便的情况。通过自我复审，利于改进工作，提高审计质量，树立审计的权威性。

10.6.5 工程项目后续审计的程序

1. 确定后续审计实施时间

《内部审计具体准则第 8 号——后续审计》（以下简称《后续审计准则》）第五条规定："内部审计机构应在规定的期限内，或与被审计单位约定的期限内执行后续审计。"

在一般情况下，当审计项目结束后，审计师应给被审计单位留一段合理的时间期限，以便被审计单位有充裕的时间采取纠正措施。如果审计报告中并未对纠正措施的期限进行明确规定，则审计机构应当与被审计单位约定适当的期限，在此期限内执行后续审计。这样的规定主要是考虑到审计工作是为被审计单位服务的，在安排后续审计工作时，应尽量减少对被审计单位的业务影响。后续审计作为审计项目的必要后续程序，审计机构负责人应当在制定年度计划时充分考虑，并进行必要的时间和人员等资源的安排。

《后续审计准则》第七条规定："审计机构负责人如果初步认定被审计单位管理层对审计发现的问题已采取了有效的纠正措施，后续审计可以作为下次审计工作的一部分。"在安排后续审计时，如果有确切的证据表明被审计单位已经采取了有效的措施，审计发现的问题已经得到了必要的处理，出于节约资源的考虑，则审计机构的负责人可以决定暂不进行后续审计，而是在下一次审计工作时再对这些问题的落实情况进行检查。但是，在执行这一规定时，应该考虑审计发现问题的重要程度，如果存在的问题性质严重，影响重大，则审计人员仍应及时进行后续审计，以保证不会对组织的利益造成损害。

2. 确定后续审计方案

（1）根据反馈意见确定后续审计方案。

《后续审计准则》规定："审计机构负责人应根据被审计单位的反馈意见，确定后续审计时间和人员安排，编制审计方案。"被审计单位的反馈意见对于审计负责人确定具体的后续审计方案很重要。被审计单位提供反馈意见，表明被审计单位已经对审计报告所提出的问题进行了考虑。

① 当被审计单位已经采取了纠正措施时，审计负责人应根据反馈意见中所陈述的具体措施及问题的解决情况，有针对性地安排必要的审计程序、合适的审计人员和后续审计的时间。

② 当被审计单位与审计人员之间存在分歧时，审计人员应及时与被审计单位进行沟通，找出产生分歧的原因，并及时消除分歧，尽快解决问题。审计机构负责人应在分歧消除之后，确定相应的后续审计方案。

③ 当被审计单位出于各种考虑，决定不对存在的问题采取解决措施，并表示愿意承担相应的责任时，审计人员应向组织的适当管理层报告。

（2）制定后续审计方案应考虑的基本因素。

《后续审计准则》规定，审计人员在编制后续审计方案时应考虑以下基本因素：

① 审计决定和建议的重要性。

② 纠正措施的复杂性。

③ 落实纠正措施所需要的期限和成本。

④ 纠正措施失败可能产生的影响。

⑤ 被审计单位的业务安排和时间要求。

审计决定和建议的重要性决定了后续审计的深度和广度，当存在的问题关系重大，会对组织产生重大的影响时，应要求被审计单位尽快采取措施解决问题，并应对被审计单位解决问题的及时性、有效性及问题是否已经得到解决进行认真、细致地审查。对纠正措施的复杂性、落实纠正措施所需要的期限和成本及纠正措施失败可能产生的影响进行评估，是为了根据被审计单位采用纠正措施的预计难易程度编制合理、适当的后续审计方案，这充分体现了审计机构与被审计单位之间的服务关系。

3. 后续审计实施

（1）后续审计实施的步骤。

① 检查被审计单位的反馈意见。反馈意见是被审计单位对审计报告提出的审计发现和建议作出答复的一种书面文件。审计人员在进行后续审计时，首先应检查被审计单位的反馈意见，分清哪些审计报告有反馈，哪些没有反馈。

② 详细阅读被审计单位的反馈意见。审计人员在阅读被审计单位的反馈意见时，应特别关注以下几种情况：反馈不充分；被审计单位有异议或理解有误之处；被审计单位将不采取纠正措施的说明。

审计人员在仔细阅读反馈意见的过程中，对照审计报告就可以决定哪些事项应该与被审计单位探讨或予以澄清，哪些事项需经现场审查。

③ 审计人员就反馈意见中不清楚或未作回答的部分，要与被审计单位面谈或电话询问，并做好审计工作记录。

④ 对重大的审计发现实施现场跟踪审计。现场跟踪审计的方法包括面谈、直接观察、测试及检查纠正措施的记录文件等。审计人员应像从事审计实施阶段工作一样，形成现场跟踪审计工作底稿。

⑤ 对整改情况进行评价。在经过讨论、澄清及现场跟踪审计等必要程序后，内部审计师对已整改情况进行评价，或对被审计单位指出的已经实施（或准备实施）纠正行动的情况进行评价。

（2）后续审计实施中应注意的问题。

后续审计实施与审计实施相比，其程序和内容相对简单一些，但由于它是保证审计工作目标实现和审计工作质量提高的重要环节，所以实施后续审计要重点注意以下几个方面的问题：

① 注意了解被审计单位的反馈意见。审计人员在阅读和评价被审计单位的反馈意见时，应注意了解反馈意见是否针对审计报告中提出的审计发现进行了现象和原因的分析；同时，要了解反馈意见中是否指出已经采取和将要采取的措施，安排何时、何人负责实施。

② 认真做好纠正措施的检查、询问和记录工作。在被审计单位提交反馈意见之后，审计人员一方面要检查被审计单位已实际采取的纠正措施（纠正措施的运行情况），并将其与反馈意见中所述的已经采取的措施（纠正措施的书面记录）相比较，看是否一致，实现程度如何；另一方面要询问被审计单位已实施了哪些纠正措施，并将其与反馈意见中所述的将要实施的纠正行动作比较，看是否达到要求。内部审计师要将这些情况在工作底稿中做好记录，并就被审计单位的反馈意见进行书面总结，以便督促被审计单位认真实施纠正措施。

③ 注意检查有无隐瞒行为或漏审、错审情况。在实际审计工作中，往往会出现这样一些情况，诸如被审计单位基于某种考虑，可能会对审计人员存在隐瞒行为；也有审计人员在对被审计单位实施审计过程中，因某种原因，会出现漏审或错审的情况。因此，审计

人员应进行认真的检查了解，如果发现上述情况，应分别采取措施予以处理；对于隐瞒行为或漏审现象的，应作为重点进行审计监督；对于错审的事项，应及时作出修正。

④ 注意审计建议对后续审计程度的影响。审计项目不同，审计建议对后续审计影响的程度也不一样。有些项目的后续审计可将重点限制在所关注的特定方面。例如，对某单位的应收账款分类账的审计提出每月应对应收账款进行账龄分析的审计建议，审计人员在后续审计时应把注意力集中在被审计单位是否按月分析应收账款账龄；有些项目的后续审计不是关注被审计单位的某一部门，而是多个部门。例如，当审计建议是对某单位的固定资产做出报废处理时，后续审计就要涉及该单位的财务、企管、物资供应和设备管理等部门。此外，后续审计的范围也会随着审计项目的类型和重要性的不同而变化。在高风险的情况下，后续审计的范围就应该相对大一些；在低风险的情况下，后续审计的范围就可以相对小一些。

⑤ 整理后续审计工作记录等有关资料。后续审计工作记录来源于两个方面：一是审计人员自身产生的记录，包括工作信件以及描述后续审计性质及结果的记录；二是被审计单位以反馈意见的形式产生的书面记录，包括计划采取纠正措施的描述及实际中已对审计报告中确认的审计发现采取的整改措施。通常有：审计报告中涉及的有关事项的往来信件的复印件；后续审计中会议、电话联系、文件审阅、计算等工作的记录；反馈意见以及传达或讨论纠正措施的往来文件的记录；向被审计单位做出的对预计纠正措施的意见和指出反馈意见中存在不足的有关信件等。

4. 报告后续审计结果

后续审计结束后，审计人员应当向被审计单位及其适当管理层提交后续审计报告。在后续审计报告中，可以简单回顾审计中发现的问题及原来的审计结论与建议。审计人员应对被审计单位所采取的行动，进行直接的访问、观察、测试或检查纠正措施的有关文件，对被审计单位针对问题所采取的纠正措施的及时性、有效性进行评价，说明问题是否已经解决或者问题尚未解决的原因及其对组织的影响。

10.7　案例分析

10.7.1　工程概况

1. 矿区位置及自然环境

该露天煤矿位于内蒙古自治区境内蒙古高原东南部的某城镇内，由露天矿采场向南 2 千米建有新的发电厂，矿区距城市和矿务局 45 千米，公路畅通，离铁路车站很近，交通十分方便。

矿区总占地面积约 20210 亩（13.47 平方千米），需搬迁 3 个村庄，移民 471 户，征地费用高。矿区内有两条河流形成主要地面水系，造成区内地下蓄水量大，需采取疏十排水、筑堤防洪、帷幕截流、河流改道等工程措施，增加工程量和投资。

2. 项目投资及建设情况

（1）项目投资。

① 按工程项目划分投资构成：

露天部分 235003.21 万元（含流动资金 4003 万元），占总投资 74.1%；

选矿车间 16170.36 万元，占总投资 5.1%；

帷幕工程 33694.61 万元，占总投资 10.6%；

建设期利息 32275.84 万元，占总投资 10.2%。

② 按投资费用划分的投资构成：

固定资产投资 280865.18 万元，占总投资 88.56%；

其中：矿建工程 36075.52 万元，占总投资 11.4%；

土建工程 66548.19 万元，占总投资 21%；

安装工程 15296.40 万元，占总投资 4.8%；

设备购置 109870.26 万元，占总投资 34.62%；

其他费用 53074.81 万元，占总投资 16.74%；

建设期利息 32275.84 万元，占总投资 10.2%；

流动资金投资 4003 万元，占总投资 1.24%；

（2）项目建设及投资完成情况。

项目工程量完成情况如表 10-1 所示，项目投资完成情况如表 10-2 所示。

表 10-1 　　　　　　　　　　　　**项目工程量完成情况**

序　号	项　　目	单位	总工程量	已完成的工程量	完成百分比（%）
一	矿建工程	立方米	3626.4	3596.34	99.17
二	土建工程	平方米	141665	95252	67.24
	其中，工业建筑	平方米	63678	33494	52.60
	民用建设	平方米	77987	61758	79.20
1	露天矿部分	平方米	126945	92774	73.08
2	选矿车间	平方米	14720	2478	16.83
3	帷幕工程				
三	安装工程	台件	3529	2788	79
四	设备购置	台件	4350	2883	79
1	安装设备	台件	3529	2788	79
2	非安装设备	台件	821	95	11.57

表 10-2　　　　　　　　　　　　　　　**项目投资完成情况**　　　　　　　　　　（单位：万元）

序号	项目	总投资	已完成投资	完成百分比（%）
	项目总投资	317144.02	201704.94	63.6
一	固定资产投资	280865.18	194904.54	69.4
1	矿建工程	36075.52	32508.39	90.1
2	土建工程	66548.19	27471.37	41.28
	其中，露天与选矿车间	32853.58	27471.37	83.62
	帷幕工程	33694.61	—	
3	设备购置	109870.26	88199.42	80.28
4	安装工程	15296.40	9196.99	60.13
5	其他费用	53074.81	37528.37	70.7
二	建设期利息	322775.84	6800.40	21.0
三	流动资金	4003	—	

3. 生产规模与产品方案

矿田面积约 12 平方千米，可采煤层 6 个，服务年限 71 年，设计生产规模为年产原煤 500 万吨。原煤品种为褐煤，发热量 14.73 兆焦/千克，商品煤有洗中块和混煤两种，平均发热量为 14.73 兆焦/千克。

4. 建设规模与总平面

露天矿项目初步设计的总建设规模为：

（1）矿建剥离总工程量　　　　3626.4 万平方米

（2）土建总工程量　　　　　　141665 平方米

其中，工业建设　　　　　　　63678 平方米

民用建设　　　　　　　　77987 平方米

（3）安装总工程量　　　　　　3529 台件

（4）生产设备购置　　　　　　4350 台件

该露天煤矿场地的总占地面积约 13 平方千米，场地的总平面布置按功能划分为生产区、辅助生产区，以及行政福利与生活服务区等三大功能区。

① 生产区主要包括采掘场、排土场和煤的加工运输系统。

② 辅助生产区分为东西两区。东区包括组装场、机修车间、油库、配水厂、东部变电所、土建基地、采掘段办公室、疏干段及其修理间、控制间、污水处理厂、露天矿办公

楼、锅炉房、行政福利设施等；西区包括露天矿参观台、西变电所、联合加压站、选矸车间、集中控制站和排土段办公室等。

③ 生活区布置与本矿工人村旧区改造相结合。

5. 工程项目范围

该露天煤矿项目主要包括露天矿、选矸车间和帷幕工程三大部分，主要工程项目有：

（1）矿建剥离工程。

（2）排土工程。

（3）矿山运输及地面运输系统。

（4）疏干及防排水系统。

（5）供电通信系统。

（6）生产系统。

（7）生产辅助车间。

（8）行政福利系统。

（9）居住区。

（10）选矸车间。

6. 产品销售方向

露天煤矿生产的商品煤，除少量自用外，其余通过 5.7 千米皮带运输机直接供应邻近新建电厂使用。电厂三期工程投产运营后，发电能力将由现在的 90 万千瓦容量增加到 210 万千瓦，每年用煤总需要量为 945 万吨，而年产 500 万吨的本露天矿就成为该电厂的主要供应单位，电厂也就成为该露天矿对口电厂。由此可见，露天矿的商品煤销路是有保证的。

7. 生产工艺技术与设备

（1）开采工艺。

整个露天煤矿设计采用综合开采工艺。对矿田上部岩层松散的第四纪层采用连续开采工艺，对矿田下部煤层较硬的侏罗纪层采用半连续开采工艺。

（2）设备选型。

根据矿区开采工艺技术要求和地质条件，采用不同的采、运、排设备。

（3）采煤方法。

根据矿区煤层多有夹矸的特点，采用分采选装的采煤方法，回采率可达90%。

10.7.2 工程项目投资效益

1. 财务效益

根据测算的基础数据，审计人员对"项目财务现金流量表"进行了财务审计分析（全部投资），如表10-3 所示。

表 10-3　　财务现金流量表（全部投资）

序号	项目	合计	建设期 1	建设期 2	建设期 3	建设期 4	建设期 5	投产期 6	投产期 7	投产期 8	投产期 9
	生产负荷（%）							30	60	70	80
1.	现金流入	722900						11566	23098	26996	30851
1.1	产品销售（营业）收入	709503						11566	23098	26996	30851
1.2	回收固定资产余值	9394									
1.3	回收流动资金	4003									
2.	现金流出	953844	35452	37405	62391	66457	111436	20277	26295	28823	30604
2.1	固定资产投资	313141	35452	37405	62391	66457	111436				
2.2	流动资金	4003						4003			
2.3	经营成本	587464						15471	24692	26950	28463
2.4	销售税金及附加	49236						803	1603	1873	2141
2.5	所得税										
2.6	特种基金										
3.	净现金流量		−35452	−37405	−62391	−66457	−111436	−8711	−3197	−1827	247
4.	所得税前净现金流量		−35452	−72857	−135248	−201705	−313141	−321852	−325049	−326876	−32662
5.	所得税前累计净现金流量										

达到设计能力生产期

10	11	12	13	14	15	16	17	18	19	20	21	22	23	24	25
100	100	100	100	100	100	100	100	100	100	100	100	100	100	100	100
38562	38562	38562	38562	38562	38562	38562	38562	38562	38562	38562	38562	38562	38562	38562	51959
38562	38562	38562	38562	38562	38562	38562	38562	38562	38562	38562	38562	38562	38562	38562	38562
33419	33419	33419	33419	33419	33419	33419	33419	33419	33419	33419	33419	33419	33419	33419	33419
30743	30743	30743	30743	30743	30743	30743	30743	30743	30743	30743	30743	30743	30743	30743	30743
2676	2676	2676	2676	2676	2676	2676	2676	2676	2676	2676	2676	2676	2676	2676	2676
5143	5143	5143	5143	5143	5143	5143	5143	5143	5143	5143	5143	5143	5143	5143	18540
−321486	−316343	−311200	−306057	−300914	−295771	−290628	−285485	−280342	−275199	−270056	−264913	−259770	−254627	−249484	−230944

内部收益率 EIRR = −7.52%　　　NPV（i=10%）= −213605.8 万元

（1）投资利税率 =（利润+税金）/总投资×100% =（−24670+2676）/317144.02×100% = −6.94%

（2）投资净收益率 = 净现金流量/总投资×100% = 5143/317144.02×100% = 1.62%

（3）财务内部收益率（FIRR）= −7.56%

（4）财务净现值（FNPV）= −213605.8 万元

（5）财务投资回收期与借款偿还期。在计算期（25 年）内不能回收项目总投资，也无法偿还贷款本金与利息。

在此基础上测算出本项目财务效益指标如下：

(1) 销售收入=38562 万元（按原煤销售单价 79.33 元/吨计算）

(2) 利润总额=销售收入-销售税金及附加-总成本费用=38562-2676-60556=-24670（万元）

(3) 净现金流量=销售收入-销售税金及附加-经营成本=38562-2676-30743=5143（万元）

其中：经营成本=总成本费用-折旧费-摊销费-维简费-井巷工程基金-利息=60556-10553-200-3100-1250-14710=30743 万元

(4) 投资利润率=利润总额/总投资×100%=-24670/317144.02×100%=-7.78%

2. 经济效益

(1) 销售收入调整值。

方案一（p=125 元/吨）销售收入=60763 万元

方案二（p=135 元/吨）销售收入=65624 万元

(2) 经济净效益（ENV）。

方案一为 36932 万元

方案二为 41767 万元

(3) 经济净效益率（ENVR）。

方案一为 13.6%

方案二为 15.4%

(4) 内部收益率（EIRR）。

方案一为 7.56%

方案二为 8.83%

(5) 经济净现值（ENPV）。

方案一为 -64973 万元（i_t=12%）

13010 万元（i_t=7%）

方案二为 -48027 万元（i_t=12%）

18351 万元（i_t=8%）

(6) 经济投资回收期（EP_t）。

方案一为 14.75 年

方案二为 13.81 年

3. 社会效益

(1) 就业效果。

创造总就业机会 3531 人，其中，直接就业机会 2281 人，间接就业机会 1250 人。

总就业效果=0.005 人/万元或 207 万元/人

直接就业效果=0.007 人/万元或 139 万元/人

间接就业效果=0.003 人/万元或 331.2 万元/人

(2) 收入分配效果。

职工分配指数=6.4%

企业分配指数=28%

国家分配指数=65.6%

地区分配指数=39.1%

10.7.3 工程项目投资估算评价

国民经济评价的项目总投资表示国家（或全社会）为项目建设所消耗的资源的价值，它反映的是国民经济按社会价值计算的一次性支出的费用，包括建设投资与流动资金投资。本项目的国民经济评价是在财务评价的基础上进行的，因此国民经济评价的投资估算原则是：先剔除财务评价投资中的投资方向调节税、建设期利息等转移支付与涨价预备费，再采用国家颁布的影子价格和经济参数对固定资产投资、流动资金的各项费用进行逐项调整。

1. 项目财务评价的投资估算及其分配

（1）项目财务评价的投资估算。

项目财务评价的总投资包括固定资产投资、投资方向调节税、建设期利息与流动资金四部分。该工程项目总投资为 317144.02 万元，其中固定资产投资 280865.18 万元，建设期利息 32275.84 万元，流动资金 4003 万元，投资方向调节税为零。按工程项目划分，项目总投资的构成为：露天部分 235003.21 万元（含单项工程投资 9952.32 万元），选矿车间投资 16170.36 万元，帷幕工程投资 33694.61 万元，建设期利息 32275.84 万元。

项目财务评价投资各项费用估算结果如表 10-4 所示。

表 10-4　　　　　　　　　　　　**项目财务评价投资估算表**　　　　　　　　　（单位：万元）

序号	项　　目	合　计	到 1994 年底实际完成投资	1995 年以后投资				
				时价	基价	预备费		
						小计	基本预备费	涨价预备费
1.	固定资产投资	280865.18	194904.54	85960.64	61373.77	24586.86	3068.68	21518.18
1.1	矿建工程	36075.52	32508.39	3567.13	2783.58	783.55	139.18	644.37
1.2	土建工程	66548.19	27471.37	39076.82	27985.47	11091.35	1399.27	9692.08
1.3	设备购置	109870.26	88199.42	21670.84	15176.18	6494.663	758.81	5735.85
1.4	安装工程	15296.40	9196.99	6099.41	4716.88	1382.52	235.84	1146.68
1.5	其他费用	53074.81	37528.37	15546.44	10711.66	4834.78	535.58	4299.20
2	建设期刊	32275.84	6800.40	25475.44				
3	流动资金	4003	/	4003				
	项目总投资	317144.02	201704.94	115439.08				

① 固定资产投资估算。

固定资产投资由矿建工程、土建工程、设备购置、安装工程、其他费用及未完工程预备费用组成。

a. 矿建工程投资 36075.52 万元（含养路费 1136 万元），已完成投资 32508.39 万元，未完工程投资调整为 2783.58 万元。

b. 土建工程投资 66548.19 万元（含帷幕工程 33694.61 万元），已完成投资 27471.37 万元，未完工程投资调整为 27985.47 万元。

c. 设备购置投资 109870.26 万元，已完成投资 88199.42 万元，未完设备购置投资调整为 15176.18 万元。其中国内设备投资为 57379.17 万元，国外设备投资为 44179.57 万元，全部国外设备关税为 1816.86 万元。国外设备主要是露天开采成套设备，该设备在汉堡港的离岸价为 7281.5 万瑞士法郎，海运费为 265.19 万美元，海上保险费为 7.9 万美元加上 5.39 万元人民币。

d. 安装工程投资 15296.40 万元，已完成投资 9196.99 万元，未完工程投资调整为 4716.88 万元。

e. 其他费用投资 53074.81 万元，已完成投资 37528.37 万元，未完其他费用投资调整为 10711.66 万元。其他费用包括土地费用、七项费用（建管费、生产筹备费、生产人员培训费、联合试运转费等）、勘察设计费、进口设备的技术资料和技术服务费及其他费用。项目征用 20210.35 亩土地的投资为 26685.20 万元，进口设备的技术服务费与技术资料费投资为 704.5 万瑞士法郎，折合人民币为 3730.20 万元。

f. 未完工程预备费 24586.86 万元，其中基本预备费 3068.68 万元，涨价预备费 2151818.18 万元。基本预备费按未完工程投资基价的 5% 计算，涨价预备费是根据矿务局计划处提供的《项目情况汇报一览表》中的数据进行估算而得。

② 建设期利息为 32275.84 万元，其中，已完成 6800.40 万元。

综合以上各项内容，固定资产总投资（含建设期利息）合计 313141.02 万元。

③ 流动资金估算。

国家开发银行给露天煤矿项目核定的流动资金为 4003 万元，包括铺底流动资金 2460 万元和部分设备配件的投资 1543 万元，并在投产第一年一次性投入。

（2）项目财务评价投资的逐年分配。

项目总投资 317144.02 万元，各年分项投资情况，如表 10-5 所示；项目财务评价总投资逐年分配，如表 10-6 所示。

表 10-5　　　　　　项目财务评价各年分项目投资一览表　　　　　（单位：万元）

年份	总投资	矿建工程	土建工程	设备购置	安装工程	其他费用	流动资金
建设期第 1 年	35451.94	6367.24	6935.86	5040.89	1101.5	16006.45	
建设期第 2 年	37405.00	11066.60	3456.23	14543.76	471.96	7866.45	
建设期第 3 年	62391.00	10680.97	8425.41	31306.72	3415.43	8562.47	

续表

年份	总投资	矿建工程	土建工程	设备购置	安装工程	其他费用	流动资金
建设期第 4 年	66457.00	4393.58	8653.87	37308.05	4208.10	11893.40	
建设期第 5 年	111436.08	3567.13	39076.82	21671.84	6099.41	41021.88	
生产期第 1 年	4003						4003
合计	317144.02	36075.52	66548.19	129870.26	15296.40	85350.65	4003

注：其他费用中包含建设期利息。

表 10-6 项目总投资逐年分配表（财务评价） （单位：万元）

年份	建设期					生产期	合计
	已发生各年				第 5 年	第 1 年	
	第 1 年	第 2 年	第 3 年	第 4 年			
一、固定资产总投资	35451.94	37405.00	62391.00	66457.00	111436.08		313141.02
分年投资比例（%）	11.3	11.9	20.0	21.2	35.6		100.0
二、流动资金						4003	4003
三、总投资	35451.94	37405.00	62391.00	66457.00	111436.08	4003	317144.02

2. 国民经济评价项目总投资的调整及其分配

（1）煤炭产品的影子价格论证。

由于露天矿的煤炭产品是用来供应电厂发电，本身并不出口，且其生产对国家的进出口水平没有显著的影响，所以可将该产品视为增加生产数量，满足国内消费的产出物。露天煤炭产品作为非贸易货物，可以通过下面两个方法来计算其影子价格：

① 根据《建设项目经济评价方法与参数》测定的城市动力原煤影子价格推算，可以得出原煤的影子价格为 126.7 元/吨。

② 根据项目所在地区同质原煤的现行市场价格来确定露天煤矿项目原煤的影子价格。根据推算可以得出原煤的影子价格为 131.13 元/吨。

从全国物资价格走势来看，预计全国煤炭供需大致平衡，如果煤炭目前调度紧张局势不能缓解，则将会出现局部地区煤炭供求紧张，导致价格波动，煤价也会随着铁路运费的继续提价而上升。综上所述，从计算结果和煤价趋势预测，认为露天煤矿的原煤影子价格确定在 125 元/吨到 135 元/吨是适宜的，也是有依据的。

（2）国民经济评价投资调整步骤。

由于本项目的国民经济评价在财务评价的基础上进行的，根据国家计委颁发的《建设项目经济评价方法与参数》的定价原则，对财务评价总投资进行逐项调整，具体调整步骤为：

① 明确投资范围。

项目投资一般包括直接投资与相关投资（为项目需要而进行的其他部门的投资），本项目只计算直接投资，包括固定资产投资（由露天部分、单项工程、选矿车间、帷幕工程组成）和流动资金。

② 调整固定资产投资。

a. 剔除建设期国内贷款利息、进口设备关税、耕地占用税等属于国民经济内部转移支付的费用。

b. 采用影子价格换算系数对矿建工程、土建工程、安装工程、国内设备等进行调整。

c. 用影子汇率对属于贸易货物的进口设备及其技术资料和技术服务费进行调整。

d. 对特殊投入物土地用影子费用替代实际征地费用。

e. 剔除涨价预备费。

③ 调整流动资金。

依据调整后的国民经济评价经营费用进行计算。经调整，项目财务评价总投资317144.02万元调整为国民经济评价总投资271474.00万元（271477.11万元），减少45670.02万元（45666.91万元）。其中，固定资产总投资（包含建设期利息）由313141.02万元调整为266085.04万元，净减少47055.98万元；流动资金由4003万元调整为5388.96万元（5392.07万元）（分别按125元/吨与135元/吨的销售影子价格计算），净增1385.96万元（1389.07万元）。

固定资产总投资中，除矿建工程、土建工程，设备购置增加17150.54万元外，其他项目的投资都减少了，其中主要包括：剔除了建设期利息32275.84万元，涨价预备费21513.18万元，土地费用投资减少11191.09万元。

（3）国民经济评价总投资的调整计算。

① 固定资产投资的调整

a. 建设工程投资由90748.81万元，审计调整为101989.68万元，净增11240.87万元。

b. 设备购置投资由103375.60万元，审计调整为109285.27万元，净增5909.67万元。

c. 建筑安装工程投资13913.87万元，其影子价格换算系数为1.0，调整后仍为13913.87万元。

d. 其他费用投资由48240.03万元，审计调整为37827.54万元，审减10412.49万元，主要是计算土地的影子费用，以及用影子汇率计算进口设备的技术服务及技术资料费的影子价格。

e. 预备费由24586.86万元调整为3068.68元，其中，基本预备费3068.68万元不作调整，而未完工程的涨价预备费21518.18万元应予以扣除。

② 建设期利息32275.84万元，应予以审减。

③ 流动资金的审计调整。

在国民经济评价经营成本调整计算表的基础上进行。各项费用的周转次数与财务评价相同，分别为：应收账款 $n=10$ 次/年，原材料、燃料 $n=3.6$ 次/年，产成品 $n=51$ 次/年，

现金 $n=12$ 次/年，应付账款 $n=24$ 次/年，则按原煤的影子价格 125 元/吨（或 135 元/吨）分别计算出正常年份的流动资金为 5388.96 万元（5392.07 万元）。

项目国民经济评价总投资的逐项调整情况如表 10-7 所示；土地费用调整计算如表 10-8 所示。

表 10-7　　　　　　　　　国民经济评价投资调整计算表　　　　　　（单位：万元）

序号	项　　目	财务评价	国民经济评价	国民经济评价比财务评价增减（+/−）
1	固定资产投资	280865.18	266085.04	−14780.14
1.1	建设工程	90748.81	101989.68	+11240.87
1.1.1	矿建工程	35291.97	40987.16	+5695.19
	其中：养路费	1136	0	−1136
1.1.2	土建工程	55456.84	61002.52	+5545.68
1.2	设备	103375.60	109285.27	+5909.67
1.2.1	国内设备	57379.17	57379.17	0
1.2.2	国外设备	44179.57	51906.10	+7726.53
1.2.3	国外设备关税	1816.86	0	−1816.86
1.3	安装工程	13913.87	13913.87	0
1.4	其他费用	48240.03	37827.54	−10412.49
	其中：土地费用	26685.20	15494.11	−11191.09
	技术服务与技术资料费	3730.20	4508.80	+778.60
1.5	未完工程预备费	24586.86	3068.68	−21518.18
1.5.1	基本预备费	3068.68	3068.68	0
1.5.2	涨价预备费	21518.18	0	−21518.18
2	利息	32275.84	0	−32275.84
	以上合计	313141.02	266085.04	−47055.98
3	流动资金（注）	4003	5388.96（5392.07）	+1385.96（+1389.07）
	总计	317144.02	271474.00（241477.11）	−45670.02（−45666.91）

注：国民经济评价流动资金分别按 125 元/吨（或 135 元/吨）两种销售价格计算而得。

表 10-8 　　　　　　　　　**土地费用调整计算表**　　　　　　（单位：万元）

费用性质	费用类型	财务评价	国民经济评价	调整值（+/−）
一、机会成本	1. 土地补偿费	15859.06		
	2. 附着物及青苗补偿费	733.40	11674.27	−4918.19
	小计	16592.46	15844.28	
二、新增资源消耗费用	3. 土地管理费	956.87		
	4. 土地承包费	1196.09		
	5. 土地勘测费	48.48	3819.84	0
	6. 安置补助费	1618.40		
	小计	3819.84		
三、转移支付	7. 耕地占用税	6222.46		
	8. 土地使用税	50.44	0	−6272.90
	小计	6272.90	19664.12	
合　计		26685.20	15494.11	−11191.09

（4）国民经济评价投资逐年分配。

调整后国民经济评价的项目总投资为 271474.00 万元（或 271477.11 万元），其中，固定资产投资为 266085.04 万元，流动资金为 5388.96 万元（或 5392.07 万元）。项目国民经济评价的固定资产投资逐年分配是根据财务评价各年度固定资产投入比例计算的，而流动资金的分配也与财务评价相同。国民经济评价的项目总投资逐年分配，如表 10-9 所示。

表 10-9 　　　　　　　**项目总投资逐年分配表（国民经济评价）**　　　　　（单位：万元）

年份	建设期					生产期	合　计
	第 1 年	第 2 年	第 3 年	第 4 年	第 5 年	第 1 年	
一、固定资产总投资	30067.61	31664.12	53217.01	56410.03	94726.27		266085.04
分年投资比例（%）	11.3	11.9	20.0	21.2	35.6		100.0
二、流动资金						5388.96 (5392.07)	5388.96 (5392.07)
三、总投资	30067.61	31664.12	53217.01	56410.03	94726.27	5388.96 (5392.07)	271474.00 (271477.11)

10.7.4　项目经营成本的调整与估算

1. 项目经营成本调整的原则与步骤

（1）审计调整原则。

在财务评价中，项目的经营成本，是指从生产总成本费用中扣除了折旧费、维简费、摊销费和借款利息后的生产成本，反映了项目在生产过程中实际消耗资源的财务成本。在国民经济评价中，项目的经营成本，是指用影子价格计算的项目经常性投入物的经济价值。它是从国家整体的角度来考察项目需要国民经济付出的经常性代价。因此，经营成本调整原则是：

① 审减不属于国民经济费用的内容，即要把转移支付的款项从项目的财务费用中扣除。

② 调整在项目评价中比重较大，而财务价格又明显不合理的投入物和产出物的价格。

③ 在进行项目经营成本调整时，规定投产第一年为测算经营成本计算价格的基准年，基准年后均不考虑物价总水平的上涨因素。

（2）调整步骤。

在财务评价的基础上，对项目经营成本各项费用进行下列步骤的调整：

① 明确费用的范围。剔除已计入财务费用中的税金、折旧、利息和摊销等转移支付。

② 调整投入物的价格。用影子价格、影子工资等参数调整在项目财务成本中费用比重较大、价格又明显不合理的原材料、燃料等投入物的价格。

③ 根据调整后的价格和参数，计算出各年的经营成本。

（3）调整范围。

经营成本调整的范围主要包括原煤制造成本的调整、选煤成本的调整和企业期间费用的调整三大部分。

2. 原煤制造成本的调整

原煤的制造成本包括直接材料、燃料动力、直接工资、福利以及制造费用等。

（1）直接材料。

直接材料包括火工品、自用煤、劳保用品、配件大型材料及其他材料等四项费用。

① 火工品。由于在正常生产年份，火工品的费用（只占直接材料的 4.5% 左右）比重较小，因此对其价格仍采用财务价格，不作调整。

② 自用煤。自用煤的财务价格为 79 元/吨，其经济价格应按煤的影子价格来进行调整，原煤测算的影子价格为 125 元/吨（或 135 元/吨）。自用煤的价格调整，如表 10-10 所示。

③ 劳保用品。由于劳保用品所占比重（仅为直接材料的 0.3% 左右）很小，因此对其价格仍采用财务价格，不作调整。

④ 配件、大型材料及其他材料。由于配件、大型材料及其他材料大部分是国内供货，因此仍可采用财务费用，不作调整。

表 10-10　　　　　　　　　　自用煤的价格调整　　　　　　　　（单位：万元）

项　目	年　份	投产第 1 年	投产第 2 年	投产第 3 年	投产第 4 年	投产第 5 年
需要数量(万吨)		2.615	2.615	2.615	2.615	2.615
财务评价	单位(元/吨)	74	79	83	88	94
	合计	194	206	218	231	245
国民经济评价	单位(元/吨)	125(135)	125(135)	125(135)	125(135)	125(135)
	合计	327(353)	327(353)	327(353)	327(353)	327(353)

注：括号内是煤的影子价格取值为 135（元/吨）时的数据。

（2）燃料动力。

① 燃料。燃料所占比重约为选煤成本的 10% 左右，是项目的主要投入物之一，应对其价格进行调整，本项目的燃料主要包括汽油和柴油。国际市场上 70#汽油的到岸价（CIF）为 21 美元/桶（换算为吨是 180.6 美元/吨），0#柴油的到岸价（CIF）为 22 美元/桶（换算为吨是 165.0 美元/吨）。

汽油和柴油的影子价格计算公式为：

$$影子价格 = CIF \times SER + 贸易费 + 国内运输费$$

选取离项目所在市 850 公里的大连港作为口岸，铁路运价为 2.65 分/吨/千米，铁路运费调整系数为 1.84，贸易费率为 6%，影子汇率（SER）为 8.5 元/美元。经测算 70#汽油的影子价格为 1668.7 元/吨，0#柴油的影子价格为 1528.1 元/吨。燃料的调整情况，如表 10-11 所示。

表 10-11　　　　　　　　　　燃料费用调整表　　　　　　　　（单位：万元）

项　目	年　份	投产第 1 年		投产第 2 年		投产第 3 年		投产第 4 年		投产第 5 年	
		汽油	柴油	汽油	柴油	汽油	柴油	汽油	柴油	汽油	柴油
需要数量(万吨)		865	7659	981	8678	963	8521	964	8534	1148	10160
财务评价	单位(元/吨)	3200	2800	3200	2800	3200	2800	3200	2800	3200	2800
	合计	2567		3083		3209		3406		4298	
国民经济评价	单位(元/吨)	1168.7	1528.1	1668.7	1528.1	1668.7	1528.1	1668.7	1528.1	1668.7	1528.1
	合计	1314		1490		1463		1465		1745	

② 动力。主要是指的电力，该项目所需电力来自东北电网，对于电力的价格，需要采用电力的影子价格进行调整，下面将采用两种方法来测算电力的影子价格。

方法一，根据全国分电网电力影子价格表所测算的电力影子价格。采用东北电网的平均电力影子价格 23.12 分/度作为测算基础，考虑到物价指数上涨因素后，电力的影子价格就为 41. 22 分/度。

方法二，亦可将电力按照贸易货物来测算其影子价格。国际市场上电力的平均价格约为 5.12 美分/度，其影子汇率 SER 为 8.5 元/美元，则可算出电力的影子价格为 43.52 分/度。

用上述两种方法测算的电力影子价格相差不大，本评价采用 42.37 分/度作为电力的影子价格。调整后的数据，如表 10-12 所示。

（3）直接工资及福利。

由于本项目使用了国际上先进的成套设备，因此对设备操作人员的素质要求

表 10-12　　　　　　　　原煤制造成本对比表（完全成本）　　　　　　（单位：万元）

项目	财务评价					国民经济评价					正常年份增减值（±）
	投产第1年	投产第2年	投产第3年	投产第4年	投产第5年	投产第1年	投产第2年	投产第3年	投产第4年	投产第5年	
1. 直接材料	5229	8585	10450	10934	11588	5362 (5388)	8231 (8257)	9434 (9460)	9313 (9339)	9311 (9337)	−2277 (−2251)
火工品	238	458	602	627	717	238	432				−149
自用煤	194	206	218	231	245	327 (353)	327 (353)	327 (353)	327 (353)	327 (353)	+82 (108)
劳保用品	39	42	44	47	50	39	39	39	39	39	−11
配件大型材料及其他	4758	7879	9586	10028	10576	4758	7433	8532	8420	8377	−2199
2. 燃料动力	6497	9747	7443	8137	9413	6551	8610	6483	6757	7143	−2270
燃料	2567	3083	3209	3406	4298	1314	1490	1463	1765	1745	−2553
动力	3930	5664	4232	4731	5115	5237	7120	5020	5292	5398	+283
3. 直接工资及福利	801	881	969	1066	1173	881	881	881	881	881	−292
4. 制造费用	10071	16332	18196	18660	19440	835	3258	4370	4269	3338	−16102
折旧、井巷基金、及维简费	9358	12613	13048	13483	14353						−14353
修理费	713	2035	3052	4069	5087	835	1669	2504	3338	3338	−1749
外委剥离费		1684	2096	1108			1589	1866	931		0
合计	22598	34545	37058	38797	41614	13629 (13655)	20980 (21006)	21168 (21194)	21221 (21247)	20673 (20699)	−20941 (−20915)

较高。考虑到本项目所使用的职工大部分是专业技术人员，因此采用的影子工资换算

系数为 1.1。调整后的数据，如表 10-12 所示。

（4）制造费用。

制造费用应包括折旧费、井巷工程基金、修理费、外委剥离费和维简费。其中，折旧费、井巷工程基金、维简费属于转移支付应予以剔除，只需对修理费和外委剥离费进行调整。

① 修理费。参考煤炭部的有关规定：露天矿预提大修理费为固定资产总值的 4%。露天矿部分的投资共为 230965 万元，其中资产的土建工程为 28150.77 万元，安装工程为 13704.5 万元，设备投资为 105916.32 万元，其他工程为 47117.89 万元。露天矿部分固定资产形成率按 95% 计算，依据调整后的固定资产总值来对大修理费进行调整。调整步骤如下：

第一步：计算露天矿部分调整后的固定资产总值。调整后的固定资产总值按下列公式计算：

$$调整值 = \sum \frac{露天部分土建(安装／设备／其他工程)财务投资}{项目总土建(安装／设备／其他工程)财务投资}$$
$$\times 调整后的项目总土建(安装／设备／其他工程)国民经济$$

经计算，调整后的固定资产总值为 134480.6 万元。考虑到轮斗系统无大修，扣除轮斗系统形成的固定资产后剩下的固定资产总调整值为 83458.9 万元。

第二步：计算逐年的大修费用。根据露天煤矿的实际情况，由于刚投产时新设备的大修率低，因此采用差别大修理率进行计算，投产后连续 5 年的大修理率取为 1%、2%、3%、4%、4%，大修理费用调整数据如表 10-12 所示。

② 外委剥离费。该项费用是由于采、运、排，修改初步设计给定的设备能力不足所造成的。由于它所占的比重较小且此项费用只发生 3 年，因此外委剥离费可以不作调整。

（5）原煤制造成本（完全成本）的对比。

表 10-12 为原煤制造成本（完全成本）对比表，从表中可以看出，在正常生产年份，国民经济评价的原煤制造成本为 20673 万元（20699 万元），比财务评价的原煤总成本 41614 万元减少了 20941 万元（20915 万元）。引起原煤制造成本发生变化的主要因素是：燃料动力价格的调整，基准年后涨价因素的扣除以及转移支付（如折旧、井巷工程基金、维简费等）的审减。

3. 选煤成本的调整

选煤成本包括直接材料、直接工资及福利、电力和制造费用四部分。下面分别对每一部分进行调整，如表 10-13 所示。

（1）直接材料。

选煤车间所消耗的材料主要由国内供货，所占比重又较小，因此这部分材料的财务价格不作调整。

（2）直接工资及福利。

根据前面的分析，影子工资的调整系数取为 1.1，具体的调整数据。

（3）电力。

根据前面所测算的电力影子价格（42.37 分／度）来调整电力费用，具体的调整数据。

（4）制造费用。

制造费用包括折旧费、修理费和其他费用。其中，折旧费属于转移支付，只需对修理费和其他费用进行调整。

① 修理费。由于中小修理费已计入了配件、大型材料及其他材料费用中，因此，这里的修理费，是指大修理费。参考煤炭部的有关规定：选矸车间预提的大修理费应是固定资产总值的 2.5%。选矸车间的总投资为 16205.57 万元，其中，土建工程为 9017.12 万元，安装工程为 1591.9 万元，设备投资为 3953.94 万元，其他工程为 1642.61 万元。选矸车间固定资产的形成率按 92% 来计算，依据调整后的固定资产总值来对大修理费用进行调整。调整的步骤如下：

第一步：计算选矸车间固定资产调整后的总值。计算公式如下：

调整值 = $\sum$ 选矸车间的土建（安装/设备/其他工程）财务投资/项目总土建（安装/设备/其他工程）财务投资×调整后的项目总土建（安装/设备/其他工程）国民经济投资

经计算，调整后选矸车间的固定资产总值为 13631.9 万元。

第二步：计算各年的大修理费用。考虑到选矸车间初期修理费用较低，因此采用 1%、1.5%、2.0%、2.5%、2.5% 的差别修理费率作为投产后连续 5 年的计提比率。大修理费率具体调整数据详如表 10-13 所示。

表 10-13　　　　　　　　选煤成本调整对比表（完全成本）　　　　　　（单位：万元）

项目	财务评价					国民经济评价					正常年份增减值（±）
	投产第 1 年	投产第 2 年	投产第 3 年	投产第 4 年	投产第 5 年	投产第 1 年	投产第 2 年	投产第 3 年	投产第 4 年	投产第 5 年	
1. 直接材料	202	357	405	442	526	202	357	405	442	526	0
2. 直接工资及福利	154	170	187	206	226	170	170	170	170	170	−56
3. 电力	95	206	238	297	400	134	291	336	419	565	+165
4. 制造费用	684	752	820	887	889	139	211	281	351	535	−536
4.1 折旧费	550	550	550	550	550	—	—	—	—	—	−550
4.2 修理费	131	196	262	327	327	136	205	273	341	341	+14
4.3 其他	3	6	8	10	12	3	6	8	10	12	0
选煤成本合计	1135	1485	1650	1832	2041	645	1029	1192	1382	1614	−427

② 其他费用，可以不作调整。

（5）选煤成本（完全成本）对比表。

综合上述各项调整内容，就可得出选煤成本（完全成本）对比表 10-13。从该表中可以看出，选煤成本变化不大。引起变化的主要因素有：电力价格的调整，制造费用中折旧的扣除，以及对大修理费用的调整。调整后的选煤成本在正常年份比财务成本减少了 427

万元。

4. 企业期间费用的调整

企业期间费用包括财务费用、销售费用和管理费用。财务费用，主要是指借款利息，属于转移支付应予以扣除。因此，只需对销售费用和管理费用进行调整。

（1）销售费用。

对于销售费用，考虑到本项目所生产的煤直接供应邻近新建电厂三期工程，销售费用较少，因此可以不作调整。

（2）管理费用。

管理费用在剔除转移支付费用后，只需对剩余的部分作如下调整。

① 管理人员工资及福利，按照影子工资调整系数（1.1）对工资及福利进行调整。具体的调整数据如表10-14所示。

② 其他费用。除转移支付和管理人员工资及福利以外的费用均按财务费用计算，不作调整。

根据以上的分析和调整，可以得出管理费用的调整对比表10-14。

（3）企业期间费用（完全成本）对比表。

综合上述各项费用的调整内容，可以得出企业期间费用（完全成本）对比表10-15。从该表中可以看出，企业期间费用变化较大，在正常生产年份由财务评价的16901万元调整为国民经济评价的1544万元，减少了15357万元。主要原因是：

① 审减了支付，包括对利息、税金等转移交付的审计，共计减少15293万元。

② 对工资及福利的调整，共计审减64万元。

表10-14 管理费用调整对比表 （单位：万元）

项目	财务评价					国民经济评价				
	投产第1年	投产第2年	投产第3年	投产第4年	投产第5年	投产第1年	投产第2年	投产第3年	投产第4年	投产第5年
管理人员工资及福利	176	194	213	234	258	194	194	194	194	194
工会经费、职教经费、待业保险费、保险费	82	87	91	96	101	—	—	—	—	—
造林费	15	30	35	40	50	15	30	35	40	50
印花税、土地使用税、厅管理费	93	165	168	171	175	—	—	—	—	—
局管理费	84	84	84	84	84	84	84	84	84	84
房产税、安全奖励基金、车船使用税	74	97	104	112	127	—	—	—	—	—
修理费	315	320	325	330	335	315	320	325	330	335
办公费	50	50	50	50	50	50	50	50	50	50

续表

项目	财务评价					国民经济评价				
	投产第1年	投产第2年	投产第3年	投产第4年	投产第5年	投产第1年	投产第2年	投产第3年	投产第4年	投产第5年
取暖费、差旅费	110	110	110	110	110	110	110	110	110	110
业务招待费	10	10	10	10	10	10	10	10	10	10
仓库经费	40	40	40	40	40	40	40	40	40	40
警卫消防费、绿化费	25	25	25	25	25	25	25	25	25	25
劳保费、出国人员经费	22	22	22	22	22	22	22	22	22	22
水资源税	40	40	40	40	40	—	—	—	—	—
土地及青苗补偿	50	50	50	50	50	—	—	—	—	—
农村供水运营费	120	120	120	120	120	120	120	120	120	120
递延资产摊销	200	200	200	200	200	—	—	—	—	—
边坡治理费	230	260	270	280	300	230	260	270	280	300
合计	1785	1983	1897	1904	1987	1215	1265	1285	1305	1340

表 10-15　　　　　　　**企业期间费用对比表（完全成本）**　　　　（单位：万元）

项目	财务评价					国民经济评价					正常年份增减值（±）
	投产第1年	投产第2年	投产第3年	投产第4年	投产第5年	投产第1年	投产第2年	投产第3年	投产第4年	投产第5年	
管理费用	1785	1903	1897	1904	1987	1215	1265	1285	1305	1340	−647
财务费用	15307	16911	16174	15373	14710	—	—	—	—	—	−14710
销售费用	61	122	143	163	204	61	122	143	163	204	0
合计	17153	18936	18214	17440	16901	1276	1387	1428	1468	1544	−15357

5. 国民经济评价经营费用调整

财务经营成本，是指从总生产成本中扣除折旧费、维简费，井巷工程基金、摊销费和利息等费用后的成本。据此，测算出本项目的财务经营成本为 30743 万元。

综合原煤经营成本，如表 10-16 所示，选煤经营成本和企业期间经营费用如表 10-17、表 10-18 所示的调整结果，就可以得出国民经济评价经营费用调整表 10-19。从该表中看出，正常生产年份国民经济评价经营成本为 23831 万元（或 23857 万元）比财务评价经营成本 30743 万元减少了 6912 万元（或 6886）万元。其中原煤成本减少 6588（或 6562）

303

万元，选煤成本增加 123 万元和企业期间费用减少 447 万元。如果与财务评价的总成本费用对比，则国民经济评价的生产经营费用将减少 36725（或 36699）万元。

影响成本的主要原因是（按原煤价格 125 元/吨计算，如表 10-20 所示）：

（1）由于涨价因素减少 2479 万元。

（2）由财务价格调整为国民经济影子价格而降低费用 4050 万元。

（3）审减转移支付的费用为 383 万元。

表 10-16　　　　　　　　　　　原煤制造经营成本对比表（经营成本）　　　　　（单位：万元）

项目	财务评价经营成本					国民经济评价经营费用					正常年份增减值（±）
	投产第 1 年	投产第 2 年	投产第 3 年	投产第 4 年	投产第 5 年	投产第 1 年	投产第 2 年	投产第 3 年	投产第 4 年	投产第 5 年	
1. 直接材料	5229	8585	10450	10934	11588	5362（5388）	8231（8257）	9434（9460）	9313（9339）	9311（9337）	−2277（−2251）
1.1 火工品	238	458	602	627	717	238	432	536	527	568	−149
1.2 自用煤	194	206	218	231	245	327 353	327 353	327 353	327 353	327 353	+82 108
1.3 劳保用品	39	42	44	47	50	39	39	39	39	39	−11
1.4 配件、大型材料及其他	4758	7879	9586	10028	10576	4758	7433	8532	8420	8377	−2199
2. 燃料动力	6497	8747	7443	8137	9413	6551	8610	6483	6757	7143	−2270
2.1 燃料	2567	3083	3209	3406	4298	1314	1490	1463	1465	1745	−2553
2.2 动力	3930	5664	4234	4731	5115	5237	7120	5020	5282	5398	+283
3. 直接工资及福利	801	881	969	1066	1173	881	881	881	881	881	−292
4. 制造费用	713	3709	5148	5177	5087	835	3258	4370	4269	3338	−1749
4.1 折旧、井巷基金、维简费	—	—	—	—	—	—	—	—	—	—	0
4.2 修理费	713	3709	5148	5177	5087	835	3258	4370	4269	3338	−1749
4.3 外委剥离费	—	1684	2096	1108	—	—	1589	1866	931	—	0
合计	13240	21932	24010	36314	27260	13629（13655）	20980（21006）	21168（21194）	21221（21247）	20673（20699）	−6588（−6562）

表 10-17　　　　　　　　　　　选煤经营成本对比表（经营成本）　　　　　　　　（单位：万元）

项目	财务评价经营成本					国民经济评价经营费用					正常年份增减值（±）
	投产第1年	投产第2年	投产第3年	投产第4年	投产第5年	投产第1年	投产第2年	投产第3年	投产第4年	投产第5年	
1. 直接材料	202	357	405	442	526	202	357	405	442	526	0
2. 直接工资及福利	154	170	187	206	226	170	170	170	170	170	−56
3. 电力	95	206	238	297	400	134	291	336	419	565	+165
4. 制造费用	134	202	270	337	339	139	221	281	351	353	+14
4.1 折旧费	0	0	0	0	0	0	0	0	0	0	0
4.2 修理费	131	196	262	327	327	136	205	273	341	341	+14
4.3 其他	3	6	8	10	12	3	6	8	10	12	
合计	585	935	1100	1282	1491	645	1029	1192	1382	1614	+123

表 10-18　　　　　　　　　　　企业期间经营费用对比表（经营成本）　　　　　　　（单位：万元）

项目	财务评价经营成本					国民经济评价经营费用					正常年份增减值（±）
	投产第1年	投产第2年	投产第3年	投产第4年	投产第5年	投产第1年	投产第2年	投产第3年	投产第4年	投产第5年	
1. 管理费用	1585	1783	1697	1704	1787	1215	1265	1285	1305	1340	−447
1.1 递延资产摊销	—	—	—	—	—	—	—	—	—	—	0
1.2 其他	1585	1783	1697	1704	1787	1215	1265	1285	1305	1340	−447
2. 财务费用	—	—	—	—	—	—	—	—	—	—	0
3. 销售费用	61	122	143	163	204	61	122	143	163	204	0
合计	1646	1905	1840	1867	1991	1276	1387	1428	1468	1544	−447

表 10-19　　　　　　　　　　　国民经济评价经营费用调整表　　　　　　　　　　（单位：万元）

项目	财务评价经营成本					国民经济评价经营费用					正常年份增减值（±）
	投产第1年	投产第2年	投产第3年	投产第4年	投产第5年	投产第1年	投产第2年	投产第3年	投产第4年	投产第5年	
1. 原煤制造经营成本	13240	21932	24010	25314	27261	13629 (13655)	20980 (21006)	21168 (21194)	21221 (21247)	20673 (20699)	−6588 (−6562)
1.1 直接材料	5229	8585	10450	10934	11588	5362 (5388)	8231 (8257)	9434 (9460)	9313 (9339)	9311 (9337)	−2277 (−2251)
1.2 燃料动力	6497	8747	7443	8137	9413	6551	8610	6483	6757	7143	−2270

续表

项目	财务评价经营成本					国民经济评价经营费用					正常年份增减值（±）
	投产第1年	投产第2年	投产第3年	投产第4年	投产第5年	投产第1年	投产第2年	投产第3年	投产第4年	投产第5年	
1.3 直接工资及福利	801	881	969	1066	1173	881	881	881	881	881	−292
1.4 制造费用	713	3709	5148	5177	5087	835	3258	4370	4269	3338	−1749
2. 选煤经营成本	585	935	1100	1282	1491	645	1029	1192	1382	1614	+123
2.1 直接材料	202	357	405	442	526	202	357	405	442	526	
2.2 直接工资及福利	154	170	187	206	226	170	170	170	170	170	−56
2.3 电力	95	206	238	297	400	134	291	336	419	565	+165
2.4 制造费用	134	202	270	337	339	139	211	281	351	353	+14
3. 企业期间费用	1646	1905	1840	1867	1991	1276	1387	1428	1468	1544	−447
3.1 管理费用	1585	1783	1697	1704	1787	1215	1265	1285	1305	1340	−447
3.2 销售费用	61	122	143	163	204	61	122	143	163	204	0
合计	15471	24692	26950	28463	30743	15550(15576)	23396(23422)	23788(23814)	24071(24097)	23831(23857)	−6912(−6886)

表 10-20　　**国民经济评价与财务评价生产成本费用对比表**　　（单位：万元）

序号	项目	财务评价		国民经济经营费用	国民经济评价与财务评价增减（+/−）				
		总成本费用	经营成本		与总成本费用比	与经营成本比	涨价	价格调整	转移支付
一、	原煤制造成本								
1.	直接材料	11588	11588	9311	−2277	−2277	−2359	+82	0
2.	燃料动力	9413	9413	7143	−2270	−2270	0	−2280	0
3.	直接工资及福利	1173	1173	881	−292	−292	0	−292	0
4.	制造费用	19440	5087	3338	−16102	−1749	0		−17490
二、	选煤制造成本								
1.	直接材料	526	526	526	0	0	0	0	0
2.	直接工资及福利	226	226	170	−56	−56	−56	0	0

续表

序号	项　　目	财务评价		国民经济经营费用	国民经济评价与财务评价增减（+/−）				
		总成本费用	经营成本		与总成本费用比	与经营成本比	涨价	价格调整	转移支付
3.	电力	400	400	565	+165	+165	0	+165	0
4.	制造费用	889	339	353	−536	+14	0	+14	0
三、	企业期间费用	16901	1991	1544	−15357	−447	−64	0	−383
四、	合　计	60556	30743	23831	−36725	−6912	−2479	−4050	−383

10.7.5　项目经济效益分析与不确定性分析

1. 项目销售收入调整

国民经济评价销售收入的调整是根据露天煤矿项目初步设计规定的生产期产品逐年的销售量，按照原煤的影子价格进行测算的。

方案一：当原煤影子价格为 125 元/吨时，正常生产年份的销售收入为 60763 万元，比财务评价同年收入增加 22201 万元，占财务收入的 57.6%。

方案二：当原煤影子价格为 135 元/吨时，正常生产年份的销售收入为 65624 万元，比财务评价同年收入增加 27062 万元，占财务收入的 70.2%。国民经济评价销售收入调整，如表 10-21 所示。

表 10-21　　　　　　　　**国民经济评价销售收入调整计算表**　　　　　　（单位：万元）

序号	项　　目	销售单价（元/吨）	投产后第 1 年	投产后第 2 年	投产后第 3 年	投产后第 4 年	投产后第 5 年
一	生产负荷(%)		30	60	70	30	100
二	年销售量(万吨)		145.8	291.16	340.3	388.9	436.1
三	销售收入						
(一)	财务评价	79.33	11566	23098	26996	30851	58562
(二)	国民经济评价						
	方案一	125	18225	36395	42538	48613	60763
	方案二	135	19683	39307	45941	52502	65624
四	国民经济评价						
	财务评价增减(+/−)						
	方案一	125	+6659	+13297	+15542	+17762	+22201
	方案二	135	+8117	+16209	+18945	+21651	+27062

2. 经济净效益

项目的国民经济净效益是反映项目对国民经济净贡献的静态指标。它表示项目投产后每年提供给国民经济的贡献抵偿了国家为其付出的代价后得到的社会盈余，即为项目经济效益与经济费用之差额。项目生产期的经济效益包括直接效益（调整后的产品销售收入）和间接效益（外部效益）。

本项目的间接效益很明显，但难以量化，只能作定性分析；项目经济费用包括调整后的流动资金和经营费用，本项目由于投产第一年生产负荷只有30%，产品销售收入低于当年一次性投入的流动资金和实际经营费用之和，出现了负值，说明这一年国民经济的代价大于所得到的收益；而从第二年以后每年都有盈余，表明该项目从总体上还有一定的国民经济净效益。

方案一：正常生产年份的净效益为36932万元，比财务评价同年增加33027万元，是财务净效益的8.45倍；

方案二：正常生产年份的净效益为41767万元，比财务评价同年增加37862万元，是财务净效益的9.7倍。国民经济净效益测算，如表10-22所示。

表10-22　　　　　　　　　　**国民经济效益计算表**　　　　　　（单位：万元）

序号	项目	投产第1年		投产第2年		投产第3年		投产第4年		投产第5年	
		方案一	方案二	方案一	方案二	方案一	方案二	方案一	方案二	方案一	方案二
一、	经济效益										
1.	销售收入	18225	19683	36395	39307	42538	45941	48613	52502	60763	65624
2.	间接效益										
二、	经济费用										
1.	流动资金	5389	5392								
2.	经营费用	15550	15576	23396	23422	23788	23814	24071	24097	23831	23857
三、	经济净效益	−2714	−1285	12999	15885	18750	22127	24542	28405	36932	41767
四、	财务净效益（注1）	−8711		−3197		−1827		+247		+5143	
五、	国民经济评价比财务评价增减（±）	+5997	+7426	+16196	+19082	+20577	+23954	+24295	+28158	+31789	+36624

注：取自"财务现金流量表（全部投资）"，如表10-3所示。

3. 经济效益指标分析

（1）编制国民经济效益费用流量表。

根据以上调整的经济效益与经济费用的基础数据，编制本项目全部投资国民经济效益费用流量表（如表10-23、表10-24所示）。

内部收益率 EIRR＝7.56％,静态投资回收期＝14.75 年。

ENPV(in＝12％)＝-64973 万元

ENPV(in＝7％)＝13010 万元

内部收益率 EIRR＝8.83％,静态投资回收期＝13.81 年。

ENPV(in＝12％)＝-48027 万元

ENPV(in＝8％)＝18351 万元。

表 10-23　　　　　　　　国民经济效益费用流量表(全部投资)(一)　　　　　　(单位：万元)

序号	项目＼年份	合计	1	2	3	4	5	6	7	8	9
			建设期					投产期			
	生产负荷（%）							30	60	70	80
1.	效益流量	1131351						18225	36395	42538	48613
1.1	产品销售收入	1117979						18225	36395	42538	48613
1.2	回收固定资产余值	7983									
1.3	回收间接效益	5389									
1.4	项目间接效益										
2	费用流量	739575	30068	31664	53217	56410	94726	20939	23396	23788	24071
2.1	固定资产投资	266085	30068	31664	53217	56410	94726				
2.2	流动资金	5389						5389			
2.3	经营费用	468101						15550	23396		
2.4	项目间接费用										
3	净效益流量（1—2）	391776	-30068	-31664	-53217	-56410	-94726	-2714	12999	18750	24542
4.	累计净效益流量		-30068	-61732	-114949	-171359	-266085	-268799	-255800	-237050	-212508

达到设计能力生产期

10	11	12	13	14	15	16	17	18	19	20	21	22	23	24	25
100	100	100	100	100	100	100	100	100	100	100	100	100	100	100	100
60763	60763	60763	60763	60763	60763	60763	60763	60763	60763	60763	60763	60763	60763	60763	74135
60763	60763	60763	60763	60763	60763	60763	60763	60763	60763	60763	60763	60763	60763	60763	60763
															7983
															5389
23831	23831	23831	23831	23831	23831	23831	23831	23831	23831	23831	23831	23831	23831	23831	23831
23831	23831	23831	23831	23831	23831	23831	23831	23831	23831	23831	23831	23831	23831	23831	23831
36932	36932	36932	36932	36932	36932	36932	36932	36932	36932	36932	36932	36932	36932	36932	50304
-175576	-138644	-101712	-64780	-27848	9084	46016	82948	119880	156812	193744	230676	267608	304540	341472	391776

表 10-24　　　　　　　　　**国民经济效益费用流量表（全部投资）（二）**　　　　（单位：万元）

序号	项目 \ 年份	合计	建设期					投产期			
			1	2	3	4	5	6	7	8	9
	生产负荷（%）							30	60	70	80
1.	效益流量	1220792						19683	39307	45941	52502
1.1	产品销售收入	1207417						19683	39307	45941	52502
1.2	回收固定资产余值	7983									
1.3	回收间接效益	5392									
1.4	项目间接效益										
2	费用流量	740098	30068	31664	53217	56410	94726	20968	23422	23814	24097
2.1	固定资产投资	266085	30068	31664	53217	56410	94726				
2.2	流动资金	5392						5392			
2.3	经营费用	468621						15576	23422	23814	24097
2.4	项目间接费用										
3	净效益流量（1—2）	480694	−30068	−31664	−53217	−56410	−94726	−1285	15885	22127	28405
4.	累计净效益流量		−30068	−61732	−114919	−171359	−266085	−267370	−251485	−229358	−200953

达到设计能力生产期

10	11	12	13	14	15	16	17	18	19	20	21	22	23	24	25
100	100	100	100	100	100	100	100	100	100	100	100	100	100	100	100
65624	65624	65624	65624	65624	65624	65624	65624	65624	65624	65624	65624	65624	65624	65624	65624
65624	65624	65624	65624	65624	65624	65624	65624	65624	65624	65624	65624	65624	65624	65624	65624
															7983
															5392
23857	23857	23857	23857	23857	23857	23857	23857	23857	23857	23857	23857	23857	23857	23857	23857
23857	23857	23857	23857	23857	23857	23857	23857	23857	23857	23857	23857	23857	23857	23857	23857
41767	41767	41767	41767	41767	41767	41767	41767	41767	41767	41767	41767	41767	41767	41767	55142
−159186	−117419	−75652	−33885	7882	49649	91416	133183	174950	216717	258484	300251	342018	383785	425552	480694

（2）国民经济盈利能力分析。

由经济效益费用流量表计算下列经济效益指标：

① 经济内部收益率（EIRR）。

这是反映项目对国民经济净贡献的一项动态效益相对指标，按下列公式计算：

$$\sum (B - C)_t (1 + \mathrm{EIRR})^{-t} = 0$$

本项目全部投资的经济内部收益率(EIRR)方案一(按产品销售价格 125 元/吨计算)为 7.56%；方案二(按产品销售价格 135 元/吨计算)为 8.83%，均未达到国家统一规定的社会折现率(i_s)12%，说明本项目对国民经济净贡献低于全国各行业平均社会盈余水平，而只能获得 7%~8% 的盈余能力，但是与财务评价的内部收益率(FIRR = -7.56%)对比，还能获得相当于煤炭行业中等水平的社会盈余。

② 经济净现值(ENPV)。

这是反映项目对国民经济净贡献的一项动态效益绝对指标，按下列公式计算本项目全部投资的经济净现值(ENPV)。

$$ENPV = \sum (B - C)_t (1 + t)^{-t}$$

方案一　　　当 i_t = -12%时，　　　$ENPV_i$ = -64973 万元

　　　　　　当 i_t = 7%时，　　　　$ENPV_i$ = 13010 万元

方案二　　　当 i_t = 12%时，　　　$ENPV_i$ = -48027 万元

　　　　　　当 i_t = 8%时，　　　　$ENPV_i$ = 18351 万元

由此可见，在社会折现率为 12% 时，本项目的全部投资经济净现值均为负值，表示国家为该项目付出代价后，得不到符合社会折现率 12% 的社会盈余；而在社会折现率为 7%~8% 时，才能获得一定的以现值计算的超额社会盈余。但是与财务评价的净现值 FNPV(i=10%) = -213605.8 万元对比，还能增加 69.6%~71.5% 的盈利能力。

③ 经济效益率(ENVP)。

这是衡量项目对国民经济净贡献的一项静态效益相对指标。按下列公式计算：

　　　　　　经济净效益率=正常年份经济净效益/总投资×100%

本项目全部投资经济净效益率：

方案一：ENVP = 36932/(266085+5389)×100% = 13.6% > 12%

方案二：ENVP = 41767/(266085+5392)×100% = 15.4% > 12%

上述计算结果说明，本项目国民经济静态投资净效益率均大于社会折现率 12%，超过了社会平均盈余水平，而且还大大高于该项目的财务利润率(-7.78%)和财务利税率(-6.94%)。

④ 经济投资回收期(EP_t)。

它反映了项目以国民经济净效益(净贡献)来回收国家对项目投入的资源代价(全部投资)所需要的时间(年)，这是一项静态经济效益绝对指标。由经济效益费用流量表(表 10-23、表 10-24)中的数据按下列公式直接计算得到：

经济静态投资回收期(EP_t) = 累计净效益流量出现正值年份-1+上一年累计净效益流量的绝对值/当年净效益流量

本项目的经济投资回收期(EP_t)，方案一为 14.75 年，方案二为 13.81 年。说明项目均可在计算期(经济寿命期)内回收国家付出的经济代价，具有一定的投资回收能力，这比财务评价中投资无法回收的状况要有好转。

4. 不确定性分析

该项目国民经济评价只进行敏感性分析，即通过对项目固定资产投资经营费用和销售价格分别作不同程度的提高和降低的单因素变化，导致对项目主要经济效益指标(如经

济内部收益率）发生变动的敏感程度分析，以审计项目投资的抗风险能力，提高投资效益的可靠性水平。

本项目内部收益率的敏感性分析，如表 10-25 所示。

表 10-25 国民经济敏感性分析表 （单位：万元）

序号	项　　目	基本方案（%）	投　资		经营费用		销售价格			
			+11.2%	−10%	+20%	−10%	+17.6%	+8.9%	−26.4%	−331.85%
一、	第一方案（P=125 元/吨）									
1.	经济内部收益率（%）	7.56	6.67	8.43	6.03	8.28	10.25	—	2.30	
2.	变化率		−0.079	+0.087	−0.076	0.072	+0.153	—	−0.20	
二、	第二方案（P=135 元/吨）									
1.	经济内部收益率（%）	8.83	7.92	9.73	7.42	9.51	—	10.25		2.30
2.	变化率		−0.081	+0.09	−0.071	+0.068	—	+0.159	—	−0.188
三、	临界极限值：									
	方案一	12	—	−36	—	−68	+30.72	—	—	—
	方案二	12	—	−27	—	−51	+21	—	—	—

从该表中可以看出上述三个变量因素对经济内部收益率都有一定影响。特别是当销售价上升到 147 元/吨或下降到 92 元/吨时，经济内部收益率分别为 10.25% 和 2.3%，其变化率最大（分别是 0.15 和 0.20）。再是当项目总投资上升 11.2%（达到最近调整概算投资 346917.97 万元）时，经济内部收益率为 6.67% 与 7.92%，其变化率分别为 0.079 与 0.081。因此产品原煤销售价格为最敏感因素。

为了提高项目的经济盈利水平和投资回收能力，减少投资风险，应该适当提高产品的销售价格和降低项目总投资。如果在保持现有投资水平的前提下，要使项目经济内部收益率达到国家规定的社会折现率 12%，则必须使原煤的销售价格提高到 163.4 元/吨。

10.7.6 社会效益分析

1. 就业效益项目

工程项目的就业效益是指项目建成后给社会创造的新增就业机会。评价项目的就业效益时，一般按照每单位投资可提供的就业人数多少来衡量，或者按创造每个就业机会所需投资的多少来衡量。

该露天项目移交投产时定员即直接就业人数为 2281 人(包括原煤直接生产人员、辅助生产人员、生产管理人员、行政管理人员),项目总投资为 317144.02 万元。

由于项目生产的原煤全部供应邻近新建电厂,相当于间接创造了就业机会,电厂三期工程职工人数为 1250 人,总投资为 414024.56 万元。项目投资与就业状况,如表 10-26 所示。

表 10-26　　　　　　　　　　　　　项目投资与就业状况

就业性质	投资类别	新增就业机会(人)	投资(万元)
直接就业	露天煤矿项目	2281	317144.02
间接就业	电厂三期工程	1250	414024.56
合　计		3531	731168.58

由以上数据,可计算出露天煤矿项目就业效益为:

(1)总就业效益=总就业人数/总投资=3531/731168.58=0.005 人/万元

　　　　或=总投资/总就业人数=731168.58/3531=207 万元/人

说明项目本身及相关项目的每万元投资可创造的总就业机会为 0.005 人,而提供每个就业机会需要投资 207 万元。

(2)直接就业效益=直接就业人数/直接投资=2281/317144.02=0.007 人/万元

　　　　或=直接投资/直接就业人数=317144.02/2281=139 万元/人

说明本项目投入正常生产运营后,每万元直接投资创造的直接就业机会为 0.007 人,而提供每个就业机会需要投资 139 万元。

(3)间接就业效益=间接就业人数/间接投资=1250/414024.56=0.003 人/万元

　　　　或=间接投资/间接就业人数=414024.56/1250=331.2 万元/人

说明与该露天煤矿项目有关联的配套项目每万元投资创造的间接就业机会为 0.003 人,而提供每个就业机会需要投资 331.2 万元。

根据上述计算结果,每单位投资所提供的就业机会较少,而创造每个就业机会所需投资较大。因此,本项目属于资金密集型和技术密集型项目。这是由行业特点和露天采煤的工艺特点所决定的。由于本露天煤矿项目引进了先进的工艺技术设备和生产管理模式,项目投资中技术含量较高,职工人数不需要很多,但对全体职工的劳动素质要求较高,不论原煤直接生产人员、辅助生产人员还是生产管理人员、行政管理人员,基本上都是熟练劳动力。因而,其直接就业效益虽然小,但劳动效率较高。项目原煤生产人员 1214 人,经计算原煤生产人员劳动生产率为 14.2 吨/工日,在煤矿行业中处于较高水平。

从其间接就业效果来看,由于与其相关的项目电厂三期工程也是属于资金密集型项目,因而就业效果也很小。

此外,本项目共投资 129333.7 万元,占所在城市同期全社会固定资产总投资的 20.8%,而同期该市新增劳动者人数为 68.2 万人,其中第一产业 60.7 万人,第二产业 4.2 万人,第三产业 3.3 万人。由以上数据可以看出此项目对当地劳动就业的增加也作出了一定的贡献。

2. 收入分配效益

项目的分配效益是指项目投入生产运营后,每年所获得的国民收入净增值在不同社会集团、不同地区或国内外的分配比重。项目每年净增值包括两部分:一部分为工人的工资收入和福利;另一部分为社会创造的新增价值,包括利润、各种税收、社会福利、利息、所提折旧等。

该露天煤矿项目达产期为 5 年,按规定生产期第三年后四项费用(折旧费、维简费、井巷工程基金、摊销费)的 50% 用于还贷,由于还款期较长,因此就以达到正常生产运营但未偿清借款的达产年份作为项目分配效果的测算年。

测算年项目净增值为 26968.65 万元,由于不存在国外投入要素增值,全部净收益在国内分配。按社会集团分配,其中职工所得收益为 1731.55 万元,企业所得收益为 7551.5 万元,国家(含地区)所得收益为 17658.6 万元,单独测算地方所得收益为 10536.25 万元。分配情况如表 10-27 所示。

表 10-27　　　　　　　　　项目分配效益测算年净收益分配表　　　　　　　　(单位:万元)

序号	项　　目	测算年分配数额
	测算年项目净收益合计	26968.65
(一)	职工分配收益	1731.55
	1. 工资收入	1523.84
	2. 福利费	132.71
	3. 安全奖励基金	75
(二)	企业分配效益	7551.5
	1. 提留折旧费、摊销费、维简费、井巷工程基金(按50%提留)	7551.5
	2. 企业留用利润	0
(三)	国家分配收益(含地区)	17685.6
	1. 销售税金及附加	2676
	2. 其他税金	251.7
	3. 利息收入	14710
	4. 保险费等其他收入	47.9
	5. 企业上缴利润	0
(四)	地方分配收益	10536.25
	1. 销售税金及附加	1001.5
	2. 其他地方税收	251.7
	3. 职工收入及福利	1731.55
	4. 企业分配收益	7551.5

由表 10-27 数据可计算项目分配效果指数如下：

社会集团(职工、企业、国家)分配效果分别为：

(1)职工分配指数＝测算年职工分配收益/测算年项目净收益×100％＝1731.55/26968.65×100％＝6.40％

(2)企业分配收益指数＝测算年企业分配收益/测算年项目净收益×100％＝7551.5/26968.65×100％＝28.00％

(3)国家分配收益指数＝测算年国家分配收益/测算年项目净收益×100％＝17685.6/26968.65×100％＝65.60％

以上三个分配指标之和为 100％。

地区分配指数＝测算年地区分配收益/测算年项目净收益×100％＝26968.65×100％＝39.1％

3．技术进步效果

(1)开采工艺先进。

露天煤矿根据地质条件,采用了连续开采工艺,这是一种先进的开采方式,它与间断工艺和半连续工艺相比,具有下列优点：

① 切削力较大,简化了生产工艺,降低了成本。

② 可以选采复杂煤层,不仅提高了煤炭资源的回采率(90％),而且提高了煤炭的质量,减少了选煤工作量。

③ 胶带输送机提升角度大,输送物料可以大大缩短运输距离,但与铁道运输相比,还可节省大批钢轨。

④ 操作简单,维修方便,容易实现现代化管理。本项目所采用的连续工艺系统由集中控制站的程序指令自动控制,各种信息由计算机进行记录和处理,并定期打印报表。

⑤ 生产能力大,效率高。本项目年产量为 500 万吨,仅需人员 2000 人左右,而附近的露天矿,年产量为 150 万吨,却需要人员 6000 人左右。

(2)主要设备技术先进。

本系统的各种设备、材料和系统都符合当前国际通用的标准和规范(如 IEC、ISO、DIN、TGL)及中华人民共和国国家标准和规范。设备上的各部件要求标准化,便于检修;易损件要求便于拆卸和更换;项目所有机械设备及材料的选用,特别是主要承载部件的材料,润滑、液压等系统,均考虑了当地的气候条件。

4．环境保护效果分析

露天煤矿对环境产生的影响,主要体现在三个方面,即大气质量、水体和生态的影响。本项目对其采用下列综合防治措施：

① 粉尘防治采用洒水、将排土场和分流站设置在山丘上或地下土坡等措施。

② 采取露天种植及矿区绿化措施。

③ 噪声防治包括对机械、交通车辆、选矿车间等噪声源的控制,加强绿化,形成隔声林带等措施。

该露天煤矿环境保护初始投资共为 2066.5 万元。其中,污水处理厂为 1089.19 万元,环境监测站为 16.4 万元,环卫设备为 31.42 万元,矿区绿化费为 687 万元,东部工业场地污水站为 8.97 万元, 医院污水处理消毒间为 24.22 万元, 油库含油污水处理间为 2.99 万元, 工业场地锅炉房除尘设备为 19.90 万元, 洒水车为 132.96 万元, 加水车为 53.18 万元, 消音器为 0.244 万元。露天煤矿总投资为 317144.02 万元, 环保投资约占总投资的 0.65%。

对于环境保护, 项目力求用最少的费用来达到符合国家标准的环境保护目标。通过采取各种环境治理措施, 本项目投入环保治理措施的费用为 2263.17 万元, 占总投资 0.71%。经治理后, 本项目的环境保护基本上能达到国家环境保护标准, 即烟气排放能符合 (GB13271—91) 标准中的二类要求; 污水处理后能达到《农田灌溉水质标准 (GB5084—921)》的要求; 噪声可达到环境保护规定的标准。可以认为, 本项目建设完成后的环境保护效果是好的。

10.7.7 审计结论与建议

1. 经济效益评价

通过国民经济评价, 国家为露天煤矿项目实际付出的经济代价为: 属于一次性支出的项目所消耗的建设资源社会价值为 271474 万元, 属于每年经常性支出的项目所消耗的生产资源价值为 23831 (或 23857) 万元。而项目投产后, 每年为社会提供原煤的实际社会价值为 60763 (或 65624) 万元, 为国民经济创造的净贡献为 36932 (或 41767) 万元, 投资净效益为 13.6% (或 15.4%), 经济投资回收期为 14.75 (或 13.81) 年。项目的经济内部收益率为 7.56% (或 8.83%), 经济净现值为 -64973 (或 -48027) 万元。

经审计分析, 在总体上该项目有一定的国民经济净效益, 其静态经济效益指标都能达到社会平均盈余水平 12%, 而且有望在计算期 (经济寿命期 25 年内) 回收国家付出的经济代价, 具有一定的投资回收能力; 其动态经济效益指标虽只具有 7% ~ 8% 的社会盈余能力, 低于全国各行业平均社会盈余水平, 但如果考虑到贫困地区收入分配系数, 计算该项目的经济内部收益率就可达到 12.57% (或 13.66%), 均大于社会折现率 12%。如果最低限度原煤影子价格能提高到 163.4 元/吨, 或者国民经济固定资产投资能降到 1170294.42 万元 (或 194242.07 万元), 或者国民经济经营费用能降到 7625.92 万元 (或 11689.93 万元), 那么本项目也能获得国家统一规定的社会折现率 12%。这说明从国民经济整体角度来看, 该项目在经济上是可行的, 但也存在着一定的投资风险。

2. 社会效益评价

(1) 项目就业效益。

该项目能为社会创造 3531 人的新增就业机会, 其中直接就业机会为 2281 人, 间接就业机会为 1250 人。项目总就业效果为 0.005 人/万元 (或 207 万元/人), 直接就业效果为 0.007 人/万元 (或 139 万元/人), 间接就业效果为 0.003 人/万元 (或 331 万元/人)。这说明本项目属于资金密集型和技术密集型项目, 在同行业中固定资产投资多, 技术含量大, 劳动生产效率高 (14.2 吨/工日), 劳动者的素质也较高。

(2) 项目收入分配效益。

该项目国民收入的职工分配指数为 6.4%, 企业分配指数为 28%, 国家分配指数为 65.6%, 地区分配指数为 39.1%, 基本符合国家的分配原则。地区分配效果较好, 说明项目对地区社会经济效益的提高作出了积极贡献,能调动地方的积极性;但是需要进一步提高职工与企业的分配效果,以利于提高职工劳动生产积极性和加强企业自我增值与自我发展的能力。

(3)项目地区发展效益。

该项目建设能增加该地区的发电能力和公共基础设施,促进建筑、建材及原材料等相关产业和乡镇企业的发展,对改善地区经济结构和人民生活,加强内蒙古地区扶贫工作,推进当地与东北地区的社会经济发展有一定的积极影响。

(4)技术进步效益。

该露天矿采用的连续开采工艺系统,自动化程度较高,是我国目前最大和技术最先进的煤矿开采系统之一,该系统的主要采掘设备轮斗挖掘机(3600 立方米/小时),由德国与国内合作生产制造,属于国内首创。制造和使用这套先进工艺系统与设备,不仅可以提高项目的生产效率,而且也可培养一批科学技术力量,对提高我国对大型开采机械制造的生产技术水平和推动机械制造业与煤炭工业部门的技术进步起到带头示范作用。

(5)环境保护效益。

该项目在煤田开采和生产运营过程中以及生活区产生的废气、废水、废渣和噪音,对当地的大气质量、水体系统和生态环境产生一些不良影响。由于本项目在建设与生产运营中采用了比较先进的工艺设备与生产技术,并采取了积极的环境治理和劳动保护安全措施,因此仅花费了较低的环保措施费用 2263.17 万元(占总投资的 0.71%),就达到了符合国家标准的环保目标。因此项目的环境保护效果是好的。

综上所述,项目的国家经济效益和社会效益是好的,项目的产品对当地和东北地区的社会经济发展有积极贡献,而且是国计民生所必需的。因此,项目建设在国民经济上是可行的,在社会上是有效的,应予以大力支持。

3. 对项目投资与生产经营的建议

露天煤矿建设项目的立项旨在开发我国内蒙古东部煤矿资源,以缓和我国东北地区能源的紧张局面,保证东北地区国民经济的健康发展。该项目的设计规模与电厂三期工程 120 万千瓦装机容量的需煤量匹配,项目开工后,由于通货膨胀、工程量增加、汇率变化和建设期利息等一些政策性因素的影响,项目总投资增加到 317144 万元,而项目产品煤的价格却变化不大,现行价格仅为 79 元/吨左右,如不考虑煤电的综合社会效益,仅就项目本身的财务经济效益而言,项目将难以维持。

根据项目的国民经济效益和社会效益的测算分析,该项目对我国的国民经济发展和社会发展都是有贡献的,它对内蒙地区乃至我国东北地区的社会经济发展有着非常积极的意义。如果项目停建,则立即会给国家带来的直接经济损失达 14.2 亿元。为挽救项目的经济损失,弥补企业亏损,提高项目贷款偿还能力,为使项目创造更好的社会经济效益,审计人员提出如下建议:

(1)希望国家有关部门对项目给予必要的政策支持。

① 将基建投资中的"拨款"、"拨改贷"、"经营基金"、"112 专项基金"等的本息作为国家资本金投入。

② 对建设资金中的建设银行贷款和国家开发银行的软、硬贷款的还款期延长 20 年,并

实行税前还贷。

③合理确定项目产品的价格,或对项目产品给予一定的政策性补贴,以使项目投产后可以保本微利。

④由于本项目对该地区有一定的贡献,例如,改善了地方交通,提高了矿区及其邻近地区的土地附加值,增加了社会公共基础设施建设,改善了矿区周围的投资环境等。因此,可通过适当提高地方税赋,减轻本项目税赋或给项目投资一定贴息等优惠政策给以支持。

(2)对项目的投资、经营体制进行改革。

将目前煤电分治,进行股份制改造,实行煤电一体化,走企业集团的新路子,充分发挥煤电的综合社会效益,以保证双方互惠互利,长期稳步发展。组建煤电企业集团后,煤矿、电厂成为企业集团的控股公司,或作为集团的核心企业。煤矿、电厂所属矿、厂等二级单位,有条件的可以注册成为独立的法人企业,作为集团的成员企业。暂时不能注册为独立法人的,作为集团的分公司,自主经营。对其他不同所有制、不同投资渠道的企业,通过兼并、购买产权、联营等方法,使其成为集团成员企业。

(3)加强企业内部管理,改善经营机制。

①加强项目管理的基础工作,建立健全各项规章制度,以保证对项目实施有效管理。

②加强财务管理,切实降低成本费用。

③更新观念,转换机制,走高效、集约的生产道路。内容包括优化基建、生产结构,落实岗位责任制,依靠技术进步,充分调动基建、生产人员的主动性和创造性,提高劳动生产率等。

案例来源:贾震.《中国建设项目审计案例》.清华大学出版社,2000.

附录1

审计机关国家建设项目审计准则

第一条 为了规范审计机关对国家建设项目的审计，保证审计质量，根据《中华人民共和国审计法》和《中华人民共和国国家审计基本准则》，制定本准则。

第二条 本准则所称国家建设项目，是指以国有资产投资或者融资为主（即占控股或者主导地位）的基本建设项目和技术改造项目。

与国家建设项目直接有关的建设、勘察、设计、施工、监理、采购、供货等单位的财务收支，应当接受审计机关的审计监督。

第三条 审计机关在安排国家建设项目审计时，应当确定建设单位（含项目法人，下同）为被审计单位。必要时，可以依照法定审计程序对勘察、设计、施工、监理、采购、供货等单位与国家建设项目有关的财务收支进行审计监督。

第四条 审计机关应当对国家建设项目总预算或者概算的执行情况、年度预算的执行情况和年度决算、项目竣工决算的真实、合法、效益情况，进行审计监督。

第五条 审计机关对国家建设项目的建设程序、资金来源和其他前期工作进行审计时，应当检查建设程序、建设资金筹集、征地拆迁等前期工作的真实性和合法性。

第六条 审计机关对建设资金管理与使用情况进行审计时，应当检查建设资金到位情况和资金管理与使用的真实性和合法性。

第七条 审计机关根据需要对国家建设项目的勘察、设计、施工、监理、采购、供货等方面招标投标和工程承发包情况进行审计时，应当检查招标投标程序及其结果的合法性，以及工程承发包的合法性和有效性。

第八条 审计机关根据需要对与国家建设项目有关的合同进行审计时，应当检查合同的订立、效力、履行、变更和转让、终止的真实性和合法性。

第九条 审计机关对国家建设项目设备、材料的采购、保管、使用进行审计时，应当检查设备、材料核算的真实性、合法性和有效性。

第十条 审计机关对国家建设项目概算执行情况进行审计时，应当检查概算审批、执行、调整的真实性和合法性。

第十一条 审计机关对国家建设项目债权债务进行审计时，应当检查债权债务的真实性和合法性。

第十二条 审计机关对国家建设项目税费进行审计时，应当检查税费计缴的真实性和合法性。

第十三条 审计机关对建设成本进行审计时，应当检查建设成本的真实性和合法性。

第十四条 审计机关对国家建设项目基本建设收入、结余资金进行审计时，应当检查其形成和分配的真实性和合法性。

第十五条 审计机关根据需要对工程结算和工程决算进行审计时，应当检查工程价款结算与实际完成投资的真实性、合法性及工程造价控制的有效性。

第十六条 审计机关对国家建设项目的交付使用资产进行审计时，应当检查交付使用资产的真实性和合法性。

第十七条 审计机关对国家建设项目尾工工程进行审计时，应当检查未完工程投资的真实性和合法性。

第十八条 审计机关对建设单位会计报表进行审计时，应当检查年度会计报表、竣工决算报表的真实性和合法性。

第十九条 审计机关根据需要对国家建设项目的勘察、设计、施工、监理、采购、供货等单位进行审计时，应当检查项目勘察、设计、施工、监理、采购、供货等单位与国家建设项目直接有关的收费和其他财务收支事项的真实性和合法性。

第二十条 审计机关根据需要对国家建设项目工程质量管理进行审计时，应当检查勘察、设计、建设、施工和监理等单位资质的真实性和合法性，以及对工程质量管理的有效性。

第二十一条 审计机关根据需要对国家建设项目环境保护情况进行审计时，应当检查环境保护设施与主体工程建设的同步性以及实施的有效性。

第二十二条 审计机关根据需要对国家建设项目投资效益进行审计时，应当依据有关经济、技术及社会、环境指标，评价国家建设项目投资决策的有效性，分析影响投资效益的因素。

第二十三条 对财政性资金投入较大或者关系国计民生的国家建设项目、审计机关可以对其前期准备、建设实施、竣工投产的全过程进行跟踪审计。

第二十四条 审计机关在组织对国家建设项目审计时，可以根据需要对专项建设资金的征集、管理与使用情况和与国家建设项目有关的重要事项或者倾向性问题进行专项审计或者专项审计调查。

第二十五条 本准则由审计署负责解释。

第二十六条 本准则自发布之日起施行。审计署于 1996 年 12 月 17 日发布的《审计机关对国家建设项目预算（概算）执行情况审计实施办法》（审投发［1996］347 号）和 1996 年 12 月 13 日发布的《审计机关对国家建设项目竣工决算审计实施办法》（审投发［1996］346 号）同时废止。

附录 2

内部审计实务指南 1 号——建设项目内部审计

第一章　总　则

第一条　为了规范建设项目内部审计的内容、程序与方法，根据《内部审计基本准则》及内部审计具体准则制定本指南。

第二条　本指南所称建设项目内部审计，是指组织内部审计机构和人员对建设项目实施全过程的真实、合法、效益性所进行的独立监督和评价活动。

第三条　本指南适用于各类组织的内部审计机构、内部审计人员及其从事的内部审计活动。

第四条　建设项目内部审计的目的是为了促进建设项目实现"质量、速度、效益"三项目标。

（1）质量目标是指工程实体质量和工作质量达到要求；

（2）速度目标是指工程进度和工作效率达到要求；

（3）效益目标是指工程成本及项目效益达到要求。

第五条　建设项目内部审计是财务审计与管理审计的融合，应将风险管理、内部控制、效益的审计和评价贯穿于建设项目各个环节，并与项目法人制、招标投标制、合同制、监理制执行情况的检查相结合。

建设项目内部审计的内容包括对建设项目投资立项、设计（勘察）管理、招标投标、合同管理、设备和材料采购、工程管理、工程造价、竣工验收、财务管理、后评价等过程的审计和评价。

第六条　在开展建设项目内部审计时，应考虑成本效益原则，结合本组织内部审计资源和实际情况，既可以进行项目全过程的审计，也可以进行项目部分环节的专项审计。

第七条　建设项目内部审计在工作中应遵循以下原则及方法：

（1）技术经济审计、项目过程管理审计与财务审计相结合；

（2）事前审计、事中审计和事后审计相结合；

（3）注意与项目各专业管理部门密切协调、合作参与；

（4）根据不同的审计对象、审计所需的证据和项目审计各环节的审计目标选择不同的方法，以保证审计工作质量和审计资源的有效配置。

第二章　投资立项审计

第八条　投资立项审计是指对已立项建设项目的决策程序和可行性研究报告的真实性、完整性和科学性进行的审计与评价。

第九条　在投资立项审计中，应主要依据行业主管部门发布的《投资项目可行性研究指南》及组织决策过程的有关资料。

第十条 投资立项审计主要包括以下内容：

（1）可行性研究前期工作审计。即检查项目是否具备经批准的项目建议书，项目调查报告是否经过充分论证。

（2）可行性研究报告真实性审计。即检查市场调查及市场预测中数据获取方式的适当性及合理性；检查财务估算中成本项目是否完整，对历史价格、实际价格、内部价格及成本水平的真实性进行测试。

（3）可行性研究报告内容完整性审计。该项审计包括以下主要内容：

① 检查可行性研究报告是否具备行业主管部门发布的《投资项目可行性研究指南》规定的内容；

② 检查可行性研究报告的内容主要包括：报告中是否说明建设项目的目的；是否说明建设项目在工艺技术可行性、经济合理性及决定项目规模、原材料供应、市场销售条件、技术装备水平、成本收益等方面的经济目标；是否说明建设地点及当地的自然条件和社会条件、环保约束条件，并进行选址比较；是否说明投资项目何时开始投资、何时建成投产、何时收回投资；是否说明项目建设的资金筹措方式等。

（4）可行性研究报告科学性审计。该项审计包括以下主要内容：

检查参与可行性研究机构资质及论证的专家的专业结构和资格；检查投资方案、投资规模、生产规模、布局选址、技术、设备、环保等方面的资料来源；检查原材料、燃料、动力供应和交通及公用配套设施是否满足项目要求；检查是否在多方案比较选择的基础上进行决策；检查拟建项目与类似已建成项目的有关技术经济指标和投资预算的对比情况；检查工程设计是否符合国家环境保护的法律法规的有关政策，需要配套的环境治理项目是否编制并与建设项目同步进行等。

（5）可行性研究报告投资估算和资金筹措审计。即检查投资估算和资金筹措的安排是否合理；检查投资估算是否准确，并按现值法或终值法对估算进行测试。

（6）可行性研究报告财务评价审计。即检查项目投资、投产后的成本和利润、借款的偿还能力、投资回收期等的计算方法是否科学适当；检查计算结果是否正确，所用指标是否合理。

（7）决策程序的审计。该项审计包括以下主要内容：

检查决策程序的民主化、科学化，评价决策方案是否经过分析、选择、实施、控制等过程；检查决策是否符合国家宏观政策及组织的发展战略、是否以提高组织核心竞争能力为宗旨；检查对推荐方案是否进行了总体描述和优缺点描述；检查有无主要争论与分歧意见的说明；重点检查内容有无违反决策程序及决策失误的情况等。

第十一条 投资立项审计的主要方法包括审阅法、对比分析法等。

对比分析法是通过相关资料和技术经济指标的对比（拟建项目与国内同类项目对比）来确定差异，发现问题的方法。

第三章 设计（勘察）管理审计

第十二条 设计（勘察）管理审计是指对项目建设过程中勘察、设计环节各项管理工作质量及效益进行的审计和评价。

设计（勘察）管理审计的目标主要是：审计和评价设计（勘察）环节的内部控制及风险管理的适当性、合法性和有效性；勘察、设计资料依据的充分性和可靠性；委托设计（勘察）、初步设计、施工图设计等各项管理活动的真实性、合法性和效益性。

第十三条　设计（勘察）管理审计应依据以下主要资料：

（1）委托设计（勘察）管理制度；

（2）经批准的可行性研究报告及估算；

（3）设计所需的气象资料、水文资料、地质资料、技术方案、建设条件批准文件、设计界面划分文件、能源介质管网资料、环保资料概（预）算编制原则、计价依据等基础资料；

（4）勘察和设计招标资料；

（5）勘察和设计合同；

（6）初步设计审计及批准制度；

（7）初步设计审计会议纪要等相关文件；

（8）组织管理部门与勘察、设计商往来函件；

（9）经批准的初步设计文件及概算；

（10）修正概算审批制度；

（11）施工图设计管理制度；

（12）施工图交底和会审会议纪要；

（13）经会审的施工图设计文件及施工图预算；

（14）设计变更管理制度及变更文件；

（15）设计资料管理制度等。

第十四条　设计（勘察）管理审计主要包括以下内容：

1. 委托设计（勘察）管理的审计

（1）检查是否建立健全委托设计（勘察）的内部控制，看其执行是否有效；

（2）检查委托设计（勘察）的范围是否符合已报经批准的可行性研究报告；

（3）检查是否采用招投标方式来选择设计（勘察）商及其有关单位的资质是否合法合规；招投标程序是否合法、公开，其结果是否真实、公正，有无因选择设计（勘察）商失误而导致的委托风险；

（4）检查组织管理部门是否及时组织技术交流，其所提供的基础资料是否准确、及时；

（5）检查设计（勘察）合同的内容是否合法、合规，其中是否明确规定双方权利和义务以及针对设计商的激励条款；

（6）检查设计（勘察）合同的履行情况，索赔和反索赔是否符合合同的有关规定。

2. 初步设计管理的审计

（1）检查是否建立健全初步设计审计和批准的内部控制，看其执行是否有效；

（2）检查是否及时对国内外初步设计进行协调；

（3）检查初步设计完成的时间及其对建设进度的影响；

（4）检查是否及时对初步设计进行审计，并进行多种方案的比较和选择；

（5）检查报经批准的初步设计方案和概算是否符合经批准的可行性研究报告及估算；

（6）检查初步设计方案及概算的修改情况；

（7）检查初步设计深度是否符合规定，有无因设计深度不足而造成投资失控的风险；

（8）检查概算及修正概算的编制依据是否有效、内容是否完整、数据是否准确；

（9）检查修正概算审批制度的执行是否有效；

（10）检查是否采取限额设计、方案优化等控制工程造价的措施，限额设计是否与类似工程进行比较和优化论证，是否采用价值工程等分析方法；

（11）检查初步设计文件是否规范、完整。

3. 施工图设计管理的审计

（1）检查是否建立健全施工图设计的内部控制，看其执行是否有效；

（2）检查施工图设计完成的时间及其对建设进度的影响，有无因设计图纸拖延交付而导致的进度风险；

（3）检查施工图设计深度是否符合规定，有无因设计深度不足而造成投资失控的风险；

（4）检查施工图交底、施工图会审的情况以及施工图会审后的修改情况；

（5）检查施工图设计的内容及施工图预算是否符合经批准的初步设计方案、概算及标准；

（6）检查施工图预算的编制依据是否有效、内容是否完整、数据是否准确；

（7）检查施工图设计文件是否规范、完整；

（8）检查设计商提供的现场服务是否全面、及时，是否存在影响工程进度和质量的风险。

4. 设计变更管理的审计

（1）检查是否建立健全设计变更的内部控制，有无针对因过失而造成设计变更的责任追究制度以及该制度的执行是否有效；

（2）检查是否采取提高工作效率、加强设计接口部位的管理与协调措施；

（3）检查是否及时签发与审批设计变更通知单，是否存在影响建设进度的风险；

（4）检查设计变更的内容是否符合经批准的初步设计方案；

（5）检查设计变更对工程造价和建设进度的影响，是否存在工程量只增不减从而提高工程造价的风险；

（6）检查设计变更的文件是否规范、完整。

5. 设计资料管理的审计

（1）检查是否建立健全设计资料的内部控制，看其执行是否有效；

（2）检查施工图、竣工图和其他设计资料的归档是否规范、完整。

第十五条 设计管理审计主要采用分析性复核法、复算法、文字描述法、现场核查法等方法。

第四章 招投标审计

第十六条 招投标审计是指对建设项目的勘察设计、施工等方面的招标和工程承发包的质量及效益进行的审计和评价。

招投标审计的目标主要包括：审计和评价招投标环节的内部控制及风险管理的适当性、合法性和有效性；招投标资料依据的充分性和可靠性；招投标程序及其结果的真实性、合法性和公正性，以及工程发包的合法性和有效性等。

第十七条　招投标审计应依据以下主要资料：

（1）招标管理制度；

（2）招标文件；

（3）招标答疑文件；

（4）标底文件；

（5）投标保函；

（6）投标人资质证明文件；

（7）投标文件；

（8）投标澄清文件；

（9）开标记录；

（10）开标鉴证文件；

（11）评标记录；

（12）定标记录；

（13）中标通知书；

（14）专项合同等。

第十八条　招投标审计主要包括以下内容：

1. 招投标前准备工作的审计

（1）检查是否建立健全招投标的内部控制，看其执行是否有效；

（2）检查招标项目是否具备相关法规和制度中规定的必要条件；

（3）检查是否存在人为肢解工程项目、规避招投标等违规操作风险；

（4）检查招投标的程序和方式是否符合有关法规和制度的规定，采用邀请招投标方式时，是否有三个以上投标人参加投标；

（5）检查标段的划分是否适当，是否符合专业要求和施工界面衔接需要，是否存在标段划分过细，增加工程成本和管理成本的问题；

（6）检查是否公开发布招标公告、招标公告中的信息是否全面、准确；

（7）检查是否存在因有意违反招投标程序的时间规定而导致的串标风险。

2. 招投标文件及标底文件的审计

（1）检查招标文件的内容是否合法、合规，是否全面、准确地表述招标项目的实际状况；

（2）检查招标文件是否全面、准确地表述招标人的实质性要求；

（3）检查采取工程量清单报价方式招标时，其标底是否按《建设工程工程量清单计价规范》的规定填制；

（4）检查施工现场的实际状况是否符合招标文件的规定；

（5）检查投标保函的额度和送达时间是否符合招标文件的规定；

（6）检查投标文件的送达时间是否符合招标文件的规定、法人代表签章是否齐全，有无存在将废标作为有效标的问题。

3. 开标、评标、定标的审计

（1）检查是否建立健全违规行为处罚制度，是否按制度对违规行为进行处罚；

（2）检查开标的程序是否符合相关法规的规定；

（3）检查评标标准是否公正，是否存在对某一投标人有利而对其他投标人不利的条款；

（4）检查是否对投标策略进行评估，是否考虑投标人在类似项目及其他项目上的投标报价水平；

（5）检查各投标人的投标文件，对低于标底的报价的合理性进行评价；

（6）检查中标人承诺采用的新材料、新技术、新工艺是否先进，是否有利于保证质量、加快速度和降低投资水平；

（7）检查对于投标价低于标底的标书是否进行答辩和澄清，以及答辩和澄清的内容是否真实、合理；

（8）检查定标的程序及结果是否符合规定；

（9）检查中标价是否异常接近标底，是否有可能发生泄露标底的情况；

（10）检查与中标人签订的合同是否有悖于招标文件的实质性内容。

第十九条 招投标审计主要采用观察法、询问法、分析性复核法、文字描述法、现场核查法等方法。

第五章　合同管理审计

第二十条 合同管理审计是指对项目建设过程中各专项合同内容及各项管理工作质量及效益进行的审计和评价。

合同管理审计的目标主要包括：审计和评价合同管理环节的内部控制及风险管理的适当性、合法性和有效性；合同管理资料依据的充分性和可靠性；合同的签订、履行、变更、终止的真实性、合法性以及合同对整个项目投资的效益性。

第二十一条 合同管理审计应依据以下主要资料：

（1）合同当事人的法人资质资料；

（2）合同管理的内部控制；

（3）专项合同书；

（4）专项合同的各项支撑材料等。

第二十二条 合同管理审计主要包括以下内容：

1. 合同管理制度的审计

（1）检查组织是否设置专门的合同管理机构以及专职或兼职合同管理人员是否具备合同管理资格；

（2）检查组织是否建立了适当的合同管理制度；

（3）检查合同管理机构是否建立健全防范重大设计变更、不可抗力、政策变动等的风险管理体系。

2. 专项合同通用内容的审计

（1）检查合同当事人的法人资质、合同内容是否符合相关法律和法规的要求；

（2）检查合同双方是否具有资金、技术及管理等方面履行合同的能力；

（3）检查合同的内容是否与招标文件的要求相符合；

（4）检查合同条款是否全面、合理，有无遗漏关键性内容，有无不合理的限制性条件，法律手续是否完备；

（5）检查合同是否明确规定甲乙双方的权利和义务；

（6）检查合同是否存在损害国家、集体或第三者利益等导致合同无效的风险；

（7）检查合同是否有过错方承担缔约过失责任的规定；

（8）检查合同是否有按优先解释顺序执行合同的规定。

3. 各类专项合同的审计

（1）勘察设计合同的审计。

勘察设计合同审计应检查合同是否明确规定建设项目的名称、规模、投资额、建设地点，具体包括以下内容：

① 检查合同是否明确规定勘察设计的基础资料、设计文件及其提供期限；

② 检查合同是否明确规定勘察设计的工作范围、进度、质量和勘察设计文件份数；

③ 检查勘察设计费的计费依据、收费标准及支付方式是否符合有关规定；

④ 检查合同是否明确规定双方的权利和义务；

⑤ 检查合同是否明确规定协作条款和违约责任条款。

（2）施工合同的审计。

① 检查合同是否明确规定工程范围，工程范围是否包括工程地址、建筑物数量、结构、建筑面积、工程批准文号等；

② 检查合同是否明确规定工期，以及总工期及各单项工程的工期能否保证项目工期目标的实现；

③ 检查合同的工程质量标准是否符合有关规定；

④ 检查合同工程造价计算原则、计费标准及其确定办法是否合理；

⑤ 检查合同是否明确规定设备和材料供应的责任及其质量标准、检验方法；

⑥ 检查所规定的付款和结算方式是否合适；

⑦ 检查隐蔽工程的工程量的确认程序及有关内部控制是否健全，有无防范价格风险的措施；

⑧ 检查中间验收的内部控制是否健全，交工验收是否以有关规定、施工图纸、施工说明和施工技术文件为依据；

⑨ 检查质量保证期是否符合有关建设工程质量管理的规定，是否有履约保函；

⑩ 检查合同所规定的双方权利和义务是否对等，有无明确的协作条款和违约责任；

⑪ 检查采用工程量清单计价的合同，是否符合《建设工程工程量清单计价规范》的有关规定。

（3）委托监理合同的审计。

① 检查监理公司的监理资质与建设项目的建设规模是否相符；

② 检查合同是否明确所监理的建设项目的名称、规模、投资额、建设地点；

③ 检查监理的业务范围和责任是否明确；

④ 检查所提供的工程资料及时间要求是否明确；

⑤ 检查监理报酬的计算方法和支付方式是否符合有关规定；

⑥ 检查合同有无规定对违约责任的追究条款。

（4）合同变更的审计。

① 检查合同变更的原因，以及是否存在合同变更的相关内部控制；

② 检查合同变更程序执行的有效性及索赔处理的真实性、合理性；

③ 检查合同变更的原因以及变更对成本、工期及其他合同条款的影响的处理是否合理；

④ 检查合同变更后的文件处理工作，有无影响合同继续生效的漏洞。

（5）合同履行的审计。

① 检查是否全面、真实地履行合同；

② 检查合同履行中的差异及产生差异的原因；

③ 检查有无违约行为及其处理结果是否符合有关规定。

（6）终止合同的审计。

① 检查终止合同的报收和验收情况；

② 检查最终合同费用及其支付情况；

③ 检查索赔与反索赔的合规性和合理性；

④ 严格检查合同资料的归档和保管，包括在合同签订、履行分析、跟踪监督以及合同变更、索赔等一系列资料的收集和保管是否完整。

第二十三条 合同管理审计主要采用审阅法、核对法、重点追踪审计法等方法。

第六章　设备和材料采购审计

第二十四条 设备和材料采购审计是指对项目建设过程中设备和材料采购环节各项管理工作质量及效益进行的审计和评价。

设备和材料采购审计的目标主要包括：审计和评价采购环节的内部控制及风险管理的适当性、合法性和有效性；采购资料依据的充分性与可靠性；采购环节各项经营管理活动的真实性、合法性和有效性等。

第二十五条 设备和材料采购审计应依据以下主要资料：

（1）采购计划；

（2）采购计划批准书；

（3）采购招投标文件；

（4）中标通知书；

（5）专项合同书；

（6）采购、收发和保管等的内部控制制度；

（7）相关会计凭证和会计账簿等。

第二十六条 设备和材料采购审计主要包括以下内容：

1. 设备和材料采购环节的审计

（1）设备和材料采购计划的审计。

① 检查建设单位采购计划所订购的各种设备、材料是否符合已报经批准的设计文件和基本建设计划；

② 检查所拟定的采购地点是否合理；

③ 检查采购程序是否规范；

④ 检查采购的批准权与采购权等不相容职务分离及相关内部控制是否健全、有效。

（2）设备和材料采购合同的审计。

① 检查采购是否按照公平竞争、择优择廉的原则来确定供应方；

② 检查设备和材料的规格、品种、质量、数量、单价、包装方式、结算方式、运输方式、交货地点、期限、总价和违约责任等条款规定是否齐全；

③ 检查对新型设备、新材料的采购是否进行实地考察、资质审计、价格合理性分析及专利权真实性审计；

④ 检查采购合同与财务结算、计划、设计、施工、工程造价等各个环节衔接部位的管理情况，是否存在因脱节而造成的资产流失问题。

（3）设备和材料验收、入库、保管及维护制度的审计。

① 检查购进设备和材料是否按合同签订的质量进行验收，是否有健全的验收、入库和保管制度，检查验收记录的真实性、完整性和有效性；

② 检查验收合格的设备和材料是否全部入库，有无少收、漏收、错收以及涂改凭证等问题；

③ 检查设备和材料的存放、保管工作是否规范，安全保卫工作是否得力，保管措施是否有效。

（4）各项采购费用及会计核算的审计。

① 检查货款的支付是否按照合同的有关条款执行；

② 检查代理采购中代理费用的计算和提取方法是否合理；

③ 检查有无任意提高采购费用和开支标准的问题；

④ 检查会计核算资料是否真实可靠；

⑤ 检查会计科目设置是否合规及其是否满足管理需要；

⑥ 检查采购成本计算是否准确、合理。

2. 设备和材料领用的审计

（1）检查设备和材料领用的内部控制是否健全，领用手续是否完备；

（2）检查设备和材料的质量、数量、规格型号是否正确，有无擅自挪用、以次充好等问题。

3. 其他相关业务的审计

（1）设备和材料出售的审计。即检查建设项目剩余或不适用的设备和材料以及废料的销售情况。

（2）盘盈盘亏的审计。即检查盘点制度及其执行情况、盈亏状况以及对盘点结果的处理措施。

第二十七条 设备、材料采购审计主要采用审阅法、网上比价审计法、跟踪审计法、分析性复核法、现场观察法、实地清查法等方法。

第七章 工程管理审计

第二十八条 工程管理审计是指对建设项目实施过程中的工作进度、施工质量、工程监理和投资控制所进行的审计和评价。

工程管理审计的目标主要包括：审计和评价建设项目工程管理环节内部控制及风险管理的适当性、合法性和有效性；工程管理资料依据的充分性和可靠性；建设项目工程进度、质量和投资控制的真实性、合法性和有效性等。

第二十九条 工程管理审计应依据以下主要资料：

（1）施工图纸；

（2）与工程相关的专项合同；

（3）网络图；

（4）业主指令；

（5）设计变更通知单；

（6）相关会议纪要等。

第三十条 工程管理审计主要包括以下内容：

1. 工程进度控制的审计

（1）检查施工许可证、建设及临时占用许可证的办理是否及时，是否影响工程按时开工；

（2）检查现场的原建筑物拆除、场地平整、文物保护、相邻建筑物保护、降水措施及道路疏通是否影响工程的正常开工；

（3）检查是否有对设计变更、材料和设备等因素影响施工进度采取控制措施；

（4）检查进度计划（网络计划）的制定、批准和执行情况，网络动态管理的批准是否及时、适当，网络计划是否能保证工程总进度；

（5）检查是否建立了进度拖延的原因分析和处理程序，对进度拖延的责任划分是否明确、合理（是否符合合同约定），处理措施是否适当；

（6）检查有无因不当管理造成的返工、窝工情况；

（7）检查对索赔的确认是否依据网络图排除了对非关键线路延迟时间的索赔。

2. 工程质量控制的审计

（1）检查有无工程质量保证体系；

（2）检查是否组织设计交底和图纸会审工作，对会审所提出的问题是否严格进行落实；

（3）检查是否按规范组织了隐蔽工程的验收，对不合格项的处理是否适当；

（4）检查是否对进入现场的成品、半成品进行验收，对不合格品的控制是否有效，对不合格工程和工程质量事故的原因是否进行分析，其责任划分是否明确、适当，是否进行返工或加固修补；

（5）检查工程资料是否与工程同步，资料的管理是否规范；

（6）检查评定的优良品、合格品是否符合施工验收规范，有无不实情况；

（7）检查中标人的往来账目或通过核实现场施工人员的身份，分析、判断中标人是否存在转包、分包及再分包的行为；

（8）检查工程监理执行情况是否受项目法人委托对施工承包合同的执行、工程质量、进度费用等方面进行监督与管理，是否按照有关法律、法规、规章、技术规范设计文件的要求进行工程监理。

3. 工程投资控制的审计

（1）检查是否建立健全设计变更管理程序、工程计量程序、资金计划及支付程序、索赔管理程序和合同管理程序，看其执行是否有效；

（2）检查支付预付备料款、进度款是否符合施工合同的规定，金额是否准确，手续是否齐全；

（3）检查设计变更对投资的影响；

（4）检查是否建立现场签证和隐蔽工程管理制度，看其执行是否有效。

第三十一条　合同管理审计主要采用关键线路跟踪审计法、技术经济分析法、质量鉴定法、现场核定法等方法。

第八章　工程造价审计

第三十二条　工程造价审计是指对建设项目全部成本的真实性、合法性进行的审计和评价。

工程造价审计的目标主要包括：检查工程价格结算与实际完成的投资额的真实性、合法性；检查是否存在虚列工程、套取资金、弄虚作假、高估冒算的行为等。

第三十三条　工程造价审计应依据以下主要资料：

（1）经工程造价管理部门（或咨询部门）审核过的概算（含修正概算）和预算；

（2）有关设计图纸和设备清单；

（3）工程招投标文件；

（4）合同文本；

（5）工程价款支付文件；

（6）工作变更文件；

（7）工程索赔文件等。

第三十四条　工程造价审计主要包括以下内容：

1. 设计概算的审计

（1）检查工程造价管理部门向设计单位提供的计价依据的合规性；

（2）检查建设项目管理部门组织的初步设计及概算审计情况，包括概算文件、概算的项目与初步设计方案的一致性、项目总概算与单项工程综合概算的费用构成的正确性；

（3）检查概算编制依据的合法性；

（4）检查概算具体内容。包括设计单位向工程造价管理部门提供的总概算表、综合概算表、单位工程概算表和有关初步设计图纸的完整性；组织概算会审的情况，重点检查总概算中各项综合指标和单项指标与同类工程技术经济指标对比是否合理。

2. 施工图预算的审计

施工图预算审计主要检查施工图预算的量、价、费计算是否正确，计算依据是否合理。施工图预算审计包括直接费用审计、间接费用审计、计划利润和税金审计等内容。

（1）直接费用审计包括工程量计算、单价套用的正确性等方面的审计和评价。

① 工程量计算审计。采用工程量清单报价的，要检查其符合性。在设计变更，发生新增工程量时，应检查工程造价管理部门与工程管理部门的确认情况。

② 单价套用审计。检查是否套用规定的预算定额、有无高套和重套现象；检查定额换算的合法性和准确性；检查新技术、新材料、新工艺出现后的材料和设备价格的调整情况，检查市场价的采用情况。

（2）其他直接费用审计包括检查预算定额、取费基数、费率计取是否正确。

（3）间接费用审计包括检查各项取费基数、取费标准的计取套用的正确性。

（4）计划利润和税金计取的合理性的审计。

3. 合同价的审计

即检查合同价的合法性与合理性，包括固定总价合同的审计、可调合同价的审计、成本加酬金合同的审计。检查合同价的开口范围是否合适，若实际发生开口部分，应检查其真实性和计取的正确性。

4. 工程量清单计价的审计

（1）检查实行清单计价工程的合规性；

（2）检查招标过程中，对招标人或其委托的中介机构编制的工程实体消耗和措施消耗的工程量清单的准确性、完整性；

（3）检查工程量清单计价是否符合国家清单计价规范要求的"四统一"，即统一项目编码、统一项目名称、统一计量单位和统一工程量计算规则；

（4）检查由投标人编制的工程量清单报价目文件是否响应招标文件；

（5）检查标底的编制是否符合国家清单计价规范。

5. 工程结算的审计

（1）检查与合同价不同的部分，其工程量、单价、取费标准是否与现场、施工图和合同相符；

（2）检查工程量清单项目中的清单费用与清单外费用是否合理；

（3）检查前期、中期、后期结算的方式是否能合理地控制工程造价。

第三十五条 工程造价审计主要采用重点审计法、现场检查法、对比审计法等方法。

重点审计法即选择建设项目中工程量大、单价高，对造价有较大影响的单位工程、分部工程进行重点审计的方法。该方法主要用于审计材料用量、单价是否正确，工资单价、机械台班是否合理。

现场检查法是指对施工现场直接考察的方法，以观察现场工作人员及管理活动，检查工程量、工程进度、所用材料质量是否与设计相符。

第九章　竣工验收审计

第三十六条 竣工验收审计是指对已完工建设项目的验收情况、试运行情况及合同履行情况进行的检查和评价活动。

第三十七条　竣工验收审计应依据以下主要资料：

（1）经批准的可行性研究报告；

（2）竣工图；

（3）施工图设计及变更洽谈记录；

（4）国家颁发的各种标准和现行的施工验收规范；

（5）有关管理部门审批、修改、调整的文件；

（6）施工合同；

（7）技术资料和技术设备说明书；

（8）竣工决算财务资料；

（9）现场签证；

（10）隐蔽工程记录；

（11）设计变更通知单；

（12）会议纪要；

（13）工程档案结算资料清单等。

第三十八条　竣工验收审计主要包括以下内容：

1. 验收审计

（1）检查竣工验收小组的人员组成、专业结构和分工；

（2）检查建设项目验收过程是否符合现行规范，包括环境验收规范、防火验收规范等；

（3）对于委托工程监理的建设项目，应检查监理机构对工程质量进行监理的有关资料；

（4）检查承包商是否按照规定提供齐全有效的施工技术资料；

（5）检查对隐蔽工程和特殊环节的验收是否按规定作了严格的检验；

（6）检查建设项目验收的手续和资料是否齐全有效；

（7）检查保修费用是否按合同和有关规定合理确定和控制；

（8）检查验收过程有无弄虚作假行为。

2. 试运行情况的审计

（1）检查建设项目完工后所进行的试运行情况，对运行中暴露出的问题是否采取了补救措施；

（2）检查试生产产品收入是否冲减了建设成本。

3. 合同履行结果的审计

即检查业主、承包商因对方未履行合同条款或建设期间发生意外而产生的索赔与反索赔问题，核查其是否合法、合理，是否存在串通作弊现象，赔偿的法律依据是否充分。

第三十九条　竣工验收审计主要采用现场检查法、设计图与竣工图循环审计法等方法。

设计图与竣工图循环审计法是指通过分析设计图与竣工图之间的差异来分析评价相关变更、签证等的真实性与合理性的方法。

第十章 财务管理审计

第四十条 财务管理审计是指对建设项目资金筹措、资金使用及其账务处理的真实性、合规性进行的监督和评价。

第四十一条 财务管理审计应依据以下主要资料：

（1）筹资论证材料及审批文件；

（2）财务预算；

（3）相关会计凭证、账簿、报表；

（4）设计概算；

（5）竣工决算资料；

（6）资产交付资料等。

第四十二条 财务管理审计主要包括以下内容：

1. 建设资金筹措的审计

（1）检查筹资备选方案论证的充分性，决策方案选择的可靠性、合理性及审批程序的合法性、合规性；

（2）检查筹资方式的合法性、合理性、效益性；

（3）检查筹资数额的合理性，分析所筹资金的偿还能力；

（4）评价筹资环节的内部控制。

2. 资金支付及账务处理的审计

（1）检查、评价建设项目会计核算制度的健全性、有效性及其执行情况；

（2）检查建设项目税收优惠政策是否充分运用；

（3）检查"工程物资"科目，主要包括以下内容：

① 检查"专用材料"、"专用设备"明细科目中的材料和设备是否与设计文件相符，有无盲目采购的情况；

② 检查"预付大型设备款"明细科目所预付的款项是否按照合同支付，有无违规多付的情况；

③ 检查据以付款的原始凭证是否按规定进行了审批，是否合法、齐全；

④ 检查支付物资结算款时是否按合同规定扣除了质量保证期间的保证金；

⑤ 检查工程完工后对剩余工程物资的盘盈、盘亏、报废、毁损等是否做出了正确的账务处理。

（4）检查"在建工程"科目，主要包括以下内容：

① 检查"在建工程——建筑安装工程"科目累计发生额的真实性。主要包括以下内容：是否存在设计概算外其他工程项目的支出；是否将生产领用的备件、材料列入建设成本；据以付款的原始凭证是否按规定进行了审批，是否合法、齐全；是否按合同规定支付预付工程款、备料款、进度款；支付工程结算款时，是否按合同规定扣除了预付工程款、备料款和质量保证期间的保证金。

② 检查"在建工程——安装设备"科目累计发生额的真实性。主要包括以下内容：是否将设计概算外的其他工程或生产领用的仪器、仪表等列入本科目；是否在本科目中列

入了不需要安装的设备、为生产准备的工具器具、购入的无形资产及其他不属于本科目工程支出的费用。

③ 检查"在建工程——其他支出"科目累计发生额的真实性、合法性、合理性。主要包括以下内容：工程管理费、征地费、可行性研究费、临时设施费、公证费、监理费等各项费用支出是否存在扩大开支范围、提高开支标准以及将建设资金用于集资或提供赞助而列入其他支出的问题；是否存在以试生产为由，有意拖延不办固定资产交付手续，从而增大负荷联合试车费用的问题；是否存在截留负荷联合试车期间发生的收入，不将其冲减试车费用的问题；试生产产品出售价格是否合理；是否存在将应由生产承担的递延费用列入本科目的问题；投资借款利息资本化计算的正确性，有无将应由生产承担的财务费用列入本科目的问题；本科目累计发生额摊销标准与摊销比例是否适当、正确；是否设置了"在建工程其他支出备查簿"，登记按照建设项目概算内容购置的不需要安装设备、现成房屋、无形资产以及发生的递延费用等，登记内容是否完整、准确，有无弄虚作假、随意扩大开支范围及舞弊迹象。

3. 竣工决算的审计

（1）检查所编制的竣工决算是否符合建设项目实施程序，有无将未经审批立项、可行性研究、初步设计等环节而自行建设的项目编制竣工工程决算的问题；

（2）检查竣工决算编制方法的可靠性。有无造成交付使用的固定资产价值不实的问题；

（3）检查有无将不具备竣工决算编制条件的建设项目提前或强行编制竣工决算的情况；

（4）检查"竣工工程概况表"中的各项投资支出，并分别与设计概算数相比较，分析节约或超支情况；

（5）检查"交付使用资产明细表"，将各项资产的实际支出与设计概算数进行比较，以确定各项资产的节约或超支数额；

（6）分析投资支出偏离设计概算的主要原因；

（7）检查建设项目结余资金及剩余设备材料等物资的真实性和处置情况，包括：检查建设项目"工程物资盘存表"，核实库存设备、专用材料账实是否相符；检查建设项目现金结余的真实性；检查应收、应付款项的真实性，关注是否按合同规定预留了承包商在工程质量保证期间的保证金。

第四十三条　财务管理审计主要采用调查法、分析性复核法、抽查法等方法。

第十一章　后评价审计

第四十四条　后评价审计是指对建设项目交付使用经过试运行后有关经济指标和技术指标是否达到预期目标的审计和评价。

后评价审计的目标是：对后评价工作的全面性、可靠性和有效性进行审计。

第四十五条　后评价审计应依据以下主要资料：

（1）后评价人员的简历、学历、专业、职务、技术职称等基本情况表；

（2）建设项目概算、竣工资料；

（3）后评价所采用的经济技术指标；

（4）相关的统计、会计报表；

（5）后评价所采用的方法；

（6）后评价结论性资料。

第四十六条 后评价审计主要包括以下内容：

（1）检查后评价组成人员的专业结构、技术素质和业务水平的合理性；

（2）检查所评估的经济技术指标的全面性和适当性；

（3）检查产品主要指标完成情况的真实性、效益性；

（4）检查建设项目法人履行经济责任后评价的真实性；

（5）检查所使用后评价方法的适当性和先进性；

（6）检查后评价结果的全面性、可靠性和有效性。

第四十七条 后评价审计主要采用文字描述法、对比分析法、现场核查法等方法。

第十二章 附 则

第四十八条 本指南由中国内部审计协会发布并负责解释。

第四十九条 本指南自 2005 年 1 月 1 日起施行。

附录 3

国务院关于投资体制改革的决定

国发〔2004〕20 号

各省、自治区、直辖市人民政府，国务院各部委、各直属机构：

改革开放以来，国家对原有的投资体制进行了一系列改革，打破了传统计划经济体制下高度集中的投资管理模式，初步形成了投资主体多元化、资金来源多渠道、投资方式多样化、项目建设市场化的新格局。但是，现行的投资体制还存在不少问题，特别是企业的投资决策权没有完全落实，市场配置资源的基础性作用尚未得到充分发挥，政府投资决策的科学化、民主化水平需要进一步提高，投资宏观调控和监管的有效性需要增强。为此，国务院决定进一步深化投资体制改革。

1. 深化投资体制改革的指导思想和目标

（1）深化投资体制改革的指导思想是：按照完善社会主义市场经济体制的要求，在国家宏观调控下充分发挥市场配置资源的基础性作用，确立企业在投资活动中的主体地位，规范政府投资行为，保护投资者的合法权益，营造有利于各类投资主体公平、有序竞争的市场环境，促进生产要素的合理流动和有效配置，优化投资结构，提高投资效益，推动经济协调发展和社会全面进步。

（2）深化投资体制改革的目标是：改革政府对企业投资的管理制度，按照"谁投资、谁决策、谁收益、谁承担风险"的原则，落实企业投资自主权；合理界定政府投资职能，提高投资决策的科学化、民主化水平，建立投资决策责任追究制度；进一步拓宽项目融资渠道，发展多种融资方式；培育规范的投资中介服务组织，加强行业自律，促进公平竞争；健全投资宏观调控体系，改进调控方式，完善调控手段；加快投资领域的立法进程；加强投资监管，维护规范的投资和建设市场秩序。通过深化改革和扩大开放，最终建立起市场引导投资、企业自主决策、银行独立审贷、融资方式多样、中介服务规范、宏观调控有效的新型投资体制。

2. 转变政府管理职能，确立企业的投资主体地位

（1）改革项目审批制度，落实企业投资自主权。彻底改革现行不分投资主体、不分资金来源、不分项目性质，一律按投资规模大小分别由各级政府及有关部门审批的企业投资管理办法。对于企业不使用政府投资建设的项目，一律不再实行审批制，区别不同情况实行核准制和备案制。其中，政府仅对重大项目和限制类项目从维护社会公共利益角度进行核准，其他项目无论规模大小，均改为备案制，项目的市场前景、经济效益、资金来源和产品技术方案等均由企业自主决策、自担风险，并依法办理环境保护、土地使用、资源利用、安全生产、城市规划等许可手续和减免税确认手续。对于企业使用政府补助、转贷、贴息投资建设的项目，政府只审批资金申请报告。各地区、各部门要相应改进管理办法，规范管理行为，不得以任何名义截留下放给企业的投资决策权利。

（2）规范政府核准制。要严格限定实行政府核准制的范围，并根据变化的情况适时

调整。《政府核准的投资项目目录》（以下简称《目录》）由国务院投资主管部门会同有关部门研究提出，报国务院批准后实施。未经国务院批准，各地区、各部门不得擅自增减《目录》规定的范围。

企业投资建设实行核准制的项目，仅需向政府提交项目申请报告，不再经过批准项目建议书、可行性研究报告和开工报告的程序。政府对企业提交的项目申请报告，主要从维护经济安全、合理开发利用资源、保护生态环境、优化重大布局、保障公共利益、防止出现垄断等方面进行核准。对于外商投资项目，政府还要从市场准入、资本项目管理等方面进行核准。政府有关部门要制定严格规范的核准制度，明确核准的范围、内容、申报程序和办理时限，并向社会公布，提高办事效率，增强透明度。

（3）健全备案制。对于《目录》以外的企业投资项目，实行备案制，除国家另有规定外，由企业按照属地原则向地方政府投资主管部门备案。备案制的具体实施办法由省级人民政府自行制定。国务院投资主管部门要对备案工作加强指导和监督，防止以备案的名义变相审批。

（4）扩大大型企业集团的投资决策权。基本建立现代企业制度的特大型企业集团，投资建设《目录》内的项目，可以按项目单独申报核准，也可编制中长期发展建设规划，规划经国务院或国务院投资主管部门批准后，规划中属于《目录》内的项目不再另行申报核准，只需办理备案手续。企业集团要及时向国务院有关部门报告规划执行和项目建设情况。

（5）鼓励社会投资。放宽社会资本的投资领域，允许社会资本进入法律法规未禁入的基础设施、公用事业及其他行业和领域。逐步理顺公共产品价格，通过注入资本金、贷款贴息、税收优惠等措施，鼓励和引导社会资本以独资、合资、合作、联营、项目融资等方式，参与经营性的公益事业、基础设施项目建设。对于涉及国家垄断资源开发利用、需要统一规划布局的项目，政府在确定建设规划后，可向社会公开招标选定项目业主。鼓励和支持有条件的各种所有制企业进行境外投资。

（6）进一步拓宽企业投资项目的融资渠道。允许各类企业以股权融资方式筹集投资资金，逐步建立起多种募集方式相互补充的多层次资本市场。经国务院投资主管部门和证券监管机构批准，选择一些收益稳定的基础设施项目进行试点，通过公开发行股票、可转换债券等方式筹集建设资金。在严格防范风险的前提下，改革企业债券发行管理制度，扩大企业债券发行规模，增加企业债券品种。按照市场化原则改进和完善银行的固定资产贷款审批和相应的风险管理制度，运用银行贷款、融资租赁、项目融资、财务顾问等多种业务方式，支持项目建设。允许各种所有制企业按照有关规定申请使用国外贷款。制定相关法规，组织建立中小企业融资和信用担保体系，鼓励银行和各类合格担保机构对项目融资的担保方式进行研究创新，采取多种形式增强担保机构资本实力，推动设立中小企业投资公司，建立和完善创业投资机制，规范发展各类投资基金，鼓励和促进保险资金间接投资基础设施和重点建设工程项目。

（7）规范企业投资行为。各类企业都应严格遵守国土资源、环境保护、安全生产、城市规划等法律法规，严格执行产业政策和行业准入标准，不得投资建设国家禁止发展的项目；应诚信守法，维护公共利益，确保工程质量，提高投资效益。国有和国有控股企业应按照国有资产管理体制改革和现代企业制度的要求，建立和完善国有资产出资人制度、投资风险约束机制、科学民主的投资决策制度和重大投资责任追究制度。严格执行投资项目的法人责任制、资本金制、招标投标制、工程监理制和合同管理制。

3. 完善政府投资体制，规范政府投资行为

（1）合理界定政府投资范围。政府投资主要用于关系国家安全和市场不能有效配置资源的经济和社会领域，包括加强公益性和公共基础设施建设，保护和改善生态环境，促进欠发达地区的经济和社会发展，推进科技进步和高新技术产业化，能够由社会投资建设的项目，尽可能利用社会资金建设。合理划分中央政府与地方政府的投资事权，中央政府投资除本级政权等建设外，主要安排跨地区、跨流域以及对经济和社会发展全局有重大影响的项目。

（2）健全政府投资项目决策机制。进一步完善和坚持科学的决策规则和程序，提高政府投资项目决策的科学化、民主化水平；政府投资项目一般都要经过符合资质要求的咨询中介机构的评估论证，咨询评估要引入竞争机制，并制定合理的竞争规则；特别重大的项目还应实行专家评议制度；逐步实行政府投资项目公示制度，广泛听取各方面的意见和建议。

（3）规范政府投资资金管理。编制政府投资的中长期规划和年度计划，统筹安排、合理使用各类政府投资资金，包括预算内投资、各类专项建设基金、统借国外贷款等。政府投资资金按项目安排，根据资金来源、项目性质和调控需要，可分别采取直接投资、资本金注入、投资补助、转贷和贷款贴息等方式。以资本金注入方式投入的，要确定出资人代表。要针对不同的资金类型和资金运用方式，确定相应的管理办法，逐步实现政府投资的决策程序和资金管理的科学化、制度化和规范化。

（4）简化和规范政府投资项目审批程序，合理划分审批权限。按照项目性质、资金来源和事权划分，合理确定中央政府与地方政府之间、国务院投资主管部门与有关部门之间的项目审批权限。对于政府投资项目，采用直接投资和资本金注入方式的，从投资决策角度只审批项目建议书和可行性研究报告，除特殊情况外不再审批开工报告，同时应严格政府投资项目的初步设计、概算审批工作；采用投资补助、转贷和贷款贴息方式的，只审批资金申请报告。具体的权限划分和审批程序由国务院投资主管部门会同有关方面研究制定，报国务院批准后颁布实施。

（5）加强政府投资项目管理，改进建设实施方式。规范政府投资项目的建设标准，并根据情况变化及时修订完善。按项目建设进度下达投资资金计划，加强政府投资项目的中介服务管理，对咨询评估、招标代理等中介机构实行资质管理，提高中介服务质量。对非经营性政府投资项目加快推行"代建制，即通过招标等方式，选择专业化的项目管理单位负责建设实施，严格控制项目投资、质量和工期，竣工验收后移交给使用单位。增强投资风险意识，建立和完善政府投资项目的风险管理机制。

（6）引入市场机制，充分发挥政府投资的效益。各级政府要创造条件，利用特许经营、投资补助等多种方式，吸引社会资本参与有合理回报和一定投资回收能力的公益事业和公共基础设施项目建设。对于具有垄断性的项目，试行特许经营，通过业主招标制度，开展公平竞争，保护公众利益。已经建成的政府投资项目，具备条件的经过批准可以依法

转让产权或经营权，以回收的资金滚动投资于社会公益等各类基础设施建设。

4. 加强和改善投资的宏观调控

(1) 完善投资宏观调控体系。国家发展和改革委员会要在国务院领导下会同有关部门，按照职责分工，密切配合、相互协作、有效运转、依法监督，调控全社会的投资活动，保持合理投资规模，优化投资结构，提高投资效益，促进国民经济持续快速协调健康发展和社会全面进步。

(2) 改进投资宏观调控方式。综合运用经济的、法律的和必要的行政手段，对全社会投资进行以间接调控方式为主的有效调控。国务院有关部门要依据国民经济和社会发展中长期规划，编制教育、科技、卫生、交通、能源、农业、林业、水利、生态建设、环境保护、战略资源开发等重要领域的发展建设规划，包括必要的专项发展建设规划，明确发展的指导思想、战略目标、总体布局和主要建设项目等。按照规定程序批准的发展建设规划是投资决策的重要依据。各级政府及其有关部门要努力提高政府投资效益，引导社会投资。制定并适时调整国家固定资产投资指导目录、外商投资产业指导目录，明确国家鼓励、限制和禁止投资的项目。建立投资信息发布制度，及时发布政府对投资的调控目标、主要调控政策、重点行业投资状况和发展趋势等信息，引导全社会投资活动。建立科学的行业准入制度，规范重点行业的环保标准、安全标准、能耗水耗标准和产品技术、质量标准，防止低水平重复建设。

(3) 协调投资宏观调控手段。根据国民经济和社会发展要求以及宏观调控需要，合理确定政府投资规模，保持国家对全社会投资的积极引导和有效调控。灵活运用投资补助、贴息、价格、利率、税收等多种手段，引导社会投资，优化投资的产业结构和地区结构。适时制定和调整信贷政策，引导中长期贷款的总量和投向。严格和规范土地使用制度，充分发挥土地供应对社会投资的调控和引导作用。

(4) 加强和改进投资信息、统计工作。加强投资统计工作，改革和完善投资统计制度，进一步及时、准确、全面地反映全社会固定资产存量和投资的运行态势，并建立各类信息共享机制，为投资宏观调控提供科学依据。建立投资风险预警和防范体系，加强对宏观经济和投资运行的监测分析。

5. 加强和改进投资的监督管理

(1) 建立和完善政府投资监管体系。建立政府投资责任追究制度，工程咨询、投资项目决策、设计、施工、监理等部门和单位，都应有相应的责任约束，对不遵守法律法规给国家造成重大损失的，要依法追究有关责任人的行政和法律责任。完善政府投资制衡机制，投资主管部门、财政主管部门以及有关部门，要依据职能分工，对政府投资的管理进行相互监督。审计机关要依法全面履行职责，进一步加强对政府投资项目的审计监督，提高政府投资管理水平和投资效益。完善重大项目稽查制度，建立政府投资项目后评价制度，对政府投资项目进行全过程监管。建立政府投资项目的社会监督机制，鼓励公众和新闻媒体对政府投资项目进行监督。

(2) 建立健全协同配合的企业投资监管体系。国土资源、环境保护、城市规划、质量监督、银行监管、证券监管、外汇管理、工商管理、安全生产监管等部门，要依法加强对企业投资活动的监管，凡不符合法律法规和国家政策规定的，不得办理相关许可手续。

在建设过程中不遵守有关法律法规的，有关部门要责令其及时改正，并依法严肃处理。各级政府投资主管部门要加强对企业投资项目的事中和事后监督检查，对于不符合产业政策和行业准入标准的项目，以及不按规定履行相应核准或许可手续而擅自开工建设的项目，要责令其停止建设，并依法追究有关企业和人员的责任。审计机关依法对国有企业的投资进行审计监督，促进国有资产保值增值。建立企业投资诚信制度，对于在项目申报和建设过程中提供虚假信息、违反法律法规的，要予以惩处，并公开披露，在一定时间内限制其投资建设活动。

（3）加强对投资中介服务机构的监管。各类投资中介服务机构均须与政府部门脱钩，坚持诚信原则，加强自我约束，为投资者提供高质量、多样化的中介服务。鼓励各种投资中介服务机构采取合伙制、股份制等多种形式改组改造。健全和完善投资中介服务机构的行业协会，确立法律规范、政府监督、行业自律的行业管理体制。打破地区封锁和行业垄断，建立公开、公平、公正的投资中介服务市场，强化投资中介服务机构的法律责任。

（4）完善法律法规，依法监督管理。建立健全与投资有关的法律法规，依法保护投资者的合法权益，维护投资主体公平、有序竞争，投资要素合理流动、市场发挥配置资源的基础性作用的市场环境，规范各类投资主体的投资行为和政府的投资管理活动。认真贯彻实施有关法律法规，严格财经纪律，堵塞管理漏洞，降低建设成本，提高投资效益。加强执法检查，培育和维护规范的建设市场秩序。

中华人民共和国国务院

2004 年 7 月 16 日

参 考 文 献

[1] 时现. 建设项目审计 [M]. 北京：北京大学出版社，2002.

[2] 祁延农. 建设项目审计 [M]. 北京：中国时代经济出版社，2003.

[3] 中国内部审计协会. 建设项目审计 [M]. 北京：中国时代经济出版社，2008.

[4] 俞国风，吕茫茫. 建筑工程概（预）算与工程量清单 [M]. 上海：同济出版社，2005.

[5] 时现. 建设项目预决算编制与审计 [M]. 南京：东南大学出版社，1995.

[6] 贾震. 中国建设项目审计案例 [M]. 北京：清华大学出版社，2000.

[7] 高雅青，时现，吴清泉. 新编建设项目审计实务 [M]. 北京：中国物价出版社，1996.

[8] 李宏扬，时现，李跃水. 建筑工程工程量清单计价及投标报价 [M]. 北京：中国建筑工业出版社，2006.

[9] 王德元. 中国建设项目审计指南 [M]. 北京：中国计划出版社，1997.

[10] 温州市内部审计协会. 现代内部审计实务 [M]. 北京：中国时代经济出版社，2007.

[11] 李三喜，李玲. 建设项目审计精要与案例分析 [M]. 北京：中国市场出版社，2006.

[12] 董大胜. 政府审计 [M]. 北京：中国审计出版社，1996.

[13] 高雅青，李三喜. 基本建设项目审计案例分析 [M]. 北京：中国时代经济出版社，2003.

[14] 水利基本建设审计编审委员会. 水利基本建设审计 [M]. 北京：中国水利水电出版社，2007.

[15] 姚梅炎，庄俊鸿. 投资审计原理与实务 [M]. 北京：中国财政经济出版社，1993.

[16] 曹慧明. 建设项目跟踪审计实务 [M]. 北京：中国时代经济出版社，2006.

[17] 建设部标准定额研究所. 建设项目经济评价参数研究 [M]. 北京：中国计划出版社，2004.

[18] 阎文周. 工程项目管理实务手册 [M]. 北京：中国建筑工业出版社，2001.

[19] 国家发展改革委，建设部. 建设项目经济评价方法与参数 [M]. 北京：中国计划出版社，2006.

[20] 姚梅炎，冯彬. 投资项目审计工作手册 [M]. 北京：中国物价出版社，2002.

[21] 武育秦. 建筑工程造价 [M]. 重庆：重庆大学出版社，2009.

[22] 李凤鸣.审计学原理 [M].北京:中国审计出版社,2000.

[23] 蒋燕辉.建设工程项目审计与稽查 [M].北京:经济管理出版社,2004.

[24] 刘晓军,时现.基本建设工程项目概(预)算审计 [M].北京:中国审计出版社,1997.

[25] 许晓峰.建设项目后评价 [M].北京:中华工商联合出版社,2000.

[26] 张建华.军工建设项目审计与案例分析 [M].北京:中国时代经济出版社,2009.

[27] 秦荣生.内部控制与审计 [M].北京:中信出版社,2008.

[28] 中天恒会计师事务所.基本建设项目审计案例分析(第3版)[M].北京:中国时代经济出版社,2008.

[29] 李惠强.工程造价与管理 [M].上海:复旦大学出版社,2007.

[30] 王兴福.河北交通审计案例 [M].石家庄:河北科学技术出版社,2007.

[31] 中华人民共和国审计署法制司.国家审计法规 [M].北京:中国时代经济出版社,2005.

[32] 中国内部审计协会.中国内部审计规范 [M].北京:中国时代经济出版社,2005.

[33] 何佰洲,刘禹.工程建设合同与合同管理 [M].大连:东北财经大学出版社,2004.

[34] 刘力云.审计风险与控制 [M].北京:中国审计出版社,1999.

[35] 梁世连.工程项目管理学 [M].大连:东北财经大学出版社,2001.

[36] 全国造价工程师执业资格考试培训教材编审委员会.工程造价计价与控制 [M].北京:中国计划出版社,2003.

★ 21世纪工程管理学系列教材

- **房地产开发经营管理学**

- 房地产投资与管理

- 建设工程招投标及合同管理

- **工程估价**（第三版）
  （普通高等教育"十一五"国家级规划教材）

- 工程质量管理与系统控制

- 工程建设监理

- **工程造价管理**（第二版）

- 国际工程承包管理

- **现代物业管理**

- **国际工程项目管理**

- **工程项目经济评价**

- **工程项目审计**